世界林业研究系列丛书

CONTEMPORARY WORLD FORESTRY STUDY:
THEMATIC REPORT

当代世界林业
——专题篇（下）

陈绍志　王登举　徐　斌　陈　洁　等◆著

中国林業出版社
China Forestry Publishing House

图书在版编目(CIP)数据

当代世界林业. 专题篇. 下 / 陈绍志等著. — 北京:中国林业出版社, 2023.6
ISBN 978-7-5219-2181-6

Ⅰ. ①当… Ⅱ. ①陈… Ⅲ. ①林业-研究-世界 Ⅳ. ①F316.2

中国国家版本馆 CIP 数据核字(2023)第 064638 号

CONTEMPORARY WORLD FORESTRY

当代世界林业

——专题篇 下

责任编辑:洪 蓉
封面设计:睿思视界视觉设计

出版发行 中国林业出版社(100009,北京市西城区刘海胡同 7 号,电话 83143564)
电子邮箱 cfphzbs@163.com
网　　址 www.forestry.gov.cn/lycb.html
印　　刷 北京中科印刷有限公司
版　　次 2023 年 6 月第 1 版
印　　次 2023 年 6 月第 1 次印刷
开　　本 787mm×1092mm 1/16
印　　张 15.5
字　　数 570 千字
定　　价 136.00 元

当代世界林业——专题篇（下）

编辑委员会

当代世界林业——专题篇（下）

主要著者

陈绍志　王登举　徐　斌　陈　洁　何　璆　李婷婷

宁攸凉　胡延杰　张超群　陈晓倩　何桂梅　赵晓迪

李　茗　赵铁蕊　李　静　范圣明　陈　勇　赵　荣

宿海颖　李忠魁　兰　倩　万宇轩　李　慧　吴　静

F O R E W O R D

序 言

森林是陆地生态系统的主体，是人类赖以生存发展的基础，在维护生态平衡、改善人类居住环境、满足人民生活需要等方面发挥着不可替代的作用。近年来，随着生态问题的日益突出，国际社会对保护森林、改善生态更加关注，重视森林、保护生态、发展林业已成为应对气候变化和治理全球生态的有效举措。

为应对森林资源锐减、湿地和草原不断退化等带来的系列生态问题，联合国相继签署发布了《关于森林问题的原则声明》《国际森林文书》《湿地公约》《防治荒漠化公约》《濒危野生动植物种国际贸易公约》《气候变化框架公约》等具有约束力的声明和公约，并将林业纳入 2030 年可持续发展目标。在这些措施的带动下，世界各国不断加大生态保护、修复力度，有效地推动全球林业发展。联合国粮农组织评估报告(2020 年)指出，全球森林面积达 40.6 亿 hm^2，全球生态系统提供的产品和服务总价值达 33 万亿美元。全球木质能源年消费相当于 7.72 亿 t 油当量，占全球一次能源年总供应量的 6%。全球约有 7.5 亿人口生活在密林中，5 亿人口生活在疏林里，依靠森林维持生计。森林不仅提供了人类赖以生存的食物、水、能源和居住环境，也为推动绿色发展、维护生态安全作出了重要贡献。

中国政府高度重视林业工作，大力推进林业国际交流与合作，认真履行涉林国际公约，积极推动全球生态治理，深度参与国际森林问题谈判，林业国际影响力明显提升。中国的防沙治沙、人工林建设、湿地保护已成为全球生态治理的典范，既为国内经济社会发展作出了积极贡献，也为推进全球生态治理贡献了中国智慧和中国方案。然而，中国林业还存在森林质量不高、林地生产力低下、治理体系和治理能力不完善等问题。在林业问题日益全球化、国际化的新形势下，加快中国林业发展，需要用世界眼光和全球视野来谋划与推动，不断提升林业现代化水平，缩小与林业发达国家的差距。

为全面了解和学习借鉴国外林业发展的先进经验，中国林业科学研究院林业科技信息研究所组织中青年专家，历时 5 年时间，研究编写了《当代世界林业——国别篇(上、下册)》《当代世界林业——专题篇(上、下册)》。这套大型世界林业研究系列丛书集学术性和实用性于一体，是覆盖范围广、内容编排新的工具书，为研究世界林业问题提供了翔实资料和具体案例。其中，国别篇收集整理了 125 个国家的林业总体情况，总结了这些国家的林业问题及对策措施；专题篇分析总结了世界森林资源现状及发展趋势、世界湿地资源与管理、全球草原资源及保护利用管理、世界荒漠化及其防治、世界林业发展战略、世界林业机构、世界林业发展新理念等 20 多个专题研究，对于解决当前林业发展中的关键性问题有较强的针对性。我们相信，该系列丛书的出版将为政府部门、企事业单位、科研教育机构、社会团体了解国外林业情况提供有益借鉴，也将为有关部门开展对外谈判、拟定法规、编制规划、指导工作等发挥积极的作用。希望大家学好用好这套工具书，也希望编者及时修正更新有关内容，不断提高工具书的科学性和实用性。

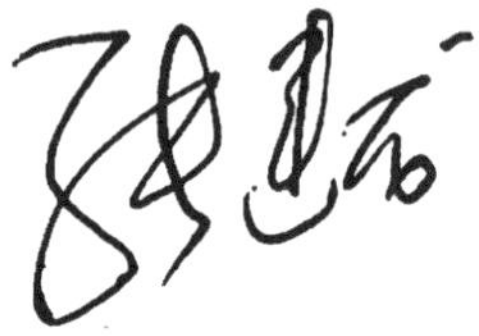

2019 年 1 月

P R E F A C E

前言

世界林业的发展史是一部人类文明的发展史。从远古时期至今，人们一直依赖森林取得原材料、食物、能源，甚至以森林为生活居所。传统林业哺养了近代工业文明，然而伴随着工业文明的发展，对森林的破坏也达到了顶峰。如何保护森林，充分发挥其在经济发展、生物多样性保护、减缓气候变化等方面的多重效益，已引起各国政府、国际组织及社会公众的广泛关注。在全球经济一体化的背景下，世界林业越来越开放，林业问题也呈现全球化、国际化和政治化的趋势。从各国政府之间、政府与国际组织之间的合作，到民间交流、企业之间的合作，林业国际合作领域和范围逐步拓展，形式逐步多样化。

学习借鉴国外林业发展的做法和经验，是我国开展林业国际交流、提升中国林业能力和水平的有效途径。为此，中国林业科学研究院林业科技信息研究所(以下简称科信所)20世纪70年代就开始了国外林业跟踪研究，涉及森林资源、林业机构、林业法律法规、林产品加工与贸易等各个方面，范围涵盖了100多个国家和地区，不仅为国家相关部门提供了重要参考材料，研究成果还汇编成多本专著。也正是通过这项工作，近自然林业、可持续林业、生物安全等许多重要概念被介绍到中国，并深刻影响着中国林业的发展，为此多次获得科技进步奖等荣誉。但是，随着国际交流日益增多，加之互联网信息越来越便捷，人们似乎足不出户便可以得到需要的任何信息，导致这项工作在政策支持、队伍建设等方面严重滞后。而实际的情况是，世界各国的官方语言多种多样，很多信息无法清晰获得，每个领域的研究都有其固有局限性。世界林业发展瞬息万变，新理念、新战略、新业态、新模式层出不穷，越是开放交流，对国外林业连续的、系统的、长期的基础性跟踪，包括对战略、规划、法规、政策、管理等研究分析越发重要。

改革开放40多年，中国从少林国家发展到全球森林资源增长最快、人工林面积最大的国家，林业的国际影响力不断提升。虽然我国林业发展已经取得了许多可喜的成绩，但与世界林业发达国家相比，还存在着许多不足。例如，我国林业领域存在着林业科技支撑有限、森林经营水平有待提高、森林质量不佳、林地生产力不高等突出问题；而且木材生产不能满足市场对原材料的需求，林产品加工企业的原料对外依存度居高不下，林业产业国际竞争力不强。另外，随着中国林业企业走出去步伐加快，强烈需要掌握其他国家对外资源开发的政策方针和审批监管措施，同时国家相关部门也需要根据不同国家、不同区域森林资源的分布特点和政治经济情况，制定我国森林资源合作战略，因地制宜完善配套政策，有序推进战略实施，使我国森林资源的海外开发和林产品国际贸易更加符合国际社会的游戏规则，为森林资源全球战略的实施创造良好国际政策环境。为了更好地借鉴其他国家促进林业发展的先进理念、政策和管理经验，推动我国林业高质量发展和现代化建设，加强对世界林业发展动态跟踪与政策的调研，为我国林业决策提供参考，确保我国在世界林业这个大舞台上更好地发挥发展中大国的作用，在国际谈判中更好地保护发展中国家和本国的利益，提高我国在世界林业中的重要地位，同时也为了给林业企业走出去提供投资国的林业资源、管理制度、法律法规等相关情况，帮助他们了解所在国的林业投资机会和潜在挑战，提高对外林业投资的风险意识与能力，开展世界林业跟踪与发展研究成为一项迫在眉睫的任务。

为此，从2012年开始，在原国家林业局发展规划与资金管理司（现国家林业和草原局规划财务司）“林业重大问题研究及政策制定——世界林业发展动态跟踪与政策研究”以及原国家林业局国际合作司（现国家林业和草原局国际合作司）“林业重大问题研究及政策制定——世界林业国别研究”等项目的支持下，科信所持续开展了世界林业跟踪研究，扎实推进世界林业动态信息即时收集与发布、世界林业发展热点问题跟踪研究及年度报告出版、世界林业发展专题及国别研究、世界林业数据库及数据平台建设等工作，旨在对世界林业发展及政策进行专业化、系统化的跟踪与研究，为各级政府部门领导、林业科研教育学者以及广大林业工作者了解世界林业前沿动态和热点问题提供多时效（实时、年度）、多层次（动态、热点问题、专题和国别）、多渠道（消息报道、刊物、年报、专著及网络）的信息窗口和平台，做好国家林业决策的信息服务和咨询工作，并建立稳定的世界林业研究专业团队。

《当代世界林业——专题篇(上、下册)》是科信所出版的世界林业研究系列丛书之一。在2019年出版《当代世界林业——国别篇》基础上，科信所组织所内各领域核心专家，针对四大生态系统和世界林业发展的趋势和热点，开展了系统性的专题研究，并整理汇编形成《当代世界林业——专题篇(上、下册)》。本书对全球森林治理、森林经营管理、乡村林业发展模式、森林认证、打击毁林大宗商品贸易、林业生物经济、林业碳汇市场、林产品绿色消费、林业绿色金融、林业产业基金管理、森林文化、林业标准化体系等世界林业发展热点问题开展了具体的分析与总结，旨在对我国林业发展的薄弱或重要领域提出有针对性的政策建议与参考。全书由陈绍志、徐斌策划协调，并多次组织阶段性研讨、审稿。全书共分为十二个专题，各部分作者如下：专题一，何璆、陈洁、徐斌；专题二，李婷婷、兰倩、陈绍志；专题三，宁攸凉、王登举；专题四，胡延杰；专题五，张超群、王登举、徐斌、陈勇、陈洁、宿海颖、李静、万宇轩、李慧；专题六，陈晓倩；专题七，何桂梅；专题八，赵晓迪、陈绍志、赵荣；专题九，李茗、吴静；专题十，赵铁蕊、陈绍志；专题十一，李静、徐斌；专题十二，范圣明、李忠魁。最后，由陈绍志、王登举、徐斌、陈洁、李慧和万宇轩进行统稿和审稿工作。

值得指出的是，需要研究的世界林业专题还有很多，项目组将继续组织业内专家，针对我国林业的发展需求，有选择性开展专题跟踪研究及分析总结，每年汇集出版林业专题方面的研究成果，以飨读者。

我们相信，本书的出版将为政府部门、企业、科研教育，以及相关团体的领导、专家、学生等各界人士了解掌握相关知识提供一个重要窗口。由于受林业知识更新、青年专家的阅历以及学科的复杂性等限制，书稿中难免存在不足之处，敬请各位读者批评指正。

本书著者

2022年7月10日

C O N T E N T S

目录

专题一　全球森林治理

森林是重要的自然资源，其生态效益具有全球性，其经济价值联动世界各国相关产业的发展。随着社会经济的不断发展，森林资源的保护与利用面临着越来越多的挑战，气候变化、非法采伐与贸易、荒漠化、生物多样性破坏等复杂因素对森林的结构以及功能造成了严重影响。从 20 世纪 80 年代关注的乱砍滥伐问题，到 20 世纪 90 年代的农耕用地与林地的矛盾，再到 21 世纪以来全球气候变暖框架下的森林恢复、森林的利用与保护始终是世界各国环境与林业部门及国际组织关注的难题。本专题重点对全球森林治理体系的概念产生、治理格局、发展现状进行梳理，浅析未来全球森林治理的发展态势。

一、全球森林治理的概念

（一）全球治理理论

“治理”(governance)一词于 20 世纪 80 年代在西方公共管理领域兴起，随着社会的变迁与全球化的逐渐深入，“全球治理”的概念与众多国际规则相伴而生。1992 年全球治理委员会(Commission on Global Governance)在前社会民主党国际主席、德国前总理勃兰特的倡议下成立，该委员会在 1995 年联合国成立 50 周年之际发表题为《我们的全球之家》(*Our Global Neighborhood*)行动纲领，首次从全球层面，将“治理”定义为“个人和机构管理他们共同事务行为的总和，包括公共和私人管理，也是各种组织、政策工具、融资机制、规则、程序和范式的总和”，并阐述“治理不是一种正式的制度，而是持续的互动”。这是目前对“治理”一词最具代表性和权威性的表述。简言之，治理是一个过程。它的作用方式以调和为基础，作用主体涉及公、私部门，且非特指正式的某种制度(俞可平，2000)。

全球治理理论的发展经历了一系列理念的更新。从“统治”演变为“治理”、由“治理”提炼出“善治”、最终以“国家治理”为基础寻求“全球治理”。与统治相比，治理是指一种有共同目标支持的活动，管理活动的主体未必只有政府，也无须倚靠国家的强制力来实现，故而治理理念强调拓宽活动主体的界限，内涵更加丰富；与治理相比，善治强调理想型治理的 10 个要素，即合法性、法治、透明性、责任性、回应性、有效性、参与、稳定、廉洁以及公正，将治理标准提升至更高要求，因其适用范围超越国界而在国际层面得以应用，成为全球治理理论的发展基础。从某种意义上来看，全球治理是国家层面的治理在国际层面的延伸，又向国家层面的治理提出更高的目标。由此，可以洞见全球森林治理理念的形成与发展。

（二）全球森林治理理念的形成与发展

作为环境问题的重要子集，森林资源的利用与保护在全球层面引起关注，并发起行动实则有赖于“可持续发展”理念在国际层面的推进，故而全球森林治理的概念一经问世即以资源可持续管理的要求为核心。2002 年，“全球森林治理”一词由 Stephen（2002）在其提交到国际贸易、社会和可持续发展（SUSTRA）大会的《全球森林治理：森林管理委员会正在发生的影响》论文中首次出现。2010 年，Hoogeveen and Verkooijen 在《可持续发展外交变革——全球森林治理的经验》中进一步描述“全球森林治理”，将全球森林治理视为全球可持续发展议程中的一个子集，把世界林业政策、技术和机制等组织、条约、进程及各相关机构视作一个全球林业问题体系——全球森林治理体系。2013 年联合国森林论坛（UNFF）第十届会议建议构建未来的全球森林治理体系。从此，“全球森林治理”一词更受到了国际社会的普遍关注。2015 年，朗燕等学者在全球治理委员会定义的基础上提出“全球环境治理是规范环境保护进程的各种组织、政策工具、融资机制、规则程序和范式的总和，全球森林治理也就是其中专门针对森林的体系。”

全球统一且专属于森林的治理理论尚未形成，但其在两个方向的发展脉络较为清晰，一是森林的可持续经营理念深入人心，二是国际合作理念在森林领域得到加强与体现。随着森林在“可持续发展”中的作用逐渐得到重视，人们通过森林的善治加强环境保护、平衡社会发展的思想也已经基本形成。2015 年，联合国峰会，同时也是联合国第十一届森林论坛期间，世界各国领导人通过了《2030 年可持续发展议程》，通过设立 17 个主要目标和 169 项具体目标为全球可持续发展进行顶层设计，其目标 15“保护、恢复和促进可持续利用陆地生态系统，可持续管理森林，防治荒漠化，制止和扭转土地退化，遏制生物多样性的丧失。”标志着森林治理在全球可持续发展理念中占有重要一席。伴随森林善治理念而来的是一系列森林经营理论的迭代与更新，如森林永续理论、木材培育理论、森林多功能理论、船迹理论和协同理论、林业分工论、新林业理论、近自然林业理论、森林可持续经营理论和生态林业理论等（程鹏，束庆龙，2007），都为森林在世界各国的可持续经营与利用奠定了理论基础。森林治理的观念超越国别而在全球层面的进一步成熟，还要依托全球化的不断深入。

国际合作理念的进步带动了森林治理观念的升级。世界范围内大致可分为两种森林治理观念：一种以“国家利益为核心”，从各国维护自身利益出发，主要关注世界森林资源的再分配问题；另一种是更为广义的“全球治理”，这种观念替代了以“本国”为中心的视角，将原有的利己不合作格局转变为促进“全球公共产品”的合作共赢格局。正是后一种观念逐步替代前者，为创立更广层面的政策、经济、社会机制，为各国加入环境领域合作规划进程奠定了共识基础（Werland，2009）。进而，国际森林问题在全球可持续发展中的地位得到稳步提升，在国际合作层面森林也成为环保领域，乃至社会经济领域合作的重要议题。

二、全球森林治理现状

（一）全球森林治理的范畴

在中外学者对全球森林治理定义的基础上梳理其治理范畴，可以看到：全球森林治理从地域角度可划分为全球性和区域性两种；关联的议题较为广博，涉及气候变化、生物多样性、荒漠化、林业产业与贸易、粮食安全、水、能源、减贫等诸多领域；参与治理进程的组织机构多样，联合国及其下设机构搭建平台、各国政府响应规则、国际组织与区域组织推进进程、金融机构提供资金支持、国际非政府组织及民间组织参与监督、各国公共管理部门与私营部门提升管理、积极践行等多种层次；政策工具由宽泛到具体，有通过国际组织的协调在各国之间发起的"倡议"、认可的"安排"、达成的"公约"与签署的"协议"，也有国家管理体系内部法律政策以及响应国际政策的"倡导"、"行动"和"履约"等相关措施；治理的规则涵盖社会法则、环境准则、经贸原则等诸多方面；治理范式不拘一格，在国际与国内机构之间的环境改善、金融投资及能力建设等与森林治理相关的合作模式多种多样。

(二)全球森林治理的行为规则

全球治理得以发挥作用，在于其反映参与者的共同诉求，凝结普世的发展目标，进而寻求较为统一的行为标准。森林问题的复杂性决定了森林治理在环境及社会领域难以形成统一规则。一方面，造成森林退化的原因多种多样，从表象出发寻找对策，要从环境领域的各个层面与不同专业出发，对社会生产活动提出要求；另一方面，森林治理的需求不一，深层反映着各国在不同发展国情下践行可持续发展的程度参差不齐。两方面原因形成了全球森林治理在不同领域分而治之的"碎片化"现状，因而形成整齐划一的行为规则、建立完整健全的全球森林治理体系面临着多重障碍。

在环境领域，森林所表现出的问题牵涉的专业庞杂，但各国在此方面较易达成共识从而缔结具有法律约束的环境公约，其中以联合国相继发布的《气候变化框架公约》《生物多样性公约》《防治荒漠化公约》为主要代表。这三大具有代表性的国际公约被称为"里约三公约"，涵盖森林相关治理目标与要求，共同构成了全球森林治理机制的主要驱动力与国际合作依据。

进入21世纪以来，森林在全球减缓气候变化行动中的重要角色得到凸显，在1992年达成的《联合国气候变化框架公约》(以下简称UNFCCC)中，被列为重要议题之一进行讨论。1997年《联合国气候变化框架公约的京都议定书》(以下简称《京都议定书》)作为UNFCCC的补充条款获得协议国一致通过，并于2005年强制生效。目前，全球已有189个国家加入了UNFCCC、161个国家签署了《京都议定书》，这是人类历史上首次以法规的形式限制温室气体排放，同时也是全球各国在森林领域开展深化治理的重要里程碑。UNFCCC与《京都议定书》树立了共同行动目标，要求各缔约国共同努力"将大气中的温室气体含量稳定在一定水平，防止人为活动对气候系统造成危险的干扰"；其中，明确了森林作为全球重要碳汇库，其可持续管理在减缓气候变化中所具有的重要作用。要求各缔约国根据本国情况进一步制定政策措施，促进可持续森林经营管理、开展造林与再造林；对林业活动相关的温室气体排放源及碳清除情况进行核查；结合温室气体减排目标对林业相关领域的行为提出具体监督要求。2010年，UNFCCC第16次缔约方大会上，缔约国就建立"减少发展中国家毁林、森林退化排放和森林保护、可持续经营、提高森林碳储量的激励机制和政策措施(REDD机制)"以及"土地利用、土地利用变化和林业"(LULUCF机制)通过决议，这是全球森林治理的又一次突破性进展，发达国家与发展中国家在充分发挥林业作用减缓全球气候变化方面达成了共识。2016年，《巴黎协定》的签署作为人类历史上应对全球气候变化的第三个里程碑式国际法律文件，形成了 2020 年后的全球气候治理格局。同时，进一步敦促缔约方采取行动，酌情养护、加强包括森林在内的温室气体的汇和库，进一步支持并加强 REDD 机制等现有减排框架下森林的可持续管理与保护。

为了促进发达国家与发展中国家在环境乃至林业领域的合作，借助《京都议定书》规定的灵活的履约机制，即清洁发展机制（CDM）、国际排放权交易体系（IET）以及联合实施机制（JI）共同组成的国际碳排放交易机制（也称作碳市场），允许发达国家在发展中国家开展促进减少温室气体排放的投资项目以抵消本国超过配额碳排放量，造就了与森林直接相关的造林与林地恢复等项目的形成，为林业领域的国际合作注入了新动力。

进入 21 世纪，森林“生态系统服务”功能得到越来越广泛的重视，认知的提升使得森林问题的治理在概念层面从被动的“解决一方资源困境”发展为主动保持、提升森林普世的生态服务功能。而森林价值与功能的拓展，也延伸了森林治理理论的范畴。从生态系统保护角度促进森林生态系统恢复以及森林资源恢复，得到社会各界的逐步重视，进而从全球层面的合作机制出发，加强协调生物分类学、生态学以及社会经济学的发展。1996 年，联合国缔约大会提出应在《联合国生物多样性公约》（以下简称 UNCBD）建立工作机制，并在此机制之下探讨建立专门的森林工作组。1998 年，森林生物多样性工作组正式建立，主要任务涵盖科学研究、国际合作以及技术开发，设立了特别技术组专门推进森林生物多样性相关问题进展。2002 年，森林生态系统恢复议题在 UNCBD 机制下得到重点考量，此后森林生物多样性工作组的任务扩大至多样性保护、资源的永续利用以及惠益共享；服务支持各类环境制度与相关社会经济；信息共享、评估以及监测三个方面。

UNCBD 框架下的森林治理主阵地在于将森林生态系统作为重要生态保护的目标与内容之一，从生态学角度加大植物及野生动植物资源的保护力度，以全球生态资源互惠共享的视角深化信息共享。各国主管部门从物种保护的角度出发，进一步开展有关生物多样性保护及生物多样性安全领域的交流与合作，这一举措旨在推进以生物多样性最丰富的热带森林资源为代表的森林野生动植物资源保护工作，因而合作项目与培训工作在拉丁美洲、非洲及亚洲热带雨林地区取得了较为积极的进展。UNCBD 框架下的森林治理特点在于其涵盖森林生态系统内部资源之丰富、运用保护手段之庞杂，由此更决定了其项目与相关公约联动之广泛。其首要治理目标为资源的保护、永续利用与互惠，涉及如森林防火、气候变化、保护区建设、外来物种入侵、脆弱生境保护、环境污染以及森林修复等诸多领域；其次要治理目标致力于打造环境友好型制度及社会经济氛围，须介入研究生物多样性损失原因、打造激励机制、改善土地权属问题、加强森林施政能力等诸多方面；其第三目标强调知识分享、加强资源评估与监测能力，囊括全球森林群落系统与生态功能研究，提升数据与信息管理水平等多方面科学与技术要求。

正因其反映着全球森林治理各个层面的掠影，在 UNCBD 框架下，森林生物多样性工作组建立之初，肩负着替代全球森林公约协议作用的期冀。然而作为自愿参与型机构，森林生物多样性工作组对公约国并无法律约束力，工作之中对各国的合作既无时间限制亦无明确的目标，因此实际效果仍受到客观因素的限制。而在工作组为政府间森林问题工作组（IPF）、国际森林论坛（IFF）等机构提供技术支持、参与森林产品及服务评估的同时，内容与 UNFF 机制内容存在重叠（Hoogeveen and Verkooijen，2010），该治理框架与其他环境公约之间的职责范围也有待进一步协调。

森林是全球防治荒漠化议题的重要组成部分，具有重要的生态功能，能够防止沙漠化和减轻干旱的发生，稳定土壤和水源，而森林的滥采以及过度放牧等活动使沙漠化和土地退化问题加剧。1992 年 UNCBD 正式通过的同时，各国达成了缔结《防治荒漠化公约》(以下简称 UNCCD)的意向，于 1996 年生效执行。其目的是防治荒漠化、减轻干旱的影响、辅助实现可持续发展。目前已经逐步转化为 196 个国家的国家目标(防治荒漠化公约秘书处，2017)。

UNCCD 尤以非洲的荒漠化治理为主要关注点。通过协议国制定国家行动计划(NAP)、促进科学与技术合作作为主要治理途径，并依靠区域与分区域层面的组织加强执行管理，以确切的国家行动计划辅助实现全球整体战略目标，确保包括森林在内的自然资源得到综合和可持续管理。自 1997 年起，UNCCD 框架下由缔约方共同制定四年展望、两年期工作，设立具体指标指导实际工作有效展开。UNCCD 制定全球机制(global mechanism)作为加强与缔约国、伙伴关系的协调提供资金的促进机构，同时资金也用于支持联合国森林战略计划，加强与 UNFCCC 及 UNCBD 等行动计划的协同。

除“里约三公约”之外，《拉姆萨尔湿地公约》《世界人类遗产公约》《臭氧层公约》等国际公约同样涉及森林资源保护与治理任务。各类公约作为国际森林治理在环境领域的重要行为准则，普遍通过“设立总体目标或区别化目标的安排机制；要求各协议国制定战略与行动计划、定期撰写国家报告的监督机制；组建政府间及国际组织间网络的项目合作机制；包括双边投资、多边捐助及国际金融机构支持在内的多元融资机制等”，深化与森林相关的治理目标在各国国内层面的推进与执行，与国家森林经营与管理目标相辅相成、填补政府职责空缺。

若说将环境背景下的森林治理视为针对森林的表象问题，在国际层面易于形成有利于改善环境问题的法律约束，则在经济与社会领域，森林治理更求治本。在解决经济与社会领域对森林的影响方面，对于各国而言都可谓牵一发而动全身，也正是发展脚步的制约使得发达国家与发展中国家之间产生了巨大争议，故而 1992 年联合国环境与发展大会(UNCED)谈判中南北之间无法缔结具体法律条文，只得从《森林原则》之中寻求基本共识。目前，国际社会主要寻求两个解决方向：一是在联合国粮农组织(FAO)的协调下通过与非政府组织、世界银行等金融机构合作改善贫困地区饥馑与土地流转问题，发展多功能林业经济；二是通过国际经济协调机制加强打击非法采伐与相关贸易能力。

《濒危野生动植物种国际贸易公约》(以下简称《CITES 公约》)起草于国际自然保护联盟(IUCN)的成员国会议，1973 年 6 月 21 日在美国华盛顿签署(又称《华盛顿公约》)，于 1975 年获得 10 国批准正式生效，至今已有 183 个缔约方。《CITES 公约》为自愿加入机制，对各成员国具有法律约束效力但不取代各国法律。《CITES 公约》主要作用方式为依据选定的动植物标本严格管控国际相关物种的贸易，涉及进口、出口与转口，所有《CITES 公约》名录下物种必须通过许可制度授权方可进行贸易，各缔约国有义务制定该国相关管理机构确保许可制度的实施。其中，受《CITES 公约》限制的Ⅰ类植物有 334 个所有种及 4 个亚种；Ⅱ类有 29 644 个所有种(包括 93 个种群)；Ⅲ类植物包括 12 个所有种(包括 1 个种群)及 1 个变种。《CITES 公约》秘书处要求自 2017 年始各成员国须在所提供的年度报告中增加非法采伐相关报告。有学者认为，尽管《CITES 公约》是以管理部分物种的贸易而发展的，但其效用受到诸多方面制约，需要世界贸易组织(WTO)等其他机构进一步协调。以

《CITES 公约》信托基金为依托，公约秘书处及相关会议的开展均由公约成员国及联合国成员国出资资助，2017 年年度获得资助约为 618 万美元。

除在贸易领域开展野生动植物物种管控以外，《CITES 公约》还向其他国际层面重要环境保护目标看齐。如其框架下的《2011—2020 年生物多样性战略计划》就具有协同作用，辅助实现可持续发展首脑会议的目标（WSSD）、UNCBD 框架下缔约方通过的爱知生物多样性目标，COP17 通过的 2030 可持续发展目标也同样与《CITES 公约》的行动任务密切相关。

在非法采伐与贸易背景下森林治理的主要角色也逐渐多样化，全球最早介入打击非法采伐的机构是国际热带木材组织（ITTO），20 世纪 80 年代即提出木材并非只有经济价值，强调林业的可持续管理，促成了国际热带木材协定（ITTA）的达成及支持相关国家在打击非法采伐方面开展合作，但此治理路径的成效不甚明显。随着全球化步伐的不断深入，各国政治经济往来日益密切，森林治理在国际组织及非政府组织的推动下，各国政府与利益相关方的重视不断加强，非法采伐及其贸易等相关问题得到了越来越多国家的重视。

当森林相关问题延伸至社会、经济领域，治理渠道也进一步得到了拓展。有学者认为，WTO 的成立从某种程度上来说对 ITTA 的执行造成了制约，将林产品视为“非农业产品”中的一类，仅追求林产品的经济属性，无形中将森林特有的生态价值边缘化（Hoogeveen and Verkooijen，2010）。然而，也正是随着 WTO 的推进，全球化进程进一步深化使得各国林产品贸易的管理范畴得到了拓宽。经济危机后，贸易保护主义的兴起使得部分国家提高技术性贸易壁垒以及植物卫生检疫措施要求。正是这类举措在环境领域敦促森林可持续利用与管理之外，为开展打击非法采伐与贸易开辟了新的治理场地，也为探讨木材的合法采伐与可持续利用拓宽了交流平台与合作空间。由此出发森林治理的工具愈加丰富，如美国率先颁布《雷斯法案》修订案，欧盟继其之后出台木材法案，禁止非法采伐、运输及贸易的木材及其制品进入其市场，都为管控木材及其木制品的来源设立了较为严格的标准。

随着森林问题在经济领域的显现，其治理途径也变得更加丰富。从国际层面看，现有亚太经合组织（APEC）组建的打击木材非法采伐和相关贸易专家组，以及欧盟《森林执法、施政和贸易行动计划》（FLEGT）组建的沟通机制作为打击非法采伐与相关贸易的主要国际交流平台。此外，越来越多的多边、双边贸易论坛与会议也逐渐引入规范木材合法性贸易的相关议题，在区域层面开展技术合作。由于美欧市场对进口木制品需求量较大，对“非法”林产品的严格打击也直接影响着全球木材贸易格局，刺激木材资源丰富且关注于拓展木材出口市场的国家展开行动，如加入欧盟提出的 EUFLEGT“自愿合作伙伴协议”，将本国木材合法性认证体系与目标市场标准对接（如印度尼西亚已与欧盟就颁发世界首份 FLEGT 木材许可达成协议）；同时，此类法律的出台也促使私营部门自动寻求森林认证或合法性认证途径以使产品顺利进入市场（如森林认证）。

森林环境问题与解决贫困的需求息息相关。世界森林与可持续发展委员会报告统计，世界上有约 3.5 亿贫困人口的生计与森林生境密不可分；更有近 10 亿人依靠“森林遗迹、宅基林地与农林”解决食物与供暖。

1992 年里约峰会达成的《关于所有类型森林的管理、保存和可持续开发的无法律约束力的全球协商一致意见权威性原则声明》（以下简称《关于森林问题的原则声明》）首次在国际层面将粮食安全问题列入森林可持续发展议题的范畴中。其中，各协约国一致通过：

"原则 7.(a)应努力促进一种有助于所有国家森林的可持续和无害环境发展的国际经济支持性气氛，其中包括促进生产和消费的可持续模式、消除贫穷并促进粮食安全。"2017 年，在 UNFF 特别会议上，缔约国达成了六项全球森林目标，第 2 项为"加强以林业为基础的经济、社会以及环境福利，包括加强生计依靠森林人群的生活水平"，其中强调："2.3 森林及树木对于食物安全的贡献应有显著提升。"

除各国自身政策作用之外，国际层面通过国际组织联动地域或国家的治理途径也在逐渐丰富，以气候变暖框架下资金支持为主导，通过 FAO 发起的森林生产组织(FPO)、森林和农业设施(FFF)几个组织之间的有机配合与运作为实践主体，致力于拉动地区的产业发展，进而从长远目标出发解决贫困与饥馑问题，提高小业主与当地社区在国际与国家决策进程中的话语权。

然而，有学者分析认为在现存的减贫先关战略中，有 1/3 的国家尚未提到森林问题，绝大多数国家只是虽然提及森林问题，但是角度很片面或力度很不够，说明对森林方面官方发展援助的有效需求很有限。这种局限减少了捐款人在森林方面有所作为的机会。许多国家已制定全面的森林融资战略，但在为可持续性森林管理筹集经费方面，仍较依赖于增加森林部门自身产生的收入作为核心的经费筹集手段。拉美国家的战略则侧重于为私人投资创造条件和开发环境服务付费(PES)，以及运用专门的基金及信贷工具等创新工具(Simula，2008)。

森林保护被纳入各类国际公约作为议题之一已不罕见，但森林作为重要的环境资源一直没有形成对应且独立的国际公约(法律框架)，更无单独的管理、协调机构，使得国际范畴下的森林治理呈碎片化，力量较为薄弱。若要将各国纳入统一的森林治理框架之下，还需要从长远出发，协调各国在森林生态、经济和社会价值等多方面的不同立场与诉求。

全球森林治理的效果与各类行动主体的权利范围和参与程度息息相关。对全球森林治理中行动主体的参与程度进行梳理，不难发现，全球森林治理议题在国际层面的逐步兴起、推进凝结了发达国家与发展中国家在不同阶段达成的共同意志；治理进程取得的一定进展有赖于国际组织发挥各方优势促进各领域项目的实施；森林治理内容与范畴的扩充与拓展得益于非政府组织的监督与反馈。

19 世纪末至 20 世纪 80 年代是全球森林治理的组织发起阶段。1890 年，农业与林业议会(International Agriculture and Forestry Congress)在维也纳召开，会议决定成立一个国际森林科学研究机构。1892 年，国际森林研究组织联合会(IUFRO)应运而生，最初由德国、奥地利及瑞士的森林试验站组成，森林议题首次进入国际林业研究领域的研讨层面之中。与森林政策紧密相关的国际研讨至第二次世界大战结束、联合国成立之后逐渐频繁起来。1945 年，FAO 成立，首次大会即设置了森林议题并专门就国际林业问题举行了国际论坛。1971 年，FAO 下属的联合国林业委员会(COFO)成立。林业委员会每两年举行一次会议，这是把林业作为一项"国际性"研讨议题的首座里程碑(Chasek et al.，2006)。1986 年，ITTO 成立，为热带木材的消费国与生产国建立起合作机制，探讨热带林业资源的保护与可持续利用。自 1980 年代起，森林作为环境及发展领域的相关议题得到了更多的关注，人们也开始认识到森林在全球环境保护与社会发展中的多元作用。尽管森林成为全球环境重点议题之一，热带林以外的森林直至 1990 年后才进入全球层面进行讨论。

20 世纪末的 10 年是可持续发展理念的推进时期，同时也是全球森林政策协商机制从无到有的关键时期。1992 年是全球森林治理地位得到提升的转折年，森林政策对话首次进入联合国环境与发展大会（UNCED）。会上，发达国家试图通过一个具有法律约束力的森林公约，但由于森林问题的复杂性和重要性，发展中国家与发达国家利益分歧巨大，各国对森林主权、法律和政策等问题存在严重分歧导致谈判举步维艰，最终在妥协下通过了一项不具法律约束力的《关于森林问题的原则声明》（以下简称《森林原则》）。这次会议虽未达成具有法律约束力的政策工具，但在国际层面引起了对森林议题的广泛关注（Werland，2009）。

1993 年联合国可持续发展委员会（CSD）成立，拉开了两个阵营就森林议题展开磋商的序幕。1993—1994 年，致力于推进森林公约谈判的加拿大与曾持反对意见的马来西亚举办了两次政府间林业工作组会议，从 7 个领域出发形成了一份《政府间林业工作组议程》，为 CSD 就森林议题建立附属机构奠定了关键基石。1995 年 1 月，英国在提交欧盟的文书中强调政府间对话的意义："为确保国际间对话以一种实际的、非对抗的方式开展。一种可行的答案就是创建一种政府间对话平台或工作组来推进重要议题。"欧盟随即在当年 CSD 会上提议建立森林对话组，继续推动有关可持续发展的森林共识，澳大利亚、德国及英国等发达国家均给予支持，IPF 得以成立。

1995—1997 年，IPF 在设立之后开展了 4 次对话，由 FAO 作为主持的森林组织间特别小组（ITFF）辅助协领各方面议题。ITFF 的设立作为当时 UN 在组织机制上的一大创新，侧面反映出森林议题的复杂性以及众多国际机构组织在林业涉及领域的职责区划。在 FAO、世界银行、ITTO 以及联合国环境规划署（UNEP）等国际机构的协同下，各国在 IPF 机制协商过程中通过了四个方面的行动计划，成为参与磋商国家之间在森林问题上首个"行动指南"。1997—2000 年，IFF 接过 IPF 的未完使命，继续就行动计划及相关议题举办了 4 次磋商，并在末次会议中确定将设立一个具有更高国际地位的森林问题协商机制——UNFF，为森林议题打造了更高规格、更为稳定的磋商平台。2000 年，在联合国可持续发展委员会的建议之下，联合国经济及社会理事会建立了国际森林安排（IAF）机制，并于次年组织成立了 UNFF，森林合作伙伴机制（CPF）随后在 IAF 框架下建立，联合国有关机构以及国际和区域组织共同就森林可持续经营开展合作。至此，全球森林治理的协调机制在联合国机构组织下正式成型。

（三）全球森林治理的组织框架

全球治理事实上涵盖应对全球挑战所涉及的所有集体行动及其所有机制、过程和形成的各种网络型合作框架，包括政府、国际组织和非政府组织等（张胜军，2013）。目前，国际森林治理的组织框架分为两大类：一类是由联合国及其下设机构促进的政府层面协调机制引领核心进程，在国际组织及非政府组织推动下，各国顺应现有森林可持续管理的要求，通过合作机制各显所能实现治理目标；另一类则通过私有部门借助规范化市场工具平衡环境、社会经济与产业关系。

国际森林安排（IAF）是全球唯一针对所有类型森林可持续经营的政策和治理机制与平台，共有 9 项职能，可归纳为政策、协调和执行三个方面。"政策"职能为政府、国际机制和利益相关方提供政策对话平台，促进全面、综合应对森林问题以及达成相应的政治承诺；"协调"职能支持林业组织、机构和公约等在政策和行动方面的协调，还包括南北、公私以及部门间、国家间、区域间及全球层面的国际合作；"执行"主要辅助在 IAF 平台上实现、履行相关的政策建议。在IAF的框架下，联合国机构协调机制的组织格局包括UNFF及参与国、UNFF秘书处、CPF、资金机制安排和UNFF信托基金。IAF主要倚重CPF发挥作用，并以UNFF及其秘书处组织倡议、会议为辅的方式履行《联合国森林文书》，实现4项全球森林目标，执行UNFF的相关决议，促进全球所有类型森林的保护和可持续经营。

"协调"是IAF平台作用的关键点，因而充分利用CPF正是协调职能最重要的组成部分。CPF沿袭其前身，即为IPF设立的ITFF的职能与作用。由14个国际组织、机构和秘书处组成，包括FAO、国际林业研究中心、国际热带木材组织、国际林联、UNCBD秘书处、UNFCCC秘书处、UNCCD秘书处、UNFF秘书处、联合国开发计划署、世界农用林中心、全球环境基金、世界银行和世界自然保护联盟。其主要工作方式是通过成员机构共同参与的活动，协助联合国森林问题论坛及其成员国工作，增进伙伴关系成员在森林领域活动中的合作与协调。

然而，非正式、自愿参与的"平台"模式造成了CPF在机制上的缺陷，CPF没有独立的机构安排，成员机构之间的管理和协作相对松散；其次，CPF以UNFF对其提出的工作期望为宏观指导，同时对其机构自身愿景负责，并未形成与UNFF工作目标固定的协调模式、长远而确定的工作方案与目标；再次，UNFF并未针对CPF工作提供专项资金，各国际机构难以在平台上开展实质性工作，依旧围绕各自的工作重点开展林业相关工作，久而久之，对于IAF需求的响应积极性较低，故而全球森林治理"碎片化"在CPF平台现阶段的协调之下难以得到有效的整合。

联合国经济及社会理事会的专门机构，FAO、世界银行等在联合国基金和方案部门如UNEP、联合国计划与发展署（UNDP）的支持下为各国林业项目提供一定的资金支持，响应国家层面森林政策，联动各国林业部门开展对话，在森林治理方面发挥着至关重要的作用，对现有的联合国森林协调机制而言是尤为重要的补充机制与推动力量。

FAO促使各国积极分享国家森林政策、加强能力建设、提升森林治理理念，在CPF机制中发挥着重要带头作用，被誉为国际森林事务的"总管家"。根据其战略目标E项下对林业领域职责的安排，FAO主要开展六个方面林业相关工作，包括：①全球森林信息共享、监测与评估，如每年统筹各国国家报送的林业统计数据、编纂世界森林状况报告；②参与全球政策及进程，如积极参与CPF、UNFF、UNFCCC、CBD以及REDD等有关机制与公约进程，支持相关林业合作项目；③辅助相关国家政策完善与机构发展，体现为在欧盟资助下举办非洲、加勒比及太平洋区域国家森林执法、施政与贸易支持项目（ACP-FLEGT），以及针对发展中国家落实国家森林计划（NFP）进程，建立国家森林项目基金（NFPF）；④森林资源管理领域工作，多目的天然林可持续管理、造林、森林健康与基因以及森林与气候变化主体的相关工作，包括REDD+领域活动及在更广泛层面举办或参与应对及适应气候变化活动；⑤林业及经济方面工作，包括维护林产品数据库、对非木质林产品、世界林业资金进行经济分析，辅助促进社区型中小企业的发展；⑥其他跨领域工作，如参与流域管理、城市及郊区森林、野生生物与森林、森林生物多样性保护、农林业及农业与林业衔接相关问题的治理，并通过其区域性次区域分支机构促进区域交流与国际合作。作为冠有联合国标签的林业事务"管家"，FAO较其他参与森林治理的国际组织有着两方面的主要优势：一是其参与森林事务长达70余年，广泛参与国际各类森林治理相关进程，联动能力相对较强；二是其组织内部汇聚着农业、土地利用、渔业、水资源等多领域专家以博众家之长，尤其可在协调农业需求扩张、林地逐渐流失的社会发展矛盾问题中发挥该项优势(FAO，2012)。

世界银行是全球最大的多边森林融资机构，致力于在实现森林可持续经营、应对气候变化的进程中辅助相关国家通过森林经营减少贫困，发展林业经济兼顾保护环境。2016 年世行制定了 2016—2020 财年森林行动计划，投资森林可持续经营以及“智慧林业”项目对世界自然景观进行全方位审视，了解森林如何受其他领域活动影响以及如何增加我们从森林中获益。这一创新项目旨在找出各个行业之间的互补因素，挖掘更好的气候维持途径，提升发展效益。世行参与全球森林治理进程主要针对改善贫困社区生活、治理能力、创新金融以及林业跨领域合作四个主要领域，各领域项目主要通过开展对话，促进民间、私营部门以及其他利益相关方的信息交流等途径发挥作用。2012—2017 财年，世界银行共向国际复兴开发银行、国际开发协会及以信托方式提供 13 亿美元用于支持相关森林项目，另有 10 亿美元通过其国际金融公司向林业私有企业投资。同时世界银行与 FAO 的 NFP 机制相协调，并与森林碳伙伴机制(FCPC)、森林投资计划(FIP)、生物碳基金(BCF)、全球环境基金(GEF)等林业相关基金及私有部门基金合作，实现其森林行动计划。其中，世界银行更是 GEF 和 FIP 林业两大资金支持计划的实施机构。世界银行参与全球森林治理活动的优势在于，能够汇集较大规模资金投入森林可持续经营、社区经济林等兼顾环境与民生的支援项目，在较大规模资金的支持下扩大项目影响力，帮助依赖森林资源生存的本土居民增加经济收入、维持当地自然环境，减缓因毁林造成的温室气体排放。

目前，各国对全球森林治理政策响应程度不一。从各国开展森林治理的路径来看，一方面森林治理程度取决于该国社会经济发展水平，另一方面管理重点也深受该国森林资源储备量的影响。若以人均收入作为衡量经济发展水平的标准，将人均森林面积作为衡量森林资源储备量的标杆，则可将世界各国森林治理目标分为四个主要类别(图 1-1)：

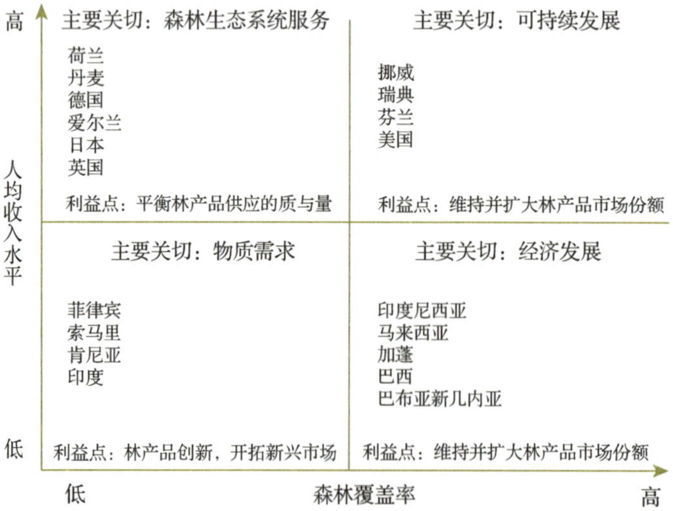

图 1-1　世界主要国家森林治理目标类别

图片来源：Hoogeveen H，Verkooijen P，2010. Transforming Sustainable Development Diplomacy：Lessons Learned from Global Forest Governance.

由此划分出的各国开展森林治理趋势基本可概括为4种，以印度尼西亚、马来西亚为代表的“低人均收入-高森林储备”国家将森林资源视为经济发展的抓手之一；以挪威、美国等发达国家为代表的“高人均收入-高森林储备”国家因其较高的社会经济发展水平及处于优势的森林资源禀赋则侧重于从社会、经济及环境三个维度推进可持续发展，同时也获益于发展中国家维持及拓展在发达国家占有的林产品市场；而“低森林储备”国，无论人均收入水平高低，因森林资源禀赋的限制，在政策方面有着一定的共同点，如荷兰、英国等“高人均收入”国与印度、菲律宾等“低人均收入”国把森林资源保护作为政策考量的重点。但有所不同的是，“高人均收入”国家在林产品市场方面倾向于维持其进口木材的可持续供应，“低人均收入”国家则须同时考虑开拓林产品市场提振产业发展(Hoogeveen，2010)。

联合国等国际机构的政策机制最终能否达到治理预期，从根源上取决于参与国家的实施程度(Bernstein and Cashore，2004)。国家层面贯彻全球森林治理目标程度上的差异不仅取决于一国发展水平与森林资源储备，其执行的有效性更有赖于国内各个机构之间的运作以及国际合作、协调方面的意愿与能力。国内各个机构之间的运作存在竞争关系，这使得从林业单方面响应国际环境政策极为不可能。例如，从林业角度支持减少非法木材采伐与贸易，无法通过简单限制本国林产品需求寻求解决；而与此同时，国际合作之间的协同则受到政治、经济竞争等更多方面的制约，面临的挑战也更为复杂，如何让相关政策制定者对全球治理目标及其结果引起足够重视从而推动各国政策与行动，是各国及国际间森林相关环境协调机制方面所面对的难题。也正因此，联合国经济与社会理事会以及FAO区域层面委员会协调机制的作用得以体现，可在一定程度上敦促各国政府行动，加强林业合作意愿。

全球已有越来越多的非政府组织参与到森林资源的保护与利用中。据联合国UNFF统计，目前与林业直接相关的非政府组织有800余家，其中世界自然保护联盟(IUCN)、世界自然基金会(WWF)、世界资源研究所(WRI)等组织一直活跃在推进森林可持续发展的行列之中。

非政府组织活动渗透全球森林治理的各个层面。一是在联合国协调机制中扮演重要的牵头作用，向联合国提交森林治理活动的行动方案及议题，供各国代表磋商讨论；二是在区域层面开展项目，并推动森林认证等市场机制；三是深入依赖森林生存的贫困地区，致力于提升当地社区的福祉、保护其权益。现阶段，各领域的非政府组织分属不同层次与领域的行动主体面向纷杂的森林问题提出各自的解决方案，而其中的部分方案或存在任务重叠等问题，均在一定程度上加剧了治理的“碎片化”。

三、全球森林治理的工具与机制

(一)全球森林治理主要工具与REDD机制

全球森林治理的主要工具包括法律约束型手段及非法律约束型森林相关协议与进程。根据UNFF的统计，目前国际层面法律性约束工具约有40种与林业相关，其中6种工具在气候变化框架下，3种属于其他方面公约框架下的独立协议；非法律性约束工具中，与全球森林治理紧密相关的包括“千年发展计划”(MDGs)以及2002年可持续发展世界首脑会议通过的“约翰内斯堡执行计划”(JPOI)。

减少因森林砍伐和退化所致碳排放(UN-REDD)的议题由巴布亚新几内亚和哥斯达黎加等国家推动，在联合国气候变化框架公约第11次缔约方会议(COP11)提出，获得了大部分国家的支持。“减少毁林和森林退化造成的排放”(REDD)及“减少发展中国家毁林和森林退化所致排放量，以及通过森林可持续管理与保护加强森林碳储量”(REDD+)机制为国际社会提供了一种路径创新手段，即以向发展中国家提供经济激励的方式，发达国家通过投资现有项目来保护原始林，以抵消超过其配额的碳排放量，减少毁林现象的发生。

UN-REDD是联合国为了促进发展中国家的参与并协助相关的能力建设而成立的组织，由FAO、UNDP、UNEP组成。包含了6个工作组成部分：①电子化MRV与监测；②REDD+的国家管理；③相关方的参与；④REDD+的多重效益；⑤透明、平等和可靠的管理；⑥行业转型。UN-REDD的工作在两个层面上进行。一方面，UN-REDD将直接面向参与的国家，在上述六个工作领域中进行有针对性的支持，对于其他未开展相关活动的国家也将提供全面的支持；另一方面，UN-REDD将在全球层面上进行方法学的制定与测试，并开展交流活动分享国家层面工作获得的经验与教训。

REDD+比UN-REDD覆盖的范围更广，包含了REDD政策的执行、成果的量化和对减排行动的奖励等方面。UNFCCC主导的REDD+框架的谈判进程缓慢，而各国参与REDD+的积极性较高。REDD+的活动分为三个阶段：①编写国家战略、行动计划、政策和措施、能力建设；②执行上述计划及相关的技术转移和示范项目等；③测量、报告和核查计划执行的成果。2013年的华沙气候峰会通过了与REDD+相关的7个决定，组成了REDD+华沙框架，旨在通过资金运用、机构增加、加强信息交流等方面进一步强化项目管理。

全球范围内，气候变化的影响最为普遍，受关注最为广泛。也正因如此，与温室气体直接关联的毁林问题首先在全球气候变化框架下得到重视，成为各国在森林领域开展合作、进一步提升本国森林资源管理与保护能力的重要出发点。气候变化框架下REDD机制及REDD+机制的建设资金最为充沛，体系较为健全，各国参与的积极性较高。然而作为非国家主体的治理单位，REDD及REDD+机制在保障公平、公正方面缺乏进一步规范。而在其规范逐渐完善的过程中，公平与公正的概念也不断引发学界讨论，认为REDD及REDD+机制需进一步将“不对当地居民及环境”造成影响纳入规范当中，其规范与准则更影响到其他横向机制，需要全球环境保护组织乃至各国的机制建设的带动与互补，并反向补充政府跨部门联动，将环境、生态与森林紧密联系起来。

(二)其他森林治理机制

20世纪80年代，非政府组织逐渐对ITTO改善热带林可持续管理的实效失去信心。在世界自然基金会(WWF)的倡议及众多非政府组织呼吁下，独立的可持续森林管理认证体系逐渐成形，全球认证范围较大的森林认证体系以森林管理委员会(FSC)认证体系以及森林认证认可计划(PEFC)为主要代表。

严格的森林认证体系以代表不同利益群体的工作组组成投票决策机制，涵盖环境、社会组织、社区林业团体、木材贸易和林场经营者、企业以及少数民族组织，充分融合不同利益相关方的诉求，作为认证标准的重要基础。认证内容依据森林经营体系基础标准以及森林经营表现标准两个方面进行综合审核，不仅要求具有森林经营目标与实现计划，同时审核实际操作与管理体系的符合程度，使参与认证的森林经营单位从理论与实践方面均达到可持续经营的标准，满足环境、社会以及经济三大领域的要求，致力于将森林治理提升到多方参与、民主、平等以及透明的善治水平。近 10 年以来，运用市场工具补充以国家政策为中心的森林可持续管理机制得到了越来越多学者的拥护。与此同时，私有部门在非政府组织的推动下，借助森林可持续经营认证、产销监管链认证及合法性认证等手段，向规范标准靠拢，进一步提升企业的管理水平。目前，全球 PEFC 认证面积近 3 亿 hm^2，产销监管链发放企业约 1.8 万家，是世界最大的森林认证体系；通过 FSC 认证的可持续经营森林面积近 1.95 亿 hm^2，颁发产销监管链认证近 9 万家企业。

四、全球森林治理的特点与发展趋势

全球森林治理的特点不仅表现在同一问题在不同领域的分治、项目目标的重叠这种“碎片化”现状，更在于未形成强制约束的法律框架。未来，全球层面活动机构的角色亟待进一步调整，明晰责任，进而在各领域之间达成有序协调，推动法律体系的建设。总体来看，国际森林治理理念的发展具有以下四方面特点：

第一，全球气候变暖、野生动植物资源的流失以及森林周边社区的发展问题在各国发展进程当中逐步显现，迫使人们重新审视森林的价值。人们认识到森林不仅是木材的贮存库，而具有更重要的作用。与此同时，通过全球森林治理机制的逐步拓展，森林的生态系统议题获得了更高层面的探讨空间。如 1999 年以伊朗为代表的森林资源贫瘠国家，在 FAO 和 UNEP 资金支持下启动了“低森林覆盖率国”进程(LFCC)，该议题也是 IFF 中为数不多的创新议题之一。长久以来，森林治理多以具有更高经济价值的热带林为主要探讨对象，而对于少林国家而言森林及生态恢复虽具有重要意义却被边缘化。LFCC 进程的提出与实践，侧面反映了森林的生态价值在全球森林治理进程中获得了更为显要的重视，同时也反向拓展了全球森林的治理范畴。这一特点，也在各国逐渐丰富的管理策略及其参与国际合作项目中日益提升的目标等方面得到了体现。

第二，以全球化的逐步深入作为前提，全球森林治理问题也将不再是各国的单一治理主体。“生产全球公共产品”概念的提出，强调森林资源的保护与可持续利用摆在单一国家森林治理的要务之上，继 ITTO 为热带木材生产国与贸易国搭建平台，共商热带木材的保护与利用伊始，全球森林治理就走上了协调国际共识、去各国单一化治理的过程。从各国自身面对森林问题开展治理工作，到 FAO 建立的国家林业年度报告等信息共享机制；从各国利用财政收入促进林业产业的发展，到世界银行从多源头融资向发展中国家投放项目；从南北之间无法达成共识，到双边的林业工作组会议。全球各国在林业问题中的紧密合作从信息共享、资金加持、政策交流，无一不体现出超越国界开展治理的特点。

第三，全球森林治理进程，在自上而下的安排机制中，逐渐引入更多利益方的参与。在此方面主要表现为，联合国森林治理协调机制框架下，非政府组织在国际层面上的参与十分活跃，同时呼吁更多群体参与国际决策进程。一方面体现着林产品的私有性，涉及当地社区生计以及该国林业产业发展；另一方面又存在关系全球环境的公共产品的特点，依靠国际组织以及非政府组织的协调。如今，从管理到治理的转变已经成为全球政府治国转型的普遍趋势。从管理理念到治理理念的提升可以看到当今社会对政府职能更高的要求，也反映出社会各个利益方参与发展的角色转变。

第四，联合国森林议题协调框架与协商机制曾在 20 世纪末经历了多种探索。从 IPF

国际协商机制与IFF森林论坛的承袭、基于共识决议机制开展对话，到全球森林与可持续发展委员会（WCFSD）在国际层面推动森林公约进程、提出森林安全议会（Forest Security Council）机制，从梳理危机提出要求的方式敦促对话，均反映出国际森林政策协商与合作中存在的桎梏与实际需求。进入21世纪，又通过寻求多种机制拉近国际共识。从世界环境与发展大会举办公民社会联席会议借鉴而来的UNFF多利益方对话机制，到看齐2002年约翰内斯堡可持续发展峰会部长宣言、尝试推动森林部长宣言，都是创造对话寻求共识的努力。

随着未来环境问题的不可预测性，森林治理的理论、策略与实践方式必将迎来新的挑战与发展。国际森林治理理念从独行走向合作的转变是大势所趋，有赖于全球政治、金融一体化程度加深。体现在各国森林相关管理政策向更高水平靠拢，各国参与全球森林治理的积极性有所提高。治理主体的转变，如在森林经营与管理的技术领域，培育异龄林、近自然林或连续覆盖林、改变培育选种等培育方式将得到进一步发展，以对抗未来可能日益复杂的气候变化，与此同时森林经营者对气候变化信息也将更加重视。森林问题的治理策略与实践方式需要更加灵活的管理机制与实践方法。

尽管现有全球森林治理体系与机制已经通过努力在国际层面促成了多方面共识、发展出综合的治理工具与手段，但贸易领域各国在市场上的博弈、投资领域私营部门对利益的追逐与可持续发展目标下对管理的限制、传统认知和文化与商业知识产权保护领域的权利争夺，诸多林业专业范畴之外的异议焦点形成了内涵甚广的边界，使得严谨、准确、厘清利害的法律条文形式尚无法成为辅助开展全球森林治理的可行工具。而现有机制下达成的公约、协定，及认可的“建议”、共识形式的“软法律”，虽无法细致描绘国际社会所期待的“善治”，但也为现实中可行且互惠的国际合作圈画出了一定的空间。全球森林治理未来趋势仍将以各国森林治理的实际需求为出发点，提升国际社会对森林价值的认知，完善森林价值的计算与体现方式，将森林的可持续管理目标融入社会经济发展的各个阶段，在此基础之上拓宽林业科学、技术与政策交流，深化国际合作，在治理规范与方法层面凝结新的共识。

主要参考文献

Bernstein S, Cashore B, 2004. Hard Choice, Soft Law Chapter 2: Non-State Global Governance: Is Forest Certification a Legitimate Alternative to a Global Forest Convention?

Chasek, Pamela S, David L, et al., 2006. Global Environmental Politics, 4th Edition[M]. Boulder, CO: Westview Press.

Hoogeveen H, 2007. Forests and Climate Change: From Complex Problem to Integrated Solution[M]. UN Cronicle.

Hoogeveen H, Verkooijen P, 2010. Transforming Sustainable Development Diplomacy: Lessons Learned from Global Forest Governance[M]. Wageningen: Wageninggen University.

Humphreys David, 2012. Logjam: Deforestation and the Crisis of Global Governance[M]. Taylor and Francis.

Stephen B, 2002. Global Forest Governance: Emerging Impacts of the Forest Stewardship Council[M]. International SUSTRA Workshop.

Suiseeya K R M, 2017. Contesting Justice in Global Forest Governance: The Promises and Pit falls of REDD+[J]. Conservation and Society, 8(12): 189-200.

程鹏，束庆龙，2007. 现代林业理论与应用[M]. 合肥：中国科学技术大学出版社.

郎燕，陆文明，刘晓静，2015. 全球森林治理碎片化背景下的国际森林安排[J]. 世界林业研究，28(04)：1-5.
联合国新闻中心，2015. 第十一届森林论坛开幕 讨论未来十五年全球可持续森林政策.
Available at：https://www.un.org/development/desa/zh/news/forest/forum-on-forests.html.
俞可平，2000. 治理与善治[M]. 北京：社会科学文献出版社.
张会儒，2011. 多功能森林经营有关问题探讨[DB/OL]，https://wenku.baidu.com/view/0861d1a76529647d27285292.html

资料来源

防治荒漠化公约秘书处，2017.《公约》多年期综合工作计划(2018—2021年)和列明费用的两年期工作方案.
联合国粮农组织，2010. 2010年全球森林资源评估——森林健康与活力.
联合国粮农组织，2015. 2015全球森林资源评估报告.
森林合作伙伴关系计划融资咨询小组，2008. 用于实施关于所有类型森林的无法律约束文件的融资流量及需求分析.

专题二　世界森林经营管理模式

党的十八大把建设生态文明纳入中国特色社会主义事业"五位一体"总体布局，并作为党的重大行动纲领写入党章。林业作为生态文明建设的主阵地，承担着保护自然生态系统等六大职责。林业的可持续发展不能再是外延式的增加造林面积，最终也将是无地可造，而是增加森林内涵，提高森林质量与价值。习近平总书记站在国家生态安全的战略高度，作出了"精准提升森林质量"的重要指示，要着力提高森林质量，坚持保护优先、自然修复为主，坚持数量和质量并重、质量优先，坚持封山育林、人工造林并举。要完善天然林保护制度，宜封则封、宜造则造，宜林则林、宜灌则灌、宜草则草，实施森林质量精准提升工程。森林质量的精准提升，其内涵是经营过程的精细化与经营过程的差异化，包括森林调查精准化、经营规划精准化、经营决策精准化以及经营评价与监测精准化。森林经营一直是林业发展的主题，但由于社会发展水平与历史原因，人们眼中的森林经营就是采伐。然而，真正实现我国森林的提质增效，使我国林业进入高层次发展水平，不仅仅是经营理论与技术的进步，更重要的是保证科学经营得以实施的相关政策。本专题系统论述世界林业发达国家的森林经营管理现状，以期对我国林业，尤其是森林经营管理有所启发，最后，提出了提高我国森林质量的建议。

一、森林经营的内涵

(一)森林经营的概念及基本认识

森林经营从狭义上讲是森林培育措施的总称，即从宜林地上形成森林起到采伐更新时止的整个生产活动，包括造林、抚育、主伐、更新等重要内容(吴秀丽，2013；苏月秀，2012)。广义的森林经营则是指以森林为经营对象的全部管理工作，除营林活动外，还包括森林调查和规划设计、林地利用、木材采伐利用、林区动植物利用、林产品销售、林业资金运用、林区建设和劳动安排、林业企业经营管理以及森林生态效益评价等(亢新刚，2011)。

在我国林业发展过程中曾对森林经营的认识存在误区，主要表现在以下四个方面：①将森林经营等同于造林与采伐。人为分割了森林经营的全过程。我国林业长期处于为社会经济发展提供物质基础的阶段，在很长时期内，林业的核心任务是木材生产，森林经营的核心内容就是造林与采伐，适用于木材生产的同龄林轮伐期经营体系(木材永续利用理论)的理念与技术根深蒂固。②将采伐与培育对立起来。"培育"是指培养幼小生物，使其发育成长。然而，培育好的森林离不开科学采伐，采伐是加快林木生长、提高林木质量的必需手段，这是仿照自然规律，充分利用自然资源的必然结果。③将森林分类经营与林业分类经营混淆。我国从 1995 年开始试点并实施林业分类经营，林业分类经营是在“林业分工论”、“森林多效益主导利用理论”基础上产生的。它是在社会主义市场经济条件下，根据社会对生态和经济的需求，按照对森林多功能和主导利用的不同，将森林划分为公益林和商品林两大类，分别按各自的特点和规律运营的一种新型的经营体制和发展模式。森林分类经营是以各林种的森林经营类型为基本的规划设计单位，把经营目的、经营周期、经营水平、立地质量和技术特征相同和相似的小班组织起来，进行定向培育，把森林经营措施，落实到地块(小班)。林业分类经营是宏观的经营管理体制和发展模式，森林分类经营是微观的经营技术措施。很多人将两者混淆，只对商品林进行经营，而公益林则被认为不能经营。④将单一措施理解为森林经营。森林经营是一个长期持续的过程，经营作业应贯穿于从森林建立、抚育到采伐利用、更新的森林经营全周期，全周期经营能够确保经营的可持续性、系统性以及经营成果的巩固。由于我国长期以来将造林、抚育、采伐分别管理，每一个环节都有相应的部门负责。因此，将一次经营作业与措施就当作整个森林经营理解不在少数。

以上四个方面是目前对森林经营认识误区的集中体现，当然也包括其他方面。如何从以上几个方面转变对森林经营的认识，尤其是转变森林经营主体和管理部门决策者的观念，是提高我国森林经营管理水平，转变林业发展模式与相配套政策体制的关键。虽然我国林业学者一直致力于研究不同地区的森林可持续经营模式，国家林业主管部门也开始重视森林经营问题，在不同地区也开始森林可持续经营试点工作，也修订了相关技术规程，但不够系统化，基层技术力量薄弱，落实难度大。因此，我国可持续森林经营还处于初始阶段，要达到林业发达国家水平还有很长的路要走。

(二)森林经营与森林保护的关系

森林经营与森林保护的矛盾主要体现在生态公益林，尤其是天然林保护上。我国从 1998 年开始试点，2000 年正式实施天然林资源保护工程(以下简称天保工程)。天保工程的实施，全面停止了长江上游、黄河上中游地区以及东北内蒙古重点国有林区的商业性采伐，使得森林通过自身的修复能力得到休养生息。但是不是只要保护起来，就能够提高森林质量，如何达到最终目的，值得思考。天然林保护的目的是为了建立更好的森林资源，更好地发挥森林的多种功能，满足社会对森林的多方面需求，这就要求对森林进行科学的可持续经营，保护只是可持续经营的重要步骤。

天然林保护理念是永恒的，但天保工程始终是要结束的，它只是适应当前资源与社会经济条件的一个手段或措施。天保工程实施以来，对天然林保护有一种倾向，那就是只要是天然林就绝对保护，一棵树都不能动。我们从过去以木材生产为目的的一个极端走向另一个极端。例如，有些天然林已是成过熟林，林木高大挺拔，但林下却没有树种更新，甚至连灌草都没有，只能等上层林木自然枯倒之后，产生林隙才会有更新出现，但这一过程需要相当长的时间，像这种林分不允许采伐一方面浪费了可获得相当可观收入的林木资源，林下更新接不上，森林不可持续；还有些针叶纯林，林下出现了珍贵阔叶树种更新，稍加抚育一定能够进入主林层，成为很好的种源，优化树种比例，但由于采伐限制，这些更新一直处于被压状态直至枯死；还有些地方做法让人不解，同是一片林子，天然更新的林木不能动，而原先人工栽植的林木则可以采伐。天然林保护是必须的，但有些“一刀切”的政策也要必须有所改变。

森林是可再生资源，它的多功能效益是客观存在的，从过去只注重经济效益到现在只注重生态效益都是极端、不科学的。森林可持续经营的目的就是寻求生态与经济的协调发展，建立健康、稳定的森林生态系统，满足当代与后代对森林的多种需求。森林保护与好的经营是相辅相成的，通过科学经营提高森林生产力，优化森林结构，提高森林质量，改善生态系统物质循环，从而达到保护森林的目的；同时在森林经营过程中时刻考虑生物多样性保护、土壤保护等，以使经营措施达到最优。世界林业发达国家的实践证明，森林可持续经营能够实现保护和利用的双赢，可持续的森林一定是经济可持续的。

二、森林经营理论与模式的演变

纵观世界各国林业发展历程，基本上可概括为3个阶段：木材利用阶段、木材利用兼顾生态保护阶段、生态与经济协调发展阶段。

（一）森林经营理论的演变

1. 以木材生产为核心的森林经营

工业革命后，欧洲许多国家由于社会经济快速发展，木材需求量大增，森林大量被破坏，出现了木材饥馑问题，人们开始意识到森林并非“取之不尽”，如何合理利用和采伐，使森林长期生产木材，成为急需解决的问题。因此，许多学者从不同角度提出了森林永续利用理论。

（1）木材培育论。18世纪德国林学家哈尔蒂希（Hartig）提出了“木材培育论”，主张选择高生长力的树种营造针叶纯林。这一主张，在德国18世纪的大规模造林运动中起主导作用，有的甚至将天然林皆伐重新营造针叶纯林。后来由于该理论违背了自然规律而造成大面积的森林火灾、病虫害、立地退化等问题而被否定。20世纪70年代，法国林学家马丁等人总结各国森林资源管理理论，提出了“现代木材培育论”。主张建立一批专门培育木材的企业，在面积不大，但立地条件优越、交通便利的林地，采用科学的营林方法，营造速生丰产林，追求木材高产、高效和高利润，而让其他类型的森林充分发挥其生态效益和社会效益。该理论近似于现在的“森林分类经营”的思想。

（2）法正林理论。1826年，德国林业经济学家洪德斯哈根（Hundeshagen）在前人经验的基础上，创立了“法正林理论”。所谓法正林，就是在同龄林实行皆伐作业和一定轮伐期的前提下，能持久地每年提供一定数量木材的林分。它要求各龄级林分面积相等，且有相应的正常生长量和与年龄相应的正常蓄积量。法正林理论是一种理想结构的森林模式，现实林分是各式各样的，很少像法正林那样分布，通过采伐更新将现实林分调整到法正状态，需要几个轮伐期，导向过程还会有经济损失，这与以经济效益为核心的经营目标不一致。因此，世界各国很少有法正林实例，但应该看到用生长量控制采伐量是法正林的核心，至今仍指导着我国森林经营管理实践，并将其列入《中华人民共和国森林法》（以下简称《森林法》）。

（3）完全调整林。由于法正林要求条件苛刻，严格追求这种法正状态是不切实际的。

美国林学家戴维斯（Davis，1954）、克拉特（Clutter，1982）、鲁斯克纳（Leuschner，1984）先后提出完全调整林概念代替古典的法正林理论。完全调整林将其定义为在一定采伐水平上龄级结构保持不变的森林。基本条件仍是各个径级或龄级的林木保持适当的比例，能够每年或定期取得数量大致相等，达到期望大小的收获量。调整林是根据实现永续利用森林结构秩序的要求，面对现实森林结构的特点，通过人为措施进行不断调整，基本能符合永续利用的要求，其基本想法和法正林是一致的，只是做法上力求切合实际。即要切合森林的自然规律，也要结合林业生产要求。在形式上不要求长期平衡的静止状态，在边生产边调整过程中，逐步形成符合永续利用的"完全调整林"。

（4）广义法正林。日本的森林经理学者铃木太七于1961年提出了广义法正林。其理论的基础是林龄空间理论，其应用主要是利用减反率法进行木材产量的预测。

2. 兼顾木材生产和生态效益的森林多功能经营

（1）森林多效益永续经营理论。认为森林经营应兼顾持久满足木材和其他林产品的需求，以及森林在其他方面的服务目标。

（2）船迹理论。只要最大限度地持续实现森林资源的经济效益，森林的其他效益就会跟随在经济效益的"船迹"后自然地体现出来。

（3）协同理论。林业应该同时实现多效益一体化，即同一片森林既生产木材又发挥生态功能。

（4）林业分工论。中心思想是将森林分类经营，按照经营目的发展成功能不同的专用森林，而不是走向森林三大效益一体化。

3. 森林可持续经营

（1）近自然林业理论。1898年德国盖耶正式地提出"近自然林业"理论，它是基于恒续林的思想发展起来的。至今，其理论已基本完善，并在欧洲广大地区得到应用与实践。其中心思想是人类应尽可能地按照森林的自然规律来从事林业生产活动，森林经营应回归自然、遵从自然法则，充分利用自然的综合生产力。

（2）森林生态系统经营理论。生态系统经营由美国林学界于20世纪90年代提出，是基于生态学原理的一种森林经营理论，也是美国早先提出的新林业思想的系统性概括，是森林可持续经营的一条生态途径，也是森林可持续经营技术保障体系的核心。

（3）现代森林可持续经营理念。1992年国际上达成共识，提出现代森林可持续经营的概念，森林可持续经营是为达到一个或多个明确的特定目标的经营过程，这种经营应考虑到在不过度减少其内在价值及未来生产力，和对自然环境和社会环境不产生过度的负面影响的前提下，使期望的林产品和服务得以持续的产出。

（二）森林经营模式的演变

1. 农业文明时期以采伐利用为主的森林利用

这一时期林业主要是为农业、牧业让路，人们对森林的采伐主要是为了满足基本生活的需求，通过毁林开荒增加其他用地，采伐木材主要用作薪材和建筑材料。由于这一时期森林资源丰富，人类社会工业化水平不高，在一定程度上限制了对森林生态的破坏规模和速度。森林采伐后完全是依靠自然恢复起来，该时期森林资源看似"取之不尽"，人们不会有造林意识。因此，该时期的森林只采取简单采伐的经营模式。

2. 工业化进程中的森林永续经营模式

随着人类工业化水平的提高，经济社会进入快速发展阶段，社会对自然资源的需求急剧增加。人们开始大规模地采伐、利用有限的森林资源，人类对森林的过度索取导致了木材危机。这也使人们开始意识到森林资源并非取之不尽，开始对过去的利用方式和森林发展规律进行反思和探索。为了每年得到稳定的木材产量，德国永续利用理论的创始人汉里希·冯·卡洛维茨首先提出森林永续利用原则。受此影响，永续经营模式应运而生(吴涛，2012)。永续经营模式的目的是经济效益，森林经营以木材和林产品生产为中心。

永续利用理论的提出，为人工造林提供了指导，人们开始大规模造林，但是在造林方式与树种选择上依然是以经济利益为主导，在大面积营造单一树种的人工林之后，其所带来的一系列生态问题，甚至灾难，使人们开始思考如何营建健康森林，探索经济与生态协调发展的森林经营模式。

3. 工业化后期的多效益经营模式

(1)森林多效益主导利用经营模式——分类经营。以新西兰、澳大利亚、法国等为代表的森林多效益主导利用模式的经营对象是以发挥生态效益和社会效益为主的非生产用林和以提供木材发挥经济效益为主的生产用林，针对不同地区、不同林分、不同树种，采取差异性的经营手段。该经营模式是以国家森林分类的尺度，对全国的森林进行宏观的战略性的经营管理。新西兰和澳大利亚大力发展人工林，进行集约经营，充分发挥其经济效益，兼顾生态效益和社会效益的发挥；同时注重保护和发展天然林，充分发挥其生态效益和社会效益，兼顾其经济效益。法国则是采取将国有林划分为三大模块的经营模式：木材培育林、公益森林和多功能森林。我国实行的分类经营，是将森林分为商品林与公益林的“二分法”。

(2)森林多效益一体化经营模式——近自然经营。近自然森林经营是以森林生态系统的稳定性、生物多样性和系统多功能及缓冲能力分析为基础，以整个森林的生命周期为时间设计单元，以目标树的标记和择伐及天然更新为主要技术特征，以永久性覆盖、多功能经营和多品质产品生产为目标的森林经营体系。近自然森林经营是充分利用森林生态系统内部的自然生长发育规律，从森林自然更新到稳定的顶级群落这样一个完整的森林生命过程的时间跨度来计划和设计各项经营活动，优化森林的结构和功能，充分利用森林正向演替的自然力，不断优化森林经营过程从而使生态与经济的需求能最佳结合的一种真正接近自然的森林经营模式。近自然经营的目的不是让森林自然生长，也不是将森林恢复到原始林状态，而是充分理解和利用森林的发育演替规律，按森林的演替趋势去促进森林趋向稳定，达到可持续状态。

(3)森林生态系统经营模式。生态系统经营是以美国为代表的国家所实行的一种经营模式，它是在可持续发展理论和多功能经营目标指导下的一种经营方式。森林生态系统经营是指能同时满足人们对森林的生态需求、经济需求及社会需求的森林经营方式。生态系统经营是“在景观水平上维持森林全部价值和功能的战略”。一般说来，生态需求是不易变的，而技术变化及公众期望的变化影响着经济需求的变化，社会需求也与经济需求的变化有关。所以生态系统经营是一个复杂的动态概念，难以用明确而简洁的定义描述，以致以务实为特征的欧洲近自然森林经营学术界在这个概念提出后的很长一段时期内对此未作出太多响应。但是美国林业界进行了持续的探索，在生态系统经营总概念的指导下，从不同的角度作出了不同的定义，这些定义的共同点是反映生态学原理、重视森林的全部价值，考虑人对生态系统的作用和意义。生态系统经营一个重要特征是大尺度地计划空间和计划时间，注重生态系统整体性，避免破碎化。目前，国内关于生态系统经营的实证研究多数是从群落演替或景观恢复措施上进行，缺乏大范围森林经营实例，这也是生态系统经营存在的问题和面临的批评。在对生态系统整体运行机制和经营结果缺乏充分认识的情况下，要在大范围内按生态系统经营概念设计和实施森林经营显然是不理智的。因此，提出了"适应性经营"，认为这是实现生态系统经营的一条途径，它使得在执行生态系统经营计划的过程中能及时发现问题，并提出改进的相应方法。

三、世界主要国家森林经营管理机制

（一）德国

德国森林总面积 1 141.9 万 hm^2，森林覆盖率 32.8%，森林单位面积蓄积 $321m^3/hm^2$（FAO，2015）。私有林地（公民个人所有）占 46%；国有林（联邦政府与各州政府所有）占 34%，公有林（教会、公司、市镇政府所有）20%。大规模的私有林由私有林业企业进行空间整合，实施专业化管理，配备专业技术人员，操作上类似州政府森林。

1. 森林管理机构与人力资源

德国森林管理机构包括联邦粮食与农林部、州粮食与农林部、林管局、林业局和营林区。联邦相关机构进行宏观层面的管理。州粮农部负责州层面的方针、政策、法律制定，制定森林管理长远规划、监督下级林业部门工作。林管局贯彻执行本州森林管理政策制度，组织国有林经营工作，对公有林和私有林所有者进行政策法规及业务方面的服务、指导和管理。林业局是林管局的生产单位，监督辖区内执行法律制度，编制和实施森林经营方案，为社会提供咨询服务，发放林业补助资金，经营国有林，相当于我国的林场。营林区则是基层森林经营单位，负责更新抚育幼林、森林保护、木材收获、林区道路和游乐设施建设等。德国森林管理在地方层面中的基层单位具有更多权限和责任以及执行的灵活性，在联邦与地方层面突出地方治理作用。

德国有严格的职业资格制度。早在 18 世纪就着手建立林务官制度，林务官是政府部门从事林业经营工作的终身制公务员。林务局长由具有硕士或博士学位的人担任，一般岗位也要求大学毕业，技术员具有中专以上学历，林业工人须经过 3 年林业教育培训机构的专业培训，至少具有一项专业技能并通过考核才能被选用。私有林工作人员也要接受相关培训，考核合格后，最高林业管理部门授予其相应职称。规定拟晋升人员必须是优秀者，而且必须经过晋升培训或进修，成绩合格方能晋升。林业局管理人员每年必须参加 1～3 次课程进修和考察，了解掌握林业最新进展情况。

德国森林管理机制更重视经营主体的自主权，在不违反国家大框架的前提下，经营单位根据自身条件编制经营方案。经营方案是实施经营活动的法律性文件，而不是自上而下规定如何具体经营；另外，无论公有林还是私有林，经营决策者均具有良好的林业专业素养和知识储备，均能够自觉遵守森林经营法律、法规。

2. 森林经营管理政策与制度

（1）可持续发展政策。无论是私有林还是国有林，都实施专业化管理，德国林业的特点是同时在时间和空间上提供范围广泛的产品和服务。

(2)林地权属制度。德国建立了明确稳定的林地权属制度，强调维持森林多种所有制和林权稳定，一般也不允许政府购买私有林。从流转范围上，私有林、镇公有林可以相互流转，国有林、教会林和社团林严禁流转。若森林资源流转后，改变林地用途，除须支付林地转换损失补偿费外，还需补造相同面积的森林或是支付同等费用由相关机构造林，即使是国家建设用地也需得到林业部门同意批准，然后仍需补造大于或等于原有面积的森林。

(3)私有林保护与资助制度。通过颁布法律保护私有林主权益，同时，对私有林主经营行为也进行规范以保障纳税人利益。德国鼓励建立林业团体、林业协会和林业联合会，并赋予其法人资格，通过鼓励私有林主合作扩大经营规模，并提供财力支持购买专业机械设备，增强林业竞争力。合作社雇佣林业技术人员指导、协调内部经营和销售计划。通过法律规定基层林业管理部门为私有林主进行技术服务和技术援助；若发生森林灾害，会大额补助私有林主利益。

(4)森林政策目标管理制度。德国制定了全面系统的森林管理政策和法律制度。以《联邦保持和发展森林法》为核心，以《联邦环境保护法》《联邦自然保护法》《联邦狩猎法》为支撑，细化到现实操作层面，实现有法可依、有法必依。除联邦法律外，德国各州根据自身林业发展状况都制定有州森林法实施细则。

(5)森林经营方案制度。德国森林经营方案在编制过程中对时间设定、方案内容、方案目标等指标具有清晰的界定，内容涵盖森林管理的方方面面，并且方案具有很强的操作性。而且，森林经营方案是执行经营活动的唯一指导性文件，严格按照经营方案执行，对违反者采取严厉的惩罚措施(叶勇，苗丰涛，2016)。

德国森林管理框架的主要特点是时间上的连续性和渐进性。德国的森林管理由法律机构立法决定。德国宪法为林业部门提供基本规定，确保不同森林所有权结构的持续存在，并为森林所有者，包括德国国家、公共部门和私人土地所有者提供使用权保障。联邦森林法案为德国林业部门提供了一个统一规范的管理依据。根据宪法规定和联邦森林法案提供的框架，德国所有的州都制定了自己的森林法。

3. 森林经营模式

德国森林经营注重遵从自然规律、充分利用自然规律，降低经营成本，其经营目标是在培育优质森林的同时，实现经济效益的最大化。实质上，由于德国劳动力的高成本，其经营措施很大程度上取决于经济成本。

(1)强调生态造林。德国是主推森林三大效益一体化模式的代表国家，遵循适地适树的原则，大力开展乡土树种造林。其近自然林要求混交、持续、与环境相适应(吴涛，2012)，造林密度因地制宜。

(2)目标树经营。目标树经营是德国近自然经营的主要特征，在林内均匀选择优质个体作为目标树，保证林分的最终收益与良好结构。围绕目标树进行疏伐，在林内均匀地创造小林窗，为天然更新或其他树种混交提供空间。

(3)严格要求采伐利用方式。主要包括两个方面：一是严格控制采伐量，森林法规定森林采伐量要低于生长量，实际中各州都按照不超过生长量70%确定采伐量；二是由全面皆伐改为小块状、带状皆伐或择伐，德国森林法规定皆伐作业面积不能大于2 hm^2，带宽不能大于 50 m，带长不能大于 600 m。

(4)提倡天然更新。要求伐后及时更新，充分利用原有立地条件的天然更新能力实现森林更新，只有在天然更新不足的情况下，采取人工促进天然更新或人工更新，充分遵循、利用自然规律和自然能力。

(5)开展人工林近自然转化。由于大面积人工纯林带来的一系列问题，德国早在 20 世纪中叶开始了对人工林的近自然转化，通过团块采伐或择伐创造天窗和林隙，从而促进其他树种天然更新或人工补植，形成近自然混交林。

4. 森林经营实践

德国下萨克森州自 1989 年制定和启动“长期生态林业发展计划(Loewe Program)”，迄今已有近 30 年时间。其核心思想是促进具有物种多样性和稳定特征的混交林的扩大和发展，对于应对全球气候变化问题具有特殊意义。在该计划的指导下，1991—2015 年混交林的比例从 45%上升到 59%，混交林中阔叶树的比例从 31%上升至 58%。在过去的 25 年里，新种植林分中的天然更新份额从 10%增加到 60%。年材积增长量从 1991 年的 6.3 m^3/hm^2 提高到 7.3 m^3/hm^2，年原木利用量从 4.6 m^3/hm^2 提高到 5.8 m^3/hm^2(Das Loewe-Programm，2018)。截至 2007 年，下萨克森州政府主导的多功能生态林业建设计划在建设稳定的异龄混交森林目标指导下共植树 1.5 亿株以上，森林近自然改造的年投入资金为 400 万~700 万欧元，为社会和全球的稳定和未来良性发展作出了实际贡献。“近自然林业”的森林经营方式不仅改善了全州整体生态环境，而且显著提高了森林经济效益(谢阳生等，2021)。

哥廷根市公有森林面积 1 571 hm^2，最初从私有林主手中购买，主要目的是为市民提供薪材和建筑用材。该林区先后经历了中林作业和乔林作业，后经自然演替形成与择伐林相似的林分结构。森林经营过程中，林业部门定期进行森林资源、植被、土壤和小气候等方面的调查，为适地适树打下坚实基础。对于择伐目标树和集材道路的选择均由专门的林业技术员完成，再由作业人员进行谨慎施工。择伐后林窗内补植树木的密度和光照条件均有严格控制。目前，哥廷根市森林年采伐量 6 395 m^3，树种结构为阔叶树 92%、针叶树 8%。由于培育了众多价格较高的树种(山毛榉等)，原木销售的经营效益保持良好(黄清麟，2005)。

5. 林业教育与科研

德国林业教育培训体系完整，层次分明，教育培训有法可依。德国十分重视国民的森林生态教育，要求各级林业机构和相关组织等都要积极参与。青少年要参与植树活动，建立学生森林；大学生能够通过学前教育与实践培养自己的林业兴趣，对林业没有职业兴趣的学生可以调转专业；除大学、高等专科学校之外，各州还设立了林业技术员学校，主要是对林业工人、林业在岗人员进行专业技术、法规、政策、计算机等方面的培训以及职业资格考试培训；此外，德国有 19 所林业/森林工业学校，主要任务是与实习单位配合共同培养合格的林业工人；德国政府建立森林博物馆，通过陈列、展览等形式，让公众了解森林、认识森林，提高保护森林的意识(景彦勤等，2006)。

德国联邦林科院是直属联邦粮食与农林部的国家级研究机构，主要职责是为联邦政府进行决策提供科学依据，同时为公众提供信息及建议，与国际组织科研机构进行合作研究有关国际问题。结合生产实践，主要研究内容有评价森林及森林生态系统、森林与环境及经济之间的关系、环境变化对森林及其潜力的影响等(张会儒等，2001)。联邦科研单位的经费来自联邦财政，来自欧盟及其他国家。州林业科研机构主要针对本州生产中存在的技术问题来开展研究，研究课题主要来自企业和林业生产部门，生产中需要解决什么技术问题，科研单位就组织研究。这样就从根本上解决了科研成果转化问题。研究课题一旦审批同意后，全部经费由州财政支付，其研究成果实行全社会无偿共享，从而使科研成果最大限度地发挥效益。科研部门还负责解答技术咨询。不论国有单位还是私有林主，只要咨询技术问题，研究人员都会认真地给予解答(吴涛，2012)。

(二)美国

美国是一个森林资源丰富的国家，全国森林面积约2.98亿hm^2，次于俄罗斯、巴西和加拿大，居世界第四位，森林覆盖率为39.1%。美国森林分为公有林和私有林两大类。公有林约占全国森林面积的40%，私有林约占60%。用材林是美国主要林种，面积1.98亿hm^2，占森林总面积的65%，主要分布于东部、中部及太平洋西北部，活立木蓄积量213.8亿m^3(何发全，2008)。

1. 森林管理机构

美国按照不同的森林权属划分为不同的管理系统。各系统在法律规定的职责和权限内管理，互不隶属和交叉。国有林由联邦政府直接管理，具体为林务局和内政部管理。林业部门管辖的森林以提供木材为主要目的，内政部管辖的森林以国家森林公园为主体，以保护生态、提供公共服务和游乐为主要目的(刘克新，2002)。州林业部门管理州属森林，州属森林划分为不同的林区，每个林区都有专门的森林经营管理机构，州林业部门还负责全州私有林的林政管理、防火、病虫害防治等职能，但对县(市)所有公有林的经营管理不进行干预，只是审查其林业法案。

2. 森林经营管理政策与制度

(1)健全的法律保障。通过法律手段支持林业活动，保护森林，发展林业，这是美国森林经营管理的显著特点。美国涉及林业的法律和条例有100多种，它们对林业的发展起到了积极的促进作用。美国没有颁布森林法，针对不同时期的问题和特点，由国会通过、总统颁布的各种法规对指导森林经营活动起着重要作用。为了保证这些法规的实施，林务局官员在广泛听取方方面面的意见后，编制10年规划，每隔5年修订一次。这些规划一经确定就不得任意变更，以维护法规的尊严。各州也根据本州的情况编制自己的法案，以指导地方的林业事务。主要法律法规有《国有林经营法》《保护区规划》《森林生态系统健康与恢复法》等。《国有林经营法》对于木材的收获，有着严格翔实的限制；在美国，采伐森林有着严格的审批程序和检查措施。美国规定林木采伐后，对采伐迹地必须在二、三年内实现迹地更新。这一规定得到严格执行，一般都在采伐后翌年就更新完毕，做到了采育结合，永续利用。

(2)国有林财政管理实行“收支两条线”。美国法律规定，任何单位和个人都要上缴财产税，但对国有林实行免税政策。国会每年都要通过国有林预算，保证国有林管理经费。对于森林火灾、病虫害等突发性灾害，林务局可先申请专项拨款，然后转入第二年的预算。在私有林的经营管理方面，联邦和州政府提供成本分担、税收减免和认证服务等多重政策措施。私有林主有权自主经营，政府根据私有林主的经济实力对造林活动实行经济补贴。联邦政府每年都要拨出一定的经费作为对林主造林活动的奖励和补助，补助标准各州不同，一般的补助幅度控制在50%左右，政府鼓励私有林的伐后更新工作，无偿向林主提供40%的更新费用，调动了林主经营森林的积极性。向小私有林主发放专门贷款，利率在5%~6.5%，年限为1~7年。对上缴木材所得税也给予一定的优惠。

(3)森林经营计划制度。每块森林的经营管理都必须依照森林利用计划来进行。森林利用计划具有法律地位，无论是对经营活动的监察、审查批准采伐量等都是依据森林经营计划来执行。而且，森林利用计划是由职业森林员进行编制。职业森林员要求较高，考试合格者由州林业委员会颁发执业证书。另外，对执行森林采伐的林业工人也要求具有执业资格(刘克新，2002)。美国的森林利用计划是根据不同林分的主导功能和经营目标制定的，确保在森林利用的同时，保护生态环境与生物多样性。

(4)一系列激励私有林可持续经营政策。为了引导私有林主提高经营水平，联邦政府、州政府以及半官方的森林协会等均有相关的政策、经济激励措施。如美国对私有林主实行“标准林场”式经营。即达到标准林场要求的私有林主可得到一些优惠待遇，如免费提供技术，免费或廉价获得苗木、借用造林机械等(何发全，2008)。“标准林场”私有林占私有林面积的30%左右，对提高小私有林的经营水平发挥了重大作用(杨馥宁等，2009)。总体上，采伐时间与采伐量是由私有林主根据自身条件与市场状况决定，并聘请专业技术人员进行编制(向青等，2006)。

(5)西北天然林资源保护。为保护美国西北天然林资源，1993年开始实施美国西北林业计划(孙顶强等，2006)。该计划覆盖980万hm^2的国有林地。全部计划林地被划分为原始林保护区、适应性经营区、原始林经营区、河流保护区、行政禁伐区、立法禁伐法和木材采伐区7种类型。其中，可以23%的林地可以从事木材采伐和销售。

3. 森林经营模式

1992年，美国林务局宣布采用生态系统经营作为国有林森林经营的基本方针。森林经营从林分水平提高到景观水平(杨馥宁等，2009)，在景观水平上将森林管理与美学和休闲游憩结合起来。美国森林经营机械化程度很高，从幼树栽培到林木采伐、运输和木材加工，均采用机械化作业。政府每年都对林场主进行培训，指导森林经营者开展林业生产，确保不对森林环境造成破坏，如使用的农药化肥必须经过认证，并按正确方法使用；采用抚育和间伐等手段恢复被高强度利用的森林，重视通过间伐、密度控制，以保持森林资源的长期健康和高生产率。在林木采伐时必须保留一定宽度的植被带作为水源的过滤器，提供有机物给水生动植物。美国特别重视林木种苗工作，坚持把林木种苗生产管理作为森林经营的第一道工序来抓(王志新，2006)。强调项目实施过程的监督和实施效果的监测；划定适应性经营区，进行新的林业生产和管理模式的试验。美国在2000年后，发展农林复合生态系统管理，提高现有土地的利用率，2011年6月发布了《美国农业部农林复合生态系统战略框架(2011—2016)》(*USDA Agroforestry Strategic Framework*, *Fiscal Year* 2011-2016)。农林复合生态系统的作用主要是提供生态功能服务，协调社会、经济与生态之间的关系，促使社会环境和经济实现可持续发展(谷瑶等，2016)。

4. 森林经营实践

美国Big Creek属于Chattooga河流域在北卡罗来纳州的支流，是一个生物多样性的宝库。1987年，该地区拟进行商业皆伐，遭到民众的激烈反对。1990年年底，美国林务局实施“新展望(New Perspective，NP)”示范项目，决定对该地区采用森林生态系统经营模式(郑小贤，1998)。其主要特点：①项目规模设定在1万英亩①的景观水平上；②划定保护区和经营区，经营活动不损害土地的长期生产力，不以产出为目标，保持森林景观状况的良好，且必须保证美学及生态学上的可接受性和可持续性；③保障公众的充分参与；④项目设计和执行过程中，加强多组织间的协作以及多学科的综合。目前，该项目是为数不多的景观水平上的“森林生态系统经营”项目之一，较好地反映了该地区自然干扰模式特征。虽然木材产量略有减少，但仍然可以提供高质量的锯材，同时维持了重要的森林价值及用途，增加了公众对林务局的信赖和支持(吉林省林业厅赴加拿大美国考察团，2006)。

美国国家公园和保护区等大片森林都营建在城市及其周边地区。华盛顿是一座绿色之都，五角大楼旁是面积超过1 000 hm^2 的石溪国家公园供市民锻炼和游人休闲；国会山、华盛顿纪念碑以及杰弗逊纪念堂周围参天大树随处可见，与绿色的草坪和黄色的砂石相互衬托，营造出庄严肃穆的气氛。占美国人口大多数的城市居民对森林有着多种需求，直接带动城市(含郊区)林木覆盖率持续提高。美国城乡绿化覆盖度和艺术水平极高，形成了乔、灌、花、草科学搭配的花园式绿化模式，除建筑物和道路外几乎没有裸露的土地。目前，美国已形成生态功能和社会功能良好结合的近自然式“城市林业”(刘德良，2006)。

5. 林业科技支撑

美国由联邦政府和地方政府合作开展林业情报和教育工作，旨在普及林业技术，所需资金由联邦政府承担，由州政府负责具体实施计划。美国联邦农业部设立了技术推广局。该局每年的推广经费为12亿美元，其中联邦政府承担25%，州政府承担50%，县政府承担25%。经费的2%~3%用于指导森林经营管理、特殊的林产品加工信息服务，以及防护林、城市林业与公共林业项目的技术服务。对私有林的经营技术、保护手段实行免费咨询和服务(吴涛，2012)。

(三)新西兰

新西兰国土面积26.8万 km^2，截至2013年4月，森林面积813万 hm^2，天然林640万 hm^2，人工林173万 hm^2，森林覆盖率30%(叶世森等，2014)。人工林占森林总面积的20%，约160万 hm^2。在人工林中90%是著名的辐射松，每公顷年生长量26~30 m^3，辐射松的平均每公顷皆伐量为530 m^3 和平均皆伐树龄为27.7年(叶世森等，2014)。正是这些高度集约化的辐射松人工林，充分发挥了其木材供给功能，在新西兰经济中占有举足轻重的地位。林产品不仅充分满足国内需求，还大量涌入国际市场。人工林集约化程度居世界前列，历届政府都把大力发展人工林作为基本林业战略。采取高度集约经营模式，用少量的林地生产最大量的商品材，新西兰仅用23%的林地发展商品林业就满足了全国98%以上的木材需求。

1. 森林管理机构

新西兰主管林业的政府机构是农林部，下设政策司、产业司、执法司、森林经营司。市镇两级地方政府林业管理者归属市政厅管理。新西兰按照《国有森林资产法案》(1989)的规定，新西兰在森林私有化的过程中(主要指人工林的私有化)，将所有森林资产(实际

① 1英亩=0.405 hm^2

是人工林）分为 90 份，面积从 51 hm^2 到 132 112 hm^2 不等，均采用拍卖的形式出售，但只出售森林所有权，保留土地所有权。国有天然林大部分被划作自然保护区或国家森林公园。

2. 森林管理政策与制度

新西兰林业私有化改革主要是指人工林的私有化，天然林作为生态资源主要为国家所有。人工林被许多林业公司收购进行规模化和专业化经营，这也是新西兰人工林经营管理的一个特点。新西兰严格控制对天然林资源的工业利用。其对天然林的采伐、加工和出口等方面设置了严格的条件限制。1993 年政府修改了 1949 年的《森林法》，允许少量的天然林资源在符合政府可持续经营和有效保护的条件下，进行限量采伐利用，从天然林中采伐的工业原木几乎可以忽略不计。政府积极引导和适当扶持，优化林产工业机构，减少初级林产品比重，重点发展较高附加值的林产品。

新西兰的林业由多效经营的模式，逐步走上了分治经营的道路。坚决实行了以国有人工林公司化经营、国有人工林资产拍卖、林业保护局独立、林业部专职政策法规的制定与监督执行为主要内容的林业分类经营改革（刘林福，2005）。

3. 森林经营模式

新西兰林业的成功取决于其分类经营模式的成功：高效集约经营的人工林、可持续经营管理的天然林以及以出口为导向的林产品（Evison，2013）。人工林培育的发展方向是为满足现代木材加工业的需要，改进传统的辐射松经营管理技术和经营模式。重视种源选择和树木改良。引种国外优质速生树种，利用分子生物育种等高新技术手段和常规育种手段，进行种源选择和树木改良，为人工林提供良种和苗木。强化造林整地等集约化经营措施。采取除草、修枝、施肥、间伐等森林抚育措施，注重森林灾害防治，保证人工林持续高产，防止地力退化。人工林集约经营的目标是在继续追求速生、优质、高产和短轮伐期目标的同时，为工业的特殊利用培育木材，提高木材利用率，最大限度追求其经济价值（刘林福，2005）。同时，也最大程度保护生态。例如，辐射松人工林初植密度 1 000 株/hm^2，林分郁闭前种植一些豆科植物以增加土壤氮肥；采取小片皆伐，不造成水土流失和河流污染，机械过河要架桥，河边灌丛要保护等，在保证高质量生产的同时，最大程度保护生态环境。

在保护生态的前提下，重视林业经济收益，才能激发私人投资林业的热情，激发林业发展的活力，实现林业的可持续发展。

4. 森林经营实践

新西兰人工林培育的发展方向是满足现代木材加工业的需求，辐射松改良和经营技术世界领先。新西兰在 20 年前就把重点放在种苗的遗传改良上，在引进的 100 多个树种中，成功选育并改良出以辐射松为主的多个优良种（刘国忠，李思存，2002）。从开始的树高 20 m，胸径 40 cm 的 50 年生第一代辐射松，现在已经发展到树高 50 m，胸径 60 cm 的 20 多年生第三代辐射松。除此之外，新西兰在人工控制授粉和无性系繁殖技术方面也达到了世界林木育种领先水平，现在新西兰对辐射松扦插、组织培养等无性繁殖手段已完全成熟且普遍用于生产，辐射松几乎全部采用无性系苗木造林。在栽培技术方面，依培育目的和立地条件确定造林密度和间伐次数。栽培前认真整地，一般采用筑埂造林并合理施肥。为提高木材材质，推行独特的剪枝技术手段，在第 3、6、9 年分别对其侧枝进行清理，以后就任其自由生长，25～30 年主伐时，产量可达 600～700 m^3/hm^2，而且树干 9 年以下部位为无节材，原木无节材售价可达175~185美元/m^3，而有节材却在145美元/m^3以下(陈蓬和张会儒，2005)。新西兰政府不允许国外机构或企业购买持有本国林地，但森林经营单位可以通过出售林木所有权的方式提前获得收益，投入新的森林经营活动。中国林业集团公司就在新西兰北岛11个林区购得16万亩林木所有权，并聘请当地林业专业公司经营管理。

新西兰城市绿化对自然的尊重体现在各个环节。例如，需要进行临时作业时，要把原有植被寄植到其他地方，待施工结束后须原状移植回去，几乎所有人工设施尽可能避让大树等。城市和乡村的绿化，处处体现原生态的自然风貌，没有标准的园林建设，公园中随处可见树与草地的搭配，每一棵树都有充分的生长空间，尽显自然之美。公园内的道路多是自然形成，且很少硬化。从城市到乡村，也少有排列整齐的行道树，均是一处一景的独特风光。新西兰四面环海且绝大部分处于热带和亚热带，作为海上“绿色屏障”的红树林随处可见且保持完好，成为海边一道靓丽风景线，深受当地民众的喜爱(王章明，2018)。

5. 林业科研与教育

新西兰以科技支撑产业，以产业推动林业科技。政府通过机构改革，新西兰林业研究所(新西兰林业研究有限公司)是世界上少有的没有国家事业拨款，完全面向市场的林业科研机构，科研机构与生产企业的联系十分紧密。目前，新西兰林业研究所经费来自两个方面：一是与国内外林业企业、有关机构合作，共同开发产品，解决生产中的难题以获得费用支持；二是向政府申请研究基金来获得经费，该经费占整个经费的25%左右。

新西兰着力利用分子生物育种等高新技术手段，进行种源选择与树木改良，强化造林、抚育技术，防止地力退化。科研部门对胚胎繁育、扦插育苗、扩繁技术、林地经营管理和木材加工利用的研究，以及人才培养，完全根据市场和企业的需要确定，科研和生产紧密结合，为生产服务，并在服务中获取相应的报酬而维持科研的正常运行。辐射松的扦插技术、胚胎扩繁技术目前已处于世界顶尖水平。除此之外，大力研究科学加工方法，提高木材综合利用率(何全发，2006)。2014年新西兰已成为全球最大的针叶材原木出口国，俄罗斯、美国位列第二和第三。不论国有林、私有林，还是企业公司所有林地均能自觉地在人工林集约经营政策指导下进行生产活动。

(四)日本

日本森林面积2 495. 8万hm^2，森林覆盖率68. 5%，其中天然林1 468. 8万hm^2，人工林1 027万hm^2，天然林中约有490. 5万hm^2的原始森林，占森林总面积的19. 7%(FAO，2015)。

1. 森林资源管理机构

日本森林面积中，私有林占59. 8%，国有林占30. 6%，公有林占11. 6%。私有林在森林资源中所占比重较大，尤其在人工林中私有林的面积和蓄积分别占65%和73%，承担着木材生产的重要任务。国有林主要分布在深山地区，发挥着国土保安和水源涵养等重要的公益功能。国有林直接由林野厅管理。

民有林包括公有林和私有林，公有林归属于地方政府管辖，私有林则由森林所有者自主经营。林业管理机构的设置分为中央政府、地方政府和民间组织3个层次。中央政府对民有林的管理主要通过地方政府主管部门和民间合作组织——森林组合来实现。森林组合作为最基层的组织，更加直接和具体地为私有林主服务，包括提供营林技术指导、培训，接受委托代管森林，开展抚育间伐等。森林组合主要负责民有林(主要是私有林)的营造与木材生产、推动林业产业发展、连接林农与市场、联系政府与林农。

2. 森林经营管理政策与制度

(1)森林按主导功能分类经营。强调森林多种效益的可持续利用，提出满足国民多样化需求的健康森林培育、保证国土安全的治山对策以及推进国产材扩大利用为中心的林业、木材产业发展对策。将森林按主导功能划分水土保全林、森林与人共生林、资源循环利用林三大类(谭学仁等，2012)，对每一类森林规定了明确的经营方向、期望的森林状态、作业方法和限制。日本对所有类型的森林，都不是完全禁伐，而是通过科学合理的经营措施，有计划地获得木材等林产品收获。同时，日本森林资源分类方法改变了过去按照有无造林来划分的方法，将森林资源分为人工单层林、人工诱导复层林和天然林 3 种类型，按照林分现状开展森林作业。对人工单层林实行一次性皆伐；对人工诱导复层林实行择伐，使之形成并维持复层林状态(谭学仁等，2012)。

(2)林业基础设施建设。日本非常重视林区道路等林业基础设施建设，并作为森林计划的主要目标之一，投资多样化，有国家、都道府县补助、贷款、自筹等，其中国家补助占 80%，国有林全部由国家投资(谭学仁等，2012)。

(3)森林经营计划制度。日本从上至下具有完备的林业计划，《森林法》与《森林、林业基本法》是日本管理全国林业的根本法。以法律形式明确森林经营计划制度，包括：全国森林、林业基本计划是国家层面制定的长期计划，确立林业综合性政策方向与目标，是森林计划制度的基础。全国森林计划是农林水产省制定的 15 年计划，确立国家森林相关政策方向，是地域森林计划的基础。地域森林计划是针对民有林(公有林和私有林)。由都道府县制定的 10 年计划，是市町村森林计划的基础。国有林地域森林计划是针对国有林的 10 年计划，确立国有林相关政策和发展方向以及采伐、造林、林道建设、保安林建设目标。市町村森林计划是森林所有者造林、采伐等的指南，计划内容详细具体，并提出实施计划的保障措施。森林施业计划是森林所有者制定的 5 年计划，包括造林、采伐等具体作业内容(谭学仁等，2012)。

(4)经济扶持政策。日本政府对林业采取以下 3 种经济扶持措施，并已形成制度。一是林业补助金制度。日本对林业的补助涉及林业的许多方面，如发展森林组合、土壤改良、造林、优良种苗供应、森林病虫害防治、防止山地灾害、治山、防护林建设、林道建设、森林火灾预防、森林国营保险、地方林业科研、林业普及与指导等。其中对造林和林道的补助既有产业的性质，也有公益事业补助的性质；对治山的补助完全属于公益事业补助；对发展森林组合、基础设施建设、防治病虫害、保证优良种苗供应等的补助，是对处于落后产业的林业以及在林业上推广科学技术的补助，纯属产业补助。林业补助金制度是根据《森林法》实施的一项长期制度，补助金的来源和分担比例均有明确规定。二是林业专用资金贷款制度。林业专用资金提供的贷款一般都是无息或低息贷款，偿还期一般也相对较长。三是税收优惠政策，包括税基构成优惠、减征、免征和延期纳税。

3. 森林经营模式

(1)实行森林计划制度，采用流域管理体系。以流域为森林计划的基本单位，在河川流域范围内，实现从森林经营、林业生产到木材流通、加工上下游一体化。

林业流域管理体系是以中、小河流域为单位划分森林计划区。各计划区森林资源状况不同，将森林计划区划分为人工林主导型、人工林天然林并存型和进口材主导型3种类型，各计划区将根据本地区的实际情况选择适宜的经营模式。

（2）重视治山。治山是日本林业的一项主要任务。传统的治山主要是通过造林、治理荒废山坡，以防止灾害发生。现代林业治山除此之外，还包括涵养水源、保护和改善生活环境与自然环境。

（3）近自然林业。日本实行近自然林业，注重树种混交，利用自然能力进行更新和抚育，形成多层、多彩、生态功能等级高的森林生态系统。

4. 森林经营实践

日本私有林所占的比重较大，森林组合是日本私有林经营较为常见的形式。森林组合是私有林所有者根据国家相关法律，本着自愿互助的原则成立的以协作服务为职能的法人团体。这种联合经营的形式有利于提升私有林主的社会和经济地位，并有效提高林业生产力。森林组合主要是将零星分散的小型私有林进行联合，开展从造林到采伐的全过程施业活动，使小林主摆脱自己难以合理经营管理的困境。此外，森林组合形式还可以扩大木材生产、加工和流通的规模，降低生产成本，增加经济效益，促进县市町村林业共同发展（崔慧玉，2016）。县级政府对森林面积在100 hm^2以上的私有林区进行重点扶持，并指定部分林主加入森林组合，以扩大组合规模，保证组合稳定发展。例如，日本某私有林主拥有1 160 hm^2的森林，他加入森林组合之后，极大地加强了该组合的实力，不仅帮助组合成员进行林业生产，还为本町的公益事业做出了贡献。同时，该林主也从国家给森林组合和私有林主的各项优惠政策（如减免土地税和遗产继承税等）中获益（中华人民共和国林业部引进国外智力办公室，1997）。目前，日本森林组合系统是世界上最大的林业合作社集团，这主要取决于民办与公助的有机结合。国家向私有林主提供的各项优惠政策主要通过森林组合进行申请，主要有造林补助以及各种优惠贷款；廉价使用森林组合的各种林业机械等。随着日本经济的发展，经济结构也在发生变化，林业在国民经济中的地位日益下降。目前，日本林业产值在国民生产总值中所占比例不到0.1%，但日本政府对林业的预算投资一直保持在政府预算投资的0.9%左右，有力支撑了林业的发展和森林组合的发展（李中华，2013）。

5. 林业科技支撑

林野厅设有2个由专家组成的决策咨询机构和3个直属单位。2个咨询机构是林政审议会和中央森林审议会，凡是林业上的重大决策，政府都要听取两会的意见。3个直属单位是森林综合研究所、林木育种中心和林业讲习所，分别负责林业科研、林木育种研究和职工的技术培训。日本森林经营研究所下设北海道、东北、关西、四国和九州5个分所。日本按自然条件划分为8个地区，林业科研又将8个地区按照自然、经济、社会条件划分为6个研究区域，森林综合研究所本所和北海道、东北、关西、四国、九州5个分所各为一个研究区域，并根据本区域的林业特点确立各自的研究重点。此外，日本在现行的林业普及指导员资格考试中，新增"地区森林综合监理"考试，其合格者可注册为林务官。林务官要全面支持市町村林政工作，同时对森林作业设计员给予指导，是支撑地区林业的核心力量。

(五)芬兰

芬兰属于寒带针叶林地带，森林覆盖率73%，林地面积为2 200万 hm^2，人均占有森林面积为4 hm^2。森林对芬兰来说具有十分重要的意义。林业经济效益显著，每年的森林蓄积生长量在1亿 m^3 以上，年净收入100欧元/hm^2。林产品出口占国家总出口量的20%。按所有制类型划分，芬兰林业可分为三种：一是个人私有林，占森林总面积的59%；二是公司所有林，占9%；三是国有林，占32%(国家林业局林业培训交流与国有林管理考察团，2011)。芬兰的森林主要树种结构非常简单，而且林产品在国民经济中占有重要地位。因此，森林可持续经营能够得到重视和持续发展。

1. 森林资源管理机构

芬兰林业属国家农林部管理，农林部下设林业司。林业司管理全国13个区域林业发展中心、1个林业发展中心(Tapio)、1个芬兰林业研究院(Metla)，以及Metsahallitus公司的林业和商务部分的业务。除此以外，还有113个森林经营协会，共计约1 100个工作人员，从事森林经营和管理工作。芬兰林业发展中心简称为Tapio。Tapio是超过100年的专业组织，是芬兰森林管理的一部分，其业务领域包括森林管理咨询、森林资源数据管理、遥感、森林调查和经营方案编制；森林经营质量控制、能力建设与培训、技术推广与沟通(国家林业局林业培训交流与国有林管理考察团，2011)。

2. 森林经营管理政策与制度

芬兰实行了一系列引导林业发展的相关政策。首先是绩效导向调控政策，即政府制定宏观规划，确定要实现的指标，相关机构则制定相应的4年行动和预算计划，由政府审定批准，政府与机构签署绩效协议，并每年对实施报告进行检查评审，并讨论下一年的协议。

政府非常重视国家森林规划，把国家森林规划看作一项政治行动，政府通过更新立法、增加财政预算保证资金充足、建立激励机制给予大力支持；鼓励和引导私人和公众参与，包括森林业主、森林工业、工会、森林管理、环境协会等；发挥非政府组织的重要作用；成立国家林业规划组织，如国家森林委员会、区域森林委员会；在国家和区域两个层次进行，多部委参与；定期随访和评价；建立科研基地，明确概念、标准和指标等。

除国家森林规划之外，还有METSO规划(2008—2016年)，芬兰有大量严格保护的森林，但主要集中在北部，南部森林主要用于木材生产。为了加强南部森林资源保护，制定了METSO规划。如果一个地点被确定为METSO保护地，森林业主在该地的自然管理费用和收入损失将得到补偿，地点是否需要保护由专家基于生态标准进行评价。

3. 森林经营模式

将分散经营与规模经营紧密结合起来。芬兰林业除政府宏观管理外，私有林主经营协会等社会服务组织是政府和私有林主之间的纽带，并将私有林主的分散经营联结成一定的规模，提高了私有林经营的效益(吴水荣，2014)。

不管哪种林分，均必须按照森林经营目标的要求，由森林经营者按政府的规定，编制森林经营方案，森林经营方案是森林经营者经营森林活动的法律根据，并成为政府监督的依据；林业主管部门对森林经营者没有森林采伐限额限制，也不实行木材生产计划管理，但是森林经营活动，包括森林采伐，必须严格按森林经营方案进行。采伐前，实行采伐申报备案制度。为鼓励森林的科学经营，森林经营方案的编制经费，国家给予50%的补助，极大提高了森林经营者编制森林经营方案的积极性，推动了森林经营的科学性、可操作性。

芬兰森林经营保护生物多样性并发挥其他多种功能。一方面高度重视主伐及森林更新，另一方面实行科学的抚育间伐。区域林业发展中心及林主协会的专业人员在为私有林主制订森林经营方案时，能够将森林生产与环境保护有机结合，提出详尽的措施建议，使其能够进行高效的可持续生产，同时保护生物多样性并提供其他多种生态服务。总之，芬兰对最重要地区的天然林实行全面保护，对商业性森林给予更多生态方面考虑的同时，采取集约经营方式，实现森林的最大效益(娄志伟等，2000)。

4. 森林经营实践

芬兰的森林主要为私人所有，私有林主平均拥有森林面积35 hm^2，这些森林主要分布在气候和立地条件较好、林木生长量较高的中部和南部地区。虽然随着芬兰社会经济的发展，越来越多的私有林主选择长期居住在城市，但大部分的私有林主依然会自行完成私有林的植树和抚育工作(赴芬兰森林可持续经营考察团，2015)。

芬兰森林资源丰富，积极有效的造林措施和可行的政策制度，妥善解决了森林保护和利用之间的矛盾，保证了芬兰林业的可持续发展。芬兰森林的采伐方式主要是小块状皆伐，面积一般不超过2 hm^2，10 hm^2 以上的采伐林很少(贾洪亮等，2006)。凭借先进的采伐和种植技术，芬兰的小面积再造林十分成功。芬兰林业提倡林分的自然再生，即树木采伐后，通过其他树木的种子或萌芽自然更新林地，不清除林中枯立木，让其自然腐烂，这是芬兰推广混交林的主要措施。为了防止水土流失和保护树木，芬兰制造出不用轮胎而用支架行走的林业机械。目前，芬兰有80%的新生林地来源于自然再生，通过人工播种和栽植的林地也是多树种的混交林。近自然更新和幼龄林经营方式使芬兰森林生态系统得以健康发展(贾洪亮等，2006)。芬兰是世界上第一个制定森林法的国家，法律强调采伐林木后必须立即更新，砍一棵树需要成功栽活三棵树苗，保证了森林产出和储备的平衡。《森林法》规定，30年树龄以上的树木可以实施间伐，间伐量不能超过30%。计划外的采伐活动须提前向当地林业委员会申请(包括采伐位置、面积、采伐时间等)，经批准后方可实施(杨继平，2008)。

此外，芬兰林业十分重视高新技术的应用，电子技术、自动化技术、信息技术和生物工程技术等均广泛应用于森林经营(胡亚文，2003；张久荣，2004)。采伐机械配有测量木材直径和长度的传感器，并利用机载计算机控制造材，进行数据采集、传输和处理，同步完成生产统计。激光器用于森林测量，可在几百米外探测树高(误差范围仅为几厘米)，并可在采伐前预测材种(贾洪亮等，2006)。芬兰是世界上第一个根据能源中碳含量收取能源税的国家，每年收取的能源税近30亿欧元，约占整个税收的9%，芬兰利用这笔钱来支持新能源技术的开发和利用，进一步提高了能源利用率。这些高科技手段的应用，为芬兰林业的现代化发展提供了强有力的支撑(刘北辰，2013)。

5. 林业教育与科研

芬兰以“林业集群”著称。自20世纪50年代开始，围绕林业和木材加工逐渐形成了“林业集群”。林业集群是木材、机械和专有技术的联合，由林业、森工、机械设备制造、森工需要的化学品生产、自动化、包装、能源设备、印刷企业、咨询公司以及相应的科研教育机构等组成(张久荣，2004)。以市场为驱动力和发展导向，培养一大批专业人员的同时，互利共赢。

国家制定并实施对森林经营者的培训制度，有专门人员负责，面对面对森林经营者进行培训、指导，不但提高了森林经营者森林经营的能力，也提高了森林经营者重视森林多功能的责任心。

(六)俄罗斯

俄罗斯是世界森林面积最大的国家，森林总面积 81 493.1 万 hm^2，约占世界森林面积的 22%，森林覆盖率 49.8%，其中天然林 79 509 万 hm^2，占森林总面积的 97.6%，人工林 1 984.1 万 hm^2，占 2.4%①。森林树种较少，以针叶树为主，主要为落叶松、桦树和橡树，而且森林分布不均，主要集中在西北、西伯利亚和远东地区(张松丹等，2014)。俄罗斯相对于我国地广人稀，森林面积大，主要是采用皆伐去获取木材，然后依靠天然更新，待可采时再次采伐，由于森林面积优势，不需要太精细的经营活动去维持一定的森林数量。因此，其森林经营相对粗放。

1. 森林管理机构

森林属于国家所有，属林务局管辖的国有林面积约占 94%，集体农庄和国有农场所有的占 4%，其他部委等所有的占 2%(张松丹等，2014)。实行三级管理体制，第一级是自然资源部，负责全国林业行政工作，自然资源部下设联邦林务局和自然资源利用监督局；第二级是作为联邦林务局的派出机构，在各联邦主体设置了地方林管局；第三级是森林管理的基层单位——林场。林场以前担负着森林更新、间伐、防火等实际作业和管理的双重职能，但改革后将实际作业完全委托给具有采伐权的企业，林场改为纯管理职能的机构。

2. 森林经营管理政策与制度

(1)地方分权、租赁制。为促进森林资源的永续利用，1993 年俄罗斯联邦制定了新的森林基本法，规定森林资源属国家所有，并推行地方分权化、租赁制。租期 1~50 年，使用者向地方政府申请租赁，通过投标竞争确定承租者。租赁期内不能改变使用者，因此，森工企业可放心投资进行基础建设。森林使用者应支付三种费用：森林更新、防治灾害与保护费、资源利用费、租金。森林更新、防治灾害与保护费设有专门的基金进行管理。森林资源利用费和租金两项费用的收入归森林资源所在地的地方预算，经地方议会决定，其中一部分可用于森林保护(韩景军等，2004)。

(2)采运及森工企业私有化。俄罗斯的森林虽然由国家部门管理，但森林资源具体培育经营工作完全交给具有采伐权的企业负责；森工企业基本上已经私有化，大中型企业私有化率达 96%，家具、胶合板、制材、制浆造纸企业完全实现了私有化，木材采运企业 90%实现了私有化；从现实情况看，俄罗斯林业企业总体效益不高(张松丹，2014)。

(3)采伐限额制度。俄罗斯由国家每 10 年编制 1 次森林采伐限额，并下达 1 次年森林采伐限额，这是采伐等消耗的最大量，不得突破。企业既要编制森林经营方案又要编制年度作业报告，并要在规划设计及领取采伐许可证后才能采伐。

(4)注重发展木材加工业。森林工业在俄罗斯的国民经济和社会生活中占有重要地位，

① 资料来源：FAO，2015. Global Forest Resources Assessment 2015.

森林工业的年产值目前仍占全俄工业总产值的5%以上。在国民经济行业中，森林工业排名第五，对俄国民经济有举足轻重的影响(韩景军等，2004)。俄罗斯采取提高原木关税、对进口木材深加工设备实行零关税等措施，限制原木出口、支持木材加工业，从而保护森林并提高国内木材加工附加值。

3. 森林经营模式

俄罗斯林地面积大，土壤较为肥沃，森林经营相对其他林业发达国家较为粗放。在森林经营中，分为三类：第一类生态公益林，主要是水源涵养林等满足人类健康功能需求的森林，占森林总面积的21.7%，不允许进行主伐利用。第二类是多功能林，主要分布在人口稠密地区，以森林的生态功能为主，森林面积约占全俄森林面积的7.6%，可进行适度工业利用，但应以不损害其发挥保护功能为前提。第三类是开发性森林，主要分布在人口稀少而多林的地区，其森林的经营原则以开发利用为主，兼顾森林的生态效益。这一类森林面积最大，约占全俄森林面积的70.7%。其问题是第三类过度采伐；第二类由于所处地区人口稠密、交通便利，因此，在森林经营中，由于利益驱使，存在着以主伐利用为主，忽视生态功能发挥的问题；第一类禁伐的生态公益林，则集聚了过多的成、过熟林，不但破坏了生态的稳定性，也降低了森林资源的商业价值。

据俄罗斯林务局官员介绍，所有的森林都必须在保证不损害其生态功能的前提下进行经营，包括用材林的主伐利用。为此，各个林区都要按照森林功能制定详细的经营规程，并根据经营实践进行调整。要求重视森林资源的培育、保护，注重和鼓励采取天然更新和人工促进天然更新的办法培育、保护森林资源，对大力发展纯人工林持谨慎态度(张松丹等，2014)。

俄罗斯造林的密度都很大，每公顷约4 500株，一般在第4~6年锄草抚育。这与我国南方当年就要锄草抚育差别很大。造林密度这么大原因之一是让树木自然整枝，使之长得更高，沿路所见，树木都长得很高，一般达30多米高，树木年龄不大胸径较小的森林也长得很高，且树干通直(张松丹等，2014)。

4. 森林经营实践

俄罗斯绝大部分森林是天然林，只有很少一部分是人工林。俄罗斯每年在全国的采伐迹地、火烧迹地和林中空地上都要进行大规模的森林更新工作。更新方式包括植苗、播种和促进天然更新(曲万涛和李淑华，2021)。森林更新所需的费用是由俄罗斯各联邦主体预算拨款的。但2001年，用于森林更新工作的拨款中有65%依靠各林场的补贴。除更新造林外，俄罗斯每年还在欧洲部分、乌拉尔和亚洲部分的草原和森林草原营造一定数量的防护林。其中，泰加林地带的防护林所占比重最大(约占2/3)，而且呈逐渐增加的趋势。相反，在混交林地带和森林草原地带，由于宜林地面积逐步缩小，防护林所占比重已出现明显下降的趋势(黄清和李淑华，2004)。

俄罗斯森林法的修订使国有林出现私有化趋势。但是，不受限制的私有化，一直受到众多学界权威、林学家、林业工作者、联邦主体和民间团体等社会各界的批评和反对。提交修订的法案中规定，森林租赁开始后经过15年就可以买入，逐步把联邦森林归私人所有。对森林的承租者只根据投标价格决定，价高者得，即使不是俄罗斯公民也可以承租。承租森林的利用不要求开具采伐许可证，不加以监督干预。这些修订忽视了森林对环境产生的重要效益，可能带来破坏性的后果(白秀萍，2006)。森林私有化既有促进林业经营发展的积极一面，同时也给林业企业发展带来一系列的负面影响。私有化后，森林资源遭到一定的破坏，造林更新速度减慢，产品也满足不了工业生产的需求。近 10 年，由于森林采运量的下降，森林经营规模也出现了下降。从现实情况看，俄罗斯林业企业总体效益不高(张松丹等，2014)。

5. 林业科研

一是林业高校和科研单位都有自己长期、稳定的实验基地。150 年的人工林样地保存完整，还依然不间断地进行监测，为人工林经营研究提供了定量依据。二是重视基础研究，科研联系生产，重视学生的实践能力，根据生产单位的需求，适时调整教学内容与研究方向。大学生毕业的前一年，就已确定工作单位，根据工作单位的实际要求，学生定向学习专业知识，并定期到工厂实习。学生到岗后，很快适应工作岗位。

四、提高我国森林质量的建议

(一) 切实处理好保护与经营的关系

天然林对我国森林资源而言至关重要，在天然林资源数量和质量每况愈下的情况下，1998 年起我国实施了天然林资源保护工程，并将其列入国家生态环境建设的战略任务。但保护并不意味着完全的禁伐。沈国舫院士认为，天然林保护的目的是为了建立更多更好的森林资源，更好地发挥森林的多种功能，产生更好的综合效益，并为我国将来的木材安全提供保障。森林是需要经营的，天然林保护也不意味着发展停滞。从天然林保护中获取包括生态、经济在内的多重效益，这就要求对森林进行高水平的、科学的可持续经营(含利用)。林木采伐既是一种利用手段，又是一种育林手段，做不好可能伤害森林，做好了反而可以促进森林生态系统的恢复和发展，提高森林质量。

(二) 充分考虑地方政策差异性

我国各地气候条件、森林资源基础差异较大，社会经济发展水平以及对森林环境认识程度参差不齐。因此，在国家层次制定原则性的规定，尤其是制定统一的技术规程是不现实的。增强地方森林经营自主权，在不违背国家宏观规划与管理的框架下，各地制定适应本地区的森林经营政策与技术标准等，国家在大方向上进行管控。

(三) 建立森林经营方案制度

强化森林经营规划和方案的法律地位，自上而下编制森林经营中长期规划，规范各级政府森林经营工作，避免短期行为，同时规范经营方案编制技术，包括森林资源调查体系、森林资源管理方法、森林生态系统分析与森林可持续经营评价方法、森林经营效益分析方法等，调整传统经营方案的内容，力争编制、实施与国际接轨的经营方案。另外，加快推进依据森林经营方案自下而上科学编制森林采伐限额的改革进程。建立森林经营方案制度，配套相关政策，使森林经营方案成为指导经营主体经营活动的法定文件。

(四) 整合修订技术规程

系统整合现有的重复性标准、规程，修订或废除不再适宜现在森林经营发展趋势的标准、规程，制订满足未来发展趋势，如气候变化背景下的新技术规程及标准、珍贵阔叶树培育技术规程等。

（五）加强林业各层次人才培养

政府应加大林业教育与培训的资金投入，强化大学林科教育，为林业系统管理部门培养公务员、大中型企业中层以上领导干部、中小型企业领导人和总工程师、工程师。对林科学生的培养既要重视理论研究，也要注重实践能力，培养理论、实践、管理的综合型人才。大力发展高等林业专科学校，巩固加强中等林业职业教育，加强学校与企业在人才培养方面的合作，培养适应基层工作的应用型人才。各级林业部门加强在职人员的培训，及时学习新知识新技术。森林经营一线技术人员实行技术水平资格制度，不同技术等级的人员待遇与晋升不同。出台相关政策要求大规模的森林经营工程必须雇用具有林业技术资格水平的团队。

主要参考文献

Berg P, 2013. The events of 1987 Corporatising and privatising the state's forests[J]. New Zealand Journal of Forestry, 57(2): 10-15.

Evison D, 2013. Some observations on the economics of commercial forestry in New Zealand [J]. New Zealand Journal of Forestry, 58(3): 3-13.

陈洁，刘欣，2009. 新西兰林业私有化的特点及启示[J]. 世界林业研究，22(4)：7-10.

陈蓬，张会儒，2005. 新西兰辐射松人工林产业发展经验值得借鉴[J]. 浙江林学院学报，22(5)：582-586.

董得红，2007. 新西兰林业分类经营成功的经验与思考[J]. 中南林业调查规划，26(2)：68-71.

赴芬兰森林可持续经营考察团，2015. 赴芬兰森林可持续经营考察报告[J]. 林业经济(37)：119-122.

谷瑶，朱永杰，姜微，2016. 美国林业发展历程及其管理思想综述[J]. 西部林业科学，45(3)：137-160.

国家林业局考察团，2010. 不断改革探索现代林来发展之路—德国林业考察报告[J]. 林业经济(11)：121-126.

国家林业局林业培训交流与国有林管理考察团，2011. 借鉴芬兰、英国管理经验促进我国林业发展—芬兰、英国考察报告[J]. 林业经济(12)：83-89.

韩景军，胡兰英，王洪艺，等，2004. 俄罗斯的森林经营与城市林业[J]. 林业科学研究，17(4)：505-511.

何发全，2008. 赴美国林业政策、森林经营和防沙治沙考察报告[J]. 宁夏林业通讯(2)：20-24.

何全发，2006. 澳大利亚、新西兰森林经营与人工林栽培考察报告[J]. 宁夏林业通讯(1)：26-29.

胡文亚，2003. 芬兰的林业[J]. 林业科技(3)：69-71.

黄清麟，2005. 浅谈德国的"近自然森林经营"[J]. 世界林业研究，18(3)：73-77.

吉林省林业厅赴加拿大美国考察团，2006. 加拿大美国林业考察报告[J]. 吉林林业科技，35(3)：42-44.

贾洪亮，金大刚，邱长玉，2006. 芬兰森林的可持续经营[J]. 江西林业科技(4)：62-64.

姜英俊，1996. 芬兰林业—以生产木材和保护生物为目的[J]. 国外林业，26(1)：16-19.

景彦勤，林文卫，邓鉴锋，2006. 德国近自然林业经营与管理模式—赴德国林业考察报告[J]. 广东林业科技，22(3)：113-116

亢新刚，2011. 森林经理学[M]. 北京：中国林业出版社.

李中华，2013. 日本森林组合发展经验及对我国的借鉴研究[J]. 东南学术(5)：139-144.

刘北辰，2013. 谈谈芬兰的环境保护[J]. 中外企业文化(10)：37-38.

刘德良，李吉跃，左家哺，2006. 美国城市林业概述[J]. 世界林业研究(3)：61-65.

刘峰，2015. 日本林业管理经营模式的经验与启示[J]. 安徽农学通报，21(14)：133-134.

刘国忠，李思存，2002. 新西兰的辐射松[J]. 世界农业(3)：41-42.

刘克新, 2002. 赴美国考察森林经营情况的报告[J]. 环球林业(2): 28-30.
刘林福, 2005. 新西兰的森林可持续经营与发展[J]. 内蒙古林业调查设计, 28(1): 22-24.
刘珉, 2017. 德国林业的经营思想与发展战略[J]. 林业与生态(10): 3.
娄志伟, 李具来, 刘涌, 2000. 芬兰的森林经营与自然保护[J]. 林业勘查设计(1): 5-8.
曲万涛, 李淑华, 2021. 俄罗斯森林资源状况与森林经营评价[J]. 西伯利亚研究, 48(2): 23-39.
宋秀兰, 1995. 日本的森林分类管理[J]. 中国林业(2): 43.
苏月秀, 2012. 我国森林经营现状研究[D]. 北京: 北京林业大学.
孙顶强, 尹润生, 2006. 西北林业计划: 美国国有森林经营的经验与启示[J]. 林业经济(2): 75-80.
谭学仁, 王恩苓, 唐小平, 2012. 日本森林经营与管理借鉴[J]. 辽宁林业科技(1): 24-29.
王章明, 尉颖, 柴登祥, 2018. 借他山之石助推"大花园"建设——赴新西兰、澳大利亚林业出访报告[J]. 浙江林业(1): 38-40.
王志新, 2006. 美国森林管理的特点与启示[J]. 吉林林业科技, 35(5): 43-46.
吴水荣, 2014. 芬兰林业发展的新趋势与经验借鉴[J]. 世界林业动态(4): 2-3.
吴涛, 2012. 国外典型森林经营模式与政策研究及启示[D]. 北京: 北京林业大学.
吴秀丽, 刘羿, 祝远虹, 等, 2013. 我国森林经营管理与政策研究[J]. 林业经济(10): 86-92.
向青, 尹润生, 2006. 美国、加拿大林地产权制度及森林经营管理[J]. 林业经济(7): 70-77.
谢阳生, 陆元昌, 雷相东, 等, 2021. 德国下萨克森州长期生态林业发展规划实施效益评价及启示[J]. 世界林业研究, 34(5): 97-102.
杨馥宁, 杨文辉, 古文奇, 等, 2009. 美国的森林经营与森林认证现状及对我们的启示[J]. 中南林业调查规划, 28(1): 43-47.
杨继平, 2008. 一个标准的森林国家: 芬兰森林可持续经营研究[J]. 中国林业(21): 4-7.
叶世森, 郑郁善, 2014. 新西兰林业发展现状及启示[J]. 福建林业科学研究: 21-25.
叶勇, 苗丰涛, 2016. 德国森林管理制度建设经验及启示[J]. 农业科学研究, 37(2): 53-57.
张会儒, 唐守正, 王彦辉, 2001. 德国森林资源和环境监测技术体系及其借鉴世界林业研究[J]. 世界林业研究, 15(2): 63-70.
张久荣, 2004. 芬兰林业发展的启示[J]. 林业机械与木工设备, 32(11): 4-6.
张松丹, 林祚捌, 莫沫, 等, 2014. 赴俄罗斯波兰森林可持续经营项目研讨会考察报告[J]. 林业资源管理(6): 153-174.
中华人民共和国林业部引进国外智力办公室, 1997. 林业部引进国外智力培训报告汇编[M], 北京: 中国林业出版社.
钟少伟, 杨逸廷, 何贤勤, 2014. 德国林业概况及其可借鉴的经验[J]. 湖南林业科技, 41(2): 69-73.
祝列克, 2006. 林业经济论[M]. 北京: 中国林业出版社.

专题三　世界乡村林业发展典型模式

纵观世界乡村发展历程，在工业化与城市化早期阶段，大多数国家面临区域发展不平衡、农村劳动力外流、耕地闲置、乡村经济发展缓慢、乡村衰落与乡村贫困等问题。如何促进乡村发展、消除乡村贫困、缩小城乡差距以及实现乡村振兴是世界各国共同关注的重大问题。

全球大多数森林集中在乡村，乡村是林业建设的主战场。据统计，全球依赖森林维持生计的人口约16亿，他们需要从森林中获得食物与经济收益(FAO，2015a)。因此，从全球视角看，林业在支持乡村发展中具有独特地位和重要作用。

改善生态环境、消除贫困和实现生活富裕，是乡村林业发展的重要任务。当前我国正在实施乡村振兴战略，为了更有效地利用人、财、物资源与持续增强林业支持乡村发展的重要功能，有必要借鉴、吸收国外的先进经验。本专题梳理了亚洲、非洲、南美洲、欧美等地区林业支持乡村发展的典型模式，分析各种模式的主要特点，总结各种模式的共性规律，探讨国外典型模式共性规律对加快我国乡村林业发展的借鉴和启示。

一、亚洲地区典型模式

七大洲中，亚洲面积最大，人口最多。除日本、新加坡与韩国为发达国家外，其余均是发展中国家。亚洲地区发展中国家在利用林业发展乡村过程中特别重视社区的作用，重视来自基层的声音与诉求。其中，较为典型的有尼泊尔社区林业和印度联合森林管理两种模式。

(一)尼泊尔：社区林业

在该模式中，森林使用者小组和社区森林使用者小组联合会是两类极为重要的行为主体，他们在保障村民参与森林管理和促使地区林业局“权利下放”方面发挥了极为关键的作用。

1. 背景

尼泊尔属于南亚山区的内陆国。1957年，尼泊尔为加强国家对森林资源的控制通过了私有林国有化法，将森林收归国有，由林业部门独家管理。这一政策的出台，导致乡村社区村民丧失了对森林的管理权与经营权，当地村民与林业部门之间的矛盾日益突出，非法采伐活动猖獗。尽管林业部门加大了打击力度，但受制于人力，乱砍滥伐问题未能得到有效遏制。加之，20世纪70年代孟加拉国爆发的严重洪涝灾害引起了全世界对位于上游的尼泊尔森林资源迅速消耗和退化的关注，尼泊尔政府也意识到单独依靠林业部门保护森林资源存在困难(Brown et al.，2002)。1976年，尼泊尔政府开始引入社区林业政策，颁布法律承认村民是保护森林的重要力量。1978年，政府出台了村民参与管理、保护森林的法律。政府把林地交给乡村委员会，乡村委员会根据政府对林业的规划和要求管理林地；每个乡村通过采集薪材与非木质林产品等获得经营收入，建立乡村林业发展基金，用于林地的管理和保护。1993年，新森林法颁布，正式认可社区林业的法律地位；1995年，森林管理条例出台，强调将更多的森林权利赋予社区森林使用者小组。

经过30多年的发展，社区林业在尼泊尔林业中拥有重要位置。根据尼泊尔林业和环境部森林和土壤保护司的统计(CFD，2017)，社区森林使用者小组共有19 361个，管理的森林超过100万 hm^2；参与社区林业项目的家庭约145万户，累计占全国人口的35%。

2. 发展理念

尼泊尔实施社区林业(community forestry，CF)是政府在一定时期内将国有林交给当地社区管理。社区森林使用者小组在管理国有森林资源的同时，有权通过采集薪柴、畜禽饲料与其他非木质林产品等渠道满足乡村家庭对森林产品的基本需求。政府大力发展社区林业的最终目标是实现林业可持续发展，这有赖于四个方面基础目标的实现，即：①满足乡村家庭对森林产品基本需求；②保护森林生态系统与遗传资源；③加强林地资源保护，防止林地退化；④促进社区经济与国民经济发展(Pokharel et al.，2012)。

3. 利益相关者的利益诉求及角色定位

(1)地区林业局。地区林业局(the district forest office，DFO)希望采用一种经济可行的方式保护森林资源，增强森林生态系统服务功能，促进森林可持续经营。地区林业局代表政府行使国有林所有者职责，对森林使用者小组进行登记与备案，并对其提交的组织章程与森林经营方案进行审查和批准。此外，地区林业局对其提供必要的技术指导和资金支持。

(2)森林使用者小组。每个森林使用者小组(forest user groups，FUGs)包括70~80户家庭，在一定时期内托管90 hm^2 左右的国有林。森林使用者小组负责组织村民管理森林，同时代表村民追求经济利益。虽然森林使用者小组要接受地区林业局监督，但是其内部组织建设与森林经营自主权较高，有权组建执行委员会，修订组织章程，编制森林经营方案。森林使用者小组掌握森林使用权与几乎全部收益权，但经营收益分享机制要遵循社区林业指南的要求。然而，由于森林使用者小组不是森林所有者，无权出售林地。

(3)社区森林使用者小组联合会。尼泊尔的社区森林使用者小组联合会(Federation of Community Forest Users Group)成立于1996年，是一个全国性的组织。该联合会反映森林使用者的声音，致力于通过能力建设、可持续森林管理、技术援助、宣传和游说、国内及国际联络来促进和保护全森林用户权益以及维护民主价值观念、性别平等和社会公正(庄作峰等，2012)。从组织层级与范围看，社区森林使用者小组联合会分为国家联合会、地区联合会和地方联合会。

(4)国际援助机构。在尼泊尔，除政府林业部门之外，既有联合国开发计划署(UNDP)、世界银行(WB)、亚洲开发银行(ADB)、全球环境基金(GEF)、世界自然基金会(WWF)和亚太森林恢复与可持续管理组织(APFNet)等国际组织采用项目形式支持社区林业发展，也有美国、日本、中国、澳大利亚、英国、瑞士、德国、加拿大和芬兰等国的政府及各种基金会或对外合作机构皆提供了资金支持与技术指导。这些国际援助机构希望通过帮助尼泊尔发展社区林业，保护森林资源与改善居民生计，同时把自己塑造成正面的援助者形象。

4. 利益相关者的相互关系

1957—1975 年，尼泊尔推行森林国有化政策，国有林由林业部门代表政府进行管理。1976 年引进社区林业管理模式之后，越来越多的国有林由地区林业局移交给社区森林使用者小组管理，社区森林使用者小组联合会与国际援助机构也在社区林业发展过程发挥积极作用。尽管林业部门拥有现代科学知识，但由于人力与财力的约束，实施单独管理的难度很大。而当地森林使用者小组拥有大量乡土知识，熟悉当地森林植被特点与野生动物习性，能有效组织村民家庭参与森林资源保护与利用。社区森林使用者小组联合会联合了全国的森林使用者小组，代表他们与政府就社区森林资源保护与利用问题进行谈判，尽可能为森林使用者小组争取最大的权益。各利益相关者关系如图 3-1 所示。

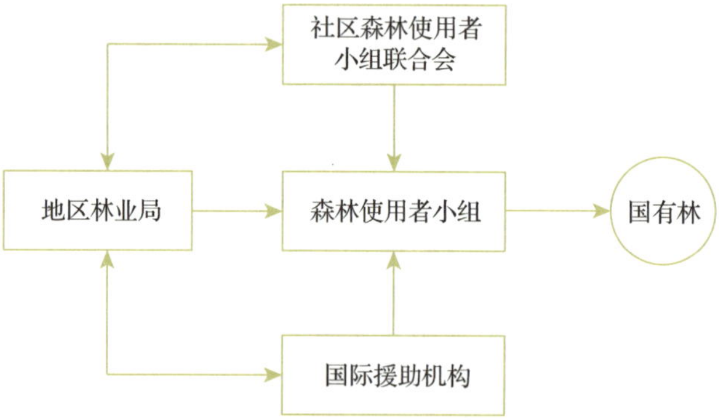

图 3-1　尼泊尔社区林业模式中各利益相关者关系图

5. 运行机制

尼泊尔政府 1993 年颁布的《森林法》与 1995 年发布的《森林条例》提出了社区林业实施过程。由政府将国有林经营管理权与使用权移交给当地社区森林使用者小组(CFUGs)。政府要求森林使用者小组以可持续方式管理森林，并不断改善社区村民生计。森林使用者小组被视为具有独立法人地位的基础群众自治组织，它有权制定组织章程，自主开展社区林业管理活动。

森林和土壤部(The Ministry of Forest and Soil Conservation，MFSC)负责制度制定，森林和土壤保护司负责政策实施。社区林业处(The Community Forestry Division，CFD)与 74 个地区林业局接受森林司领导(Paudel et al.，2007)。在森林司领导下，地区林业局将国有林移交给社区森林使用者小组管理，并提供必要的公共服务。然而，由于地区林业局提供的服务支持有限，森林使用者小组缺乏足够的能力自行管理好森林。因此，他们不得不借助外部组织(机构)。当前，许多非政府组织与民间社团组织参与社会林业项目，致力于提升森林使用者小组能力建设。

森林使用者小组联合会为乡村森林使用者小组提供了各种服务、指导与支撑。该联合会通过组织各种倡议活动，对政府制定与实施林业政策施加压力，抗议反社区林业活动；同时，加强与乡村社区林业项目资助机构联系，构建全国性森林使用者小组网络，为居民争取最大森林使用权益。非政府组织与社区类组织(community based organizations，CBOs)参与森林使用者小组能力建设，在森林使用者小组成立、森林经营权移交、后续管理等各个阶段为其提供政策咨询和技术指导。由于得到各种组织的有力帮扶，乡村林业发展良好，达到了通过实施森林可持续管理实现当地居民生计改善的基本目标。

6. 主要成效

森林能为当地居民家庭提供直接与间接民生福利(Bijaya et al.，2016)。其中，直接福利包括从森林中获取食物、薪炭材、木材、饲料、建筑材料与药物等；间接福利包括流域保护、侵蚀控制、土壤改良与农田防护等。基于可持续生计视角，社区林业发展的效果体现在自然资本、物质资本、人力资本、社会资本、金融资本五大方面。

(1)自然资本。社区林业管理实践促进了林地、水、野生动植物、生物多样性、环境与非木质林产品等自然资源的保护与生产。林地与林木可为村民增加收入，增强幸福感，提供直接福利，同时通过水土保持与防风固沙等方式提供间接福利。森林通过提供薪柴等日常用品满足社区森林使用者短期需求，也通过提供建筑用材等木质林产品满足长期需求。经过多年发展，社区森林使用者小组已经成熟，林产品采集与分配机制运行良好(Bijaya et al.，2016)。

(2)物质资本。社区森林使用者小组基金用于饮用水、灌溉、环境卫生、能源、交通、通信与住房等基础设施建设与社区活动开展，改善社区贫民生计。在许多乡村地区，急需的生活设施较匮乏，森林使用者小组依托社区林业项目，通过修改乡村公路、桥梁、乡村建筑物、学校与庙宇等为乡村社区积累物质资本。

(3)人力资本。地区林业局为社区森林使用者举办关于健康、信息与技能方面的培训班，提高村民特别是穷人各方面的素质。社区使用小组委员会特别注意吸收女性与贫困人口参与，培养弱势群体的组织管理能力。

(4)社会资本。社区福利的增加与减少，取决于个人能力、参与组织活动频次以及对涉及生计的权利与义务的了解情况。社区森林使用者小组通过在地区与国家层面创建社区森林使用者小组联合会，增强森林使用者的凝聚力，谋划社区林业发展方向。社区森林使用者小组联合会通过加强与政府、非政府组织等不同利益主体沟通与协调，通过举办关于反对性别歧视与种族歧视研讨会，维护森林使用者小组的权利。据统计，在尼泊尔社区森林使用者小组联合会中，女性人数已超过1千名。

(5)金融资本。绝大多数社区森林使用者小组都会建立社区基金。社区基金融资渠道主要包括出售林产品、接受各类捐助以及开展森林旅游。依托社区基金，森林使用者小组经常开展小额贷款业务，并优先照顾女性和穷人。

7. 经验总结

社区林业在尼泊尔取得巨大成就，为乡村社区发展与边缘群体带来实实在在的利益。主要成功经验(Pandey et al.，2015)：

(1)兑现政治承诺。社区林业在尼泊尔取得成功很大程度上归功于政策兑现。政府将社区林业作为森林治理的重要手段，在国家林业发展规划中给予其优先发展地位与必要的资金支持。同时，地区林业局积极帮助森林使用者小组发展社区林业。另外，包括社区森林使用者小组联合会在内的民间团体与以社区为基础的组织为社区林业建设提供诸多方面的支持。

（2）鼓励利益相关者参与政策制定。政府积极鼓励利益相关者参与社区林业政策制定。政府邀请非政府组织、私营部门组织研讨会，研究制定社区林业治理相关政策法规。1987年首轮研讨会就出台了林业部门总体规划。随后的研讨会催生森林法与森林管理条例，并帮助推动社区森林使用者小组联合会成立。

（3）发挥民间团体作用。许多民间团体支持社区林业发展。他们在提高社区林业认知、指导能力建设、促进经验分享方面发挥积极作用，并支持社区参与国家层面的林业政策制定。

社区森林使用者小组联合会是最重要的民间团体之一，为社区森林使用者小组提供了沟通与协调的正式网络，努力保护森林使用者权益，鼓励他们参与政策制定。另外，两个重要的民间团体是以社区为基础的林业支持者网络（the Community-based Forestry Supporters' Network，COFSUN）与喜马拉雅基层妇女自然资源管理协会（the Himalayan Grassroots Women's Natural Resource Management Association，HIMAWANTI），其中，COFSUN 致力于通过促进经验分享与能力建设支持社区林业发展，HIMAWANTI 致力于从社区基层提升女性在自然资源可持续管理中的地位与作用。

（4）重视边缘群体的参与。社区林业的成功还与边缘群体利益保护有关。全国由女性牵头的社区森林使用者小组数量已超过千个，且数量仍在不断增长。在制定社区林业章程与森林经营方案过程中，尊重边缘群体利益诉求，甚至特意制定亲贫的具体条款，保护边缘群体的权益。

（二）印度：联合森林管理

在该模式中，林业部门作为公有林的所有者，赋予周边村民部分森林权益，吸引他们参与公有林管理，实现共同管理森林和共同分享收益的双赢目标。

1. 背景

印度近90%的森林属于公有林，私有林很少。然而，森林周边的村民对森林依赖性很高，农业生产长期采用轮作方式，导致印度特别是东北部土地退化非常严重；加之，周边村民要向森林采集薪柴与畜用饲料，或者直接在林区放牧；村庄附近森林出现了不同程度的乱砍滥伐现象；当地社区与林业部门关系紧张，村民与官员矛盾较多。在这种背景下，联合森林管理（joint forest management，JFM）模式应运而生。

2. 发展理念

联合森林管理是指林业部门与当地社区签订协议，让当地村民参与公有林的经营管理活动，两者共同管理森林和共同分享收益（Patra，2015；刘珉，2017）。1988年，印度政府提出推行联合森林管理，1990年提出联合森林管理指导原则，2000年修正了这些原则。联合森林管理的基本理念是整合林业部门（或当地政府）、当地乡村、非政府组织与资金资助机构力量，共同打击非法采伐活动，控制森林火灾，从而实现森林资源保护；同时，通过让渡村民部分森林权益，改善林业部门与村民的关系，促进社区发展（褚利明等，2006；Patra，2015）。最终实现多方收益，森林资源保护、林业部门林业收入增长、村民生计改善等多方共赢的目标。在联合森林管理项目实施过程中，特别注重林业部门与当地社区的精诚合作，自始至终贯彻坚持"自上而下"与"自下而上"相结合的原则。

3. 利益相关者的利益诉求及角色定位

（1）林业部门。林业部门官员代表政府行使公有林所有权，在联合森林管理中处于领导者与管理者地位。他们具有经济收益与生态效益两方面诉求，即通过出售木材与林副产品获得经济收益，组织当地社区村民参与森林资源保护获得生态效益。政府部门认为联合森林管理是一种恢复退化森林与保护高质量森林的可行方式。如果抛弃这种方式，林业部门不得不雇用更多人员打击非法采伐，将耗费大量人力、物力，经济上不具可行性(Patra et al.，2015)。相反，通过实施联合森林管理，可以吸纳当地村民参与森林保护活动，从而大大节约林业部门人力成本。对于林业部门官员而言，首先关注的是森林资源保护方面的政绩，其次才是乡村发展情况。

(2)非政府组织。一些非政府组织认为，联合森林管理意味着赋予当地社区村民参与森林资源管理的权利，动员他们保护与培育森林资源；另一些非政府组织认为，实施联合森林管理项目，不仅能提高森林质量，也有利于团结当地居民，减少冲突，促进当地社区发展。

(3)资助机构。对于林业企业而言，推动联合森林管理实施有利于改善企业与当地社区居民关系，在未来建立工厂之后避免他们之间的冲突。对于其他一些资助机构而言，联合森林管理意味着得到地方政府收入税费方面的豁免(Patra et al.，2015)。

(4)乡村社区。对于那些管理良好林地并获得稳定收入的乡村社区，联合森林管理是解决食物、薪柴与畜禽饲料、其他林产品本身需求的途径，也是增加稳定收入的渠道。对于那些管理退化林地并获得政府给予劳务工资的社区，联合管理项目增加了当地居民的就业机会。由于退化林地的质量差，当地村民无法通过采集森林食品、薪柴、饲料等获得短期稳定收益，他们通常将联合森林管理视为政府购买劳务的方式，主人翁意识不强(Patra et al.，2015)。

4. 利益相关者的相互关系

长期以来，印度公有林由林业部门代表政府进行管理。引进联合森林管理方式之后，一些公有林由林业部门与乡村社区共同管理，非政府组织与资金资助机构也在期间发挥积极作用。尽管林业部门拥有专业知识，但由于森林面积大而人力少，实施单独管理的难度很大。而当地社区拥有大量乡土知识，熟悉当地森林植被特点与野生动物习性。林业部门与乡村社区联合，能有效整合现代科学与乡土知识的耦合作用，共同管护好森林资源。非政府组织一方面监督联合森林管理项目的实施，另一方面加强对村民的培训，提高他们参与联合森林管理的能力。由于实施联合森林管理需要较多初始经费投入，资助机构提供的项目资金能满足这种需求。各利益相关者关系如图 3-2 所示。

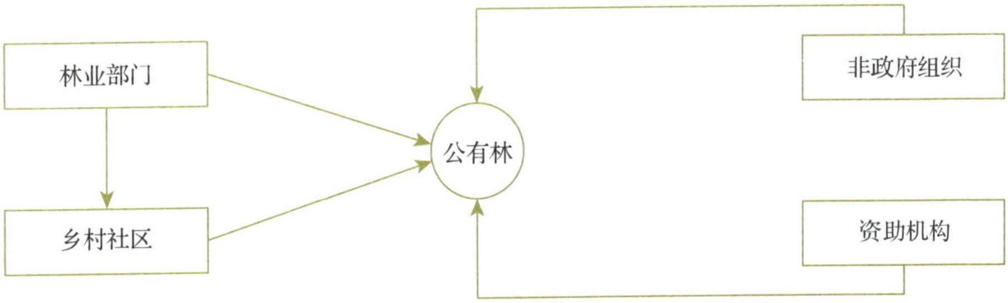

图 3-2 印度联合森林管理模式中各利益相关者关系图

5. 运行机制

在初期阶段，联合森林管理项目主要在退化林地实施，特别是在乡村周边地区。其主要目标是荒山造林与退化林地修复。后来，联合森林管理项目拓展到高质量森林，其目的是加强森林经营，进一步提高森林质量。实施联合森林管理项目需要相当数量的资金。资金一方面依靠政府下拨，另一方面依靠社会资助机构捐资，如林业企业与国际组织。非政府组织鼓励当地社区居民参与联合森林管理项目，举办各种培训班加强对村民与林业部门官员的培训，促进不同利益相关者之间沟通与协调，协助解决他们之间的利益冲突。

为顺利实施联合森林管理，乡村社区通常成立森林保护委员会（Forest Protection Committee，FPC）。森林保护委员会由一个村或几个小村关心森林保护与更新的居民组成。森林保护委员会设立一个执行委员会，从事日常管理工作，一般任期两年。执行委员会一般10~16人，包括村长、地方议员、林业部门官员、村民代表、非政府组织代表等。印度不同邦的森林保护委员会选举规则与管理规则有所不同。如果通过实施联合森林管理使得森林资源得到有效保护，那么森林保护委员会将分享部分木材收益，其他部分收益上交林业部门。

6. 主要成效

联合森林管理实践在印度既有成功案例，也有失败案例。下面以 Patra et al.（2015）提供的两个正反案例为基础，分析联合森林管理实践的扶贫效果。

（1）成功案例：哈里亚纳邦 Morni-Pinjore 与 Yamunanagar 林区联合森林管理实践。该林区位于哈里亚纳邦北部与东北部，土地面积为 3 000 km^2。森林植被具有热带落叶林特征。当地村民由古贾尔（Gujjar）、拉姆达采（Ramdaisya）与班加尔（Banjar）等民族组成。其中，拉姆达采人依赖林业与畜牧业维持生计，例如编制竹篮与绳索；古贾尔人饲养畜禽，通常从周边森林中获得饲料。20 世纪 70 年代，该林区乱砍滥伐问题突出、森林火灾频发，森林植被破坏严重，导致洪灾多发与水土流失严重。由森林破坏带来的生态环境恶化，已经影响到依赖林业、畜牧业与种植业的村民生计状况。鉴于这种情况，在哈里亚纳邦林业部门支持下，能源与资源研究所于 1990 年率先引进联合森林项目。美国福特基金会对该项目给予必要的经费支持。当地社区在能源与资源研究所倡议下成立了 55 个村级森林保护委员会。这些保护委员会通常又称为山地资源管理协会（Hill Resources Management Societies，HRMS）。为种植与保护竹子与其他林木，不同山地资源管理协会租用不同地块的林地。为控制水土流失，HRMS 会将水利设施建立在合适的地方。HRMS 获得草与竹子收益。实施结果表明：在 1~2 年内，农林产品数量增加，放牧问题也得到有效解决。当地社区村民经济条件得到改善。HRMS 通过销售畜用草获得经济收益。这些收益被用于村庄基础设施建设，从而有力地促进当地社区发展。另外，在社区、地区与邦三个层面都建立了工作组；社区与地区层面工作组负责指导与监督联合森林管理项目实施，邦层面工作组负责顶层制度设计。社区居民与林业部门官员建立了沟通机制，双方沟通比以往更加顺畅。通过实施 JFM 项目，该林区许多乡村的环境、社会与经济条件都得到了明显改善。

（2）失败案例：安得拉邦 Janaram 林区联合森林管理实践。Janaram 林区位于安得拉邦阿德拉巴德区戈达瓦里河流域上游，土地面积 2 230 km^2。森林植被属于干燥落叶型，高质量的柚木与非木质林产品数量较多。林区周边地区分布着大量部族村庄，大多数村民属于贡德部族。贡德人没有自己的土地，主要以采集森林产品作为基本生计来源，例如食物、饲料与能源。由于走私犯盗伐柚木，导致到20世纪80年代末期与90年代早期，林区森林已经退化非常严重。当地部族人甚至无法从中获得维持基本生计的必需品。在这种背景下，Behroogunda村庄于1990年率先成立森林保护委员会(Forest Protection Committee，FPC)。曾有一名村庄贡德部族首领为反对走私犯付出了生命。大量村民自发团结起来，对柚木走私行为表示强烈不满。受其影响，Janaram林区官员与其他政府官员一起帮助村民实施联合森林管理，Behroogunda村庄森林保护委员会也于1993年获得林业管理部门认可。世界银行为联合森林管理项目提供资金支持。在卡瓦尔国家公园(Kawal National Park)周边所有村庄都成立森林保护委员会，森林警察与当地村民在公园周边采用徒步与乘坐吉普车方式开展夜间巡逻，有效减少了木材偷运的发生。通过该项目实施，村民通过参与森林巡护与造林以及采集非木质林产品获得了可观的收入。然而，由于世界银行项目资助结束、林业部门主要领导调整以及缺乏非政府组织参与等诸多原因，大多数森林保护委员会停止运行，木材盗伐与走私迅速反弹。到2004年，该地区大面积柚木林已被非法采伐。从2003年起，世界银行启动第二轮资助，第二阶段联合森林管理项目启动，这次引入了非政府组织。非政府组织尽管关注生计改善行动计划，但是忽视村庄建设与部族首领能力建设。而且在这一阶段，林业部门官员尽管展示了外交技巧，但没有表达真正诚意，没能与当地村民建立良好关系。官员将资金投入森林围栏建设，但这种投资纯属浪费，根本无法有效阻拦柚木盗伐与走私活动。总而言之，联合森林管理项目未取得预期效果。

7. 经验总结

印度各邦的联合森林管项目实施有成功和失败的案例。实施好联合森林管理项目对印度林区治理很重要，因为它能有效阻止林地私有化。成功实施联合森林管理模式，首先有必要让各利益相关方特别是当地村民深刻理解联合森林管理的本质，加强森林保护委员会与林业部门沟通与协调；其次是加强森林保护委员会(FPC)与林业部门官员的能力建设，制定微观层面的具体计划，鼓励非政府组织参与。

二、非洲地区典型模式

七大洲中，非洲面积第二，人口第二，国家数量最多。截至目前，非洲地区还没有一个真正意义上的发达国家。与亚洲类似，非洲地区发展中国家在利用林业发展乡村过程中特别重视社区的作用，重视来自基层的声音与诉求。其中，较为典型的有肯尼亚“参与式森林管理”和尼日利亚“以社区为基础的森林管理”两种模式。

(一)肯尼亚：参与式森林管理

在该模式中，社区森林协会与社区森林协会联合会是两类极为重要的行为主体，他们在引导村民参与森林管理和促使林务局与郡议会“权利下放”方面发挥了极为关键的作用。

1. 背景

肯尼亚属于东非国家。20世纪70年代末期到80年代早期，肯尼亚森林遭到史上最为严重的破坏，其原因在很大程度上被归结为林业政策法规的缺失(Ongugo，2007)。肯尼亚长期以来沿用殖民政府于1957年制定的林业政策法规。即使独立后，肯尼亚也很少做出改动。这些政策法规保障森林资源由政府集中统一管理，将其他森林利益相关者排除在外。这种林业管理方式在很大程度上被视为具强制性且草率，很少顾及乡村生计问题。因此，地方乡村渴望政府出台新的政策法规，允许并接纳他们参与森林管理；各种民间社团组织也呼吁政府改革林业政策法规。在 20 世纪 90 年代早期，这种“渴望”与“呼吁”转变成巨大推动力，促使参与式森林管理进入肯尼亚。2005 年，肯尼亚出台新的森林法，标志着参与式森林管理在森林管理中地位的正式确立。

2. 发展理念

实施参与式森林管理(participatory forest management，PFM)意味着政府对以生产工业用木材为主要目标的传统管理模式进行改革，赋予乡村社区采集林产品与森林服务的权利。由此，村民能从附近森林中采集木质燃料、建筑用材、饲料、药用植物与水果等以满足其自身生计需求。由于社区的参与，降低了政府管理森林的难度，彻底扭转了森林迅速被破坏的势头。参与式森林管理的目标是加强森林保护(有效性)和改善当地村民生计(公平性)。

3. 利益相关者的利益诉求、角色定位及相互关系

(1)乡村社区森林协会与社区森林协会联合会。随着新政策与法律的出台，肯尼亚通过建立社区森林协会推动社区参与国有森林管理(谢和生等，2017)。目前，全国社区森林协会已经超过 100 家；而在国家层面，由社区森林协会为成员的全国社区森林协会联盟已经成立。社区森林协会代表社区村民行使权力与承担相应的责任。社区森林协会向林务局申请许可，参与一定面积的国有林保护与经营。按规定，协会要与林务局共同制订森林经营方案，并签署经营协议。社区森林协会利益诉求主要通过在林区采集薪柴或采伐木材、采集草药和蜂蜜、收割牧草、采集非木质林产品、开展森林旅游等活动以满足自身林产品的需求和获取经济收入或解决就业。此外，协会要承担一些责任：按批准的经营方案保护与经营森林；协助林务局打击非法采伐林木行为，参与森林防火等。社区森林协会联盟是协会的大联盟，通过与林务局、地方政府谈判，影响政策制定与实施，为协会或社区争取最大的森林权益。

(2)林务局与郡议会。林务局是国有林主管部门，代表国家行使所有权职责。林务局希望通过推行参与式森林管理，动员森林周边社区力量参与森林保护与经营，转变森林资源锐减的趋势，切实保护国有林资源。郡议会是地方权力与立法机构，为参与式森林管理提供制度保障。

(3)援助机构与非政府组织。肯尼亚属欠发达国家，国家财力有限。为推动参与式森林管理，政府积极争取各种援助机构的经费支持与技术援助。肯尼亚森林行动网和肯尼亚森林工作组两个非政府组织提供了大量技术支持。

上述六类利益相关者的关系如图 3-3 所示。

4. 基本原则与主要步骤

肯尼亚林务局在《参与式森林管理指南》(2015 年)提出了需要遵循的原则与可供依循的步骤(表 3-1、表 3-2)。

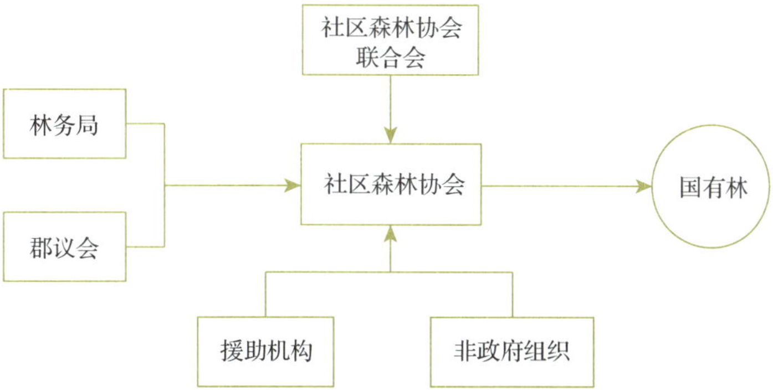

图 3-3　肯尼亚参与式森林管理模式中各利益相关者关系图

表 3-1　肯尼亚参与式森林管理的基本原则

◇参与式森林管理（PFM）鼓励多方合作	◇编制经营方案需要平衡地区利益诉求与国家需要
◇利益相关方免费分享信息	◇行动计划必须符合当前政策法规要求
◇利益相关方之间必须拥有两种沟通机制	◇寻找共识构建信任
◇采用干中学方法	◇林务官应促进 PFM 实施，而不是控制 PFM
◇引进与使用简单而有效的监测与评价机制	◇在现实情境下考虑当地需求
◇倡导包容，不歧视任何群体	◇各类经营主体必须遵循 PFM 的基本要求

表 3-2　肯尼亚参与式森林管理的主要步骤

序号	步骤名称	步骤内容
1	识别社区与资源	识别需要管理的森林区域。与该区域主要利益相关者建立初步联系并加深对 PFM 的认识。利益相关方可以划分为各种类型，但最直接的利益相关方是森林周边村民
2	组建社区组织	为适应参与式森林管理，在现有社区组织基础上组建社区森林协会。加强对森林协会与地方森林管理委员会能力建设的指导
3	评估森林区域与社区	在目标森林区域开展社会经济调查与参与式森林资源评估，将评估结果向利益相关方反馈
4	准备与批准森林经营方案	当地规划编制小组负责编制一个五年期森林经营方案。方案必须兼顾当地社区利益和国家利益。商讨与确定森林经营目标。公开讨论执行森林经营方案的潜在成本与受益，识别利益相关者的需求
5	谈判与签订森林经营协议	商讨与签订森林经营协议。在现有法规框架下，该协议必须明确说明利益相关者的成本、收益、期望与责任
6	实施森林方案	各方就管理机制达成共识，推进实施森林经营方案。举办方案执行进度与反馈会议。给予森林管理委员会与森林协会成员必要的技术支持
7	及时审查与修订经营方案	每年年末，地方森林管理委员会、社区森林协会与其他利益相关者共同审查与报告经营方案目标实现情况。每个实施参与式森林管理的森林区域相关数据均由林务局进行统计
8	参与式森林管理监测	先行试点森林区域的经验将为后行森林区域实施参与式森林管理提供宝贵经验。先行实施参与式森林管理的森林区域实施成果将通过各种媒体向社会发布。基于先行经验，对参与式森林管理模式进行针对性修改与完善

资料来源：KFS（2015）。

5. 主要成效

肯尼亚基利菲郡阿拉布口索口科森林(Arabuko-Sokoke forest，ASF)周边迪达(Dida)社区早在1997年就启动了参与式森林管理试点项目，其项目资金由欧盟支持。社区村民在实施参与式森林管理过程中扮演着重要角色。下面以1997—2007年在迪达社区实施参与式森林管理(PFM)项目为例，分析实施PFM所取得的成效(Mbuvi et al.，2013)。

(1)对自然资本的影响。从1995年以来，迪达社区土地利用方式并未发生明显改变。然而，实施参与式森林管理项目之后，该社区引种了芦荟、桑树和木麻黄等新农作物。

(2)对物质资本的影响。在实施参与式森林管理(PFM)之后，社区的铁皮屋数量明显增多，农户居住条件得到改善。此外，社区还铺设了水管与储水箱；修建了阻挡大象入侵的电围栏；社区来往车辆增多；修建了厕所；新增了移动电话。

(3)对人力资本的影响。60%的PFM家庭成员健康状况有所改善，与此同时，65%的非PFM家庭反映其成员健康状况更差。

(4)对政治资本的影响。该社区81%受访者反映，与1995年相比，2006年参与社区会议的频次明显增多，村民有了同政府官员联系的渠道。这意味着，实施PFM以后，制度透明度与官员责任心得到提高。PFM项目吸收了包括穷人、妇女、年轻人与残疾人等社会弱势群体参加，确保委员会成员具有广泛的代表性。

(5)对社会资本的影响。超过半数的农户依赖社会网络获得金融方面的支持。在PFM成员借助社区森林协会创建银行账户时，PFM创收活动能发挥积极作用。这些银行账户能为PFM成员家庭提供必要的金融支持。

6. 经验总结

(1)政府分权让利，接纳社区村民参与森林管理。鉴于以往国有林因忽视社区利益导致森林破坏的实施，政府主动转变观念，分权让利，发挥了国有森林和当地社区的作用。当地社区村民具有良好的参与意愿，越来越多的社区村民加入森林协会，依赖森林资源满足他们的生计需求，并在参与森林管理的过程中开展创收活动。

(2)注重社区组织建设，发挥社区森林协会与社区森林协会联合会作用。政府在推进PFM过程中特别注重当地社区组织建设，尤其是组建的社区森林协会与社区森林协会联合会发挥了关键性作用。社区森林协会与其联合会具有良好的组织系统，它不是一种松散型的合作组织，而是从地方社区森林协会到全国社区森林协会联盟，形成了上下信息传递顺畅、利益表达畅通的组织渠道(谢和生等，2017)。

(二)尼日利亚：以社区为基础的森林管理

在该模式中，森林咨询委员会、森林管理委员会与森林使用者小组是三类极为重要的行为主体，他们在保障村民参与森林管理和促使林务局“权利下放”方面发挥了极为关键的作用。

1. 背景

尼日利亚属于西非国家。根据FAO(2016)的报告，尼日利亚仍然是世界上毁林最为严重的国家之一，森林面积年均净损失41万hm^2。造成这种严峻形势的背后原因主要是国家传统森林管理政策的失误。传统森林管理政策措施包括设立保护区、迁走当地居民、阻止当地居民对森林资源的消费利用以及尽可能将人为影响控制到最小。设立保护区之后，政府明文规定：禁止居民进入；任何人进入保护区，政府将抓捕并保有起诉权利。尽管传统森林管理的各种措施较多，但效果并不理想。毁林开荒、狩猎、薪柴过度采集与偷砍盗伐等各种非法活动从未停止过，甚至官员腐败频发，使得森林资源的数量与质量均呈现恶化趋势(Akinsoji，2013)。究其政策失效的根本原因，主要是传统森林管理政策过于关注政府通过林业创造收入的功能，忽视生物多样性保护；过于关注自上而下管理，忽视当地村民利益，没有及时引导村民参与森林管理；过于关注行政管理，忽视官员监督工作的内生动力。

尼日利亚政府为摆脱困境，调整了森林管理政策，通过实施以社区为基础的森林管理项目来纠正传统林业政策的失误。较为典型的例子是，尼日利亚保护基金会(The Nigerian Conservation Foundation，NCF)与英国皇家鸟类保护协会(Royal Society for the Protection of Birds，RSPB)在尼日利亚塔拉巴州布鲁社区，实施为期五年的以社区为基础的森林管理项目(2005—2010年)。

2. 发展理念

尼日利亚实施的以社区为基础的森林管理(community-based forest management，CBFM)的发展理念是：如果能接纳各种利益相关者，特别是森林周边村民参与诸如森林管理协议签订、森林监督与森林纠纷处理等森林管理决策中，可以使森林资源能得到更有效的管理(Akinsoji，2013)。实施CBFM能让当地村民认识到，保护森林会增进自己的利益；相反，破坏森林资源只会断送自己的生计来源。

3. 利益相关者的利益诉求及角色定位

尼日利亚以社区为基础的森林管理(CBFM)模式中利益相关者主要包括林务局、森林咨询委员会、森林管理委员会与森林利用者小组，他们之间的关系如图3-4所示。

(1)林务局。联邦林业局及地方林务局分别代表联邦政府及地方政府行使国有林的所有权职责，扮演着管理与监督者角色，承担森林资源管理方面政策法规制定与实施。长期以来，林务局很少关注森林周边社区村民权益，只关注单一的采伐收益。近20年来，林务局管理理念发生了变化，注重森林生物多样性保护，注意发挥当地居民力量加强森林管理。

(2)森林咨询委员会。主要由村干部、森林管理委员会秘书、林务局官员与非政府组织代表组成。森林咨询委员会的职责主要是推动社区与政府沟通和协调，商讨森林资源管理过程中发生的疑难问题与矛盾冲突的解决措施。通常森林咨询委员会成员要求每季度见面一次。

(3)森林管理委员会。森林管理委员会是建立在森林利用小组之上的社区管理结构，由村干部与森林利用小组主席和秘书组成。其职责包括：解决森林利用小组之间或内部的纠纷，消除社区关于森林利用方面的分歧，加强对自愿巡护组的管理，确保林业政策法规与森林经营方案得到严格执行，合理分配来自森林利用的收入。一般森林管理委员会成员要求每月见面一次。

(4)森林使用者小组。森林使用者小组是由采用相近方式利用森林资源的成员组成。例如，养蜂小组成员将蜂巢安置在森林中，并进行日常管理直到收获蜂蜜。狩猎小组由传统猎户组成，他们过去的过度捕猎行为减少了动物数量，尤其是对灵长类与濒危动物的影响很大；近年来，他们参加了关于饲养动物的培训项目，饲养动物的技能得到提高，他们逐步由野外狩猎改为人工饲养，减轻了对生物多样性的破坏。为提高妇女的参与积极性，专门成立了妇女小组，其成员主要从事非木质林产品采集与销售。每一个森林利用小组均成立执行委员会，一般由主席、秘书与会计组成。

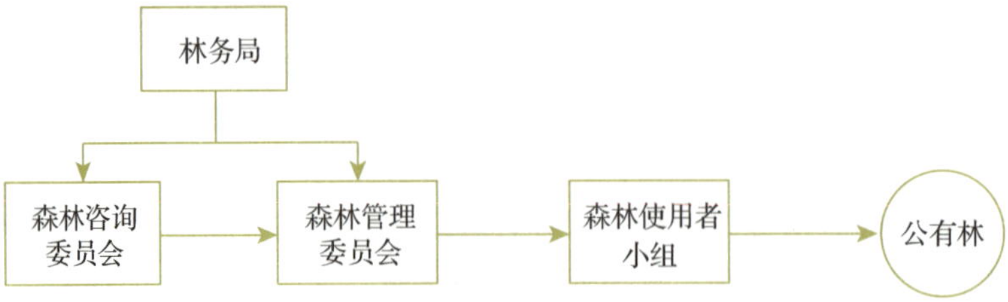

图 3-4　尼日利亚以社区为基础的森林管理模式中利益相关者关系图

在以社区为基础的森林管理模式中，社区依靠森林咨询委员会与管理委员会机制，向林务局及政府反映当地公共基础设施建设需求，包括道路、桥梁、学校与诊所等。与此同时，林务局能及时监控社区活动，确保社区能严格依据森林经营方案与林业政策法规的要求管理森林。

4. *主要成效*

以社区为基础的森林管理模式的一个重要目标是提高各利益相关者的能力，从而帮助他们从森林产品中获得经济收益与改善他们的生计状况。当乡村社区村民能从森林管理中获得可持续收益时，他们参与森林管理动力明显增强。总体而言，推行该模式所取得的成效主要体现在拓展收入渠道、增加就业机会与推动乡村社区发展三个方面。

(1)拓展收入渠道。一是种植速生丰产林。塔拉巴州 Ngel Nyaki 森林保护区周边社区为当地居民提供了桉树等速生树种栽培技术培训(Borokini et al.，2012)。由于这些速生树种轮伐期短，收益快，受到当地居民的欢迎。他们把收获的大径级木材用于房屋与桥梁修建，径级小的木材用作木杆与薪柴。在这些地区，速生丰产林采伐后林木能实现天然更新，因此村民能从中获得可观的经济收益。二是林下种植产品采集与加工。塔拉巴州布鲁社区(Buru Community)周边居民通过发展非洲芒果、蘑菇与胡椒等林下种植业，从中采集林下种植产品，其中一些产品经简单加工之后出售给市场获得经济收益。三是动物养殖。塔拉巴州布鲁社区邀请专家对当地村民开展养殖技术培训，当地一些居民掌握技术之后从事猪、羊、鸡、兔等畜禽养殖(Akinsoji，2013)。面临资金问题时，当地村民寻求森林使用者小组帮助向政府申请小额贷款。

(2)增加就业机会。在塔拉巴州 Ngel Nyaki 森林保护区，保护区与山地森林项目的职工均来自耶卢瓦社区(Yelwa Community)。这一方面提高了森林保护的有效性，另一方面增强了当地社区与职工之间的联系。

(3)推动乡村社区发展。CBFM 项目的实施，通常带来了社区公共基础设施的改建。例如，在"尼日利亚山地森林项目"实施之前，塔拉巴州 Ngel Nyaki 森林保护区耶卢瓦社区一直没有幼儿园，如今，在埃克森美孚公司(the Exxon Mobil Oil Company)的资助下，通过该项目实施，耶卢瓦社区修建了一所幼儿园，由此当地村民幼儿照顾和教育问题得到妥善解决。

5. *经验总结*

以社区为基础的森林管理(CBFM)模式提倡当地村民参与森林管理，鼓励各种利益相关者投资、支持与承担森林可持续管理(Udofia et al.，2013)。

(1)出台鼓励社区参与的新林业政策。传统林业政策只将政府作为唯一的利益相关者，不提倡当地社区村民参与森林管理；规定任何个体、组织与社区在包括自己土地在内的林地采伐林木之前必须获得林务局的许可，这意味着所有的森林资源属于唯一的主体即政府。这种林业政策严重阻碍了个体、组织与社区投资林业的可能性。近年来，政府意识到传统林业政策的弊端，逐步出台了新林业政策。新林业政策强调社区参与，鼓励社区村民参与森林管理，允许其在不破坏森林的前提下采集非木质林产品或发展林下种养殖。

(2)增强森林保护意识。把提高人们参与森林管理的积极性，增强各利益相关者的森林保护意识作为重要的工作。以往包括官员、个体、社区在内的利益相关者并未意识到森林保护的重要性与森林破坏的危害性，影响了他们参与森林保护的自觉性。通过实施一些宣讲与培训，增强了不同利益相关者的森林保护意识，他们森林保护的兴趣与自觉性得到明显增强。

(3)注重利益相关者的沟通与协调。推动不同利益相关者的沟通与协调是促进他们参与森林保护的重要措施。沟通与协调是信息双向交流机制，能让利益相关者认同森林保护是自己应该肩负起的职责。定期沟通与协调还能有效缓解矛盾冲突与解决分歧，将分散的森林保护力量集中起来形成合力。

(4)加强能力建设。传统森林管理很少关注利益相关者的能力建设问题，使得一些利益相关者即使想加强森林管理但由于缺乏必要的技术与管理方法最终也不了了之。该模式通过举办一些培训班，提高林业官员认识社区特点以及森林保护与社区发展之间的关系；帮助森林利用小组成员掌握森林管理与森林利用的实用技术。其中，森林利用技术包括营造林、农林复合经营、蜜蜂、蔗鼠与畜禽养殖等。

(5)提供激励。激励社区参与的手段包括允许从非木质林产品采集中获得经济收益，提高技术与技能培训，提供小额信贷与税收减免以及修建水电路、学校与医院等公共基础设施建设。

(6)营造公平竞争的市场环境。鼓励社区村民种植速生丰产林、采集与加工林下种植产品与养殖动物。营造公平竞争的市场环境，保障社区村民上述产品能在市场中获得公平合理的经济收益。

三、南美洲地区典型模式

与非洲一样，南美洲地区还没有一个真正意义上的发达国家。该洲拥有世界上最大的热带雨林，在利用林业发展乡村过程中特别重视热带雨林保护与非木质林产品开发。其中，较为典型的有巴西减少毁林与森林退化减排(reducing emissions from deforestation and Degradation，REDD)和圭亚那非木质林产品(non-timber forest product，NTFP)开发两种模式。

(一)巴西：减少毁林和森林退化

在该模式中，基金会作为REDD项目的执行方，负责项目实施与资金分配。通过加强与当地政府和乡村社区沟通，促成当地政府接纳当地村民参与森林管理；同时，主动联系援助机构，筹集和落实项目资金。

1. 背景

巴西是世界上热带面积最广的国家，也是拉丁美洲面积最大、人口最多的国家。亚马孙是世界上最大的热带雨林，也是巴西最大的生物群落。该地区面积 410 万 km^2，占国土面积的 60%(Bastida et al.，2017)；人口约 2 000 万，占全国 1/10。由于开发不当和保护不力，亚马孙雨林正在遭到严重的破坏，热带雨林面积正以惊人的速度减少，森林覆盖率已从原来的 80%减至目前的 60%，以致动植物资源遭到破坏。森林破坏不仅使得生物多样性下降，还因森林破坏释出的 CO_2 加速全球气候暖化。由于亚马孙雨林破坏，巴西成为温室气体排放量最高的地区之一。

为应对森林破坏与气候变化的挑战，巴西积极实施减少采伐森林和森林退化导致的温室气体排放(Reducing Emissions from Deforestation and Degradation，REDD)项目，以期减少毁林与森林退化，进而实现 CO_2 减排。2004—2014 年，巴西毁林率与 CO_2 排放量均实现了快速下降。据统计，与 2004 年相比，2014 年巴西毁林率下降了 80%，CO_2 排放量降至 18 亿 t(Bastida et al.，2017)。然而，这种趋势很快发生逆转。2015 年，亚马孙森林毁林率增加了 24%，致使温室气体排放量增长了 3.5%。其 2015 年与 2016 年 GDP 增长率分别降至 3.8%与 3.6%。2016 年毁林率飙升至 29%，预期 2017 年仍将维持高毁林率(Bastida et al.，2017)。

2. 发展理念

减少采伐森林和森林退化导致的温室气体排放，旨在帮助一些国家或地区出台各种政策和激励措施促使当地村民或企业保护森林，进而实现减少砍伐和森林退化的目标。REDD 项目的实施，有助于兼顾个人经济利益与国家森林保护目标，有助于当地村民或企业实现“即使不砍树也能赚钱”的理想目标。巴西政府引进了 REDD 项目，迫切希望在控制毁林的同时，加快当地社区发展。

3. 利益相关者的利益诉求及角色定位

朱马(JUMA)可持续自然保护区项目(以下简称朱马 REDD 项目)是亚马孙地区首个获得独立认证的 REDD 项目(Viana et al.，2008；程宇航，2011)。该项目于 2003 年实施，涉及的利益相关者主要包括(图 3-5)：

(1)地方政府。亚马孙州政府作为管理者，负责对项目执行方亚马孙可持续基金会进行监督。地方政府作为公共利益代言人，希望通过朱马 REDD 项目的实施，支持“森林保护计划”，进而为减少毁林与森林退化探寻经验与模式。

(2)基金会。亚马孙可持续基金会作为朱马 REDD 项目的执行方，负责项目实施与资金分配。基金会作为非营利机构，不以追求利润为目标，而是希望 2003—2050 年期间减少 36 亿 t CO_2 的排放的同时，保障当地政府与社区双方利益。

(3)乡村社区。森林周边社区包括 6 000 户村民家庭，他们希望从保护森林中获得经济利益。一方面，村民每月均从亚马孙可持续基金会领取“环境服务费”；另一方面，地方社区领取当地所有村民“环境服务费”总额的 10%，用于社区支出，还有部分资金用作社区创收投资基金。

(4)援助机构。援助机构主要包括亚马孙州政府、布拉德斯科银行(Rradesco)与可口

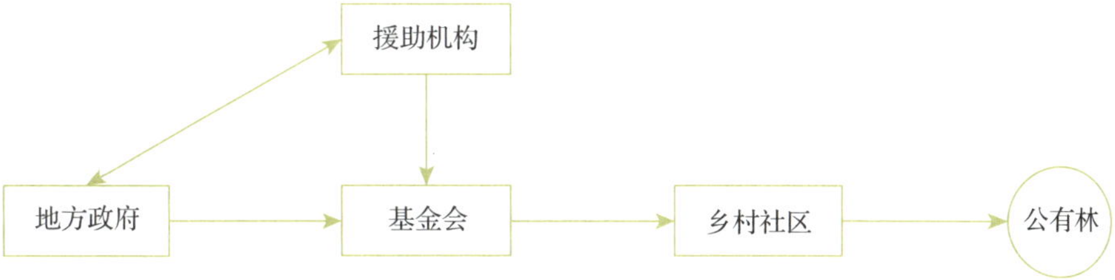

图 3-5　巴西 REDD 模式中利益相关者关系图

可乐公司以及其他企业。捐助资金交由亚马孙可持续基金会管理。

4. 运行机制

该项目每年的总投资 810 万元，用于支持亚马孙州参与“森林保护计划”村民家庭，实现零森林破坏（程宇航，2011）。

基金会加强对社区村民的培训，让他们认识到保护森林的重要性，认识到不砍树也能赚钱。每户村民家庭在接受森林保护培训之后，若能严格遵循森林保护法规，则每月能领取 28 美元的“环境服务费”。地方社区提取部分“环境服务费”用于社区公共开支。除了直接援助，基金会还帮助社区修建学校、医院，对村民普及森林资源可持续利用知识与技术。为检查村民参与森林保护情况，基金会派人定期走访，采用航拍与卫星导航动态监测森林资源是否遭受破坏。

5. 主要成效

（1）乡村社区村民家庭收入明显增加。根据朱马 REDD 项目的要求，当地村民家庭保护森林免遭砍伐就能领取“环境服务费”。项目区内每户村民家庭都有一张银行卡，当基金会检查员确定当地树木没有遭到破坏，每户村民家庭的银行卡每月就会增加 28 美元。

（2）乡村社区生态环境有所改善。由于朱马 REDD 项目的实施，当地村民家庭能从保护森林中获益，村民保护森林的意识增强，乱砍滥伐现象与非法采伐现象明显减少，森林资源得到有效保护。由于森林得到有效保护，森林周边的生态环境有所改善。

（3）乡村社区基础设施有所改善。社区从总“环境服务费”提取 10%作为公共开支，修建了学校、医院与道路，有效增强了森林周边农村公共产品供给能力。

6. 经验总结

（1）注重社区村民权益保护，提倡参与式管理。巴西传统林业管理采用自上而下管理模式（Matza，2013）。这种模式一味强调对森林破坏行为的打击，忽视当地社区村民参与，导致森林保护成本较高，森林保护效果并不理想。巴西毁林率在世界上位居前列。为改变这种局面，巴西地方政府引进 REDD 项目，转变了传统林业管理模式。在 REDD 项目实施区，社区参与森林管理，同时向社区村民家庭提供“环境服务费”，保障村民实现“不砍树也能赚钱”的梦想。

（2）加强社区村民能力建设，促进乡村发展。REDD 项目区，基金会坚持以人为本，注重对村民森林保护理念引导，重视村民林业专业知识与实用技术的培训，帮助村民科学合理利用森林资源。同时，通过帮助乡村建设公路、学校与医院等，提升乡村发展实力，促进乡村总体向前发展。

（二）圭亚那：非木质林产品开发

在该模式中，林业委员会作为半自治政府组织，代表政府下放社区村民采集非木质林产品的权利，引导村民参与公有林管理；同时，鼓励林业企业收购非木质林产品，保障村民剩余产品及时变现。

1. 背景

圭亚那属于拉丁美洲国家，森林属于热带雨林。热带雨林是地球上生物多样性最大的生物群落，它在应对气候变化与防止水土流失方面发挥着重要作用。

在很长一段时期，圭亚那社会要么关注森林资源本身的木材价值，要么关注毁林开荒之后的农作物经济价值。实际上，森林资源还具有非木材经济价值，比如森林中动植物资源可以为民众提供大量的非木质林产品。在生态环保越来越受重视的国际环境下，圭亚那希望探索出森林保护与当地村民生计改善相结合的路子，非木质林产品开发正是实现两者结合的可行路径。

2. 发展理念

非木质林产品合理开发不仅为森林周边村民提供食品、建筑材料、畜禽饲料与中药材等来源，还能避免破坏森林，维护森林生态系统稳定性（Andel，2000）。合理开发非木质林产品体现森林资源综合利用价值，能为森林保护与森林资源可持续管理提供经济激励。圭亚那地方政府认识到，鼓励非木质林产品开发是实现当地森林保护与村民生计改善的理想战略。

3. 利益相关者的利益诉求及角色定位

圭亚那森林分为国家所有森林、印第安社区所有森林和私人所有林。政府鼓励 NTFP 开发主要是针对国有林与社区所有林。圭亚那非木质林产品（NTFP）开发模式中利益相关者关系如图 3-6 所示。

（1）政府、林业委员会与环保局。政府行使国有林所有权与乡村社区所有林管理权的职责，希望通过鼓励 NTFP 开发减轻森林保护压力。圭亚那林业委员会为半自治政府组织，隶属于圭亚那自然资源和环境部，其责任是为政府管理森林资源提供政策咨询、技术支持和行动支撑，其宗旨是推动圭亚那林业产业可持续发展。环保局承担监督林业生态环境保护职责，希望通过 NTFP 开发减轻生态环境保护压力。

（2）社区与居民。乡村社区行使社区所有林所有权职责，同时代表乡村社区居民行使社区周边国有林 NTFP 开发的参与权。居民一方面通过采集非木质林产品解决自身生计需求，另一方面将多余的非木质林产品出售给市场获得经济收入。由于开发非木质林产品能

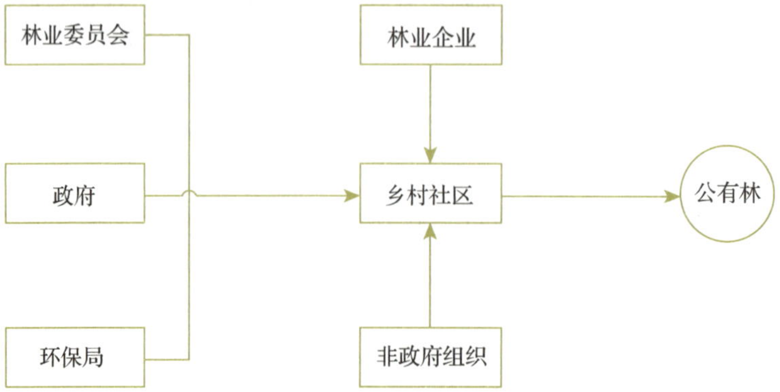

图 3-6　圭亚那 NTFP 开发模式中利益相关者关系图

实现“不砍树也能增收”目标，因而受到当地居民的欢迎。

(3)林业企业。林业企业追求经济利润。一方面通过租用国有林获得初级 NTFP 采集，另一方面购买村民手中多余的初级 NTFP。林业企业对这些初级产品加工之后，出售给城市居民或国外。

(4)非政府组织。非政府组织注重保护社区村民利益尤其是弱势群体的利益，注重村民能力建设，推动政府与社区之间的沟通与协调。

4. 运行机制

林业委员会代表政府鼓励乡村社区参与森林管理，减轻政府森林管理成本；同时，给予社区采集非木质林产品的权利，充分调动村民参与森林管理的积极性与主动性。非政府组织在居民与政府之间扮演红娘角色，提高居民参与森林管理的能力。林业企业解决了村民剩余 NTFP 变现问题。

5. 主要成效

(1)非木质林产品产业体系初步形成。经过多年的探索，圭亚那非木质林产品产业初步形成。常见的 NTFP 有：①棕榈芯。棕榈芯是圭亚那西北地区最重要的非木质林产品。法圭合资公司 AMCAR 建立的棕榈芯罐头加工厂目前拥有日加工 2.3 万余份棕榈芯的能力，该企业一方面通过收购当地棕榈芯促进当地居民增收，另一方面带动当地居民就业。②药用植物。圭亚那从森林中采集与利用药用植物已有几百年的历史。热带雨林植被丰富，药用植物种类很多，较常见的是龙葵、破布木与小花薇甘菊等 48 种(Austin，1994)。③野生动物。包括鸟类、哺乳类、爬行类，主要利用它们的肉与皮，主要销售市场是圭亚那乔治敦、美国与欧洲。

(2)有利于森林保护。圭亚那 NTFP 出口总额虽不如印度尼西亚与巴西，但人均出口额较高(Andel et al.，2014)。由于 NTFP 对圭亚那西北部经济的贡献较大，该地区重视 NTFP 开发。在沿海沼泽地区，NTFP 开发被视为土地利用的可行方式。由于地方政府与当地居民都能从 NTFP 采集与利用中获益，同时不需要采伐大面积森林，因此，NTFP 开发利用对于加强森林保护具有积极作用。

(3)保障了当地村民森林权益，拓展家庭增收渠道。近年来，当地政府鼓励居民参与森林管理，允许村民从周边森林中采集 NTFP，从而保障了村民的森林管理参与权与收益权。

6. 经验总结

圭亚那非木质林产品(NTFP)开发模式之所为受到当地政府与社区村民的欢迎，是因为他们兼顾了国家森林保护与村民经济利益。当地政府允许村民采集 NTFP，调动了村民参与森林管理的积极性，另外由于 NTFP 加工与贸易的发展，政府也能获得更多的税收。由于社区村民获得 NTFP 的采集权利，而可持续的森林能带来可持续的经济回报，他们保护森林的积极性很高。

四、欧美地区典型模式

在林业支持乡村发展过程，代表发达国家的英国和美国分别实施的英国“乡村发展林业”(rural development forestry，RDF)和美国“以社区为基础的林业”(community-based forestry，CBF）具有一定的典型性。

（一）英国：乡村发展林业

在该模式中，林业管理机构扮演了重要角色。对于国有林而言，林业管理机构代表国家行使所有权职责，接纳社区村民参与森林管理；对于私有林而言，林业管理机构通过制定政策和提供管理服务帮助私有林主可持续管理森林。

1. 背景

英国位于欧洲大陆西北面的不列颠群岛，其森林资源数量较少，但质量较高。据统计，全国森林面积为 314.4 万 hm^2，森林覆盖率为 13%，不到世界平均水平（31%）的 1/2；单位面积蓄积量为 $207m^3/hm^2$，约等于世界平均水平（$131m^3/hm^2$）的 1.5 倍（FAO，2011，2015b；陈景和等，2015）。其森林资源主要分布在英国北部及中西部山区，造林树种主要包括北美西加云杉、苏格兰松、挪威云杉、欧洲落叶松、桦木、欧洲白蜡树、欧洲水青冈等。按产权划分，国有林 86.8 万 hm^2，占比 28.38%；私有林 219.1 万 hm^2，占比 71.62%（FAO，2015b）。英国城市化率超过 80%，其国民拥有较高的生活水平和良好的社会保障制度。

长期以来，英国传统林业发展模式，注重了国家利益和个体利益，严重忽视了社区集体的利益。传统模式只重视木材采伐，忽视林业的多重效益，没有重视到周边居民对森林的参与权和收益权。

2. 发展理念

为弥补传统林业发展模式的缺陷，英国在借鉴发展中国家和欧盟成员国社区林业经验的基础上，积极推行乡村发展林业。英国乡村发展林业模式主要在偏远乡村得到应用，其发展理念是坚持以乡村社区为中心，重视社区参与，综合发挥林业的经济、生态与社会效益，满足当地村民对林业的多样化需求；与该模式对应的是英国社区林业（community forests），但该模式主要在城市郊区推行，其发展理念以城郊社区为中心，强调社区参与，充分发挥林业对美化环境的功能，满足城市或城郊居民对美好生态环境的需求（Inglis et al.，1997；Slee et al.，1999；ECF，2018）。在促进乡村发展方面，英国政府对乡村发展林业寄予厚望，希望通过该模式的实施，克服传统林业发展模式的弊端，充分发挥林业自然资源的综合效益。

3. 利益相关者的利益诉求及角色定位

英国“乡村发展林业”（RDF）模式中利益相关者关系如图 3-7 所示。

（1）林业管理机构：林业委员会、区域林业局与地方林业局。林业委员会是负责制定林业政策与法规的主要机构。该机构成立于 1919 年，不但经营国有林，而且管理私有林。该机构在全国 12 个地区设有区域林业局，在 65 个地区设有地方林业局。国家议会和地方议会分别向林业委员会和区域（地方）林业局就防护林的设定、采伐规程、造林补助金的使用等具体情况提出咨询，但区域（地方）林业局和地方政府之间只是协调关系，不受地方政府的领导和制约。

对于国有林而言，林业管理机构代表国家行使所有权职责，通过管理森林，为国民提供优质生态产品和创造林业经济收益；对于私有林而言，林业管理机构通过制定政策和提供管理服务帮助私有林主可持续经营森林，提高森林生态服务功能。

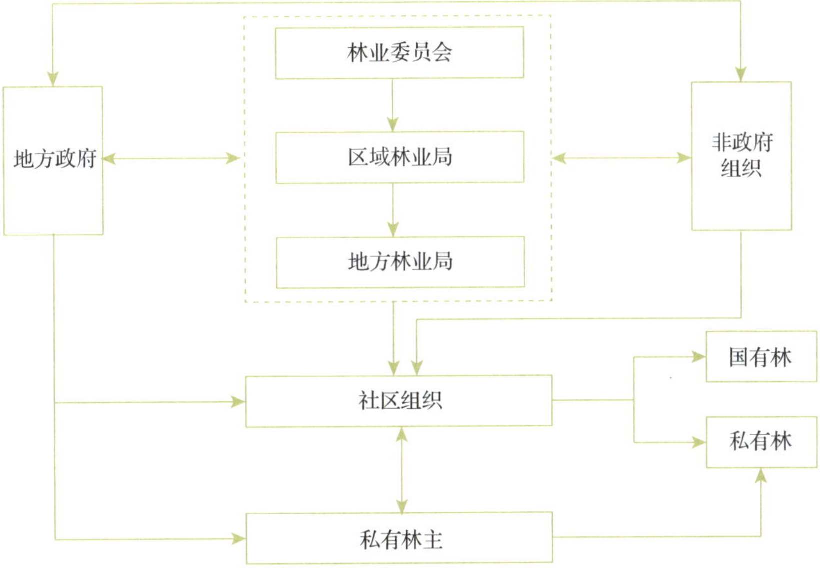

图 3-7　英国乡村发展林业模式中利益相关者关系图

(2)地方政府。鉴于乡村拥有相对丰富的森林资源，尽管乡村人口所占比例很小，英国地方政府仍然很重视林业在乡村发展中的作用。早在 20 世纪 90 年代，英格兰事务部就积极资助苏格兰农村发展林业计划，帮助社区组织实践“乡村发展林业”。

(3)非政府组织。英国林业管理机构由林业委员会牵头领衔的自成体系、相对封闭的管理体系，长期依赖自上而下的传统林业管理模式，本身并没有发展乡村社区林业的意识。然而，随着生态环境问题越来越受关注，地处英国的社会变革网络(the Network for Social Change，NSC)与世界自然基金会(the Worldwide Fund for Nature，WWF)等非政府组织看到社区林业在发展中国家和欧盟国家取得了很大成绩。因此，他们积极向林业管理机构和地方政府宣传发展“乡村发展林业”的诸多好处。同时，对于社区组织，非政府组织也给予了一定的技术和资金支持。

(4)社区组织。为实施“乡村发展林业”，当地村民成立各种社区组织，例如苏格兰地区的“边境林社区林地协会”(Borders Community Woodlands)。这些社区组织，通过技术与资金支持，帮助村民参与林业建设。

(5)私有林主。过去很长一段时间内，私有林主追求单一的木材采伐收益；随着社会经济发展和生态环保意识的增强，越来越多的私有林主重视森林美化环境的作用，对木材经济收益的关注越来越淡化。20 世纪 90 年代以来，随着乡村发展林业实践的深入，越来越多的私有林主认识到森林保护必须重视周边社区的作用。他们意识到，社区参与森林管理，不仅不会损害自身利益，反而能够减轻森林保护的压力。

4. 运行机制

(1)为保障“乡村发展林业”项目顺利实施，各地在实践中贯彻多方共赢原则。对于林业管理机构和地方政府而言，实践 RDF，可以节约人、财、物投入，提高森林保护效果，并提高乡村居民对政府的正面影响；对于社区及居民而言，他们能从中获得就业机会、经济收入与一些非木质林产品；对于非政府组织而言，通过在英国推行 RDF，有利于增强自已在发达国家中的影响力。

（2）重视社区组织作用，引进参与式林业的理念，鼓励当地居民参与林业建设。在实践中，参与式林业评估方法（the participatory forestry appraisal approach，PFAA）被英国各地广泛采用，使得当地村民特别是弱势群体的声音能得到表达，保障其本该拥有的各种权益。

5. 主要成效

（1）村民通过参与营造林、森林管护与木材加工等工作获得了工资收入。

（2）加强森林保护，提升了森林质量，改善了乡村生态环境，推动了乡村旅游业的发展（Slee et al.，2004；Slee，2006ab）。

（3）通过实施项目组建了社区组织，组织村民参与林业保护和管理活动，有效提升了社区能力。

6. 经验总结

英国政府重视当前乡村社区的作用，满足社区村民对森林的需求。“乡村发展林业”由于重视周边社区发展和社区利益，能充分调动村民的积极性，森林保护成本大大降低，森林的综合效益也得到应有的提升，既克服了国有林传统发展模式的弊端（忽视社区利益），又避免了私有林传统发展模式的局限性（忽视公众利益）。

（二）美国：以社区为基础的林业

该模式兼顾产权主体和社区双方利益。对于国有林，林业部门赋予周边社区村民参与森林管理的权利，鼓励他们共同参与森林管理；同时，承认周边社区村民的森林收益权，允许他们从森林中采集非木质林产品。对于私有林，林业部门鼓励私有林主接纳周边社区村民参与森林管理，同时督促他们履行社会责任，支持社区基础设施建设，促进社区发展。

1. 背景

美国森林面积为 3.1 亿 hm^2，森林覆盖率为 33.8%，略高于世界平均水平（31%）；单位面积蓄积量为 $131m^3/hm^2$，与世界平均水平持平（FAO，2011，2015b；陈景和等，2015）。其森林资源主要分布在南部地区、太平洋沿岸地区、北部地区和洛基山脉地区。全国优势针叶树种包括黄杉、红杉、铁杉、冷杉、云杉、黄松、白松、柏树等，优势阔叶树种包括白橡树、红橡树、枫树、胡桃树、白蜡树、樱桃树、鹅掌楸等。按产权划分，公有林 1.30 万 hm^2，占比 41.93%；私有林 1.79 万 hm^2，占比 57.07%（FAO，2015）。

美国是一个高度发达的资本主义国家，城市化率超过 80%，其国民拥有较高的生活水平和良好的社会保障制度。

与英国一样，长期以来，美国传统林业发展模式注重国家利益和个人利益，严重忽视了社区集体的利益。传统林业模式重视森林的经济收益，但较少考虑林业的生态和社区效益，极少考虑周边居民对森林资源开发利用的参与权和收益权。20 世纪 90 年代，公有林管理和美国西部社区发展的关系问题引起了社会公众的关注。为缓和两者矛盾和促进公有林周边社区发展，美国在引进国外社区林业理念基础上推行“以社区为基础的林业”发展。通常，美国社区林业实际是指城市社区林业；而美国“以社区为基础的林业”既包括城市社区林业，也包括乡村社区林业。从森林产权看，CBF 模式管理的森林包括国有林和私有林。

2. 发展理念

美国“以社区为基础的林业”兼顾产权主体和社区双方利益。CBF 模式，依托 CBF 项目实施，赋予周边社区居民参与森林管理的权利，鼓励他们共同参与森林管理，控制林地破碎化，修复森林生态系统；承认周边村民的森林收益权，允许他们从森林中采集非木质林产品，从而创造新的价值流；产权主体应当履行社会责任，支持社区基础设施建设，促进社区发展(Christoffersen et al., 2008)。

3. 利益相关者的利益诉求及角色定位

美国“以社区为基础的林业”(CBF)模式中利益相关者关系如图 3-8 所示。

(1)林业部门。林业部门代表政府对国有林行使所有权，同时对私有林生产经营管理进行行政监管和技术指导。林业部门希望通过实施“以社区为基础的林业”(CBF)项目，引导社区参与森林管理，提高林业在生态、经济和社会三大综合效益。

(2)项目资助方。主要包括福特基金会(the Ford Foundation)、国家林业从业人员网络(National Network of Forest Practitioners)、第七届美国森林大会社区委员会(Communities Committee of the Seventh American Forest Congress)与国家森林基金会(National Forest Foundation)等。这些项目资助方大多属于非政府组织，但同时又和地方政府和林业部门保持紧密联系。他们为项目的实施提供资金支持、方案设计和人员技术培训。

(3)社区组织。社区组织由森林周边村民组成，通常由社区组织村民参与森林管理。社区组织扮演社区居民利益代言人角色，通过加强和林业部门、项目资助方及私有林主的沟通与联系，尽可能为社区村民特别是弱势群体争取最大权益。

(4)私有林主。自 20 世纪 90 年代以来，私有林主逐渐识到，保护好森林资源必须重视周边社区村民的利益。一些私有林主变被动为主动，主动加强和林业部门、周边社区的联系，愿意接受社区参与森林管理。

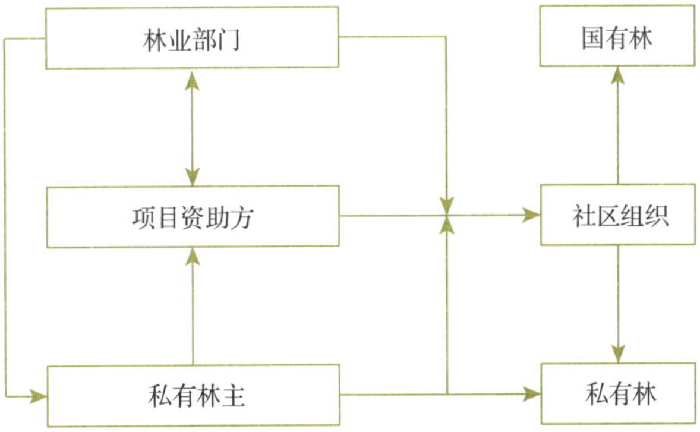

图 3-8　美国以社区为基础的林业模式中利益相关者关系图

4. 运行机制

(1)重视合作机制。提高森林管理活动过程的参与性、包容性、透明度及公平性；加强社区与林业部门、私有林主的沟通和协调，引导社区参与森林管理决策；发展公有林与私有林之间的伙伴关系，依托这种伙伴关系开展森林管理活动(Danks, 2009)。

(2)强调公平机制。强调不同利益群体的参与，积极探求共识；鼓励社区边缘群体或弱势群体(例如低收入、少数民族或女性群体)参与森林管理，并表达利益诉求；重视乡土知识在科学管理中的重要性(Danks，2009)。

(3)健全能力建设机制。提高社区和林业部门开展协调管理能力；帮助小规模私有林主可持续管理森林；发展地方、区域乃至全国的网络，协助解决影响经济发展和政治行动的森林相关问题(Danks，2009)。

5. 主要成效

(1)经济效益。依托“以社区为基础的林业”(CBF)项目，培训社区村民掌握开展森林旅游、森林采伐作业与森林防火等方法与技术，提升他们参与森林管理和森林资源利用的能力。村民从森林中主要获得两个方面的经济收益：一是通过参与森林管理获得劳务收入；二是通过采集非木质林产品获得产品收益(Danks，2009；Cheng et al.，2011)。

(2)社会效益。依托 CBF 项目，帮助协调森林利用和森林保护之间存在的长期矛盾；开展相关活动，了解社区村民的语言、文化与习俗特点，减轻森林资源开发和社区村民之间的冲突；引导村民参与森林管理，加强他们对林业部门和私有林主的了解；开展夏令营与户外学习等各种活动，提高社区青年人对森林保护和可持续管理的认识，提升森林管理方面的技能；鼓励青年人参与森林监督，提高他们的责任意识(Danks，2009；Cheng et al.，2011)。

(3)生态效益。依托 CBF 项目，通过提供资金支持与项目方案编制等方式，推进森林生态系统的修复工作；引导社区村民参与植树造林活动，尤其是街道绿化和四旁绿化工作。编制森林可持续经营方案，提升森林可持续管理水平；通过开展各类培训活动，提高私有林主可持续管理森林的技能(Danks，2009；Cheng et al.，2011)。

6. 经验总结

(1)增强政府部门与社区之间的联系，重视村民对森林权益的诉求。美国传统林业发展模式将森林资源保护、森林资源利用和周边社区割裂开来。森林资源的开发利用对周边社区发展未能发挥积极推动作用，林业部门官员和社区居民、私有林主和社区村民之间极少有沟通。20 世纪 90 年代以来，依托以社区为基础的林业项目，彻底转变发展理念，重视村民森林权益，引导村民参与森林管理，这对森林保护及社区发展带来了积极影响。

(2)注重社区组织与社区村民能力建设。CBF 模式注重社区组织和社区村民的作用。而社区组织和社区村民在森林资源保护和利用过程中要发挥积极作用，其前提条件就是要提高自身的能力。例如，社区组织要提高组织协调能力，村民要提高森林管理技能(Cheng et al.，2011)。

五、国外典型模式对我国的政策启示

(一)我国乡村林业发展回顾

新中国成立到改革开放期间，我国乡村集体林管理主要采用“自上而下”传统林业管理模式。其显著特点是强调村集体集权管理，统一造林、抚育和采伐，统一分配木材产品。

改革开放初期，国家出台了《中共中央 国务院关于保护森林发展林业若干问题的决定》(1981 年)，启动了以“稳定山权林权”、“划定自留山”与“确定林业生产责任制”为主要特征的“林业三定”改革。集体林区村民较以往拥有了更广泛的森林权益，使得乡村集体林管理呈现“分权管理”和“参与式管理”的特点。

从20世纪80年代末起，国内逐步出现了社区林业实践和相关理论研究。在社区林业实践方面，云南、四川与贵州、安徽等省份在一些地方先后依托国际组织资助的社区林业项目，采用国际经验发展社区林业，强调“分权管理”和“参与式管理”，进一步改变了传统林业管理模式，取得了显著成效。在理论研究方面，国内学者徐国祯、赵俊臣、李维长、徐家琦与刘金龙等在系统梳理国内外社区林业实践基础上开展大量理论研究，形成了系列标志性研究成果。例如，李维长(2008)主编的《分权管理策略：森林，人民与权力》在行业内具有广泛影响力。

进入21世纪以后，由于国际组织对我国社区林业项目的资助减少等原因，国内社区林业实践和有关学术研究日益减少。然而实际上，社区林业的发展理念已反映在我国乡村经济发展中，在中央文件《中共中央 国务院关于加快林业发展的决定》(2003年)和《中共中央 国务院关于全面推进集体林权制度改革的意见》(2008年)颁布后表现得尤为突出。特别是集体林权制度改革后，各地村民根据实际情况，创造出具有中国特色的形式多样的社区林业，如农民专业合作社、股份经济合作社与供销合作社等各种不同形式的林业专业合作组织。根据统计，截至2012年，全国已建立各类林业专业合作组织9.78万个，较2009年增长44%(张建龙，2012)。林业专业合作组织的建立，有效解决林地破碎化与林农组织难等问题，引导农户由分散经营走向规模化经营，促成小生产和大市场的对接，带动越来越多的农户实现了由贫困落后迈向富裕小康(张建龙，2012；宁攸凉，2015)。

(二)国外乡村林业发展典型模式对我国的政策启示

前述八种模式是国外林业支持乡村发展实践中较为典型的模式，均在所在国家取得一定成效，同时也积累宝贵经验和失败教训。目前我国正处于实施乡村振兴战略的新时期，有必要借鉴国外先进经验，以建设高水平的林业专业合作组织为抓手，持续增强林业支持乡村发展的重要功能。具体而言，包括以下几个方面：

1. 推动林业专业合作组织高质量发展

林业专业合作组织，又称为合作经济组织、合作社。按照国际合作社联盟(ICA)的定义(FAO，2012)，林业专业合作组织可以定义为林农自愿联合、共同所有与民主管理的自治组织。林业专业合作组织既是开展参与式培训的有效纽带，又是村民自我学习、自我提高与自我管理的有效平台，也是促进村民与政府之间沟通的机制。然而，目前在我国乡村合作组织中，多数是官办型和官民合办型的合作组织，少数是村民自发创建的合作社(关静雯，2016)。前两类合作组织高度依赖政府或农村能人，村民参与度不够，弱势群体的声音很难及时反馈到决策部门。因此，有必要借鉴国外社区林业组织建设的经验(例如森林利用小组和森林联合协会)，积极引导村民自发创建合作社并参与森林管理，推动林业专业合作组织高质量发展。

2. 发挥基层民主，鼓励村民参与森林管理

上述模式注重基层民主，积极推行“自下而上”的参与式决策方式，尊重村民的意愿，改变了传统林业扶贫中单纯强调“自上而下”决策的习惯做法。发挥基层民主，允许村民选择森林资源开发措施，增强村民“主人翁”意识和脱贫致富的内生动力，村民参与森林管理

的自觉性明显增强。集体林权制度改革是激发林地生产力与发挥林业扶贫作用的重要政策。发挥基层民主，能从两方面影响产权改革的扶贫效果：一方面，通过下放林地承包经营权和林木所有权，保障村民林业投资的合法权益；另一方面，村民通过参与村民大会或村民代表大会等民主决策活动了解林权改革，了解产权明晰的意义，进而增强林业投资的信心。

3. 还权于民，保障村民的森林权益

对于亚非拉发展中国家而言，贫困人口集中在广大乡村，而乡村是森林资源相对丰富的地区。因此，林业扶贫的主战场是在乡村。然而，很长一段时期，无论是国有林还是集体林，传统乡村林业管理采用的是“自上而下”的垂直管理模式，较少关注村民的森林权益。传统乡村林业管理模式单一依靠行政力量管理森林，森林保护的效果并不明显。尼泊尔、印度与肯尼亚等众多亚非拉国家森林遭受严重破坏的状况，使各国政府逐步意识到，要保护好森林资源，必须考虑森林周边村民的森林权益。

目前我国正在进行林权改革，国有林改革全面推进，集体林权制度改革不断深化。为此，我们必须对传统的林业管理理念进行改造。过去提“让利于民”，是指把一部分森林权益让给村民，属于“德政”范畴；而如今“还权于民”，是指把政府或集体占有的村民森林权益归还给村民，属于“纠错”范畴(李周，2008)。坚持“还权于民”的新理念意味着，在林业扶贫过程中要切实保护好村民的森林权益。当前集体林权制度改革已经体现了保护村民的森林权益，但国有林改革如何保证周边村民森林权益目前仍处于探索之中。可供探讨的路径包括：一是通过政府购买服务的方式聘用当地居民参与国有林管理；二是允许居民从国有林中采集非木质林产品。

4. 促进森林保护与乡村发展相结合

从上述林业扶贫模式看，政府若忽视乡村发展，就容易将乡村居民变成森林保护的局外人，对保护森林漠不关心。由于政府监管的人力有限，一些村民不仅不保护森林，还可能破坏森林获取非法收益。相反，如果政府重视乡村发展，那么应该让村民意识到只有保护好森林才能从中获取收益，让他们主动参与保护森林，从而减轻政府保护森林的压力。

5. 保护乡村弱势群体的权益

无论是发展中国家还是发达国家，在乡村社区，相对于男性与主体民族，女性与少数民族通常处于弱势地位。在我国一些乡村，“男主外、女主内”的传统文化意识仍然很强烈，男性扮演户主角色，女性更多处于从属地位；而一些少数民族由于语言沟通与文化教育等原因，参与集体管理的能力不足，也陷于弱势地位。在林业支持乡村发展过程，应听取乡村弱势群体呼声，邀请他们参与相关决策，从机制上保障乡村弱势群体的权益，提高他们在乡村社会中的地位。

6. 加强村民能力建设

村民能力建设既是林业支持乡村发展的重中之重，也是实现“输血式扶贫”向“造血式扶贫”转变的关键所在。能力建设主要包括实用技术培训与经营管理技能培训。根据村民文化程度和接受能力，把培训分为多个层次、多种类型，既包括林业技术员培训、乡村技术员培训、乡村能人培训，也包括村民集中培训、村民现场培训与在线培训，分别按照不同的培训要求相应采取不同的培训方法。对技术员与乡村能人不但要求掌握一定的理论知识，而且要掌握过硬的操作技能；对文化程度较高、接受能力较好的村民，进行集中授课培训甚至在线培训；对文化程度较低、接受能力较低的村民采取现场培训的方法，所有村民都能得到应有的技术帮助。

7. 拓宽林业建设资金渠道

当前我国乡村发展处于关键时期，中共中央将实施乡村振兴战略摆在优先位置。广大乡村具有丰富的森林资源，林业在助推乡村振兴方面具有重要意义。然而，受资金不足等问题的影响，林业支持乡村发展的潜力未能得到有效开发。为此，除了继续争取财政资金投入外，应积极创新融资机制，拓宽资金渠道。例如，积极发展绿色信贷，加快推进国家储备林建设和大规模国土绿化；鼓励发展非木质林产品，发展森林旅游业，延伸产业链，依托产业发展拓宽资金来源渠道。

主要参考文献

Akinsoji A, 2013. Community-based Forest Management In Buru, Taraba State, Nigeria[J]. Journal of Environment and Earth Science, 3(12): 146-151.

Andel T R, 2000. Non-timber Forest Products of the North-West District of Guyana: Part Ⅰ[R].

Andel T, Reinders M, 2014. Non-timber Forest Products in Guyana's Northwest District: Potentials and Pitfalls[R].

Austin D F, 1994. 圭亚那的药用植物[J]. 现代药物与临床(1): 21-22.

Bastida A C, Cenamo M C, Chávez G S, 2017. Mapping Financial Flows for REDD+ and Land Use in Brazil: National and Subnational Analysis for the Period 2009 through 2016[R].

Bijaya G C D, Cheng S, Xu Z, et al., 2016. Community Forestry and Livelihood in Nepal: A Review[J]. The Journal of Animal & Plant Sciences, 26(1): 1-12.

Borokini T I, Babalola F D, et al., 2012. Community-based Forest Resources Management in Nigeria: Case Study of Ngel Nyaki Forest Reserve, Mambilla Plateau, Taraba State, Nigeria[J]. Journal of Tropical Forestry and Environment, 2(1): 69-76.

Brown, D. et al., 2001. 亚洲和非洲社区林业的最新进展[J]. 林业与社会(6): 28-31.

CFD(Community Forestry Division), 2017. Community Forestry[EB/OL]. http://dof.gov.np/dof_community_forest_division/community_forestry_dof, [2017]/(2017-10-20).

Cheng A S, Danks C, Allred S R, 2011. The role of social and policy learning in changing forest governance: An examination of community-based forestry initiatives in the U S[J]. Forest Policy and Economics, 13(2): 89-96.

Christoffersen N, Harker D, Lyman M W, et al., 2018. The status of community-based forestry in the United States: A Report to the U. S. Endowment for Forestry and Communities[EB/OL]. http://www.usendowment.org/images/Full_Community_Based_Forestry_Report_3. 17. pdf2008, [2008]/(2018-08-02).

Danks C M, 2009. Benefits of community-based forestry in the US: lessons from a demonstration programme[J]. International Forestry Review, 11(2): 171-185.

ECF(England's Community Forests), 2018. About England's Community Forests[EB/OL]. http://community-forest.org.uk/aboutenglandsforests.htm, [2018]/(2018-08-13).

FAO, 2011. 2010 年森林资源评估主报告[R]. 意大利，罗马.

FAO, 2012. 林农合作组织实践教程[M]. 北京：中国农业出版社.

FAO, 2015a. Forests and poverty reduction[EB/OL]. http://www.fao.org/forestry/livelihoods/en/[2015a-05-15]/(2018-08-01).

FAO, 2015b. 2015 年森林资源评估报告[R]. 意大利，罗马.

FAO, 2016. Global Forest Resources Assessment 2015: How Are the World's Forests Changing? (2nd ed.)[R].

Inglis A S, Guy S, 1997. Rural Development Forestry in Scotland[R].
KFS(Kenya Forest Service), 2015. Participatory Forest Management Guidelines[R].
Matza H, 2013. Battling Deforestation in Brazil: Implementing a REDD Framework to Combat Global Climate Change[J]. Policy Perspectives, 20: 41-53.
Mbuvi M T E, Musyoki J K, 2013. Impacts of participatory forest management on community livelihoods: A case study of Dida Community adjacent to Arabuko-Sokoke forest in Kilifi County, Kenya[J]. World Journal of Agricultural Sciences, (2)1: 44-55.
Ongugo P O, 2007. Participatory Forest Management in Kenya: Is There Anything for the Poor? [C]. Bangkok, Thailand: International Conference on Poverty Reduction and Forests.
Pandey G S, Paudyall B R, 2015. Protecting Forests, Improving Livelihoods: Community Forestry in Nepal[R].
Patra P, 2015. Joint Forest Management in India[R]//Dutt A K, Noble A G and Costa F J. Spatial Diversity and Dynamics in Resources and Urban Development[M]. Dordrecht, Netherlands: Springer Science + Business Media Dordrecht.
Paudel A, Vogel S, 2007. Community Forestry Governance in Nepal: A Case Study of the Role of Service Providers in A Community Forestry Users Group[R].
Pokharel R K, Rayamajhi S, Tiwari K R, 2012. Nepal's Community Forestry: Need of Better Governance[R]
Slee B, 2006a. Forestry and Rural Development in Scotland[EB/OL]. http: //www.coford.ie/media/coford/content/publications/projectreports/small-scaleforestryconference/Slee.pdf, [2006a]/(2018-09-02).
Slee B, 2006b. The socio-economic evaluation of the impact of forestry on rural development: A regional level analysis[J]. Forest Policy and Economics, 8(5): 542-554.
Slee B, Roberts D, Evans R, 2004. Forestry in the rural economy: a new approach to assessing the impact of forestry on rural development[J]. Forestry, 77(5): 441-452.
Slee B, Snowdon P, 1999. Rural development forestry in the United Kingdom[J]. Forestry, 72(3): 273-284.
Udofia S I, Olajide O, Etigale E B, 2013. Adoption of Participatory Forest Management System for Sustainability in Nigeria[J]. Journal of Life Sciences, 7(8): 901-906.
Viana V, Cenamo M, Ribenboim G, 2008. Juma Sustainable Development Reserve: The First REDD Project in the Brazilian Amazon[R].
陈景和，王家福，赵廷翠，等，2015. 我国与世界森林资源评估分析[J]. 山东林业科技(3)：94-96.
程宇航，2011. 巴西雨林的保护措施 REDD[J]. 老区建设(19)：58-60.
褚利明，姚昌恬，张蕾，等，2006. 印度森林资源管理与消除贫困考察报告[J]. 林业经济(5)：69-73.
李维长，2008. 分权管理策略：森林、人民与权力[M]. 北京：人民武警出版社.
李周，2008. 林权改革的评价与思考[J]. 林业经济(9)：3-8.
刘珉，2017. 印度的联合森林管理战略[J]. 林业与生态(9)：24-27.
宁攸凉，2015. 中国新集体林改驱动因素研究[J]. 中国林业经济(5)：1-6.
谢和生，宋超，何亚婷，等，2017. 社区参与森林可持续经营与管理研究—以肯尼亚社区森林协会为例[J]. 世界农业(7)：50-54.
张建龙，2012. 走中国特色的林业专业合作组织发展道路——纪念《农民专业合作社法》颁布五周[EB/OL]. 中国政府网：http：//www.gov.cn/gzdt/2012-06/28/content_ 2172016.htm，[2012-06-28]/(2019-03-24).
庄作峰，柯水发，龙超，2012. 尼泊尔社区林业发展历程、组织运作及经验借鉴[J]. 林业经济(10)：123-128.

专题四　全球森林可持续经营与认证

1992 年里约热内卢联合国环境与发展大会形成的《关于森林问题的原则声明》中把森林可持续经营定义为："森林资源和林地应以可持续的方式经营，以满足当代和后代对社会、经济、生态、文化和精神的需要。这些需要是指对森林产品和森林服务功能的需要，如木材、木质产品、水、食物、饲料、燃料、保护功能、就业、游憩、野生动物栖息地、景观多样性、碳的减少和贮存及其他林产品。应当采取适当措施以保护森林免受污染(包括空气污染)、火灾和病虫害的威胁，以充分维持森林的多用途价值。"但是，随着实践和理论的拓展，人们日益深刻地理解森林所具有的生态、社会和文化属性，认识到森林可持续经营是一个综合性的渐进过程。综合性，是指它不仅包括森林资源的可持续经营，还包括经济、政治、社会、文化等各方面要素的复合、互动关系。而作为渐进过程，则是指它在从传统林业向现代林业变迁的这一特定过程中，其内涵不是一成不变的，而是不断更新的。越来越多的学者认识到森林可持续经营必须落到实处，而森林认证作为推动森林可持续经营的实践标准，被认为是促进森林可持续经营的最佳市场机制，已经获得国际社会的普遍认可。

鉴于此，为把握全球森林可持续经营和森林认证的最新发展动向，特此开展"森林可持续经营和森林认证"专题研究，聚焦全球森林可持续经营与森林认证的最新进展，探讨二者之间的内在联系，为进一步推动我国森林可持续经营实践和促进森林认证发展提供有益的借鉴。

一、森林可持续经营全球进展

1992 年里约会议、2002 年约翰内斯堡会议和 2012 年"里约+20"会议等三次可持续发展峰会标志着环境保护意识和可持续发展理念逐步深入国际社会的各个层面，林业可持续发展在全球可持续发展中所具有的重要性和战略地位已成为普遍共识。与此同时，森林可持续经营也成为全球林业关注的热点，在世界高层次领导活动中尤其是"21 世纪议程"、"生物多样性公约"、"关于森林问题的原则声明"等重要文件中进一步阐述了森林可持续经营的重要意义，促进了国际社会对于森林的地位和作用认识的升华，推动了森林可持续经营理论和实践的快速发展；各国也积极开展森林可持续经营的实践探索，并将其作为森林经营的目标。

(一) 森林可持续经营政策

随着全球化成为 20 世纪人类社会的重要标识，国际社会一直致力于在一致的价值观念与有序的国际规则的框架之下构建促进森林可持续经营的全球政策，其中最新的进展就是联合国《2030年可持续发展议程》和《联合国森林战略规划(2017—2030年)》。

2015年，联合国193个会员国的代表共同签署了题为“变革我们的世界——2030年可持续发展议程”的文件，并在同年召开的联合国峰会上获得正式批准。从内容上来看，2030年可持续发展议程涉及经济发展、社会进步和环境保护三个方面，落实到林业行业恰恰就是森林可持续经营的内涵；从适用范围来看，它适用于世界上所有国家，既包括穷国也包括富国，是一个真正的全球议程；从制订过程来看，所有会员国都参与了讨论，为该议程后续的落实和执行奠定了坚实的基础。具体来说，2030年可持续发展议程涵盖17个可持续发展目标，以及169个子目标，其内容可以归结为五大类，即人、地球、繁荣、和平和合作伙伴，是一张旨在结束全球贫困、为所有人构建尊严生活且不让一个人被落下的路线图。这些目标包括：

- 目标1　在世界各地消除一切形式的贫穷。
- 目标2　消除饥饿、实现粮食安全、改善营养和促进可持续农业。
- 目标3　确保健康的生活方式、促进各年龄段所有人的福祉。
- 目标4　确保包容性和公平的优质教育，促进全民享有终身学习机会。
- 目标5　实现性别平等，增强所有妇女和女童的权能。
- 目标6　确保为所有人提供和可持续管理水资源和环境卫生。
- 目标7　确保人人获得负担得起、可靠和可持续的现代能源。
- 目标8　促进持久、包容性和可持续的经济增长、促进实现充分和生产性就业及人人有体面工作。
- 目标9　建设有复原力的基础设施、促进具有包容性的可持续产业化，并推动创新。
- 目标10　减少国家内部和国家之间的不平等。
- 目标11　建设具有包容性、安全、有复原力和可持续的城市和人类居住区。
- 目标12　确保可持续消费和生产模式。
- 目标13　采取紧急行动应对气候变化及其影响。
- 目标14　保护和可持续利用海洋和海洋资源，促进可持续发展。
- 目标15　保护、恢复和促进可持续利用陆地生态系统、可持续管理森林、防治荒漠化、制止和扭转土地退化现象、遏制生物多样性的丧失。
- 目标16　促进有利于可持续发展的和平和包容性社会、为所有人提供诉诸司法的机会、在各级建立有效、负责和包容性机构。
- 目标17　加强实施手段、重振可持续发展全球伙伴关系。

可以看出，上述目标出现频率最高的词语就是“可持续”，特别是目标15明确提出了“保护、恢复和促进可持续利用陆地生态系统、可持续管理森林、防治荒漠化、制止和扭转土地退化现象、遏制生物多样性的丧失”。可见，森林可持续经营已经成为世界各国实现可持续发展路线图的重要目标和实践要求。

2017年4月，第71届联合国大会又审议通过了《联合国森林战略规划(2017—2030年)》，这是首次以联合国名义做出的全球发展战略，彰显了国际社会对林业的高度重视。该规划在“愿景部分”特别指出：“所有类型森林及森林以外树木得到可持续管理，为可持续发展做出贡献，为当代和子孙后代提供经济、社会、环境与文化效益。”规划已将森林可持续经营作为全球森林战略规划的终极目标。另外，在阐述森林对人类及《2030 年可持续发展议程》的重要性时，也特别提出：开展森林可持续经营对全面落实《2030 年可持续发展议程》至关重要，可使所有类型森林成为健康、高产、适应力强、可再生的生态系统，为世界各地人们提供必要的商品和服务。

（二）森林可持续经营标准与指标体系

全球森林可持续经营标准和指标体系是依托国际进程逐步发展并完善的，不同地区和组织积极推动森林可持续经营国际进程，形成了包括蒙特利尔进程、泛欧进程、ITTO 进程、非洲木材组织进程、塔拉波托进程、干旱非洲进程、近东进程、干旱亚洲进程在内的九大国际进程，分别从各自区域发展和森林的特点出发，制定适合本区域的森林可持续经营标准与指标体系。

1. 森林可持续经营标准与指标体系的关注点

近年来，森林可持续经营标准与指标体系的关注点主要包括以下几个方面，这些关注点预示着未来森林可持续经营标准与指标体系的发展方向。

（1）对森林退化和毁林问题的关注。2005 年联合国气候变化公约缔约方第 11 次会议（COP11）上，首次将“减少发展中国家毁林排放：激励行动的方针”列入大会议程，并承认发展中国家减少毁林和森林退化所致排放量的重要性以及森林保护和可持续经营提供森林碳储量的作用。在之后的缔约方大会上，又提出了 REDD+“减少毁林及退化造成的碳排放”（reducing emissions from deforestation and degradation），将森林保护、森林可持续经营、造林再造林等增加的碳储量纳入一并考虑，鼓励各国结合 REDD 制定国家的战略发展规划，并制定评价的标准指南。

（2）对生物多样性的关注。生物多样性（biological diversity 或 biodiversity）是描述地球上生命的变化及其形成的自然格局的术语。1992 年联合国环境与发展大会签署生物多样性公约，共 175 个国家批准了该协议。生物多样性公约有 3 个主要目标：保护生物多样性；生物多样性组成成分的可持续利用；以公平合理的方式共享遗传资源的商业利益和其他形式的利用。近年来，生物多样性公约缔约国会议主题从生物多样性的总体规划，到海洋、农业、陆地、山地、森林、岛屿、草原等生态系统生物多样性的保护、利用、技术合作，到具体生态系统的保护战略、鼓励措施，以及财政和财务机制的关注，反映了生物多样性发展的历程及认识水平的不断提高。

（3）对气候变化的关注。联合国大会于 1992 年通过《联合国气候变化框架公约》。公约规定发达国家为缔约方，应采取措施限制温室气体排放，同时要向发展中国家提供新的额外资金以支付发展中国家履行公约所需增加的费用，并采取一切可行的措施促进和方便有关技术转让的进行。目前，气候变化谈判中林业议题的重点是森林经营和林产品贮碳，即是否把森林经营作为减排的途径，是否把林产品中的碳计入减排量。

2. 森林可持续经营国际进程的新进展

（1）塔拉波托（Tarapoto）进程：又称为亚马孙合作协议组织（OTCA）进程，由玻利维亚、巴西、哥伦比亚、厄瓜多尔、加纳、秘鲁、苏里南、委内瑞拉玻利瓦尔共和国等国家签署。近年来，该进程的森林可持续经营标准和指标体系更关注经营单位水平的森林经营，更具有可操作性。但其成员国都为发展中国家，缺少国家水平的政治支持，加上林业部门管理水平较低，缺少指标实施的技术和经济支持，阻碍了其实践的可行性。

（2）非洲木材组织进程（ATO/ITTO）：2003 年 ATO 和 ITTO 一起制定了 ATO/ITTO 非洲热带天然林可持续经营原则、标准与指标，在实施过程中受 ATO 和 ITTO 的共同监督，下设区域咨询组和国家咨询组，形成了开放的、广泛参与的和有代表性的咨询机制。近年来，在 ITTO 项目的主持下，一些成员国，例如喀麦隆和加纳已经完成国家水平森林可持续经营原则、标准与指标的制定和工作，并且在指标体系中包含了亚指标，亚指标主要针对经营单位的森林经营，为制定非洲热带林经营单位水平的森林可持续经营绩效评估标准和具体验证指标的发展提供了依据。FSC 制定非洲地区认证标准时充分利用和参考了 ATO/ITTO 的原则、标准与指标，也是该进程对森林认证体系的贡献。

（3）德黑兰进程（Tehran）：德黑兰进程是包含了近东进程、干旱非洲进程以及部分亚洲干旱进程国家的组合进程，是一些小的区域进程在自身发展过程中遇到问题而寻求发展的结果。该进程在组织上比较松散，除非有外界支持，很少有成员国自己组织活动。由于该进程成员国跨洲、跨地区，因此各国在制定本国森林可持续经营标准和指标体系时并没有统一的参照，所以该进程仅停留在文本层面，并未实施。

（4）泛欧进程（Pan-European）：泛欧进程又称赫尔辛基进程，成员国包括俄罗斯和欧洲的 37 个国家，是各个进程中开展活动较早的一个。近年来该进程对森林可持续经营标准和指标体系进行了补充和完善，完成了泛欧国家森林可持续经营操作指南（包括森林经营规划指南和森林经营实施指南两个部分）。同时，为了平衡欧洲国家造林、再造林与其他土地利用者的需求，对具有高保护价值的生态景观和文化价值进行保护，制定了“泛欧地区造林和再造林指南”，并且定期完成了三次有关欧洲森林状况的森林可持续经营报告，用标准与指标体系评价欧洲森林可持续经营的进展和取得的成绩。

（5）国际热带木材组织进程（ITTO）：ITTO 进程是所有进程中发起最早，开展活动最早，其标准与指标体系最具有可操作性，它覆盖了多数热带森林国家。近年来，所有 ITTO 进程的成员国分别制定了国家水平的标准与指标体系，进行了试验和示范，并分别针对生物多样性和热带退化与次生林恢复、经营和重建制定了可持续经营指南。

（6）蒙特利尔进程（MP）：是温带及北方森林保护与可持续经营标准与指标体系。MP 于 1994 年发起，致力于通过制定和利用森林可持续经营标准与指标体系，监测、报告温带和北方森林状况，推动地区和全球森林可持续经营。12 个成员国在 2016 年的《延吉宣言》中承诺，未来将抓好 4 个方面活动：一是最大限度地加大标准与指标体系的应用力度，为政策制定及相关讨论提供高效灵活的技术框架；二是通过提高监测、评估和报告森林对环境、经济和社会贡献的能力，以公开透明的方式满足多种国际报告的需求；三是积极参加涉林国际进程；四是为提高对森林可持续经营政策、实践和报告的理解和认识，积极与其他区域和多边森林和非森林组织开展交流合作。

3. 森林可持续经营的未来发展方向

森林可持续经营是一个长期的综合发展目标，是需要经过几代人的努力才能实现的理想，因此制定全球统一的森林可持续经营核心标准，以协调全球森林可持续经营行动势在必行。未来全球在森林可持续经营标准与指标的制定方面将进一步密切合作，加强各进程标准与指标之间的兼容性和可比性，提炼出全球统一的森林可持续经营核心标准，并且以核心标准为基础，监测、评价和报告全球森林可持续经营的进展。

此外，全球森林可持续经营也将更加关注政治热点问题，例如气候变化问题、REDD+问题、生物多样性问题等，并努力将这些问题放在森林可持续经营总体目标和规划中进行，将森林可持续经营长远发展目标与短期政治热点问题紧密结合起来，寻求将森林可持续经营目标纳入各国发展战略和林业政策的可行方案。

（三）全球森林可持续经营现状分析

根据联合国粮农组织（FAO）《全球森林资源评估报告》（2020），全球森林面积为40.6亿hm^2，覆盖率为31%。全球森林年均净减少量已从1990—2000年的每年780万hm^2，下降到2010—2020年的每年470万hm^2。但是，全球森林面积分布不均，一半以上（占比52%）森林集中分布在五个国家：俄罗斯联邦、巴西、加拿大、美国和中国。众所周知，由于数据可得性等方面的限制，评估全球森林可持续经营状况非常困难，现依据最新的FAO《全球森林资源评估报告》（2020）的数据，选取下列指标对全球森林可持续经营状况评估如下：

1. 永久性森林面积

森林的永久性维护是森林可持续经营的先决条件。根据《全球森林资源评估报告》（2020），全球永久性森林面积已经从1990年的14亿hm^2（占全球森林面积的34%）提高到了2010年的17亿hm^2（占全球森林面积的43%），如果加上有望作为永久性森林的私人林地面积，2010年全球总的永久性森林面积达21.7亿hm^2（占全球森林面积的54%）。因此，整体来看1990—2010年的20年间全球永久性森林面积净增加了7.7亿hm^2，所占比例提高了20%。这些永久性森林中有82%分布在中等和高收入国家，并且私有林在其中占据重要地位。

2. 支持森林可持续经营的政策和法律框架

国家法律、政策和制度框架是森林可持续经营实践的有效保障。根据《全球森林资源评估报告》（2020），已经制定支持森林可持续经营政策或相关法律法规国家的森林面积占到了全球森林总面积的99%，而《全球森林资源评估报告》（2010）中森林可持续经营政策或相关法律法规覆盖的森林面积的比例仅为70%。数据显示出近年来全球森林可持续经营的政策和法律法规框架已经逐步完善。详细信息见表4-1和表4-2。

目前几乎所有拥有永久性森林的国家都制定了促进森林可持续经营的法律法规与政策，覆盖了全球约98%的永久性森林，面积约为22亿hm^2，占全球森林总面积的54%。未来这些森林将按照可持续经营方式进行管理。

表4-1 不同层次已制定森林可持续经营扶持政策或法律法规所覆盖的森林面积

层次	政策		法律法规		政策和法律法规	
	森林面积（亿hm^2）	占全球森林面积的比例（%）	森林面积（亿hm^2）	占全球森林面积的比例（%）	森林面积（亿hm^2）	占全球森林面积的比例（%）
国家	39.19	99	38.58	97	38.57	97
省/州	32.26	81	33.48	84	31.86	80
当地	31.78	80	33.44	84	31.13	78

表 4-2 不同区域已制定森林可持续经营扶持政策或法律法规所覆盖的森林面积

区域	所覆盖森林面积的比例(%)	区域	所覆盖森林面积的比例(%)
非洲	94	欧洲	100
亚洲	99	大洋洲	97
中美洲和北美洲	100	南美洲	100

3. 国家层面的利益相关方参与平台

森林可持续经营要求实现社会、生态和经济效益的协调和平衡，促进实现对环境适宜、社会有益和经济可行的森林经营。近年来，森林可持续经营实践尤其注重参与式的发展理念，而不仅仅是永续的木材产出，强调把权力下放、利益相关方的决策参与作为规范林业活动的准则。从全球来看，在当代国际发展、国际政治、经济政策、社会政策等研究和实践领域中，“参与”几乎是出现频率最高的一个词，目前参与的概念已经从理论探索角度开始，拓展到了国际政治及国际发展的宏观政策领域。具有国家层面的利益相关方参与平台是确保各利益相关方的意见和建议被纳入林业决策的重要保障。根据《全球森林资源评估报告》(2015)统计，已经制定利益相关方参与平台的国家的森林面积占全球森林总面积的94%。利益相关方的参与有助于缓解冲突、促进合作并且提升国家林业政策的有效性，尽管这是一个困难而复杂的过程，但却是促进全球森林可持续经营进程的始点。

4. 森林资源监测

对森林资源的定期监测是森林可持续经营的基础，尤其是森林资源清查数据是制定森林可持续经营政策、法律法规和实践指南必不可少的条件。根据 FAO 的数据，近年来全球开展资源清查的森林面积显著提高。2010 年，开展森林资源清查的国家还不足 50 个；2020 年，有 112 个国家开展了森林资源清查，覆盖的森林面积为 32.42 亿 hm^2(占全球森林面积的 81%)，并且大多采用定期国家森林资源状况报告的形式对森林资源监测结果进行知情公开。

5. 森林经营规划

森林经营规划是开展森林可持续经营最重要的指导性文件。根据 FAO 的数据，2020 年全球已经制定森林经营规划的森林面积为 21 亿 hm^2(占全球森林面积的 52%)。从分布来看，位于欧洲、亚洲、北美洲和中美洲的森林大多数制定了森林经营规划，而非洲和南美洲制定森林经营规划的森林比例还不足 30%。从林分类型来看，制定森林经营规划的森林面积占北方和温带森林的比例高达 60%以上，而热带和亚热带森林该比例仅为 28%。虽然制定了森林经营规划并不能确保该规划就能有效实施，但是森林经营规划的制定是开展森林可持续经营的良好开端。但没有森林经营规划并不代表不能开展长期、可持续的森林经营，特别是小规模的私有林，大多数都没有书面的森林经营规划。另外，政府对森林经营规划实施情况进行监测也至关重要。根据 FAO 的数据，热带森林地区制定有森林经营规划的森林只有 40%纳入政府的年度监测中；北方森林的这一比例为 38%，温带森林为 32%。有关森林经营规划的全球情况详见表 4-3。

表 4-3 制定森林经营规划所覆盖的森林面积

气候区	制定经营规划的森林		制定经营规划的生产林		制定经营规划的保护林	
	森林面积（百万 hm^2）	占气候区森林面积的比例(%)	森林面积（百万 hm^2）	占气候区森林面积的比例(%)	森林面积（百万 hm^2）	占气候区森林面积的比例(%)
热带	509.76	28.2	191.27	10.6	203.79	11.3
亚热带	91.13	28.5	36.51	11.4	28.68	8.9
温带	424.97	63.1	175.52	26.1	209.43	31.1
寒带	1 073.80	87.7	442.73	36.1	401.50	32.8
总计	2 099.66		846.02		843.39	

上述情况表明，全球森林的可持续经营状况近年来有显著提升，特别是在操作层面，促进森林可持续经营实践已成为政府部门、企业和当地社区的共识。虽然距离实现森林可持续经营的目标还有很长的路要走，特别是在低收入国家和热带地区，亟须加大针对森林可持续经营活动的投入，但显而易见的是，全球森林正在向森林可持续经营的正确方向逐步迈进。

二、森林认证全球进展

森林认证作为促进森林可持续经营的一种市场机制，已经得到国际社会的公认。目前森林认证与木材合法性验证、打击非法采伐紧密结合，在助推林业企业深度融入全球贸易链，影响林产品国际市场准入方面发挥着日益重要的作用。众所周知，森林认证体系有国家体系和国际体系，其中国际体系有两个：森林管理委员会(FSC)体系和森林认证体系认可计划(PEFC)。其中，FSC 针对国家森林认证体系没有建立互认机制，而是规定各国可以针对各自的具体情况，依据 FSC 的通用标准要求制定 FSC 国家标准并据此开展 FSC 认证。PEFC 是一家联盟组织，由感兴趣的各利益相关方根据当地情况制定国家森林认证体系认可工作，也就是说认可各国的国家森林认证体系。截至 2018 年 6 月，PEFC 认可了 40 个国家的森林认证体系，PEFC 的认证情况基本上也涵盖了主要的国家森林认证体系的发展现状。因此，这两大森林认证国际体系(FSC 和 PEFC)的进展基本上代表了全球森林认证的最新概况。

(一)森林认证面积

根据全球主要的两大国际森林认证体系——森林管理委员会(FSC)和森林认证体系认可计划(PEFC)的报道，截至 2020 年 12 月，全球认证的森林面积达 5.57 亿 hm^2，比去年同期增加了大约 0.8%。据估计，FSC 和 PEFC 双认证的森林面积大约为 3 000 万 hm^2，将这部分重合的面积剔除，全球认证的森林面积约为 5.27 亿 hm^2，约占全球森林总面积的 13%。其中，FSC 和 PEFC 双认证的森林主要分布在北美(面积约为 2 450 万 hm^2)以及欧洲地区(面积约为 400 万 hm^2)，二者之和占到了双认证森林总面积的 95%。

从全球来看，认证的森林面积逐步增长，特别是俄罗斯，热带和南半球的森林具有巨大的认证潜力。但是，由于森林经营水平和资金等方面的原因，在这些地区大幅度增加认证森林面积还存在很多困难和挑战，急需采用更为多样化的新方法来开展认证。

根据 FSC 的报道，近年来 FSC 森林经营认证面积增长迅速，截至 2017 年 1 月，FSC 认证的 82 个国家的森林面积超过 1.96 亿 hm^2，比 2012 年的 1.49 亿 hm^2 增加了 32%（4 700 万 hm^2）。其中，北美洲是 FSC 森林经营认证面积最大的地区，达 5 460 万 hm^2；其次是欧洲，4 370 万 hm^2。在欧洲，俄罗斯 FSC 森林经营认证处于领先地位；在拉丁美洲和加勒比地区，巴西的 FSC 认证面积最大；在亚洲，印度尼西亚的 FSC 认证面积最大；在非洲，刚果(金)的 FSC 认证面积最大。从增长速度来看，苏里南在 FSC 认证领域的增长最快(117%)，另外泰国、白俄罗斯和越南的证书数量也大幅增加。从证书数量来看，森林经营认证证书数量从 2012 年的 1 084 份上升到 2017 年的 1 462 份证书，在 5 年内上升了 35%。其中，欧洲国家在 FSC 认证覆盖的森林总面积中居于领先地位，拥有 629 个森林经营认证证书，比 2015 年增加了 14%；其次是拉丁美洲和加勒比地区、北美和亚洲，分别有 263、249 和 234 个森林经营认证证书。另外，从森林类别来看，2017 年 FSC 认证森林中天然林面积占 65%，人工林面积占 9%，半天然林面积占 26%。另外，全球 FSC 的 CoC 证书数量从 2012 年 22 230 个增加到 2017 年的 31 599 个，增长了 42%。

根据 PEFC 的报道，该体系的认证森林面积为 3.73 亿 hm^2(截至 2017 年 1 月)，其中在亚洲的认证森林面积增幅最大，增长了 27%。亚洲地区日本增幅较大，从 23 700 hm^2 增加到 130 多万 hm^2。斯洛文尼亚的认证森林面积也大幅增加，增幅超过 500%。新西兰也开始了首个森林经营认证。另外，还有 20 个国家正在建立 PEFC 体系或准备申请认可。目前，全球 PEFC 森林经营证书的持有者达 750 000 个，并且全球有超过 20 000 家企业受益于 PEFC 的产销监管链认证。

综合以上两大森林认证国际体系的认证进展，可以看出：87%的全球认证森林分布在北半球(图 4-1)，其中，全球 48%的认证森林分布在北美地区，25%的认证森林分布在西欧地区，14%的认证森林分布在独联体国家，而拉丁美洲、非洲、亚洲和大洋洲认证森林面积的总和仅占全球认证森林总面积的 13%，而这些地区的森林面积却占到了全球森林总面积的 60%。因此，今后拉丁美洲、非洲、亚洲和大洋洲的森林认证潜力巨大。

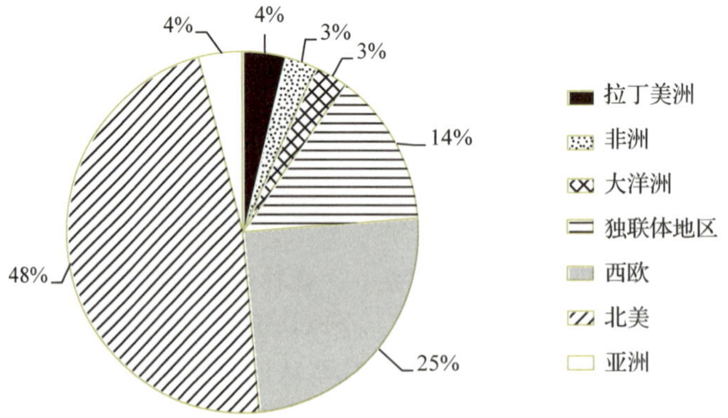

图 4-1　全球认证森林面积分布情况

（二）认证木材的供应

由表 4-4 可见，2014—2016 年，全球认证原木产量变化不大，估计每年为 5.1 亿~5.3 亿 m^3，约占全球原木总产量的 28%~30%。其中，2016 年西欧认证原木产量最高，约为

2.52 亿 m^3，占全球原木总产量的 14.2%；其次是北美的认证原木产量(2.34 亿 m^3)，占全球原木总产量的 13.2%。另外，2016 年非洲和亚洲的认证原木产量都有所增长，分别增长了 30 万 m^3 和 170 万 m^3。

表 4-4　全球和区域森林认证木材供应情况(2014—2016 年)

区域	森林总面积(百万 hm^2)	认证森林面积(百万 hm^2)			认证森林面积占全球森林面积的比例			认证原木产量(百万 m^3)			认证原木占全球原木产量的比例		
		2014	2015	2016	2014	2015	2016	2014	2015	2016	2014	2015	2016
北美	614.2	221.3	217.3	206.8	36.0	35.4	33.7	250.5	245.9	234.0	14.1	13.9	13.2
西欧	168.1	106.6	109.6	106.8	63.4	65.2	63.6	251.1	258.1	251.7	14.2	14.6	14.2
独联体国家	836.9	55.5	62.9	62.9	6.6	7.5	7.5	10.6	12.0	12.0	0.6	0.7	0.7
大洋洲	191.4	12.6	12.5	12.6	6.6	6.5	6.6	3.6	3.6	3.6	0.2	0.2	0.2
非洲	674.4	6.4	6.5	7.8	1.0	1.0	1.2	1.9	2.0	2.3	0.1	0.1	0.1
拉丁美洲	955.6	16.3	17.1	17.8	1.7	1.8	1.9	1.2	1.3	1.3	0.1	0.1	0.1
亚洲	592.5	14.1	13.1	18.3	2.4	2.2	3.1	4.5	4.2	5.9	0.3	0.2	0.3
全球	4 033.1	432.8	439.0	432.8	10.7	10.9	10.7	523.5	527.1	510.9	29.6	29.8	28.8

注：森林面积是基于 2016 年 FAO 全球森林状况和 2015 年全球森林资源评估数据。认证森林面积来自 FSC 和 PEFC 网站数据库。

(三)森林认证体系的发展

1. 森林管理委员会(FSC)

2017 年，FSC 制定了全球战略计划，计划到 2020 年将其全球认证林产品贸易市场份额从约 10%增加到 20%，并确保森林的真正价值得到全球社会的认可。为此，FSC 制定了 6 个指标(涉及木材、非木质林产品、森林生态系统服务、回收原料、主要木制品和营业额等 6 个方面)，以评估 2020 年目标的实现程度。同时，FSC 也致力于实现联合国可持续发展目标，并确定将在目标 1(消除贫困)、目标 2(粮食安全)、目标 5(性别平等)、目标 6(可持续管理水资源和环境)、目标 7(可持续的现代能源)、目标 8(体面工作)、目标 12(可持续消费和生产模式)、目标 13(应对气候变化)、目标 16(和平和包容性社会)、目标 17(全球伙伴关系)的实现中发挥最大作用。

2016 年，FSC 对认证证书持有人进行了全球市场调查，显示 80%的证书持有者认为 FSC 认证可以创造积极的品牌形象，87%的证书持有者计划持续开展 FSC 认证，83%的全球市场认证证书持有人对 FSC 感到满意，一致认为 FSC 为将负责任的森林原料和产品推广到多元化和强大的市场提供了重要机会。2017 年，FSC 与一家独立研究机构联合对 332 名 FSC 会员、认证证书持有者和其他利益相关方进行了广泛的咨询，了解 FSC 认证的执行情况。

另外，在传递品牌价值和市场创新方面，FSC 通过一系列认证方法，为非木质林产品制造、建筑、时尚、零售、包装、运动和金融等一系列行业提供了负责任的选择，并通过全球品牌活动来推动在关键部门使用可持续和负责任的林产品。例如，2016 年里约奥运会使用了众多 FSC 认证产品，包括 5 130 个木制礼盒，185 个领奖台，93 个残奥会斜坡和一个赛车场轨道。

在认证标准方面，2015 年 3 月，FSC 董事会正式批准了 FSC 的森林认证国际通用指标（IGIs），可以依据该国际通用指标来制定国家或者区域的 FSC 森林认证标准。2016 年 3 月，FSC 宣布葡萄牙成为首个应用该国际通用指标进行国家森林认证标准修订的国家。FSC 中国森林经营标准也于 2018 年 7 月 11 日正式获批，并于 2018 年 10 月 1 日正式实施。

2. 森林认证体系认可计划（PEFC）

PEFC 通过依托国家森林认证体系、非政府组织、协会、公司及个人共同促进森林可持续经营。PEFC 的工作核心是国家森林认证体系的认可，会员国家负责的建立和运行各自的认证体系。2017 年，保加利亚、刚果共和国和南非成为会员国，其他一些会员国在认可方面也取得了巨大进展。符合 PEFC 原则和目标的公司、组织和协会也可加入 PEFC，成为国际利益相关方成员。2017 年，PEFC 迎来了 6 个新组织：Arauco、Double A、European Panel Federation、European Pulp Industry Sector Association AISBL、Mondi plc 及 Olam International。

此外，PEFC 致力于通过项目合作的方式来支持全球森林可持续经营和森林认证的发展，通过建立伙伴关系和根据当地的具体情况，使得利益相关者能够建立国家森林认证体系，增加可持续经营的森林面积，扩大负责任产品的市场需求。例如，PEFC 与缅甸森林认证委员会（MFCC）合作，并获得了摩纳哥王子基金会阿尔贝二世亲王的资助，通过建立国家森林认证体系推动缅甸林业部门的改革。

PEFC 致力于支持小农户的森林认证，并积极推动联合认证的实践。2017 年 11 月，PEFC 与芬兰农业食品和林业发展机构（FFD）共同召开了关于联合认证的现场对话会，有来自 10 个国家的 25 位代表参加。参会代表实地了解了芬兰森林可持续经营实践及联合认证的经验，决定今后将合作推动制定既符合当地实际又符合 PEFC 国际要求的联合认证创新模式，并将共同资助柬埔寨、加纳、肯尼亚、缅甸、南非、坦桑尼亚、泰国和越南的小农户可持续林业发展。

自 2011 年以来，PEFC 合作基金为森林认证领域的一系列项目提供了资金支持。这些项目不仅推动了森林可持续经营，而且促进了社会各界的合作。2017 年，PEFC 选定的资助项目致力于将城市中心与森林社区联系起来，确保可持续的木炭进入城区家庭。PEFC 合作基金还支持制定了适合克罗地亚小林主的国家体系，帮助印度准备获得认证的产品，并加强各会员国家之间的合作。

在标准修订方面，PEFC 国际标准是认可国家体系一直到提供认证解决方案等所有活动的基础，因此不断完善标准至关重要。PEFC 制定有详细而严格的标准编制流程，并且会定期进行修订。在 2016 年年初，PEFC 启动了最新的标准修订流程，数百名专家和数千名利益相关者都参与其中，2017 年已完成并公布了制定和审查国家森林可持续经营标准（PEFC ST 1001）和国家森林认证体系评估和认可程序（PEFC GD 1007）的修订要求。

另外，PEFC 近年来专注于应用创新技术来更高效地支持认证和林业部门工作。在芬兰赫尔辛基举办的 2017 年 PEFC 森林认证周中，来自 50 个国家的 250 多个利益相关者分享了经验，探讨了将技术解决方案纳入森林认证的益处和潜力，并将创新技术进一步纳入认证作为未来的主要目标。为了实现这一目标，PEFC 的 2018 年合作基金将重点资助认证中采用创新技术的项目。选定的项目将开展、试行和实施森林认证智能解决方案。

（四）森林认证的作用机制

随着森林认证的迅速推广，目前国际社会十分关注森林认证的作用机制问题，将其归为以下方面。

1. 推动经营者改善森林经营实践

在准备认证和获得认证、维持认证的长期过程中都体现出了这一点，尤其是针对每次认证审核提出的不符项而实施的整改行动，具体体现了认证带来的森林经营实践的变化。例如有学者研究表明森林认证在“森林经营方案、社区关系、工人培训、产销监管链、典型生态系统保护、高保护价值森林、濒危物种保护、伐区道路建设和工人健康安全”等方面都改善了经营实践。

2. 支持替代性的生产模式

森林认证促使企业选用更符合可持续性要求的替代性生产模式或者经营模式。但前提需要扩大或者维护这些认证企业的市场，确保其市场准入和市场溢价；同时，还需要提供扶持来扩大替代性实践的示范效应。

3. 影响土地利用决策

森林认证的初衷就是通过提高森林的价值来遏制毁林，减轻毁林压力，并因此减缓了林地向牧场和其他非可持续的土地利用形式的转化。如果认证效益足够高，林主将选择可持续经营森林而不是将其转化为其他用途。特别是当认证林产品的市场足够大时，就有可能遏制不可持续的森林经营方式或是毁林所带来的额外利润。

4. 重新配置供应链

森林认证要求林产品生产企业整个供应链的产品都是可追溯的认证产品。因此，森林认证将上下游企业更稳定、更紧密地联系起来，这不仅会促进林产品生产企业的区域化发展，更重要的是对林产品的传统供应链进行了重新配置。

5. 强化政府法律法规和规章制度贯彻实施

森林认证标准要求认证申请者必须遵守国家和地方的法律法规和政府部门的各项规章制度，由此也强化了政府部门的执法和施政水平。例如，森林认证被直接纳入墨西哥的林业政策中，另外南非和玻利维亚也将森林认证的一些标准要求转化为林业行业的政府要求，以此来促进森林的可持续经营。

6. 落实并倡导绿色消费模式

随着公众绿色消费意识的日益提高，森林认证作为向消费者传递森林可持续经营信息的一种市场手段，已经得到越来越多消费者的认可，从促进了绿色消费模式的推广。

（五）森林认证的国际关注热点

森林认证作为促进森林可持续经营和林产品市场准入的一种新机制，目前已经得到国际社会的广泛认可，成为林产品进入欧美等环境敏感市场的必要条件。近年来，森林认证在全球范围内发展迅速，国际社会的关注热点主要集中在以下方面：

1. 推动热带木材认证

近年来，抵制热带木材贸易或是对热带木材区别对待的现象日益增多。一些欧洲国家（如比利时、德国、荷兰和英国）通过政府采购政策等措施要求进入政府采购清单的热带木材必须是认证木材。全球采购商联合会-全球森林贸易网络（GFTN）也宣称只采购认证的木材及其制品。因此，鉴于目前全球的认证森林主要集中在北半球的温带或寒温带地区，在热带地区推广森林认证成为国际社会推动全球森林可持续经营的重要任务之一。

2. 倡导不同森林认证体系之间的互认和合作

如果每一个认证体系在国际贸易中都使用自己的标签，采购商和消费者将很难判定哪一个标签是可信的。如果放任不同认证体系之间互相竞争，许多获得本国认证体系认证的生产商（特别是那些发展中国家的生产商）在捍卫自己市场位置时将面临无法克服的困难。另外，也不能期望采购商自己对不同认证体系进行评估，因为这是一项复杂的任务，并且需要专业的技术和信息，而这些都是采购商无法达到的。因此，近年来国际社会日益关注不同森林认证体系之间的互认和合作，认为这是降低认证成本的可行方案之一。

3. 促进森林认证标准核心内容的国际化和一致性

森林认证标准是认证体系的核心，目前，许多森林认证标准都不是由专门的标准制定机构制定的，而是通过多利益方参与的方式来制定，并且大多数认证体系都由非政府机构来运作。因此，每一个认证体系的认证标准都会受到标准制定团队的影响，其关注点也不尽相同。例如，芬兰森林认证标准（FFCS）特别关注森林经营活动的环境影响。美国的可持续林业倡议（SFI）则允许经营者在决定森林经营政策和规划方面拥有更高的自由度，更强调提高森林的生产力，包括允许使用化学品来促进林木生长和防治病虫害。同时，在某些具体指标要求上，不同体系的森林认证标准要求差异也很大，例如对于皆伐的限制面积从 2 hm^2 一直到 40 hm^2。因此，按照统一的规范来不断修订森林认证标准已经逐步成为国际社会的共识。国际标准化组织（ISO）正致力于推进全球统一的林产品产销监管链认证标准，促进认证标准的国际化。

4. 提升森林认证审核质量和可信度

森林认证审核的主要任务就是收集实证性的证据，以评估实际中森林经营是否满足了认证标准的要求，或者满足到何种程度。由于森林可持续经营涵盖了传统森林经营尚未涉及的很多“新”内容，加上森林生态系统本身的复杂性，认证审核面临日益严峻的挑战，对审核员的能力要求也越来越高。因此，强化认证审核过程的技术监管和审核结论的同行评议，提升认证审核的可信度是目前各个认证体系的重要任务。

5. 支持小农户联合认证发展

从全球范围来看，近年来开展小规模、低强度森林经营的小农户联合认证受到各个认证体系的普遍关注。例如 PEFC 体系将支持小农户联合认证作为 2017—2018 年的工作重点，召开了多次联合认证实地对话和研讨活动，分享经验，推动既符合当地实际又符合 PEFC 国际要求的联合认证创新模式的发展，并通过项目资助来支持柬埔寨、加纳、肯尼亚、缅甸、南非、坦桑尼亚、泰国和越南的小农户联合认证实践。FSC 体系小农户联合认证证书的持有量也逐年提高，2018 年已占全球 FSC 森林经营认证证书总量的 21%。

三、森林可持续经营与森林认证关系辨析

当前，世界上很多国家都致力于将森林可持续经营贯彻到森林经营实践中，探索将社

会、经济和环境三方面的效益兼顾和平衡的过程中逐步推进森林可持续经营。而森林认证通过认证标准体系将森林可持续经营的要求嵌入森林经营单位的日常管理活动中，将森林经营的环境、社会和经济效益进行了有效融合和互动，推动了森林可持续经营从理论走向实践。

(一)森林可持续经营与森林认证的起源

20 世纪是人类物质文明高度发展的时代，也是地球生态环境和自然资源遭到破坏最为严重的时期。面对森林迅速消失，生态环境日益恶化，自然灾害频繁，农村人口贫困加剧，政府经营管理森林效果不甚理想，经济开发与防止森林衰败两难顾及的全球形势，人们不得不重新思考应该怎样建立一种人与森林、经济发展与环境保护相对协调的新的森林资源经营模式，以确保森林的生态、经济和社会效益协调统一，促进林业的可持续发展。在这一背景下，国际社会提出了“森林可持续经营”的概念。为了实现森林可持续经营这一目标，首先就需要制定标准与指标体系，以衡量森林经营的可持续与否，评价森林状况和森林经营随时间变化的趋势。如上所述，早在 1992 年，国际热带木材组织(ITTO)便制定了世界上第一个关于森林可持续经营的标准和指标体系。此后，对森林可持续经营标准和指标体系的讨论和研究，在全世界范围内逐渐展开。目前，国际机构与地区间组织已制定出了具有较强针对性的森林可持续经营的标准与指标体系，世界上共有 150 多个国家参加了 8 个有代表性的进程。生态区域包括热带、温带与北温带、撒哈拉以南干旱地区等。但其中大多数标准和指标都是国家水平的，少数包含森林经营单位的标准和指标。并且由于各国的森林面积、质量和类型，以及所有制、社会和经济条件的差异，在森林可持续经营标准和指标的选择和可操作性等方面还存在许多有待进一步解决的问题。可以看出，目前森林可持续经营标准和指标主要是针对国家层面，是国家水平上的可持续性度量，致力于通过政府或决策部门来推动本国森林可持续经营，遏制毁林等现象的发生。

与此同时，一些非政府环境组织将推动森林可持续经营的视角从决策者转向林产品市场、转向林产品的消费者，并由此提出了森林认证的概念，森林认证被认为是一种推动森林可持续经营的市场机制，是一种不同于传统政府治理的森林可持续经营管理机制。从起源来看，由世界自然基金会(WWF)领导的跨国环保与社会团体创建了森林管理委员会(FSC)认证体系，并于 1993 年在加拿大多伦多举行了成立大会。FSC 根据森林认证标准向践行“森林可持续经营”并通过认证的森林经营者(林场)和森林企业提供认证证书和认证标签，从而影响市场准入和消费者的选择，通过市场这种“软办法”来补充传统的通过政策、法律法规等“硬办法”来促进森林的保护和森林的可持续经营。可以说，森林认证的特点之一就是：它是非政府组织与林业行业的一个组合体，是一种基于市场导向型的森林治理方式。

随着森林认证体系的发展，各个国家也制定出适应本国具体情况的森林认证体系。为实现各体系之间的认可，同时鉴于 FSC 体系并未能充分考虑小林主的利益，1999 年 6 月创立了 PEFC 体系，为国家和次国家森林认证体系的发展和互相认可提供了框架，其认证标准框架要求以 1993 年和 1998 年分别在赫尔辛基和里斯本举行的森林部长会议上确定的标准为基础，而认证规则和程序的制定由各个国家认证体系自己制定。这些国家认证体系通过与 PEFC 达成互认，与 PEFC 共同推进森林可持续经营。

总之，森林可持续经营是在经过了全面、深刻地对传统森林经营模式的反思和长期探索之后提出的，目前森林可持续经营已成为全球广泛认同的林业发展方向，并被各国政府视为制定林业政策的重要原则。而森林认证作为由独立第三方(认证机构)依据既定的标准来评估森林经营质量的过程，是在森林可持续经营已成为国际共识的大背景下，基于森林可持续经营的理念而提出一种的市场导向型的森林治理(环境治理)方式。

(二)森林可持续经营标准与认证标准的联系和区别

从标准来看，森林可持续经营的标准和指标与森林认证的标准与指标是紧密联系的，国际上也公认森林认证可以作为评估森林可持续经营水平的重要手段。二者之间的联系和区别在于以下几个方面：

1. 标准结构

森林可持续经营标准和森林认证标准的结构是相同的，都采用垂直结构，一般分为三个层次：原则、标准和指标。但是森林认证标准(特别是森林经营认证标准)通常还有验证因子(表4-5)。通常，原则为使用者提供森林经营方面的建议，但并不规定或禁止经营者做什么。而标准是为了评估特定的森林经营业绩产生的，它由客观的量度或主观经验的评价结果构成。

表4-5　标准结构描述

类别	描　述
原则	标准经营的大目标或目的
标准	为了实现原则中所包含的目标而必须遵循并达到的具体方面和要求
指标	能够体现达到标准的特殊目标、度量和行动
验证	能够证明指标被严格遵循的证据的来源

2. 标准针对的层次

森林可持续经营国际进程，如蒙特利尔和赫尔辛基进程的标准首先针对的是国家层面，重要指标包括国家森林面积、国家森林立法状况和森林对碳汇的贡献等。近年来，许多森林可持续经营标准也着手制定了地区级和森林经营单位级的指标体系，但是国家层面的指标体系仍占据主导地位。

森林经营认证标准针对的是森林经营单位层次的森林经营，以便获得业绩数据来评估森林经营质量，有一些直接量度数据(如区域生物多样性)或影响程度(如区域内的土壤流失量)很难获得，或者是成本太高。通常使用替代性指标，如森林经营单位内的生物多样性保护问题通常是以该景观基质范围内不同栖息物种的数量和稀有物种的数量来表示。

3. 标准内容

森林可持续经营标准与指标和森林经营认证标准都包含了生态、经济和社会三个方面的内容，都将国际社会公认的可持续性关键因子包含在内，力求广义和狭义的可持续性都能在森林经营的经济、社会和环境效益平衡中得到体现。具体来说，森林认证标准其实是一个绩效标准与过程标准的结合体。绩效标准包括了生态、经济和社会三个方面，过程标准确定了经营体系的特征。从这个角度来说，森林认证标准也可以理解为是森林可持续经营标准在森林经营单位层次的具体化、可操作化及可测量化，如PEFC认证标准是基于赫尔辛基进程的标准框架，马来西亚认证标准(MTCC)是基于ITTO标准和指标的框架。

4. 标准制定过程

森林可持续经营标准和指标的制定通常是由政府机构主导，主要用于信息共享和国家报告，而森林认证标准大多由非政府机构制定，主要用于市场推广。因此，从本质上来说，森林可持续经营标准的制定和发展过程是一种政治过程，而森林经营认证标准体现的是一种多利益方参与的市场化过程。

（三）森林认证对推动森林可持续经营的贡献

从功能上讲，森林认证可以看作是森林可持续经营的一个重要执行机制，而森林可持续经营是森林认证的目标。但是，由于相关数据和信息难以获得，如何客观评估森林认证对促进森林可持续经营的贡献是一个难题。现依据国际的通用指标，对森林认证促进森林可持续经营的贡献分析如下：

1. 认证森林面积及其森林特征

2017 年的统计数据显示全球认证森林面积约为 5.39 亿 hm^2，约占全球森林总面积的 13%，并且 87%的认证森林都分布在北半球，尤其是欧洲和北美等林业管理完善的发达国家，发展中国家所占比例还不足 15%，特别是热带森林的认证面积占全球认证森林总面积的比例还不足 10%。这说明了发展中国家，特别是热带国家森林认证滞后的现状，而这些发展中国家，特别是热带地区国家通常也是森林管理落后的国家。因此，绝大多数认证森林分布在森林管理良好的发达国家，使得森林认证对森林可持续经营的促进作用还局限在有限的范围内，只有森林认证扩展到大多数森林管理落后的国家，其对促进全球森林可持续经营的作用才更有意义。

2. 森林认证标准

目前森林认证的标准体系多样化，不仅有国际体系，也有区域和国家体系。同时认证标准内容也不尽相同，反映了各利益相关方的观点和国情和林情的差异。例如，与森林认证认可计划(PEFC)互认的芬兰森林认证体系(FFCS)特别关注森林经营活动的环境影响。美国的可持续林业倡议(SFI)则允许经营者在决定森林经营政策和规划方面拥有更高的自由度，更强调提高森林的生产力，包括允许使用化学品来促进林木生长和防治病虫害，但是对环境影响、社会影响以及公众咨询的关注不多。同时，在某些具体指标要求上，不同国家的森林认证标准要求差异也很大。对于国际体系而言，FSC 和 PEFC 的认证标准也存在很多差异，一方面这两个国际森林认证体系有相似的目标，但是采用的方式不同，如在天然更新优先、禁止大面积皆伐、保留枯死木和有价值树种，控制使用化肥和杀虫剂、保护群落生境，以及水土保持方面，两个国际森林认证体系都有不同的要求方式。另一方面，在具体的指标要求上 FSC 和 PEFC 也存在差异。例如关于更新树种的选择，FSC 提倡向天然林转化，鼓励选用乡土树种；而 PEFC 允许在更大的范围内选用非乡土树种。因此，森林认证标准的科学性、可操作性和一致性直接影响到其对森林可持续经营的促进作用。森林认证国际体系(FSC 和 PEFC)，以及各国森林认证体系均致力于森林认证标准的修订和完善，国际标准化组织(ISO)也致力于推进全球统一的林产品产销监管链认证标准，相信随着认证标准的逐步完善和国际化，森林认证对森林可持续经营的促进作用将更加显著。

3. 森林认证审核的质量和效果

森林认证审核的主要任务就是收集实证性的证据，以评估实际中森林经营是否满足认证标准的要求，或者满足到何种程度。鉴于森林生态系统的复杂性，认证审核也面临着许多挑战：一是森林可持续经营涵盖了超越法律法规要求的内容，需要在审核过程中去验证很多传统森林经营尚未涉及的很多“新”内容；二是审核需要的信息有些很难从现场获得，特别是由于某些认证指标的性质以及基线数据的缺乏，审核评估可能不得不更多地采用定性的方式而非定量化的方式；三是审核员需要除林学之外的、更多交叉学科以及社会、经济方面的知识和技能；四是开展精细而复杂的认证审核的成本也是昂贵的。因此，开展高质量的认证审核并不是一件容易的事情。另外，从认证审核实践来看，不同认证体系的审核及同一认证体系的不同审核员之间的审核质量也不尽相同，有些认证标准的要求被忽视或者干脆被判定为不适用。这就导致同样的认证证书其实掩盖了在实际中森林经营水平的巨大差异。因此，认证审核质量也是影响森林认证对森林可持续经营促进作用的一个重要因素。目前，各认证体系都强化了对认证审核过程的技术监管和审核结论的同行评议，随着认证审核管理的日益规范，认证审核的可信度将得到大幅度提高，进而会全面提升认证对森林可持续经营的促进作用。

4. *森林认证的市场驱动力*

森林认证的一个基本假设就是那些关注毁林和森林退化的消费者会优先购买来自良好经营森林的木材制品。认证审核确定了哪些是良好经营的森林，以及那些林产品是来自这些良好经营的森林。那些通过认证的林场主可以在其产品上使用认证标签，在销售时，这些认证标签就把产品来自良好经营森林的信息传递给了消费者。由于认证产品实际供应和需求的数据很难获得，因此难以精确地评估森林认证对林产品消费市场的驱动影响。从市场供应来看，2014—2016 年，全球认证原木年产量为 5.1 亿~5.3 亿 m^3，约占全球原木总产量的 28%~30%。但是根据 FAO 的统计数据，工业原木的国际贸易量相对较小，2016 年全球工业原木的贸易量仅占生产量的 7%，其中热带原木贸易量所占比例更低。因此，当前绿色原木贸易政策对森林经营尤其热带森林经营的影响有限。从市场需求来看，目前认证林产品的需求主要来自环境敏感市场，主要集中在欧洲国家，但是近年来随着公众环境保护意识的不断增强，鼓励绿色消费，优先购买森林认证产品，已成为合理利用森林资源、有效保护生态环境的全球共识和行动。尤其是一些大型零售商已经将森林认证作为其“绿色销售战略”的一部分，市场准入已经成为推动森林认证发展的重要驱动因素之一。因此，未来对认证林产品的市场需求将呈现日益扩大的趋势，森林认证的市场驱动力将日益强劲。此外，鉴于目前木质林产品的供应链大多环节众多，供应商分布广泛，因此认证林产品市场的需求变化将影响到众多参与到全球贸易供应链各个环节的各国供应商。从这个角度来说，认证林产品的市场需求将会在更大的范围内影响到供应链所涉及供应商去寻求认证，供应商对认证木材的需求也必将推动木材来源地的森林经营决策者去开展森林认证，按照认证标准的要求去经营森林，最终提高森林可持续经营的水平。

另外，从认证成本来看，与森林经营完善的森林相比，经营管理体系落后的森林（如热带森林）如果要达到认证标准的要求，需要花费更多的人力、物力和资金来改进森林经营体系，因此其认证成本将大幅提高。目前认证森林主要分布在森林管理完善的欧洲和北美等发达国家的事实说明，森林认证目前主要吸引的是那些森林经营水平较高，不需投入很多就能满足认证标准要求的森林，而不是那些目前最亟须提高森林经营质量的森林，特别是分布在非洲和南美洲的、生物多样性最丰富、生态功能最多样化的热带森林。因此，目前森林认证到底促进了哪些森林的可持续经营水平，认证成本如何与认证效益相匹配，都需要我们进行客观而全面的分析。

以上从起源、标准内容、森林认证推动森林可持续经营的贡献 3 个方面分析了森林认证与森林可持续经营的关系。现将二者的关系小结如下：

首先，从起源来看，森林认证是依托森林可持续经营理念而提出的，其建立初衷就是通过引入市场(消费者)的影响力来促进森林的可持续经营。其次，从标准内容来看，森林认证标准也是依据森林可持续经营标准的框架和理念来构建的，但其标准和指标聚焦于森林经营单位层次，注重绩效指标和过程指标。最后，从森林认证推动森林可持续经营的贡献来看，依据现有的森林认证实践，森林认证对促进森林可持续经营具有正向的促进作用，但是目前这种促进作用仍有很大的挖掘潜力。

需要注意的是，森林认证为实施森林可持续经营提供了一种市场机制，但并不能解决森林可持续经营的所有问题。森林可持续经营具有协调性、发展性、系统性、整体性、多利益方参与性，以及渐进性等多项特征，实现森林可持续经营涉及政策、法律法规、管理体制、可持续经营技术等多个方面，因此需要多种机制协同发挥作用，尤其是需要针对森林可持续经营制定一个综合性的发展战略，而森林认证可以在其中发挥独特的市场机制作用。

四、加强我国森林认证工作的建议

我国自 2001 年启动中国森林认证体系建设以来，森林认证在保护与可持续利用森林资源、促进林产品市场准入、提升林农和林产品加工企业经济收益等方面发挥了独特的作用。为了进一步完善中国森林认证体系的顶层设计，发掘森林认证对促进森林可持续经营的最大潜力，推动森林认证工作的持续、健康、有序开展，特提出如下政策建议：

(一)加强森林认证顶层制度设计，充分发挥其对森林可持续经营的促进作用

当前，促进森林可持续经营是我国建设生态文明的重要内容，在推动林业生态保护与建设、促进森林质量精准提升等方面发挥着重要作用。我国的森林可持续经营工作涉及造林、政策法规、森林资源管理、森林清查等多个部门，这不仅导致森林资源管理机制的碎片化，也不利于统筹管理和效率提升。因此，如何协调各个部门来实现多种机制的协同作用，是目前我国森林可持续经营亟须解决的问题。而森林认证作为促进森林可持续经营的一种市场机制，认证标准已经涵盖了针对各个相关部门的森林可持续经营要求，完全可以通过独立第三方的认证方式，将各个部门的要求统筹进行审核和监督，从而实现不同管理机制的整合和协同。鉴于此，建议相关主管部门在制定森林认证发展战略时，充分考虑森林认证的协同整合作用，将森林认证的定位提高到生态文明建设组成部分、新常态下法制治国重要内容的高度，将森林认证与我国林业可持续发展政策、森林资源管理制度、林业法律法规及国际公约履约等有机整合，通过完善森林认证的顶层制度设计，来充分发挥森林认证对森林可持续经营的促进作用。

(二)强化市场推广，提升森林认证产品的市场驱动力

森林认证是国际公认的一种促进森林可持续经营的市场机制，正是由于欧美等环境敏

感市场的认可和消费者的认同，才推动了近年来全球森林认证的快速发展。当前，我国森林认证体系已经建成并运转，认证标准体系日趋完善、认证机构正常运转、认证试点已经取得阶段性成效，各种认证产品也已经贴标上市。因此，今后市场推广应成为我国森林认证工作的重点，一方面亟须通过开展经济学和森林认证成本的系统研究，为建立市场激励机制、培育认证市场提供基础和依据，全面提升森林认证产品的市场驱动力；另一方面亟须多利益相关方的积极参与，开展多样化的市场推广活动，提升公众的绿色消费意识，促进森林可持续经营的全社会参与。

（三）立足我国国情林情，不断探索森林认证的新模式

当前，在森林认证实践方面，一些森林经营单位和加工企业在开展森林认证过程中还面临着诸多挑战：一是针对国际社会普遍关注的社会影响评估、环境影响评估、高保护价值森林判定与经营、产销监管链追溯体系建立等关键技术，不知道如何将这些认证标准要求与现行的森林经营体系或企业管理体系有机结合；二是针对集体林区林农林地规模小、经营能力低等特点，如何将林农、协会、营林公司和加工企业整合起来，通过联合认证模式推动集体林区森林认证发展；三是针对天然林禁伐政策，如何通过建立以政府行政管理和第三方森林认证相结合的管理模式来促进国有林场的森林可持续经营水平。因此，急需立足实际，积极探索森林认证发展的新模式来应对上述诸多挑战，为促进我国森林可持续经营提供有针对性的解决方案。

（四）拓展森林认证应用领域，挖掘森林认证发展潜力

改革开放40多年来，我国社会对林业地位和作用的认识不断升华，森林在提供公共生态产品、木材、就业、食物供给和促进地方经济发展等方面发挥着越来越重要的作用。在我国林业发展的新阶段，亟须不断将森林认证的应用拓宽至森林生态系统服务、生物质能源、打击木材非法采伐等森林资源管理的新领域，全面助力我国森林可持续经营实践。另外，在当前简政放权、政府购买公共服务等我国行政制度转型的大背景下，第三方评估作为一种必要而有效的外部制衡机制，在政府购买公共服务中的作用日益凸显。我们应与时俱进，从广度和深度两个方面不断拓展和深化我国森林认证的发展潜力，为全面推进森林可持续经营从理论走向实践提供市场机制。

（五）深化国际交流与合作，提升负责任大国形象

目前，得到国际社会广泛认可的森林认证体系主要是FSC和PEFC两大国际体系。2014年2月，我国森林认证体系与PEFC体系成功实现互认，标志着我国森林认证体系正式走上了国际舞台。一方面，我们应充分利用这一国际平台，抓住互认后的发展机遇，全方位展示我国森林认证体系十多年来取得的丰硕成果，提升中国森林认证体系的国际认可度和影响力。另一方面，也要基于我国的国情和林情，在坚持我国森林认证体系中国特色的基础上，主动、积极地参与国际森林认证规则的制定，争取更多的话语权。另外，还应不断开拓与其他体系，如国际标准化组织（ISO）在林产品产销监管链国际标准化工作中的合作，进一步扩大我国森林认证在国际上的影响力，树立我国在促进全球森林可持续经营中的负责任大国形象。

主要参考文献

Ewald Rametsteiner, Markku Simula, 2003. Forest certification-an instrument to promote sustainable forest management[J]. Journal of Environmental Management, (67), 87-98[12]

FAO, 2010. Global Forest Resources Assessment 2010[EB/OL]. Available at: www. fao. org/forest-resources-assessment/past-assessments/fra-2010/en/

FAO, 2015. Global Forest Resources Assessment 2015[EB/OL]. Available at: www. fao. org/forest-resources-assessment/past-assessments/fra-2015/en/

FAO, 2020. Global Forest Resources Assessment 2020[EB/OL]. Available at: www. fao. org/forest-resources-assessment/past-assessments/fra-2020/en/

FAOSTAT-Forestry database. 2012-2016. (http: //faostat. fao. org)

Kenneth G. Mac Dicken, et al., 2015. Global progress towards sustainable forest management[J], Forest Ecology and Management, (352): 47-56.

Lounsbury, Michael, Marc J, et al., 2003. Social Movement, Field Frames and Industry Emergence: A Cultural-Political Perspective on US recycling[J]. Socio-Economic Review, (1): 71-104.

Luis Diaz-Balteiro, Silvestre García de Jalón, 2017. Certifying Forests to Achieve Sustainability in Industrial Plantations: Opinions of Stakeholders in Spain[J]. Forests, (12): 502-511.

Meidinger, Errol E, 2013. Forest Certification as a Global Civil Society Regulatory Institute[J]. The Social and Political Dimension of Forest Certification: 265-289.

专题五　全球打击毁林大宗商品贸易

随着全球环境问题日益严峻，各国纷纷出台措施，以应对气候变化的加剧，打击毁林大宗商品贸易是近年来与林业相关的热点问题。“打击毁林大宗商品贸易”或“无毁林供应链”的核心就是将棕榈油、大豆、牛肉、可可、咖啡、木材、木浆和橡胶等产品及其制成品列入管控清单，要求进口企业开展尽职调查，证明产品不是在毁林和退化土地上生产的，避免毁林商品流入本国市场，从而减少因消费某些商品导致的全球毁林和森林退化。

一、打击毁林大宗商品贸易的提出

（一）打击毁林大宗商品贸易的基本背景

大宗商品是指可进入流通领域，但非零售环节，具有商品属性并用于工农业生产与消费使用的大批量交易的物质商品，包括“软性大宗商品”和“硬性大宗商品”。“软性大宗商品”包括木材、大豆、棕榈油等由农业和林业种植或生产的原材料及其衍生物；“硬性商品”主要包括金属、石油和天然气等提取或开采的原材料及其衍生物。因生产环境制约，软性大宗商品生产在全球分布并不均匀，因此，各国通常依赖全球贸易来获取所需要的软性商品。

自 20 世纪 80 年代以来，毁林成为全球森林面临的最严重威胁。1990—2020 年全球毁林面积 4.2 亿 hm^2，90%以上的毁林发生在热带雨林地区，以巴西、印度尼西亚及刚果盆地为甚。虽然在国际社会共同努力下，全球毁林速度有所放缓，2015—2020 年年均毁林面积 1 020 万 hm^2，比 1990—2000 年的 1 580 万 hm^2 减少 560 万 hm^2。但不可否认的是，全球毁林仍然持续，特别是西非、南美、东南亚等热带地区的毁林问题仍未得到有效遏制。

关于毁林的成因众说纷纭。据联合国粮农组织（FAO）的《世界森林状况（2020）》等报告，2000—2010 年，80%的全球毁林是农业生产造成的，交通、能源生产等基础设施建设带来了 15%的毁林，另外 5%的毁林是因为城市化。在农业生产驱动的毁林中，以肉牛放牧及棕榈油、大豆种植为主的大规模商业性或工业化农产品生产造成了全球约 40%的毁林，其中肉牛放牧造成了全球 14%的毁林。牛肉和大豆生产对南美热带森林减少的影响最大，东南亚毁林的驱动力主要是棕榈油生产和木材采伐，而西非的可可、棕榈油生产和木材采伐等是毁林的主要原因。

1992 年联合国环境与发展大会以来，打击非法采伐及其贸易进程取得了一定成果，但在全球人口增长、经济发展、全球贸易增长的刺激下，软性大宗商品的需求呈现快速增长的趋势，因人口增加带来的农业生产扩张，特别是商业性农产品生产，已经成为毁林面积增加的最重要原因。为了实现全球升温不超过 1.5℃的目标，保护森林、减少碳排放，在发达国家的推动下，自 2010 年以来国际社会逐渐将目光从打击非法采伐及相关贸易转向打击毁林大宗商品贸易，并加快了行动进程。

（二）“毁林大宗商品贸易”是“木材非法采伐与相关贸易”的升级版

非法采伐及相关贸易不但指违反国际、国家或地方政府有关森林开发利用和林产品贸易的法律法规造成森林资源破坏的行为，还包括约束木材采伐贸易行为的相关法律法规及执法管理水平。其主要原因是木材生产国森林管理及执法不力，以及国际林产品消费市场需求刺激。

在全球努力减少毁林之初，非法采伐及相关贸易被认为是毁林的最重要原因。为了打击非法采伐及相关贸易，即违反贸易法律法规直接将非法采伐木材或相关产品进行贸易或将非法采伐木材或相关产品获得合法贸易手续后进行贸易，国际社会自 1990 年代采取了一系列措施，从源头和市场两个方面打击非法采伐及相关贸易。

在源头方面，通过南北国际合作，促进各国通过永久性林地、将森林纳入保护区及森林监测报告等措施，保证森林可持续利用；发达国家利用 REDD+等机制帮助发展中国家加强植树造林和森林经营；通过建立自愿合作伙伴关系协定等合作机制，促进发展中国家改善政策，加强木材生产和贸易管理。在市场方面，欧美发达国家通过立法等措施，要求企业采取木材合法来源尽职调查，限制非法采伐木材进入本国市场；企业、非政府组织等利益相关者在政府的支持下，利用森林认证、木材合法性认证等市场机制，避免采购非法采伐木材。

随着打击非法采伐进程加快，国际社会逐渐认识到非法采伐及相关贸易造成的毁林远不及农业扩张造成的毁林。在此情况下，国际社会逐渐从木材这一类大宗商品转移到大豆、牛肉、可可、咖啡等多种农业软性大宗商品，通过多行业行动切实减少毁林。就此而言，“打击毁林大宗商品贸易”是打击非法采伐的升级版，是在打击非法采伐不能完全解决毁林问题下采取的进一步行动。

打击毁林大宗商品贸易与打击非法采伐是一脉相承的，具有共同的目标和关注区域，采取了相似的方法，面临同样的困难。热带地区的天然林，特别是巴西亚马孙雨林、刚果盆地雨林和印度尼西亚—巴布亚新几内亚雨林，是打击毁林大宗商品贸易与打击非法采伐的重点关注区域。最终目标都是抑制和减少毁林，减少碳排放，实现减缓气候变化、保护当地生态环境、提高当地生计等可持续发展目标（SDG），特别是 SDG12（负责任的消费和生产）和 SDG13（气候行动）。同时，两者采用了类似的方法遏制毁林。一方面在源头开展可持续生产，提高产量和质量；另一方面在市场机制方面利用可持续认证构建可持续商品供应链、从低风险地区采购及监测生产地区林地完整性等方式，阻止毁林商品流入市场。然而，两者同样面临着商品生产国森林治理能力薄弱、商品供应链缺乏透明性、缺乏统一的溯源体系及相关数据、供应链各参与方的不平等地位、缺乏足够资金支持等问题。

然而，打击毁林大宗商品贸易与打击非法采伐在打击对象、影响范围和各国反应方面具有不一致性。打击毁林大宗商品贸易涉及的商品更广泛，不但包括木材及相关产品，还包括大豆、牛肉、可可、咖啡、橡胶、棕榈油等商品及其制品。因此，更多行业、部门及相关利益方参与到打击毁林大宗商品贸易的进程中，其影响面和打击力度远远超过打击非法采伐。对于打击非法采伐，各国支持立场都很明确，认为打击非法采伐将有利于增加财政收入、增加社区福祉、促进森林可持续利用。然而，对于打击毁林大宗商品贸易，国际社会有不少争议。

二、全球打击毁林大宗商品贸易的行动

（一）政府层面的行动

1. 全球进程

2014年，36个国家、53家企业和54家社团组织共同签署了《纽约森林宣言》，其目的是消除由农业造成的毁林现象，到2020年将全球天然林损失减半，到2030年天然林损失降至零。2015年9月，联合国所有193个成员国通过了可持续发展目标，明确了"2030年议程"，在此框架下各国承诺到2020年停止毁林。此后，各国根据森林执法和施政（FLEG）、《生物多样性公约》等相关进程和《巴黎协定》的国家自主贡献（INDCs）相关要求，制定了减少毁林的政府目标。然而，这一系列行动并没能扭转全球毁林趋势。从2019年开始，国际社会对此议题越来越关注，发达国家针对打击毁林的行动进程明显加快。

2020年10月，FAO林业委员会（COFO）第25次会议将农业转型和可持续粮食生产作为一个重要议题，提出促进改变森林和生物多样性管理模式及粮食生产和消费方式，减少毁林，推动可持续发展目标的实现。各国代表对"毁林"一词展开了激烈的争论。巴西、阿根廷、印度尼西亚等软性大宗商品重要生产国认为，按照可持续发展规划且在补偿措施到位的情况下，毁林并不会造成森林永久性破坏，完全禁止毁林是在剥夺发展中国家发展权。在各方妥协下，在决议中将"毁林"一词改为"非法毁林"。此后，除欧盟仍坚持无毁林大宗商品贸易之外，包括美国在内的很多国家及国际组织都强调打击涉及"非法毁林"的大宗商品生产贸易。

2021年11月2日，联合国气候变化框架公约缔约方大会第二十六次会议（COP26）在英国格拉斯哥召开。包括中国在内的全球141个国家签署了《森林和土地利用宣言》，承诺到2030年停止和扭转森林丧失和土地退化趋势，减少毁林，这一宣言的签署将减少农业驱动的毁林的国际合作推向了新的高度。英国联合28个国家签署《森林、农业和商品贸易（FACT）路线图》，承诺共同采取行动提高供应链的透明度，实现可持续贸易，减轻毁林压力。

2. 区域与国家进程

现阶段，由于各个国家发展阶段的不同，森林治理能力不同，各国政府参与"零毁林"议题的意愿也不一样。总体上，发达国家是推动打击毁林大宗商品贸易的主要力量，普遍持支持和肯定的态度，而发展中国家则持有不同意见。印度尼西亚表示不能以减少毁林的名义停止发展，并否认零毁林是格拉斯哥《森林和土地利用宣言》及其承诺的一部分，认为到2030年应进一步促进森林可持续经营，而不是停止毁林。巴西、阿根廷等国反对打击所有毁林活动，但赞同要采取行动停止非法毁林活动，坚持应该将打击毁林改为打击非法毁林。美国、新西兰等农业发展国家也支持将打击毁林改为非法毁林，并且美国在其拟通过的法案中将毁林改为了非法毁林。

(1)欧盟。欧盟通过颁布和执行《欧盟木材法案》和《欧盟森林执法、施政和贸易(FLEGT)行动计划》，在解决非法木材进口的问题上发挥了引领作用。欧盟还签署批准了《纽约森林宣言》(*New York Declaration of Forests*)，以“支持并帮助实现私营部门的目标，即最迟在2020年前消除在棕榈油、大豆、纸张和牛肉等农林产品生产过程中发生的毁林”。2008年以来的10年中，欧盟制定的各种战略(如《2014—2020年欧盟林业战略》)、规划(如《2020年欧盟环境行动计划》)都表达了采取果断行动来应对欧盟森林风险商品消费增长趋势和帮助减少全球毁林的必要性。

2018年，欧盟委员会发布了一份“路线图”(《森林砍伐和森林退化：加强欧盟行动》)，强调了毁林和全球大宗商品贸易之间的联系，尤其是大豆、棕榈油和牛肉等农产品。“欧盟在1990年至2008年期间进口了与毁林有关的所有农产品和畜产品的近36%”等研究数据让欧盟委员会认识到，欧盟作为农林业大宗商品的主要进口国，既是问题的一部分，也是解决方案的一部分。为此，欧盟承诺解决全球森林砍伐问题，减少欧盟在世界森林中的足迹。此后，欧盟对毁林问题的关注开始转化为更多具体措施，引导相关企业采取行动对毁林问题施加影响，比如要求企业就其供应链对环境的影响进行尽职调查(邓茗文，2021)。

2021年7月欧盟在欧洲绿色新政和欧盟木材法案的基础上提出了一项法规提案，要求欧盟成员国只能进口“零毁林”商品。为进一步确保法规的实施，欧盟委员会还将加强与其他主要消费国的对话合作，共同构建“零毁林”大宗商品供应链。

2021年11月17日欧盟又针对“零毁林”商品进口提出了一项法规提案。要求进口企业开展尽职调查，旨在确保公民在欧盟市场上购买、使用和消费的商品不会对原产地的森林造成毁林和退化，只有符合原产国法律且与毁林无关的产品才能进入欧盟市场。对此，新法规拟从4个方面加强监管：第一，要求建立进口商品管控清单，将涉及毁林的6种大宗商品(包括大豆、牛肉、棕榈油、木材、可可和咖啡)以及皮革、巧克力和家具等加工品列入其中，欧盟委员会将根据原产地毁林程度的变化对进口商品管控清单进行及时更新。第二，制定强制性尽职调查规则，要求欧盟市场上的进口商在进口管控清单内商品时，对货品原产地及供应链开展尽职调查，避免毁林产品进入欧盟市场。第三，欧盟委员会将建立一个风险评价的基准体系，评定商品进口造成的毁林和森林退化风险级别，根据评价结果将进口来源国划分为高风险国家和低风险国家。对来自低风险国家或地区的产品简化报关手续，对高风险国家或地区的商品则加强检查。第四，将打造一个新的数字(注册)系统，集中公布欧盟市场中进口商品原产地的地理坐标和来源国等相关信息。为进一步确保法规的实施，欧盟委员会还将加强与其他主要消费国的对话合作，共同构建“零毁林”大宗商品供应链。

欧盟预计，该新法规的实施将能够减少至少3190万t碳排放，每年至少减少32亿欧元因气候变化带来的损失，还将对当地社区产生积极影响，尤其是严重依赖森林生态系统生活的土著居民。该法案草案将取代《欧盟木材法案》(EUTR)，并且将管制产品扩展到牛肉、可可、咖啡、棕榈油和大豆及其衍生产品等一系列涉及毁林风险的农产品。欧盟各方对草案文本、立法进程以及对木材合法性进程的影响等方面还存在不同的意见，各成员国争议最大的两点包括：①“毁林”和“森林退化”的定义；②对合法毁林(即国家根据相关法律法规批准的土地利用变化)和非法毁林不加区分，全面禁止进口涉及毁林的大宗商品。

各成员国还普遍关注执法的复杂性、执法成本和法案对小农和中小企业的潜在歧视性后果，以及法案对消费者食品价格和欧洲生产商在全球农林产品市场竞争力的影响。至 2022 年 4 月，草案正在立法进程中，未来还存在一定的不确定性。

（2）美国。2008 年，美国出台的《雷斯法案》（*Lacey Act*）规定，任何违反美国本国法律或外国国内法的植物或野生动物交易均属于违法行为。具体执行时，《雷斯法案》一般要求进行进出境申报。

2021 年 10 月 6 日，美国公布了有关打击毁林大宗商品进口的《促进海外法治和环境安全贸易法案》修改文本，要求进口企业开展尽职调查，避免毁林商品流入本国市场，目的是打击非法毁林活动。该法案规定，进口涉及非法毁林的棕榈油、大豆、牛肉、可可、木浆和橡胶等六大类产品及其制成品属于违法行为。企业在进口以上六大类产品时，必须向海关提交声明，说明已履行了“应尽的义务”，对进口商品的供应链进行管控，同时对进口商品供应链和来源地、所采取的非法毁林风险评估及减缓措施等信息进行申报。其中，法案管控商品中的木浆实际上包括木纸浆和纸产品。为了保证法案的有效实施，贸易法案参照《雷斯法案》设计了一整套实施机制，主要包含以下 4 个方面：第一，要求进口大宗商品的企业和个人构建基于风险的尽职调查管理框架，并在进口法案管控商品时，向海关报告商品供应链的相关信息，确保涉及非法毁林的商品不会进入美国市场；第二，提供资金和技术支持，帮助相关国家、企业和美国联邦政府能够共同提出解决方案，减少非法毁林；第三，将毁林问题纳入金融犯罪法规管辖范围，授权美国起诉那些利用非法毁林所得资金支持其他犯罪或恐怖活动的企业；第四，确定不能采取有效措施以减少非法毁林的大宗商品生产国，帮助美国联邦政府建立无非法毁林产品的采购指导体系。该法案还参考了美国贸易代表、海关和边境保护局、美国国际开发署以及国务院、司法部、内政部和农业部相关经验，提出建立各部门协同工作的执法体系。同时，提出设立一个常设咨询委员会，由各政府部门、企业和社会组织代表加入，特别要面向长期在海外实地开展减少毁林活动的企业以及与美国政府合作识别和提供非法毁林相关信息的非营利组织，以吸取不同机构的经验和专业知识。

与此同时，美国州一级层面也开展了类似的立法工作。纽约州与加利福尼亚州拟推进《零毁林公共采购法案》，将采用禁止性惩罚手段而非采取激励性措施强制要求零毁林供应链。供货商及其上游供货方应进行自证，发布承诺并制定实施有关打击毁林、维护人权、保护生态以及遵守地方法规的年度措施。主管机构将对供应商相关负责人进行访谈追踪，把产品来源地在内的供应链各环节所涉及的人员姓名、地图以及地理位置信息等记录在册。美国以上两个州政府还将与非政府组织“地球之友”合作，制定供应商零毁林准则，包括接受规范的采购商品范围和材料、尽职调查政策以及需要遵循的生产国当地法律政策等具体要求。对于违法行为，则将根据具体情况判处供货合同无效，实施行政处罚、罚款等，或施以轻刑。

（3）英国。根据英国《25 年环境规划》，英国为公司实施零毁林供应链提供支持，目标是创建激励措施，支持国内企业开展可持续采购。英国正在修订《英国环境法案》，要求采购软性大宗商品的进口企业针对法定的管辖商品开展尽职调查，以确保毁林风险商品的生产符合当地保护森林和其他自然生态系统的法规，禁止涉及（非法）毁林的相关大宗商品进入国内市场，范围将基本覆盖进口农业及林业商品产业链。该法案已于 2020 年 11 月完成了修订案的公众咨询工作。

(4)法国。2018 年法国发布的《消除进口贸易导致毁林的战略》(以下简称 SNDI 战略),承诺到 2030 年消除因进口贸易导致商品原产地的毁林现象。2021 年 8 月 30 日,法国公布《气候与恢复力法案》,其中第 271 至 274 条将 SNDI 战略相关要求写入法律,允许法国生态转型部共享海关数据,据此建立一种可追溯进口产品来源、评估进口商品潜在毁林风险的政策工具,并规定农林产品贸易公司有义务警惕毁林问题并采取相关措施。

在日趋成熟的政策框架下,法国生态转型部授权非政府组织绿伞协会(Canopée)及 Trase 项目团队共同创建了毁林商品进口贸易监测平台。目前,该平台已在法国生态转型部管理下投入运行,并对公众开放。监测平台的主要功能包括:①宣传 SNDI 战略;②发布与"零毁林"大宗商品贸易相关的政策动态;③提供毁林商品进口贸易数据监测工具,追溯相关产品供应链原产地,分享原产地毁林风险评估指南以供参考。监测工具是平台的核心功能,能够以动态图表形式展示进口产品从原产地、各生产环节、原产国出口港直至法国进口港整条供应链内的地理信息,针对进口产品原产地潜在的毁林风险和森林生态系统退化风险评估指标,便于来自政府部门、企业、民间组织的使用者对相关风险进行初步判断。平台监测数据由海关数据和卫星观测数据两部分组成。

(5)中国。基于可持续发展这一人类最大共识,在生态文明与人类命运共同体理念指引下,中国支持全球范围内打击非法采伐和相关贸易的努力,支持通过减少毁林和森林退化作为减缓气候变化的举措,并参与相关的对话与交流。2021 年 9 月第二次中欧环境与气候高层对话发布的联合新闻公报中,中欧双方还同意加强在森林资源保护及可持续管理、可持续供应链、打击木材非法采伐及相关贸易领域的合作,以支持减少全球的毁林,未来双方将致力于扭转全球生物多样性丧失的趋势,推动自然走上复苏之路。目前林草部门参与现有全球毁林问题的合作主要基于现有的打击木材非法采伐和相关贸易的合作机制,包括中国与欧盟森林执法与治理双边协调机制、亚太经合组织打击木材非法采伐专家组以及与印度尼西亚、美国、澳大利亚和日本等国签署的合作文件等。

(二)非政府组织的行动

非政府组织普遍支持和推动在全球范围内打击毁林大宗商品贸易,认为目前打击范围和力度不够,许多方面还有待完善。如法国环保组织绿伞认为,各国法规对"低风险"产品限制较少,或存在隐患。对"低风险"产品管控的放松,一方面可能导致商品"洗白"行为的出现,即通过将商品经某"低风险"国家转口至欧盟;另一方面大型国际贸易商会把"高风险"产品继续销售到其他对"零毁林"供应链要求低于欧盟地区的国家。只有对商品供应者进行限制,而不只对商品供应行为作出限制,方能有效避免大宗商品贸易毁林的现象。此外,应警惕各大贸易公司通过游说利用毫无追溯性可言的一些认证体系替代尽职调查机制,这将会使法案无法实现其初衷。WWF 法国办公室宣传主任皮埃尔·坎内认为目前各国出台的有关打击毁林大宗农产品的法规的实际效果与预期目标存在差距:一方面,各国法规所提出的进口商品管控清单大多不够全面,如果规定适用于牛肉,就必须同样适用于鸡肉;如果适用于大豆和咖啡,则也应适用于橡胶、玉米、糖等其他大宗商品;另一方面,各国法规对自然环境所受威胁的考虑仍有不足,除了必须关注的森林以外,我们还应考虑森林周边的生态系统,如热带稀树草原(塞拉多)、草地或泥炭沼泽等。

很多非政府组织还发起了倡议行动或实践项目推动具体的进程。

1. TRASE 倡议

“TRASE 倡议”是由一群研究大宗商品贸易影响的研究人员组成的组织，这些研究人员包括斯德哥尔摩环境研究所(SEI)高级研究员托比·加德纳(Toby Gardner)、比利时鲁汶大学研究员埃拉斯穆斯·埃尔加森等(奇芳，2019)。该组织开发了国际供应链数据平台(TRASE)，该平台是一个独立的、基于科学的供应链透明度的信息平台，致力于助推大宗商品生产、贸易和消费的可持续转型。该平台利用所掌握的数据绘制供应链中心环节的示意图，把买家和投资者与特定的生产地区连接起来。通过这些高分辨率的供应链示意图与新的落实到空间上的对大宗商品毁林和其他可持续性指标的评估，以揭示大宗商品市场对生物多样性和温室气体排放的影响。

截至 2022 年 4 月，Trase 已经绘制了超过一半的与毁林相关的全球商品贸易的示意图。图 5-1 显示了 2009—2018 年来自巴西多种生物群落的大豆出口量。中间栏代表出口公司。总体上在此期间共有超过 6.26 亿 t 的大豆从巴西出口，其中 56%前往中国。2018 年巴西由大豆生产驱动的毁林，塞拉多生物群落受害最严重，尤以马托皮巴地区的巴尔萨斯(Balsas)和贾博兰迪(Jaborandi)两个市镇受害明显。通过追踪市场主体的采购源，可以帮助其管理供应链风险，并通过聚焦企业和政府的行动，强化问责制度。

该系统通过 CGF 大豆买家联盟(CGF Soy Buyers Coalition)为超过 15 家知名零售商和品牌提供了支持，帮助它们确定巴西大豆的生物多样性高风险采购区。下一步，充分利用现有和将会出现的有关供应链联系、融资，以及环境和社会影响的数据，为可持续政策提供支持，例如通过与企业、政府和环境运动等建立伙伴关系。

2. 大自然保护协会(TNC)

TNC 在多个国家推出了零毁林项目，旨在通过推动软性大宗商品(主要包括大豆、牛肉、油棕榈和木材)可持续生产、促进负责任投资、建设绿色供应链，实现促进零毁林及

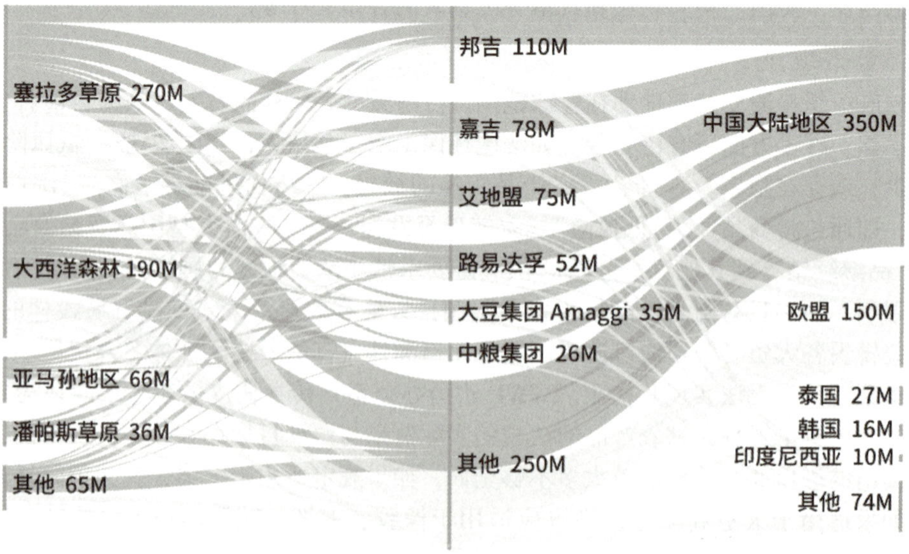

单位：M(百万 t)

图 5-1　2009—2018 年来自巴西多种生物群落的大豆出口量

构建全球绿色循环经济产业链的目标。巴西作为世界上最大的热带雨林，生物多样性价值极其重要。这一地区目前正面临着农业扩张等众所周知的多重严峻威胁。仅在过去十年里，亚马孙雨林因农业扩张造成的毁林就占全世界热带地区毁林数量的一半以上。在拉美理事会的支持下，TNC 在巴西毁林最严重的圣费利斯市开展工作，推广改良的农牧生产技术。与此同时，TNC 还与大型食品厂商开展合作，保证不向参与毁林的农户收购农牧产品；向当地政府和执法部门提供及时的森林监测技术，提高森林盗伐监管力度和范围。TNC 还计划通过设立“可持续土地管理基金”，对农户改善生产方式、提高产量提供可持续资金支持，将森林砍伐量减少至 2013 年的 50%。

印度尼西亚的森林是世界上生物多样性最丰富的地区之一，然而伐木业、采矿业和快速增长的棕榈油产业造成这里的毁林问题极其严重，但世代生活在此的部族因为没有强有力的法律和外援支持，很难参与和捍卫自己的家园。在未来两年时间，TNC 计划在印度尼西亚婆罗洲的伯劳(Berau)地区，支持将林地流转给社区，提高村社参与保护的技能和管理水平，帮助实施社区主导的保护工作，保护这里 10 万 hm^2 的原始森林。

在中国，TNC 不仅通过与政府部门、企业合作，为政策倡导提供理论、数据与模型支持，为中国零毁林政策做出努力，也与学术机构合作，支持其进行“打击毁林大宗商品”的研究。例如，2020 年，TNC 与北京大学中国农业政策研究中心合作的“气候变化对与中国 2035 年需求有关的巴西大豆及蛋白质生产的影响，以及相关土地利用问题”项目启动。

3. 世界自然基金会(WWF)

WWF 是全球最大的环保组织之一，其使命是通过保护生物多样性，确保可持续资源的循环利用，减少污染和由于消费导致的浪费，以阻止自然环境的退化，建立一个人类与自然和谐共处的未来。WWF 在全球范围内推动了很多有关打击非法采伐的项目，并致力于减少毁林和土地退化。2021 年 WWF 发布的研究报告《全球森林生命力展望：保护现状与对策》，指出大多数的森林消失发生在拉丁美洲、撒哈拉以南非洲、东南亚和大洋洲的 24 个毁林热点，其中 9 个位于拉丁美洲，8 个在非洲，7 个在亚太地区，这些区域占到了全球热带森林砍伐总量的一半以上(52%)。受影响最大的地区是巴西亚马孙和塞拉杜地区、玻利维亚亚马孙、巴拉圭、阿根廷、马达加斯加以及印度尼西亚和马来西亚的苏门答腊岛和婆罗洲群岛。2004—2017 年，这些毁林热点地区中约有 10%的森林(4 300 万 hm^2)消失。

(三)行业协会的行动

许多行业协会在密切关注消除“零毁林产品”的进程，部分行业协会用实际行动支持消除价值链中的毁林产品。比如包括行业协会和民间团体在内的 200 多家机构已经宣布支持《纽约森林宣言》，以遏制农业商品供应链中的森林砍伐。

在欧盟提出“零毁林”提案后，欧洲木材贸易联合会(ETTF)密切关注，并表示对此提案中有关热带木材和其他森林风险商品供应的担忧，欧盟木材贸易联合会(ETTF)对该法案的评价是：第一，ETTF 将对“毁林”和“森林规划”定义进行更多关注。他们认为，这些定义仍未在世界范围内达成广泛的共识，即便在《联合国气候变化框架公约》(UNFCCC)关于减少毁林和森林退化造成排放的政策(REDD+)中也仍然存在较大争论。第二，ETTF 强烈建议继续支持自愿森林认证计划，如 PEFC/FSC。这些计划已经在维护林业环境和社会价值的承诺和能力方面，对木材生产商提供了充分的保证；同时，根据现行《欧盟木材法案》和 FLEGT 条例有关规定，《濒危野生动植物种国际贸易公约》所涵盖的木材及其制品已被确认为合法采伐；因此，ETFF 认为，有效的 FLEGT 和《濒危野生动植物种国际贸易公约》许可证所涵盖的木材及其制品应当被继续宣布为符合新条例的要求。第三，这些经营者应包括木材产品进口商和欧盟当地的林业从业者。在现有法规的要求下，他们必须实施尽职调查，以评估其产品是否具有风险；对于其他交易者，应当要求他们必须从经营者那里获得适当的信息。第四，关于提供生产有关商品和产品的所有地块的地理位置坐标的新要求，需要更多技术支持。地理数据信息的收集较为困难，坐标的精确程度难以保障，特别是对于中小型的林业企业；对木材加工企业，其购买的木材可能来自不同区域、涵盖不同的品种、具有不同的结构尺寸，同时该地区的数字化水平也制约着这些数据在供应链中传递的情况；此外，尽管法规草案涵盖了刨花板、纤维板等复合木制品，但并没有解释如何对这些产品进行尽职调查。因此，应当制定相应的规定和指导文件，对有关情况进行说明(ITTO，2022)。

(四)企业的行动

企业对毁林大宗商品贸易抱有更多质疑，它们对格拉斯哥《森林和土地利用宣言》和《森林、农业和商品贸易(FACT)路线图》提出了质疑。一是法案能不能真正解决全球毁林问题。例如，有企业称美国只打击非法毁林活动，不能阻止毁林商品进入全球市场；欧盟对低风险产品采取宽松政策将导致进口商经某“低风险”国家转口至欧盟。二是是否应扩大管控商品名单，将更多商品纳入管控范围。三是欧美单边行动是否会让企业面临市场风险。有企业称，只要求进口商开展供应链管控是不够的，必须使其他消费市场和生产国实施与欧美同等严格的法案，才能真正实现立法目标。在关注和质疑的同时，一些企业也在用实际行动遏制森林砍伐问题。一些对环境风险敏感的机构，已经开始以拒绝购买毁林地区农产品的方式来推动森林保护。

2021 年 7 月，世界最大鲑鱼生产商之一挪威克里格海鲜公司宣布暂停购买巴西嘉吉公司生产的饲料，原因是该公司饲料的原料中有巴西森林砍伐地区生产的大豆。

2021 年 12 月，巴西植物油行业协会(ABIOVE)的会员企业收到包括雀巢、达能、麦当劳、家乐福、联合利华等 159 家跨国公司组成的“SOS 赛拉多”所写的联名信，这些企业在信中表示，从 2020 年 12 月起不再采购森林砍伐地区的大豆(邓茗文，2022)。

2021 年 8 月，全球粮食贸易领域的领军者中粮国际宣布，预计于 2023 年实现巴西直采大豆 100%全面可追溯至产地，拒买伐林区域大豆，以保护森林，缓解巴西大豆供应链面临的环境和社会挑战。2021 年 11 月 4 日，第 26 届联合国气候变化大会于英国举行期间，中粮集团旗下中粮国际等 12 家全球大型农粮企业共同签署了一份声明，承诺将遏制与大宗农产品行业相关的森林砍伐问题。签署声明的公司包括中粮国际、ADM、巴西 Amaggi、邦吉、嘉吉、新加坡金光农业资源、巴西 JBS、路易达孚、巴西 Marfrig、奥兰国际、维特拉、丰益国际。声明指出，各公司认识到大宗农产品行业对解决全球气候变暖问题，以及实现联合国可持续发展目标十分重要。各公司共同承诺，将与各国政府、农民以及供应链上其他伙伴一起加速行动，进一步推动森林砍伐问题的解决，以实现 2050 年净零碳排放目标。近年来，中粮国际在其最大资产所在地巴西，通过建立可追溯的、可持续的大豆供应链，持续推动消除当地农业生产中存在的毁林问题，取得了比较显著的成果。中粮国际表示，到2023年将实现巴西直接采购大豆的全面可追溯(中粮集团，2021)。

三、打击毁林大宗商品贸易的全球影响分析

随着全球经济社会高速发展，大豆、木材、牛肉、棕榈油等大宗商品生产和贸易对全球森林造成了巨大影响，发达国家纷纷出台遏制毁林大宗商品贸易的相关政策。国际社会特别是发达国家推行此政策议题具有正面的积极意义，但也可能带来潜在的负面影响。

(一)产生的积极影响

开展打击毁林大宗商品贸易所产生的积极影响主要可以归纳为以下两个方面：

1. 有利于减少毁林与森林退化，提高森林环境服务功能

减少毁林与森林退化是国际社会推出遏制毁林大宗商品贸易的主要原因。很多大宗商品生产国都存在森林资源丰富，但森林砍伐率高的情况，大宗商品的生产，造成的热带雨林砍伐量约占全球砍伐总量的40%~50%，而在巴西和印度尼西亚等主要生产国，过去20年的森林覆盖率下降就与大宗商品的生产有关。通过遏制毁林大宗商品贸易，能够有效促进生产国的森林管理水平，减少非法森林采伐和林地转化风险。另外，森林生态系统是陆地生物圈的主体，也是野生动植物的重要生境场所。为生产大宗商品而导致的森林面积减少，使得野生动植物物种的生存区域不断缩小，甚至导致物种灭绝。因此，避免经济活动对森林的破坏，能够为野生动植物提供更广阔的生存空间，并且一定程度上减少人畜共患疾病的出现及传播，同时也利于森林水土保持、水源涵养、调节小气候等功能的发挥。

2. 有助于应对气候变化，实现双碳目标

森林在应对气候变化中具有独特和不可替代的作用已经成为国际社会的共识。森林是陆地生态系统的重要碳库，据政府间气候变化专门委员会(IPCC)估算，全球陆地生态系统中约储存了2.48万亿t碳，其中1.15万亿t碳储存在森林生态系统中；森林是最经济有效的吸碳器，全球森林对碳的吸收和储量占全球每年大气和地表碳流动量的90%；森林固定二氧化碳持久而稳定，只要树木、木材及木制品不腐烂、燃烧，森林的固碳功能就会长期、稳定地持续下去，森林的固碳时间可达几十年、上百年；森林是性价比最高的固碳形式。据测算如果我国将煤的使用比重降低1个百分点，可减少0.74%的二氧化碳排放量，但同时会造成GDP下降0.64%，居民福利降低0.60%，就业岗位减少470多万个；森林还具有调节气候及其他功能。森林对环境、气候等方面具有诸多利处，通过蒸发大量水蒸气，不仅可以冷却地球表面温度，还能够造云，将太阳光反射回太空，为调节气候发挥作用，还能够减缓地表水流速度，从而减少局地发生洪水的概率。

由于毁林和土地用途的变化，森林的这些气候调节功能正受到威胁，大面积毁林，不仅导致区域内的平均温度上升、降水量减小，释放二氧化碳，从而加重温室效应，并且可能对当地作物产量和适合种植作物的土地造成不利影响。据统计，全球大约11%的温室气体排放是由毁林造成的。《京都议定书》中指出，恢复和保护森林是减排的重要措施。IPCC也指出，造林和阻止毁林是增加全球碳储量，应对全球气候变化的有效途径。由于全球可造林面积有限，因此阻止毁林将成为今后应对气候变化，保障碳汇的重要措施。打击毁林大宗商品贸易对减少毁林和森林退化引起的碳排放，助力全球实现碳达峰和碳中和

的双碳目标具有重要意义。

（二）潜在的负面影响

对打击毁林大宗商品可能产生的弊端，或者发达国家发动此倡议的深层次动因也应保持警惕。

1. 限制发展中国家的发展需求

以二氧化碳为核心的温室气体向大气释放的过程具有“地域无差异”、“时间无差异”、“与所有生产生活都普遍相关”的特性，而其排放对气候变化的影响不容忽视。这决定了“气候”已成为自然资源消耗的一部分，碳排放权也具有了资源属性，其治理政策必然对经济和贸易产生影响。发达国家认为，气候变化作为全球性公共问题，必须在全球层面取得一致，发达国家和发展中国家应承担同等程度的强制减排责任，但由于能力和历史发展等原因，许多发展中国家目前的主要任务是消除贫困、改善民生，继续发展中国家应经历的发展进程，强制发展中国家承担过多的减排责任会影响发展中国家的发展进程，也会在某种程度上侵犯发展中国家的发展权。同时，部分发达国家意图以“打击毁林大宗商品贸易可以保护森林、减少碳排放、保护气候”为借口，施行贸易保护主义，意图继续占据木材市场的主导地位。目前，大宗商品生产造成毁林的现象主要发生在拉丁美洲、东南亚、非洲为数不多的几个国家，这些森林覆盖率较高地区往往贫困率较高，当地为了生存和生计而开垦或砍伐森林。对于一些以农、林、牧业为主的发展中国家，在其重点支柱产业发展的过程中，必然会经历相关的土地利用转化过程。因此，不应以打击大宗商品毁林的名义限制其经济发展。

2. 形成新的贸易壁垒

“零毁林”是打击非法采伐及相关贸易议题的延伸与扩展，对绿色供应链管理提出了更高的要求，并且发达国家对不同国家商品将采取不同审查措施，为打压特定国家商品提供了操作空间，容易成为发达国家贸易保护工具，引发新一轮“绿色贸易壁垒”。大宗商品的消费对象主要是发达国家及发展中国家城市中的富裕消费者，欧盟等发达经济体作为大宗商品的主要进口国提出的大宗商品零毁林政策，将形成新的市场准入条件，如果供应商无法满足买方政策，将面临合同中止和业务损失的商业风险。

3. “零毁林”商品成本增加

根据目前发达国家已经公开的毁林提案，将为相关毁林商品进出口设定更高的认证标准和证明义务，极大提高企业进出口贸易成本。据粮农组织统计，新西兰在2010—2020年间平均每年减少1.81万hm^2的原始森林面积，印度尼西亚近年的森林退化水平位居世界排名前三，根据“零毁林”的相关界定，可以判断上诉国家在近期仍有毁林风险。进口企业为了满足“零毁林”要求，转向提高具有“零毁林”可追溯性的木材的进口占比，即通过增加毁林风险低的发达国家的木材原料使用量来改变进口来源。传统供应链的调整会扩大原料进口成本，进一步造成贸易量减少。另外，为满足相关法规或市场需求，企业势必要比之前合法性要求付出更高的尽职调查代价和供应链管理成本，进而导致丢失市场的风险。

四、我国开展打击毁林大宗商品贸易的政策建议

毁林已经成为全球应对气候变化领域非常关键的议题之一。尽管存在地理区位、政治体制、经济发展阶段等方面的差异，世界各国仍然在“停止并扭转毁林和土地退化”议题上达成了共识，这就要求中国提出相应的措施，以增强在气候变化领域的发言权。

（一）需要重点关注几个问题

作为世界上最大的发展中国家，中国在气候变化议题上一直秉承“共同而有区别的责任”原则。因此，在研究出台有关“打击毁林大宗商品贸易”政策和推动全球相关进程时，必须重点关注以下几个问题：

1. 客观分析毁林产生的根本原因，适应发展中国家的国情和发展阶段

毁林的原因是多方面的，究其根源，解决贫困和推动经济发展是根本原因。全球遭到严重破坏的森林主要集中在非洲、南美洲和东南亚地区，贫困导致了森林的过度利用，经济发展对大宗农产品和其他产品的高额需求，促使了大量毁林和林地转换。大宗商品毁林问题的提出表面涉及林业、可持续发展、环境等问题，实质是贸易、资源和利益竞争问题。当前世界经济发展不平衡与国际经济秩序不合理的问题由来已久，西方发达国家利用其优势地位操纵国际经贸规则，将其演变为经济、政治和外交全方位博弈，发展中国家被动接受的局面需要扭转。因此，需明确立场，在应对打击毁林大宗商品贸易的进程中反对发达国家以卫道士的姿态片面强调毁林以及停止毁林对自然和环境带来的影响，需要强调兼顾贫困地区和发展中国家对维持生计和经济发展的强烈诉求，在发展经济和保护环境之间努力寻找各方都能接受的平衡点，从根本上遏制毁林的发生。

2. 正确认识毁林和贸易的关系，避免影响正常的合法贸易

毁林大宗商品贸易的关注焦点依然是贸易问题，需要客观认识毁林和正常大宗商品贸易的关系，避免打着“零毁林”的旗号影响正常大宗商品贸易。大宗商品贸易是全球经济贸易的重要组成部分，合法、可持续的贸易与导致某一国家、某一地区的毁林不存在直接关系。要客观识别个别国家从本国利益出发，以零毁林为由打压资源国生产和贸易活动以发展本国大宗商品贸易的企图。同时，还需要考虑到非法贸易、合法贸易和负责任贸易的差别。非法贸易是打击的对象，指在整个贸易供应链中存在非法的行为；合法贸易是基本要求，要求贸易供应链中不存在非法毁林，且贸易行为符合相关国家法律法规；负责任贸易是在合法的基础上，通过开展尽职调查对全供应链实施追溯，帮助杜绝或减少涉及毁林的商品进入大宗商品贸易链。在“双循环”新发展格局下，如何充分利用好国际国内两个市场、两种资源是中国林产品制造业面临的重要问题。要处理好打击非法毁林大宗商品贸易和正常木材贸易的关系，在出台相关政策的同时要警惕误伤林产品贸易的正常化。

3. 严格区分非法毁林与合法林地转换，尊重发展中国家的发展权

遏制毁林大宗商品贸易需要界定非法毁林和合法林地转换的差异。毁林既有部分发展中国家出于保障社会经济发展、粮食安全的需要，将一部分森林合法转化为农地、基础设施或其他用途，也有部分团体出于商业利益未经许可非法转化林地。有些发展中国家制定的土地利用规划中，明确设定了一定面积可以转化的森林。在推动大宗商品零毁林的进程

中需要注意到部分国家对于合法林地转化有切实需要，符合所在国法律法规的林地转化，不应当“一刀切”地判定为非法毁林。另外，打击毁林大宗商品贸易需要明确资源国享有开发其资源的主权权利，包括对资源的所有权以及相关事务的处置权，同时享有发展权。国际社会须认识到，减少毁林是应对气候变化的重要手段，但是不应将其作为应对气候变化的唯一稻草，应该通过多元手段应对气候变化，保障发展中国家享有合理且独立自主的发展空间。

4. 充分考虑打击毁林大宗商品贸易的难度，坚持循序渐进的推进策略

从理论层面看，目前全球范围内还没有形成统一的、被广泛接受的定义。各国由于处于贸易供应链的不同环节，对“非法”的认识和关注重点还存在分歧，一国认为非法的行为在另一国可能并不认为是非法的行为。从技术层面看，毁林商品的识别与追踪难度大。国际社会对毁林商品还没有一个统一的认可机制或追踪体系，因此限制毁林商品的进口意味着政府需要制定相关的政策，并开发一个国际毁林监测系统来跟踪风险，还需要供应商数据库作为补充，执行难度比较大。从操作层面看，对毁林贸易的管控有效性受到质疑。当前西方国家针对毁林大宗商品贸易的法规多以地区毁林风险等级进行判定，风险等级的判定本身在国际上就存在分歧，管控有效性受到质疑。从国际合作层面看，打击毁林大宗商品贸易的国际合作基础薄弱。应深刻认识到各个国家发展阶段不同，各方参与的意愿也不一样，短时期内无法实现国际间行动的统一以及数据的分享和透明。

5. 切实加强全球合作，共同解决非法毁林问题

非法毁林是全球性的问题，不是某个国家和某个区域的问题，也不是某个国家和某个区域的责任。国际社会应在“共同但有区别的责任”等原则下采取正确行动，发达国家应在能力建设、技术转让和财政资源等方面支持发展中国家减少毁林，而发展中国家在考虑发展的同时尽量减少对森林的破坏，消除毁林产生的根本原因。

（二）几点政策建议

打击毁林大宗商品贸易是打击非法采伐的升级版，是在打击非法采伐不能完全解决毁林问题的情况下国际社会采取的进一步行动。我国是贸易大国，在全球可持续发展中具有重要地位、发挥着重要的作用，积极参与全球打击毁林大宗商品贸易相关进程，不仅有利于树立负责任大国形象，也有利于推动建立“双循环”新格局。为此，提出如下建议：

1. 加快建立部门间协调机制

虽然毁林本身主要是林业方面的问题，但涉及的大宗商品种类繁多，其行政管理职能分布在多个部门，包括国家林业和草原局、商务部、外交部、自然资源部、农业农村部、生态环境部、工业和信息化部、海关总署以及相关的金融机构等，这就需要建立一个跨部门、常态化的工作协调机制。通过与行业协会、社会组织、科研机构和企业主体密切合作，充分协商，凝聚共识，建立有效的联动执法机制和技术支持机制，加强对“零毁林供应链”概念的利弊分析，指导“打击非法毁林大宗商品贸易”相关管理制度的出台，有效利用政府采购、绿色信贷、负面清单等相关政策和措施，加强对大宗商品供应链上重点环节以及敏感地区的管控，增强我国在毁林问题上的话语权和主动权。

2. 强化对贸易和投资企业的引导

近年来，我国已经陆续出台了一些指南文件，已构建了指南、标准和激励兼具的林产

品治理体系，且已开展了多年的试点工作，现有的工具和方法可以支持尽责调查和可追溯体系的应用，为从木材产品扩展到其他大宗商品贸易与投资管理奠定了良好基础。今后，需要尽快编制《促进大宗商品可持续贸易与投资工作指引》，强调在对外贸易与投资合作过程中，遵循绿色国际规则，践行绿色发展理念，鼓励和引导走出去企业提高绿色发展意识，严格保护生态环境，提高供应链管理的透明度和可追溯性，倡导处于供应链下游的企业通过避免采购来自"非法毁林热点"地区存在毁林问题的产品，推动大宗商品贸易向可持续方向转型。

3. 充分发挥行业协会和相关企业的主动性、积极性

推动行业协会和相关企业等共同发起"大宗商品贸易可持续倡议"，倡导绿色生产、供给与消费，有效提升企业的环境绩效，发挥核心企业的采购力量，激励带动上下游企业共同改进环境绩效，遏制和打击毁林行为。倡导传播绿色消费理念，进一步提升"零毁林"产品的市场认可度和竞争力，通过消费者溢价购买行为激励企业采购"零毁林"产品，共同推动供应链上下游的绿色管理和环境责任意识的提升。

4. 加强非法毁林领域的国际合作

国家林业和草原局作为气候变化谈判的主要参与方，一直致力于推动森林保护和可持续管理的国际进程，且在此领域积累了丰富的经验。今后，需要在原有打击非法采伐及相关贸易合作机制的基础上，推进各方对非法毁林问题的共识，促进政策对话与信息分享，增加我方话语权和主导权。同时，加强与资源国的合作，分享森林保护和管理经验，提供人工林建设和林地恢复等方面的技术支持，帮助资源国完善森林管理体系，并逐步提高森林治理能力。在加强可持续管理的基础上，提升森林资源的经济效益是减少"因贫毁林"的关键，通过投资及技术援助等方式帮助资源国发展可持续的木材加工业，共建可持续供应链。

主要参考文献

陈洁，2022. 美国新法案禁止进口涉非法毁林大宗商品[N]. 中国绿色时报，2022-03-02.

邓茗文，2021. 逆向驱动：绿色供应链建设推动"零毁林"[J]. 可持续发展经济导刊(05)：37-39.

何璆，2020. 英美两国拟通过立法加大对大宗商品进口零毁林要求[EB/OL]. http：//www. chinarfa. cn/xwzx_ gjdt/iitem_ id2893_ nl73q5sy390x6hxusinwfa8893419082010202. shtml，2020-10-28.

何璆，2022. 欧盟退出"零毁林"大宗商品进口法规提案[EB/OL]. http：//www. greentimes. com/green/green/index/2022-02/11/content_ 482257. htm，2022-02-11.

奇芳，2019. 牛肉需求增加与亚马逊森林砍伐[EB/OL]. https：//www. 163. com/dy/article/EU3UV5AR051481I3. html，2019-11-16.

托比·加德纳，2021. 企业、政府和投资者已经拥有减少毁林的工具. https：//www. thepaper. cn/newsDetail_ forward_ 14851523，2021-10-12.

中粮集团，2021. 中粮集团等 12 家全球大型农粮企业承诺遏制森林砍伐[EB/OL]. http：//www. cofco. com/cn/News/Allnews/Latest/2021/1108/50973. html，2021-11-08.

专题六 世界林业生物经济发展

可持续发展与应对气候变化是21世纪全球发展最为重要的两个议题。过去20年中，生物经济(bioeconomy)作为取代基于不可再生化石资源的传统经济发展模式的新型可再生、可循环经济发展模式，在全球可持续发展及气候变化问题探讨中得到越来越多的认可，并在实践中加以应用(Amato D，2017)。

一、林业生物经济的提出与概念界定

(一)林业生物经济发展的背景

生物经济旨在促进经济发展的同时适应社会和生态目标。生物经济发展的本质是在生产消费系统中使用可再生生物基资源取代不可再生化石资源，以实现可持续发展，贡献于气候减排目标(Bennich，2017)。全球对生物经济的探讨始于2000年前后，伴随着对可持续发展、低碳绿色经济的日益关注，越来越多的国家根据自身经济发展条件，提出了理解不同、侧重不同的生物经济概念与政策。欧盟委员会2005年发布"基于知识的生物经济"文件，首次将生物经济纳入欧盟发展的纲领性文件。经合组织2009年发布了"迈向2030生物经济的政策设计"，对生物经济领域和相关支持政策进行了系统讨论。美国于2012年发布了"国家生物经济发展蓝图"。欧盟2012年发布了首个"生物经济战略"并于2018年进行了修订更新。德国2015年发布了"生物经济战略"，西班牙2016年发布了"生物经济国家战略"。

自此，全球越来越多的国家认可生物经济概念，并将可持续、可循环生物经济视为取代不可再生化石经济的新经济发展模式，以解决发展中经济扩张与自然资源可持续利用的平衡问题。生物经济发展将逐步淘汰不可再生的化石资源在原材料和能源生产中的使用，取而代之以可再生资源，进而实现可持续发展与应对气候变化的目标。将化石能源经济转型为生物经济，需要建立更可持续的生产和消费体系，各经济部门也需要进行创新，实现产业发展和结构更新。可持续性和可循环性是生物经济的两个重要要求(欧洲委员会，2018)。全球约有50个国家已经制定了生物经济战略，或已将生物经济纳入国家发展战略(德国生物经济委员会，2018)。过去10年中，全球生物经济市场发展迅速，新产品和新技术得到全面发展。

森林是最大的陆地生物可再生资源，对生物经济的贡献潜力巨大。欧盟生物经济战略指出，林业部门可为建筑、包装、纺织品、家具和化工行业提供生物基材料和产品，用以替代不可持续的材料和产品。同时可以从森林生态系统服务中衍生出新的商业模式、更多的价值增值机会和社会福利。大多数国家在其生物经济战略中包括了林业生物经济领域。加拿大、美国缅因州政府也专门出台了林业生物经济发展战略。林业生物经济除传统的木材、木建筑及木质生物质能源领域外，以木纤维为原料的纺织品、塑料通过技术创新与市场拓展得到了广泛认可，成为以可再生原料取代不可再生化石原料应用于生物经济生产领域的成功案例。

（二）林业生物经济的基本概念

1. 国外的林业生物经济

各国生物经济战略和相关政策多以促进生物基产品和生物燃料的创新进程为主要内容。尽管这些战略和政策中并未对“生物经济”一词给出一致性的精确定义，但都认同生物经济是指建立在生物质而不是化石资源基础上的经济发展模式。除生物经济外，生物工业（bioindustry）或生物基经济（biobased economy）等相关术语也常常并行出现在研究报告中。

经济合作与发展组织（OECD）是较早给出生物经济定义的国际机构。2009 年 OECD 在报告中将生物经济界定为：“生物经济包括由生物科学研究和创新推动的所有经济活动”。欧盟委员会 2012 年发布的《欧盟生物经济战略》指出，生物经济包括可再生生物资源的可持续生产及其转化为食品、饲料、生物制品、生物燃料和生物能源等生物基产品的过程。它包括农业、林业、渔业、食品生产与造纸，以及化学、生物技术和能源工业的部分（EC，2012）。2018 欧盟更新的《欧盟生物经济战略》中将生物经济定义为依赖生物资源的所有部门和系统及其功能和原理，这里的生物资源包括动物、植物、微生物和衍生生物质及有机废物。生物经济包括陆地和海洋生态系统及其提供的服务以及相互联系；生物经济包括所有使用和生产生物资源的初级生产部门如农业、林业、渔业和水产养殖，以及所有使用生物资源生产食品、饲料、生物基产品、能源和服务的经济和工业部门。美国在其 2012 年发布的“生物经济国家发展蓝图”战略中，将生物经济界定为基于利用生物科学研究和创新来创造经济活动和公共利益的经济模式，包括并不限于改善人类健康的新药和诊断方法、高产粮食作物、减少对石油依赖的新兴生物燃料，以及生物基化学材料等。其中，健康、能源、农业、环境是重点领域。德国 2015 年将生物经济定义为“以知识为基础的生物资源生产和利用、创新的生物过程和原则、以可持续地为所有经济部门提供商品和服务。生物经济为农业、林业、渔业和水产养殖等传统生物经济部门以及食品、造纸、纺织、建筑、化学和生物制药等相关加工和服务行业提供了可持续发展的指南”①。芬兰在其《生物经济战略 2014—2021》中指出，生物经济是指依靠可再生自然资源生产粮食、能源、产品和服务的经济。生物经济将减少对化石自然资源的依赖，防止生物多样性丧失，并根据可持续发展的原则创造新的经济增长和就业机会②。英国 2018 年在《2030 国家生物经济发展战略》中指出，生物经济指利用生物科学力量的经济潜力，利用可再生生物资源在创新产品、工艺和服务中取代化石资源。在巴西生物经济一词则是指基于该国的自然资源和生态系统服务创造创新产品和服务。

① 资源来源：German Bioeconomy Council，2018. Bioeconomy Policy（Part III）：Update Report of National Strategies around the World.

② 资源来源：Finnish Ministry of Enviroment and the Forestry，2014. Sustainable growth from bioeconomy：The Finnish bioeconomy strategy.

除了各国政府在其生物经济相关战略、政策中对生物经济进行界定外，学者们也对生物经济的定义进行了广泛的探讨。根据 Hetemaki 等人的定义，循环生物经济包括生态系统服务、生物资源（植物、动物和有机废物）可持续经营，以及生态系统边界内食品、饲料、能源和生物材料的循环转化。通过提供上述要素，可实现循环生物经济。循环性不仅包含连续生产的理念，还包括用最少的投入和最少的系统废物产出生产产品和服务的活动。

可以看到各方对生物经济的定义尽管有所差异，但普遍认同生物经济是利用可再生自然资源生产粮食、能源、产品和服务的经济，以减少对不可再生化石自然资源的依赖，最终实现可持续发展目标及减缓气候变暖。同时，可持续性和可循环性是生物经济发展中两个重要的特征。

森林作为陆地最大的生物可再生资源，是生物经济发展中不可或缺的组成部分。不少国家对林业部门在生物经济发展中的作用给予充分关注。2017 年加拿大颁布了《加拿大林业生物经济发展框架》（*Ministry of Natural Resources Canada*，2017），将林业生物经济定义为“通过使用创新和新工艺，将可持续管理的可再生森林资源（主要是木质生物质和非木材林产品）转化为增值产品和服务而产生的经济活动”，其关键是以知识为基础，创新生物资源生产过程以可持续提供环保的商品和服务。美国北卡罗来纳地区管理委员会认为：“林业生物经济是通过森林可持续利用创造产品和服务，利用森林为原料的生物基原料取代化石原料。林业生物经济涵盖整个森林价值链，既包括森林资源的可持续管理和利用，也包括森林相关生物多样性的可持续利用。森林是原材料（木材和非木材）、生物能源和文化生态系统服务（如游憩活动和森林旅游）的主要提供者”（EFI，2016）。美国缅因州在其《林业生物经济发展战略》中界定林业生物经济为包括林业、造纸和木制品等传统部门，以及纺织、化工、新包装和建筑产品、生物制药和与这些产品的相关服务等新兴产业，以及涵盖娱乐、狩猎、旅游、碳储存、生物多样性的森林服务功能。

学者们普遍认为，林业生物经济可以理解为利用森林创造产品和服务，取代经济中的化石原料及其产品和服务。以森林为基础的林业生物经济将整个森林价值链从自然资源管理使用到产品和服务交付联系起来（Bernhard Wolfslehner，2016）。

生物经济发展推动了对森林资源作为重要可再生资源可持续利用的广泛兴趣。首先，生物经济增加了对森林产品和服务的需求，因此也增加了该部门在生物能源、木结构、包装产品、化学品和纺织品等领域的经济机会。其次，对林地生态系统服务的需求日益增加，特别是对生物多样性、固碳、游憩和人类健康影响等的关注。大多数学者支持林业生物经济涵盖所有与森林及其生态系统服务相关的经济活动的观点，认为林业生物经济应强调环境和社会可持续性，并指出林业生物经济部门在利用木材作为原材料时，必须保持森林社会功能和生态功能的平衡发展。林业生物经济的发展需要建立多部门和多行动者沟通的平台，确保民间组织（如消费者、森林所有者）、私营部门（包括行业部门）、学术机构和政策制定者能就林业生物经济发展的政策、行动进行充分的沟通交流。

尽管林业生物经济的概念尚未统一，但普遍认可林业生物经济涵盖传统木制品和以木质纤维为原料创新产品的可持续、可循环生产、利用与发展，也包括了良好管理的森林生态服务功能。从国际上看，欧盟的林业生物经济概念较为系统和全面，包括了森林作为原材料的传统加工利用以及基于新技术的木质纤维创新产品，如以木质纤维为基础的可循环纺织品、塑料产品，以及森林生态服务功能产品。从行业上看，不但涉及木材加工、木制建筑、木质能源、纸浆和造纸等传统行业，而且包括新兴的木质纺织品、木塑以及森林游憩等行业。

2. 中国的林业生物经济

中国生物经济的研究伴随着平衡经济发展与环境保护的相关讨论。自 2007 年起，从化石能源经济转型为更具环境可持续性的经济模式就已经纳入中国的国家战略(邓心安，2018)。讨论过程中，绿色经济、循环经济、低碳经济和生物经济都作为平衡经济发展、环境保护和社会福祉的可行途径受到广泛关注，但这些概念各自都有不同的侧重点。

通常情况下，生物经济是指以可再生生物资源为基础的经济活动，包括生产、加工和消费生物产品和材料，以期实现绿色增长和可持续发展(邓心安等，2020)。此外，在中国，生物经济的概念和生物技术产业密切相关。2007 年，科技部发布提出要加速生物技术产业的发展。该产业的发展被列入“十二五”(2011—2015)和“十三五”(2016—2020)规划的优先位置。“十三五”规划中，生物技术创新规划明确指出，到 2020 年生物医药、生物化工、生物资源、生物能源、农业、环境保护和生物安全作为生物技术发展的重中之重。在 2017 年的中央经济工作会议文件中，首次将生物经济视为一个新的经济模式。这标志着中国政府支持生物经济发展的政治决心。

林业生物经济在中国仍是一个正在发展的新概念，未形成统一的定义。学术界普遍认为木材加工、木制建筑、木质能源、纸浆、造纸行业、森林游憩行业属于林业生物经济范畴。较为成熟的是对林业生物质能源的讨论，但对新兴的木质纺织品、木塑行业探讨不多。

二、国际林业生物经济发展战略与实践

采用以可再生资源为基础的可持续生物经济逐步取代不可再生化石资源为基础的传统经济发展模式得到越来越多国家的认可。各国根据自身资源基础、经济发展阶段与产业特征制定相应的生物经济战略，同时也重视森林作为可再生资源的重要构成部分在生物经济发展中的作用与潜力。

(一)欧盟林业生物经济

1. 欧盟林业生物经济政策

整体上欧盟成员国及欧洲主要国家都已经制定或正在制定生物经济相关的战略与政策。截至 2018 年，除欧盟自身的《欧盟生物经济战略》外，欧洲 8 个国家已经制定生物经济国家战略，分别是芬兰、德国、法国、西班牙、意大利、爱尔兰、拉脱维亚和英国。荷兰、奥地利、斯洛伐克、爱沙尼亚和立陶宛 5 国正在制定生物经济国家战略。另外 10 个国家出台了生物经济相关支持政策，包括瑞典、丹麦、比利时、波兰、捷克、斯洛伐克、匈牙利、斯洛文尼亚、克罗地亚和保加利亚。

2018 年欧盟更新的《欧盟生物经济战略》强调了生物经济的可持续性和可循环性两个属性，旨在加速可持续欧洲生物经济的部署，最大限度地发挥生物经济对欧盟实现 2030 年可持续发展目标(SDG)以及履行《巴黎协定》的贡献。该战略设定了 5 个目标，包括：①确保粮食安全；②可持续管理自然资源；③减少对不可再生资源的依赖；④减缓和适应

气候变化；⑤增强欧盟竞争力并创造就业机会。林业作为生物经济中生物资源生产与使用的初级生产部门之一，成为欧盟生物经济发展中不可或缺的组成部分。特别是在可持续管理自然资源，减少对不可再生资源的依赖，减缓和适应气候变化，以及增强欧盟竞争力并创造就业机会等领域中，森林及林业从不同侧面发挥着作用。同时，欧盟的新产业政策、循环经济行动计划和加速清洁能源创新战略都强调了可持续、循环生物经济对实现其目标的重要性。

2015 年，欧盟 27 国土地面积的 45%均为森林和其他类型林地所覆盖，其中 73%可出产木材(EC，2018)。欧盟成员国中瑞典森林面积最大(2 800 万 hm^2)，芬兰(2 240 万 hm^2)和西班牙(1 860 万 hm^2)紧随其后。若将其他类型林地面积计算在内，则排名第一的是瑞典(3 030 万 hm^2)，西班牙(2 800 万 hm^2)和芬兰(2 320 万 hm^2)次之。1990—2020 年，欧盟森林和其他林地面积共增长 6%，但城市化限制了林地面积继续增长的潜力。

2020 年，欧盟 27 国森林和其他林地立木蓄积超过 270 亿 m^3。立木蓄积(森林和其他有林地)排名前五的国家分别是瑞典(36.75 亿 m^3)、德国(36.63 亿 m^3)、法国(30.56 亿 m^3)、波兰(27.3 亿 m^3)和芬兰(24.56 亿 m^3)。2010 年，欧盟 27 国年度林木蓄积净增量估计达到 7.2 亿 m^3。过去 10 年中，年采伐量远低于净增长量。当前，欧盟年采伐量约为年净增长量的 72%(EC，2018)。2019 年，采伐量估算接近 5 亿 m^3。

尽管欧盟尚未出台专门的林业生物经济战略，但 2018 年更新的欧盟生物经济战略中，以及主要欧盟国家的生物经济战略政策中都包括与林业有关的内容，集中在森林资源可持续利用、林产工业可持续发展和森林生态系统服务功能的维护与发展。表 6-1 总结了欧盟及其成员国主要的林业生物经济战略领域。

2. 欧盟林业生物经济发展现状

由于生物产业和非生物产业很大程度上彼此交融，估算生物经济的经济增值和就业贡献较为困难。根据欧洲委员会联合研究中心估计，2015 年欧盟 28 国的生物经济增值总额为 1.46 万亿欧元，占 GDP 的 11%，并为 3 400 万人提供了就业。欧盟没有单独提供林业生物经济的数据。2016 年，欧盟 28 国林业和林业相关产业估计贡献了欧盟生物经济 18%的销售收入和 15%的就业。欧盟以森林为基础的部门提供了多达 400 万个工作岗位。森林产品约占欧盟制造业附加值的 8%。在欧盟生物经济中，以森林为基础的部门(总共)至少占生产总值的 20%，其中传统木材加工和造纸工业约占 17%，另外 3%来自创新产品。

欧盟林业部门在提供不可再生材料、产品和能源的可再生替代品方面发挥着至关重要的作用。2018 年，欧盟成为全球最大的原木生产和消费地区，以及锯材的最大生产地区和第二大消费地区。此外，欧盟也是造纸用纸浆、木质人造板、纸和纸板的第二大生产和消费地区。随着传统木制品消费增长越来越多依赖中国、巴西和印度等迅速成长的大型经济体，欧盟对中国、巴西和印度的林产品出口也不断增长。替代纺织材料的木质林产品，或替代建筑混凝土和钢材的木质产品在欧盟市场上得到了长足发展。此外，生物化工、生物燃料、包装和生物塑料也为木质产品提供了前景大好的新兴市场；而利用林业剩余物生产的生物燃料需求主要靠政策驱动。

森林在欧盟气候政策中也发挥重要作用，通过森林碳汇吸收了欧盟温室气体总排放量的 10%。森林通过生物量、土壤和木制品形成碳汇，并通过木质材料和能源使用替代化石燃料贡献于减缓气候变化的目标。林业生物经济在推动欧盟从不可持续不可再生石化经济向可

表 6-1 欧盟及其成员国林业生物经济战略领域

区域/国家	时间	生物经济战略	生物经济战略中林业生物经济领域			
			森林在减缓气候变化中的作用	森林提供传统林产品（木材、纸浆和纸、能源、木建筑）及创新林产品（木纤维纺织品、塑料）	森林提供非木质林产品（混农林业）	森林游憩、狩猎等生态服务功能
OECD	2009	迈向 2030 生物经济发展的政策框架（A Policy Agenda "The Bioeconomy to 2030"）	√	√		√
欧盟	2012 发布，2018 修订	欧盟生物经济战略（EU Bioeconomy Strategy）	√	√	√	√
德国	2013	国家生物经济战略（National Bioeconomy Strategy）	√	√	×	√
芬兰	2014	芬兰生物经济战略：生物经济支撑的可持续发展（A "Finnish Bioeconomy Strategy: Sustainable Growth from Bioeconomy"）	√	√	√	√
挪威	2015	国家生物经济战略（National Bioeconomy Strategy）	√	√	√	√
意大利	2016	意大利生物经济（Bioeconomy in Italy）	√	√	×	×
西班牙	2016	西班牙生物经济战略 2030（Spanish Bioeconomy Strategy—2030 Horizon）	√	√	√	√
法国	2017	法国生物经济战略（A Bioeconomy Strategy for France）	√	√	×	√

资料来源：陈晓倩，2020

持续、可循环生物经济转型中发挥着不可或缺的作用，并得到了公共及私营部门的广泛认可。

鉴于欧盟森林资源在成员国分布不均以及各国经济发展模式不同的事实，欧盟的林业生物经济发展模式在北欧与南欧呈现出不同的特征。北欧国家森林资源丰富，林业生物经济产品创新与发展较为迅速。以芬兰、瑞典、挪威为代表的北欧国家各自制定了生物经济发展国家战略，并且强调以森林资源为基础的木材及木质纤维作为原材料，通过技术创新取代不可再生石化原料的潜力与广阔的市场前景。芬兰、瑞典已经研制开发了以木质纤维为原料的纺织品、塑料品并投入商业化取代不可再生的石化原料。芬兰还研制开发了木质原料的燃料用于汽车和航空业。以西班牙、葡萄牙、意大利、法国为代表的南欧国家，由于森林资源相对匮乏，在林业生物经济发展中更为强调森林提供非木质林产品、混农林业发展、森林游憩及狩猎等生态服务功能等领域。此外，以捷克、斯洛伐克、匈牙利、斯洛文尼亚、克罗地亚、爱沙尼亚等为代表的中东欧国家，尽管已经或正在制定国家生物经济战略，但发展林业生物经济的实践还处在起步阶段(表 6-2)。

表 6-2　欧盟不同区域林业生物经济主要领域和产品

国家/区域	森林资源状况	林业生物经济优势发展领域	林业生物经济产品									
			传统木材行业、产品				创新木纤维产品			非木质林产品	森林生态服务功能产品	
			木材采伐加工	木制建筑	纸浆、造纸	木质生物质能源	化学品、木质素和半纤维素	木质纤维纺织品	木质纤维、塑料	蘑菇、莓类果实	减缓气候变化	森林游憩、狩猎等
欧盟27个成员国	欧盟27国拥有1.82亿hm^2森林，占土地面积的43%	森林减缓气候变化、传统与创新林产品、森林生态系统服务功能、非木质林产品。较为重视林业生物经济发展	+	+++	+++	+++	+++	+++	+++	+++	+++	+++
北欧三国：芬兰、瑞典、挪威	三国森林面积5 824万hm^2，占欧盟的32%，森林覆盖率平均70%左右，森林中70%以上可用于采伐木材	森林减缓气候变化、传统木材、纸浆、造纸、木制建筑、木质生物质能源、新兴木质纤维产品、非木质林产品及游憩狩猎。非常重视林业生物经济发展	+++	+++	+++	+++	+++	+++	+++	+++	+++	+++
西南欧四国：法国、意大利、葡萄牙、西班牙	森林面积400万hm^2，覆盖率平均39%左右，森林以人工林为主	森林减缓气候变化、纸浆、造纸、木制建筑、非木质林产品及森林游憩功能。较为重视林业生物经济发展	+	++	+++	++	++	++	++	+++	+++	+++
中东欧16国	森林面积共计4 930万hm^2，森林蓄积量约为106.14亿m^3，森林平均覆盖率为39.14%	森林减缓气候变化、纸浆、造纸、木制建筑，非木质林产品及森林游憩功能。林业生物经济发展重视不足	++	+	+	++	++	+	+	+++	+++	++

注：发展利用度：+++ 高，++中，+低

资料来源：陈晓倩，2020。

3. 欧盟支持林业生物经济发展的相关政策

欧盟支持林业生物经济发展的政策主要包括：加强研究创新和科技投入、提高市场竞争力和促进政策发展与利益相关方参与三个方面。

(1)投资政策。欧盟分别在2012年和2018年发布了生物经济战略，通过行动计划，安排了投资。一方面用于包括林业生物经济在内的生物经济相关领域的研发，另一方面支持林业生物经济创新产品的商业实践。欧盟林业生物经济投资渠道包括政府财政资金支持基础研发、公私合营伙伴关系拉动私营部门投资，以及政府与金融机构合作建立基金支持开发林业生物经济商业项目。

在财政资金支持方面，欧盟在2015年提出“投资欧洲的未来：欧盟‘地平线2020’研究和创新框架计划”，承诺在2014—2020年为生物经济相关研究和创新提供近40亿欧元的支持。在林业生物经济科研领域重点支持森林可持续经营管理以及基于木质纤维的可再生、可循环生物能源、纺织品及塑料的研发。

在吸引私营部门资金方面，欧盟委员会在林业生物经济商业实践中，积极推进公私合营伙伴关系(PPP)模式，加强与私营部门合作，推动私营部门资金投入。欧盟与生物基工业联合理事会一同，搭建联盟，为企业提供资金支持。联盟拥有200多个公司成员，涵盖农业、农业食品、林业/纸浆和造纸、化学品和能源。在林业生物经济领域，重点在可持续和高效利用森林生物资源(包括林业剩余物)基础上开发新的林业生物基产品和市场。

欧盟委员会也积极推动金融机构对林业生物经济的投资。欧洲投资银行集团(European Investment Bank，EIB)和欧共体联合启动了欧洲战略投资基金(European Fund for Strategic Investments，EFSI)，旨在利用结构型基金(structural funds)为生物经济战略投资，利用金融资本缩小目前的投资缺口。2015年欧洲战略投资基金提供7 500万欧元贷款，在芬兰Äänekoski建造新的节能纸浆厂。该项目的总投资额12亿欧元，成为欧洲投资银行(EIB)在EFSI担保下投资支持林业生物经济发展首批项目之一。为支持中小企业，欧洲投资银行集团(EIB)在“地平线2020”框架下与欧盟委员会合作建立Innov Fin基金，为包括中小企业在内的生物经济项目提供融资工具和咨询服务。此外，2020年欧洲投资银行集团与欧盟委员会合作在欧盟建立了第一个专门致力于生物经济和循环生物经济的股票基金，即欧洲循环生物经济基金(European Circular Bioeconomy Fund，ECBF)，旨在通过动员公共和金融投资支持具有高潜力的创新型生物基公司，填补该领域的融资缺口。目前其资金额高达8 200万欧元，目标规模为2.5亿欧元。通过政府资金支持基础研发，引导私人和金融资本投入生物经济发展领域，欧盟建立起了支持多元化的投资机制，支持包括林业在内的生物经济发展。

(2)扩大市场和提高竞争力的政策。欧盟委员会充分认识到在可持续与可循环基础上扩大生物经济市场和产业竞争力的重要性。特别是在林业生物经济领域，森林资源及生态系统可持续经营是林业生物经济发展的基础。欧盟委员会在2018年生物经济战略及行动计划中，明确指出应当积极尝试推动使用包括公共采购、税收优惠、补贴制度、认证制度等政策手段推动可持续高质量生物基产品的供应。具体到林业生物经济领域，相关支持包括继续推动欧盟及成员国绿色林产品政府采购政策，优先采购PEFC、FSC等可持续林产品。欧盟委员会也开始审核有害环境的补贴政策。有害环境的补贴是指政府在不考虑环境影响与成本条件下，为生产者或消费者通过补充其收入或降低成本而给予其在特定经济领域中优势的做法。这种补贴往往导致不良的环境影响。欧盟委员会希望到 2020 年能逐步取消所有有害环境的补贴，包括石化燃料补贴，激励可再生资源低效使用的补贴等。

(3)推动政策发展和利益相关方参与。欧盟通过出台相关发展战略，强调多利益方参与，促进林业生物经济在可持续、可循环的原则下贡献于可持续发展及气候变化目标的实现。

2018 年欧盟生物经济战略，明确提出需要确保采取综合、连贯、跨部门和跨学科的方法与手段推动生物经济在欧洲的发展，并呼吁不同涉及生物经济发展的欧盟各部门协调共进，促进各部门政策保持一致性。在林业生物经济领域，促进林业生物经济政策与“2030 年欧盟生物多样性战略”(EU biodiversity strategy 2030)、“2030 年欧盟森林战略”(EU forest strategy for 2030)、“欧洲绿色新政”(A European green deal)以及“欧洲迈向 2020、2030、2050 年的气候变化与能源政策”(European policies on climate and energy towards 2020, 2030 and 2050)相关原则和政策的协调。林业生物经济对于欧洲可持续发展和应对气候变化挑战至关重要，因此需要加强政策之间的协同性，减少政策间的冲突与负效应。

此外，欧盟林业生物经济政策的制定和实施需要加强包括政府、企业、社会团体、研究机构、国际机构和伙伴的多方参与，确保政策促进森林资源和生态系统的可持续、优化管理与利用，推动包括木材和木纤维在内的碳中和可再生自然资源利用，取代不可再生的化石原料；同时杜绝不良生态环境影响的外溢。如欧盟木材需求和进口不断增加，有可能导致供应木材的发展中国家进一步毁林，进而对《生物多样性公约》(CBD)和联合国减少发展中国家毁林和森林退化合作方案(REDD)等全球协议的履行增加压力。

(二)加拿大林业生物经济

1. 加拿大林业生物经济战略

加拿大森林资源丰富。2015 年，加拿大森林面积为 347 万 km^2，占全球森林面积的 9%，占国土面积的 35%，其中原始林占森林面积的 50%以上。加拿大超过 3/4 的森林位于北方地区，针叶林占加拿大森林面积的 68%，云杉林是最常见的林分。加拿大 49%的森林经过了森林可持续管理认证，占世界认证森林面积的 36%。2015 年，加拿大森林采伐面积为 7 796km^2，占加拿大森林面积的 0.2%。林业部门是加拿大重要的经济部门之一，2014 年，加拿大林业部门的国内生产总值(GDP)为 221 亿加元，其中木制品制造业占总数的 39%，其次是造纸业(36%)、森林经营和伐木业(17%)。虽然林业部门对 GDP 的总体贡献近年来呈现出下降，已经从 2007 年的 1.7%下降到 2014 年的 1.2%，包括原木、木材、纸浆和纸张在内的林产品出口也从 1997 年的 12%下降到 2016 年的 6%，但林业仍是加拿大经济的重要组成部分。

2016 年，原木生产量达到了 1.605 亿 m^3，可采林木材资源价值估计为 2 154 亿加元；林产品出口额为 295 亿美元，占全球林产品贸易的 9%，以原木、锯材、木制品以及纸浆和纸张出口为主。虽然自 1997 年以来，林业部门的就业人数下降了 42%，但 2016 年林业部门仍为加拿大人提供了 205 660 个工作岗位，总薪酬价值为 160 亿加元，占加拿大所有薪酬的 1.5%，此外，依靠森林为主要经济来源的社区也超过 300 个。

加拿大林业部门除了在经济发展中发挥重要作用外，森林也是加拿大历史的重要组成部分，并在文化、精神、娱乐和经济发展中发挥着核心作用。随着加拿大向低碳、可持续经济过渡的步伐加快，加拿大林业部门致力于提供以森林为基础的生物基解决方案来推进经济转型和多样化。2017 年加拿大森林部长理事会(Canadian Council of Forest Ministers，CCFM)出台了作为加拿大林业生物经济发展战略的“加拿大林业生物经济框架”，旨在通过创新及提高管理手段，将可持续管理的可再生森林资源转化为替代化石原料的增值产品和服务，从而推动经济、社会及环境的可持续发展。

“加拿大林业生物经济框架”中对林业生物经济的界定是：通过使用创新和重新利用的手段，将可持续管理的可再生森林资源(主要是木质生物质和非木质林产品)转化为增值产品和服务而产生的经济活动。该定义区分了生产传统林产品(例如纸浆、纸张、木材)和创新的林业生物产品(包括生物燃料、生物化学品和其他生物材料)以及创新木建筑材料(如交叉层压木材)。潜在的森林生物量来源包括：①可持续供应木材和生物质原料的人工林(如快速生长的柳树林)；②木材产品制造过程中产生的剩余物或副产品；③采伐剩余物；④不可转让或无法销售的树木；⑤农村和城市森林间伐时移除的树木和树枝；⑥建筑拆除时产生的废旧木材；⑦死于自然干扰(如火灾、虫害或疾病)的树木。

加拿大林业部门在林业生物经济领域的技术方面处于领先地位，如对木纤维使用方法的前瞻性思考和创新。加拿大是世界上人均生物量最多的国家，是第二大森林产品出口国，有能力通过利用其高效的生物质供应链和技术创新，通过可再生森林生物质满足其未来能源、化学、材料和建筑系统的部分需求，转向生物经济发展模式。

“林业生物经济框架”是加拿大林业生物经济发展战略性文件，其发布表达了加拿大成为将森林生物质用于先进生物制品和创新解决方案全球领导者的决心。该框架列出了加拿大林业生物经济发展的四大支柱，以加强跨区域管理政策的一致性和协作，包括：

支柱 1：社区和伙伴关系

其重点是创造绿色就业机会，通过教育和技能培训为乡村社区提供机会，提高其整体生活质量，并加强与土著居民的伙伴关系。

支柱 2：森林资源和创新生物产品的供应

通过可预测、稳定和安全的供应来满足未来对森林生物质的需求。建立有效标准推动森林生物质和创新生物制品的贸易，包括利用木材建造高层建筑。

支柱 3：提高对创新森林生物产品和服务的需求

公众对林业生物经济可持续性的认同，对创新森林生物产品和服务的需求增长至关重要，应当引导消费者和企业做出更可持续的选择。政府应积极主动制定绿色政府采购计划，影响市场并刺激对包括森林生物质在内的绿色产品需求。政府也可以制定有效的新法规，以减少壁垒，刺激对创新生物制品的需求。

支柱 4：支持创新

重点是建立促进健康和充满活力的创新生态系统，成功研发、示范和应用新技术，包括将创新系统嵌入区域土地利用规划。完善税收措施以反映森林生物产品的生态社会效益，并支持森林生物经济的碳定价机制，保持森林部门的竞争力。

2019 年 5 月，加拿大森林部长理事会(CCFM)批准了《加拿大森林的共同愿景：迈向 2030 年》，作为加拿大林业迈向 2030 的战略规划。其中，强调了与林业生物经济相关，包括加强与原住民社区伙伴关系，提高森林复原力，促进林业部门创新等内容。2019 年以来的 COVID-19 新冠疫情对加拿大林业部门也产生了直接影响，导致就业削减并影响和延迟了资本投资。但在“林业生物经济框架”指引下，加拿大林业生物经济延续了稳步发展态势。

2. 加拿大林业生物经济发展现状

（1）森林资源可持续经营利用。加拿大的大部分森林（90%）由省和地区政府代表加拿大人所有和管理。另外2%由联邦政府控制，2%归属原住民，其余6%由私人拥有。作为可持续森林管理（SFM）的世界领导者，加拿大以科学研究、严格的规划程序和公众咨询为基础，对国有林推行可持续经营管理，确保实现森林长期效益，促进经济增长。

加拿大在森林可持续经营管理方面建立了全面的立法和监管框架，以确保加拿大每个省和地区的森林可持续经营管理。第三方森林可持续经营认证则进一步履行了加拿大在可持续森林管理实践方面的承诺。截至2020年12月，加拿大有1.64亿 hm^2 森林已经通过认证，包括PEFC、FSC和SFI中的一个或多个森林可持续经营认证。可持续生物质计划、木本生物质（例如木屑和木屑颗粒）认证计划也正在建立中。加拿大森林资源可持续经营、管理和采伐积累了成熟经验，居于世界领先地位，并为其林业产业发展提供了可持续的木材原料供应。

（2）木材加工。木材加工业是加拿大林业产业的重要组成部分，加拿大木材产品生产以出口为主。2020年，加拿大出口了约56亿美元的木材产品，几乎全部出口到美国（97%）。2020年，木制品出口增长了18%。建筑工业大型复合材（mass timber products）是加拿大木材产品的重要组成部分。2018年以来伴随各国（包括加拿大）继续促进在高层建筑等非传统建筑领域大量使用木材产品，加拿大建筑工业大型复合材生产能力持续增加。

软木锯材（sawn softwood/softwood lumber） 2020年，加拿大软木锯材产量达到了5 470万 m^3。由于COVID-19疫情的影响，北美维修和改建部门以及住宅建筑部门对木材的需求显著增加，加之相关工厂裁员而造成的供应限制，北美软木锯材价格在2019年和2020年呈现上升趋势。美国是加拿大软木锯材出口的主要目的地。2020年，按数量计算，加拿大84%的锯材软木出口到美国，比2019年增加了近54%。中国是加拿大软木锯材第二大出口目的地。2000—2013年，软木锯材出口量平均每年增长50%以上。此后，软木锯材对华出口量以平均每年近10%的速度下降，特别是2019年，新冠疫情导致出口量下降幅度更大。2020年，加拿大软木锯材对中国出口量比2019年下降了32%。2021年前6个月，出口继续持续下降，与2020年同期相比下降了57%以上。

定向刨花板（OSB） 定向刨花板占加拿大结构板出口总额的83%。2020年，加拿大96%的定向刨花板出口到美国（高于2019年的93%），主要用于住房建设。2020年按价值计算，加拿大定向刨花板出口增长了55%，主要由于北美住房部门需求增加，推动定向刨花板价格的改善。截至2021年6月，北美对定向刨花板的需求预计将比2020年增长3%；反映了住宅建筑行业的持续增长，预计这一上升趋势将在2022年继续保持。

纸张和纸板 2020年，加拿大出口的纸张和纸板产品81%运往美国，2020年纸张和纸板产品出口总额下降17%，主要是由于新闻纸出口下降了31%。新闻纸出口的减少是数字媒体兴起后全球纸制品需求下降的结果，也导致了报纸销量下降和印刷广告收入的减少。自COVID-19疫情爆发以来，新闻纸需求下降的趋势加速。

木浆生产 中国是加拿大木浆出口的主要目的地，加拿大出口的木浆中有45%运往中国。美国是加拿大木浆的第二大目的地，2020年加拿大近35%的木浆出口美国。由于全球对最终用途纸产品需求疲软，加上国内纤维供应的挑战，加拿大 2020 年木浆出口比 2019 年下降了近 20%。此外，由于新冠疫情，全球运输限制使运输价格呈指数级增长，使得木浆出口总体成本上升，导致全球对加拿大木浆的需求疲软。

(3)绿色木建筑。加拿大 2017 年 10 月启动了“利用木材打造绿色建筑”(The Green Construction through Wood，GCWood)计划，除在加拿大工程和建筑学校积极推进木建筑外，还支持实施创新的木材示范项目，并在加拿大建筑规范下推动中高层木结构建筑的发展。GCWood 在 2018—2022 年预计投入 3 980 万美元资助鼓励下列项目：①在高层建筑、桥梁和低层非住宅建筑中采用创新的木质产品及促进其商业化发展；②针对设计师、管理者、建筑师和建筑官员开展木建筑相关的培训，推动设计工具的开发；③研究并支持 2020 年和 2025 年加拿大国家建筑规范。基于建筑材料性能的修订，推广高达 12 层的高层木结构建筑。目前根据法规，加拿大木结构建筑的高度限制为 6 层。自 2017 年 10 月起，就高层木结构建筑、低层非住宅建筑和木结构桥梁的讨论愈加广泛。三个类别中已有 20 多个示范项目已被选定为 GCWood 支持项目，推动相关试点。

(4)木质生物质能源。2018 年，生物质能源成为加拿大继水电之后排位第二的可再生能源。加拿大林业部门为本国提供超过 80%的生物质能源，主要用于热电联产、工业生产以及出售给第三方。自 2011 年以来，加拿大木颗粒行业继续迅速扩张，产能增长了 37.5%；自 2014 年以来每年增长率达 5%~10%。产量增加的最主要驱动力是欧洲市场需求增长，同时亚洲新市场需求也不断增加。例如，加拿大对日本木颗粒出口量从 2012 年的 105 640 t 增加到 2019 年的 560 817 t，7 年间增长了 430%。此外，新的木颗粒生产厂计划在未来五年内开始生产，使加拿大木颗粒产能提高 27%。许多公司已经宣布与日本和韩国的公用事业公司签订长期供货合同。

除了木屑颗粒外，生物乙醇在加拿大也不断发展。从生物质中开发乙醇、生物柴油等木质生物燃料是加拿大清洁能源发展的重点之一。自 2010 年以来，联邦燃料法规要求汽油中乙醇含量至少为 5%。省级授权可能超过 5%的最低要求。2022 年生效的《清洁燃料条例》预计将进一步增加对液体生物燃料的需求。

尽管从木质生物质中生产滴入式液体生物燃料尚未达到商业规模，但已经开展了相应试点。此外，生物喷气燃料可以在加拿大减少温室气体排放方面发挥重要作用。2016 年，加拿大成为国际民用航空组织(ICAO)国际航空碳抵消减排计划(CORSIA)的签署国。该协议要求航空业到 2020 年实现碳中和，到 2050 年将碳排放总量减少 50%。森林部门可以通过清洁能源创新以及为国际民航组织的 CORSIA 等合规市场的交易提供减排/清除来源，为温室气体减排做出贡献。

(5)林业生物经济新产品开发应用。加拿大重视创新森林生物产品的研制和开发，特别是利用木材纤维替代原有的化石原料塑料制品，推动循环经济的发展。

加拿大林业生物制品也得到了快速发展，2019 年包括木质纤维在内的生物聚合物和生物塑料市场的价值估计为 1.652 亿美元，预计到 2025 年将达 3.532 亿美元。2018—2020 年，加拿大通过创新解决方案，举办了一系列利用木质纤维为原料的塑料包装替代传统化石原料塑料制品的挑战赛。此外，加拿大木质素市场发展迅速，估计目前市场价值约为 1 580 万美元左右，预计到 2025 年将达到 1 900 万美元。木质素在加拿大最重要的应用是作为混凝土添加剂，占其国内市场的 50.9%。加拿大专门设有商业木质素回收项目，大部分回收的木质素被燃烧，为工厂运营提供能量。2019年，加拿大的纳米纤维素市场估计价值1 090万美元，预计到2025年将达到2 850万美元。拥有最大和增长最快的市场份额(65.3%)的纳米纤维素产品细分市场是纤维素纳米晶体。按应用划分，复合材料和包装是国内纳米纤维素市场的最大部分(30.2%)，个人护理产品应用的增长速度也很快。2020年2月，加拿大政府也支持开发下一代木纤维生物基泡沫隔热材料的项目，产品原料主要来自加拿大森林残留物，旨在利用森林残留物替代石油基产品提供相似隔热性能和经济性的新产品。

综上所述，加拿大的林业生物经济，无论是在传统林业生物经济领域，如森林可持续经营利用、木材加工、木建筑、木质生物质能源，还是创新的林业生物经济领域如木质纤维塑料、木基生物产品及化学制品，都得到了较好发展(图6-1)。加拿大也加强林业生物经济的国际合作，自2016年以来与欧盟委员会一起启动并主持了国际生物经济论坛(IBF)，推动全球范围就生物经济可持续发展中的关键问题进行对话。

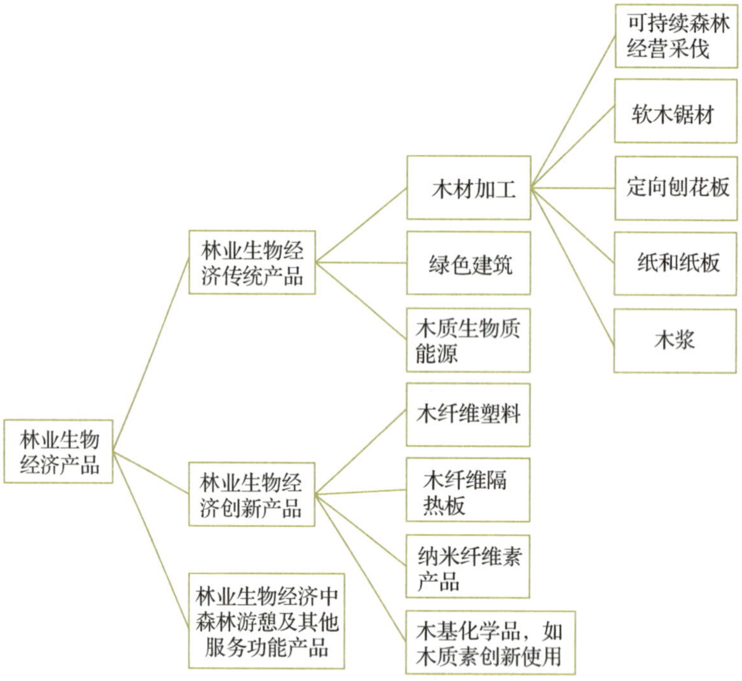

图6-1　加拿大林业生物经济产品构成

3. 加拿大支持林业生物经济发展的政策

(1)投资政策支持。为推动林业生物经济发展，加拿大自2010年起推出森林产业投资转型(Investments in Forest Industry Transformation，IFIT)计划，支持林业公司实施林业生物经济相关转型项目，实现新产品的多样化，并通过创新方法改进生产工艺，以确保行业竞争力。IFIT项目主要支持方向包括：

改善环境绩效：利用森林生物质能源生产绿色电力和可再生燃料，减少温室气体排放，提高能源效率和碳捕获。

高附加值产品供应：包括以木纤维为基础的新生物材料、先进的建筑产品和建筑材料。

提高竞争力和经济可持续性：创造和确保就业机会，增加林业生物经济产品相关的新收入来源，产品组合多样化。

截至2020年年底，IFIT计划已资助了43个项目，涉及世界首创的林业生物技术，生产了一系列新的木基生物制品，并为林业部门创造了新的收入。这些项目为林业部门提供了约5 000个就业机会，并创造了500个与创新直接相关的就业机会。研究显示，IFIT计划每投资1美元，能够撬动超过5美元来自其他渠道的投资。加拿大政府2021年预算案建议在2021—2022年，继续向加拿大自然资源部提供5 480万加元，以加强IFIT计划的能力，通过与市政当局和社区组织合作，进一步为林业生物经济新机会投资做好准备。

(2)支持创新的政策。加拿大是全球公认吸引投资营商环境最好的国家之一，拥有健全的银行体系，有竞争力的税收制度，受过良好教育和高技能的劳动力，清洁和低成本的电力来源以及与全球经济高度融合的贸易网络。尽管拥有这些优势，加拿大仍面临生产率增长水平持续低迷的问题。加拿大在研发(R&D)方面的投资约占GDP的1.6%(每年316亿美元)，而其他经济合作与发展组织(OECD)国家的研发平均投资率为2.4%。同样，加拿大公司对研发的私人投资也低于经合组织的平均水平。此外，清洁技术风险投资和债务融资能力仍然相对薄弱，限制了企业家创新思路商业化的能力。

(三)美国缅因州林业生物经济

2012年美国发布了《生物经济蓝图》(*Bioeconomy Blueprint*)作为指导生物经济发展的战略，将生物经济定义为：基于来自生物资源(如植物和微生物)的产品、服务和过程的经济部分。蓝图指出美国生物经济重点领域包括制药、生物技术研发和医疗诊断，也涉及生物质能源、化学品、橡胶、工程和生命科学等领域。林业被该蓝图列为应当在生物经济发展中予以考虑的领域。2015年美国政府更新了联邦《美国创新战略》(*Strategy for American Innovation*)，突破了生物经济蓝图中对生态经济部门的生物和高科技创新部门的强调，转向更加重视农业和生物资源相关领域，并设定了到2030年可持续生产10亿t生物质的目标。2016年12月，美国政府通过了《繁荣和可持续生物经济战略计划》(*Strategic Plan for a Thriving and Sustainable Bioeconomy*)，为美国生物质衍生产品开发提供了框架性指导。

缅因州作为美国森林资源最丰富的地区，率先推出了缅因州林业生物经济战略，并指出生物经济是利用来自陆地和海洋的可再生生物资源(如鱼类、森林和微生物)生产能源、食物和增值材料的经济模式。林业生物经济包括林业、造纸和木制品等传统部门，纺织、化工、新包装和建筑产品、生物制药等新型行业，以及与这些产品相关的服务等新兴产业。此外，也涵盖娱乐、狩猎、旅游、碳储存、生物多样性等森林服务。循环林业生物经济将尽可能长时间地保持产品、材料和资源的价值，并最大限度地减少废物的产生，同时可持续地管理森林。

缅因州拥有660万hm^2森林，超过50%通过了森林可持续经营认证，并形成了规模化的软木原材料供应基地。缅因州有完善的森林工业基础设施，每年可持续生产1 300万t木材，并拥有成熟的研发机构与团队，在纸浆和造纸行业以及生物基制造领域拥有先进的技术与经验丰富的劳动力。缅因州的林业生物经济创新产品包括能够替代钢铁用作建筑材料的交叉层压木材、生物燃料、木质绝缘产品，涉及建筑、生物化学品、生物燃料，以及生物材料等领域。在全球推动利用可再生资源以取代不可再生石油基产品的努力中，缅因州所拥有的丰富的森林以及将其转化为环境友好型化石原料产品替代品的技术，能满足投资者寻求可持续林业生物经济投资机会的需求。

美国联邦政府的生物经济战略，为缅因州的林业生物经济战略提供了指导和支撑。缅因州林业生物经济战略提出了5个战略发展目标及匹配的发展策略。具体包括：

目标1：维持和发展缅因州现有和新兴的林产品经济，到2025年产值达到120亿美元

缅因州将加强和优化现有的木制品制造业，改善林产品行业并推动多元化发展，以增加缅因州对林业生物经济产品新资本投资的吸引力。缅因州将加快新森林产品的应用创新，最大限度地利用木材供应，支持木材高效能源市场的发展，改善运输和物流基础设施，确保缅因州林业生物经济产品领域的市场竞争优势。

实现目标1的匹配策略包括：

(1)加强和优化缅因州现有的木制品制造。通过私人/公共市场吸引团队支持行业增长，可以促进缅因州企业与新市场之间的联系，并吸引投资。

(2)将资源投入到林产品行业，增加缅因州林业生物经济领域对市场资本的吸引力。

(3)加速新林业生物经济产品创新与应用，确保缅因州林业生物经济产品的竞争优势地位，并丰富林产品经济模式。缅因州将继续支持缅因州大学作为林产品行业的研发合作伙伴，并鼓励和扩大林产品行业的私人研究和开发。州政府将继续投资推动新生物基森林产品的商业化，并加大力度推动这些创新产品的制造生产。

(4)提高缅因州对林产品行业新资本投资的吸引力。缅因州将改善投资环境，监控确保投资者对林业生物经济产品投资顺利进行，并通过税收优惠政策，改善基础设施，提供价格优惠的能源以提高对投资的吸引力。

(5)加强缅因州林产品行业的相互依存。缅因州需要鼓励锯木厂对加工剩余物进行合理利用，实现负责任森林管理。缅因州将积极推动木材加工残留物和低价值木材通过技术革新在创新产品领域的使用，包括确保缅因州利用天然更新森林制成的先进生物燃料符合联邦可再生燃料标准。

(6)锯木厂残留物和低价值木材可用于为缅因州的家庭、企业和机构产生热量和电力，成为缅因州整个林业供应链中重要组成部分，并推动当地可再生资源的利用，以稳定且具有成本竞争力的价格确保加热系统正常运转。

(7)改善运输和物流基础设施，将缅因州木材和增值木材产品高效运往市场。通过与缅因州交通部门合作，确定包括现有高速公路、运输路线升级项目等优先项目的资本投资。州政府也将加强长期融资战略，确保对铁路、公路和港口基础设施进行必要的关键投资，以便经济高效地将包括木材在内的林业生物经济产品从森林和木制品生产区高效地输送到区域和全球市场。

目标2：使用可持续和负责任森林管理模式管理木材资源

森林资源是缅因州最大的资产，对缅因州多样化的森林资源进行长期负责任的森林管理，为增加和更有效地利用资源提供机会。

实现目标2的关键策略：利用缅因州森林最新数据为投资提供信息，并监测可持续性。为了继续可持续采伐木材用于林产品制造，有必要加强维护和追踪木材资源的最新数据，通过每10年更新一次森林模型来确保木材采伐和增长保持长期平衡。

目标3：使劳动力为森林产品经济的未来做好准备

缅因州林业生物经济发展需要高素质及熟练的劳动力，州政府将为现有工人提供新技能培训，培养新兴产品制造业所需的工人。实现目标3的关键策略：包括吸引年轻人进入林业生物经济行业，确保新员工、替代员工和在职员工具备现有工作所需的技能。

目标4：促进缅因州林业生物经济社区的繁荣，特别是缅因州农村地区的繁荣

缅因州林业生物经济发展为社会提供了就业机会，包括林业、伐木、卡车运输和制造业工作，以及提供支持商品和服务的当地企业的间接就业机会。目标4相关策略包括：①加强缅因州的地方、地区和州社区的经济发展能力；林业生物经济发展必须与全州的经济发展实体密切合作，并吸引更多资本投入；②鼓励社区努力创造吸引多样化投资的条件，包括完善工厂场地、宽带和其他基础设施；③利用社区激励措施来支持林业生物经济发展；④更多利用联邦政府资源来推动林业生物经济发展。

目标5：加强与包括大学在内的公共部门合作，推动林业生物经济发展

目标5相关策略包括：积极推动与缅因州大学以及其他相关研究机构开展更多与林业生物经济新技术、新产品有关的研究。

美国缅因州政府的林业生物经济战略是首个在地方政府(州政府)层面发布的林业生物经济战略，其以丰富的森林资源与成熟的可持续森林经营经验为基础，一方面稳步发展林业生物经济传统产业，另一方面积极推动以木质纤维为基础的创新林业生物经济产品的研发与市场推广。通过明确林业生物经济战略发展目标与匹配策略，为林业生物经济健康发展明确了路线图。

综上所述，无论是林业生物经济发展较为迅速的欧盟，还是处于起步阶段的加拿大、美国缅因州，都对林业生物经济给予了界定，建立了林业生物经济发展的战略、政策与重点领域，并从加强投资、支持研发、推动市场需求等方面配套了相关政策促进林业生物经济发展，并强调了林业生物经济发展的可持续与可循环原则，为中国建立和完善林业生物经济发展政策提供了重要借鉴。

三、推进中国林业生物经济发展的政策建议

(一)中国林业生物经济发展现状及相关政策

1. 发展现状

2020年9月，习近平主席宣布，中国将在2030年前实现二氧化碳达峰，到2060年前实现碳中和。森林通过适应、减缓碳排放，成为气候解决方案的重要组成部分。

根据第九次全国森林资源清查报告(2014—2018年)，全国森林面积2.2亿hm^2，森林面积排名居世界第五。全国森林蓄积量175.6亿m^3，森林覆盖率达到22.96%，比第八次清查时期提高了1.33个百分点。在国家生态文明战略的指引下，森林的环境、生态价值得到充分重视。森林在国家生物多样性保护、绿色经济和气候战略中都发挥着重要作用。全国森林年释氧量10.29亿t、年固碳量4.34亿t。

近20年来，伴随中国经济快速发展及对林业经济、生态和社会功能需求的不断增长，中国林业产业产值持续增长，产品供给和服务能力总体不断提高。2018年，林业产业总产

值达到7.627万亿元(按现价计算)，比2017年增长7.02%。以森林培育和木材加工为主的传统产业快速发展的同时，以林业旅游为主的林业生态产业和以非木质林产品开发利用为特征的新兴产业已经成为新的增长点。以生物质能源、生物质材料、生物制药，以及以林业绿色化学产品为代表的林业生物产业发展迅速。此外，以林业旅游与休闲服务、林业生态服务、林业专业技术服务等为代表的林业第三产业也保持了强劲的增长速度，2018年林业第三产业产值再创历史新高，达到了16 696亿元。

尽管林业生物产业和林业旅游业快速发展，但中国林业产业中以森林培育为代表的林业第一产业和林产品加工经营为代表的林业第二产业仍是主导。2018年第一、二、三产业的产值占比为32.2%、45.8%、22%，第一、二产业产值合计占到林业总产值的78%。中国林业产业发展的森林资源依赖度仍居高位。

2. 相关政策

目前，中国还没有形成系统的林业生物经济战略或政策。科技部2007年提出生物经济"三步走"战略、后续"十三五"生物技术创新专项规划，国务院2016年印发《"十三五"国家战略性新兴产业发展规划》，为我国生物经济发展提出了规划与目标。中国生物经济概念与OECD使用的生物经济概念更为接近，重点强调生物技术、生物材料、生物医药等领域，并未给予林业充分重视。林业贡献于国家生物经济发展战略与规划的潜力尚未得到充分挖掘与发挥。除了林业生物质能源作为可再生清洁能源构成部分的讨论较多外，针对森林在替代不可持续石化原料，构建循环可持续生物经济发展模式的途径与作用的系统研究尚不充分。在推动绿色可持续发展过程中，除了生物经济，一些相关的概念如循环经济、绿色经济和低碳经济相继提出，并出台了与林业生物经济相关的系列政策。

从国家立法层面，2002年颁布，2016年、2018年修订的《清洁生产促进法》，促进资源高效、低废、低污染技术的使用，倡导在经济和技术可行的情况下回收和再利用废弃物，优先选择环保、可回收产品。中国2008年颁布了《循环经济促进法》，并于2018年修订。其中，采纳了国际通用的减少使用、促进再利用和回收的原则，要求高效、循环利用资源，包括废弃物、能源、土地和水。2021年7月开始实施新修订的《森林法》延续了中国林业发展生态优先的原则，强调森林保护。同时还明确了森林所有权并强化了物权，赋予森林经营单位更多权利，如有权决定商品林的采伐量等。改革有助于更加高效地实施"国家储备林工程"，减少对进口原木的高度依赖。

从行业角度，2013年中国颁布的《绿色建筑行动计划》(2013年)旨在减少建筑行业的温室气体排放。2015年颁布的《促进绿色建材生产和利用》和2020年颁布的《绿色建筑创建计划》鼓励使用木质建筑材料，两个政策都制定了绿色建筑发展的具体目标。2020年国家发展改革委提出了中国塑料污染防治路线图，旨在实现到2025年限制塑料产品的使用和全面禁止某些塑料产品使用，并建议用纸和其他环保产品替代不可降解塑料制品。在可再生能源行业领域，2014年《国家能源发展行动计划(2014—2020年)》发布，2013年国家林业局发布了《全国林业生物质能发展规划(2011—2020年)》，明确了林业生物质能源发展的目标与计划。2016年发布的《林业适应气候变化行动计划(2016—2020年)》以及2017年发布的《林业支持实施2030可持续发展议程国家行动计划》提出了迈向可持续发展的具体目标与活动。2017年国家林业局发布了《国家森林经营纲要(2016—2050年)》，明确了森林可持续经营发展的目标与方案。

可以看到，现有与林业生物经济有关的政策分散在绿色建筑、林业应对气候变化、林业生物质能源等领域，分别包含在不同战略、规划中，没有形成系统的政策体系，也缺乏应有的市场支持、投融资政策支持和相关政策间的协调机制，制约了森林作为陆地最大的可再生资源贡献于生物经济发展的潜力。

尽管在推动可持续发展与应对气候变化的进程中，2002 年我国颁布了《修订清洁生产促进法》，并于 2018 年进行了修订；2008 年颁布了《循环经济促进法》，并于 2018 年修订；2006 年颁布了《中华人民共和国可再生能源法》，并于 2009 年进行了修订。上述法律法规强调了资源高效、可持续利用，搭建起了我国推动可持续发展政策的顶层设计。1985 年我国颁布了《森林法》，并于 2020 进行了修订，提出了林业发展生态优先的原则，强调森林保护。2005 年，习近平同志提出“绿水青山就是金山银山”的科学论断，为林业未来发展指出了方向，也肯定了森林在可持续经济发展模式中的作用，但有关林业生物经济发展仍缺乏系统的政策支撑。

（二）推进林业生物经济发展的政策建议

截至 2018 年，全球有超过 40 个国家提出了国家生物经济发展的战略或相关政策。林业在生物经济发展中的作用也得到了广泛认可，绝大多数国家生物经济战略中都包括有关林业的内容。中国在 2003 年确立了可持续发展战略后，陆续提出了与生物经济相关的绿色经济、循环经济、低碳经济等概念，并推进实践和政策建立。尽管中国目前生物经济战略与发展优先领域集中在生物技术、生物医药等方面，但森林作为可再生资源以及陆地最大的碳库，在实现生物经济可持续、可循环、可再生的目标中潜力巨大。而目前对于林业生物经济发展尚未形成系统的政策引导和支持体系，也制约了林业生物经济在中国的发展。借鉴欧盟、加拿大及美国林业生物经济相关政策，可以考虑从以下方面建立完善中国林业生物经济政策。

1. 完善林业生物经济发展政策的顶层设计

进一步推动林业生物经济发展，有必要在梳理目前相关零散政策的基础上，将林业生物经济发展纳入国家中长期可持续发展战略、应对气候变化的双碳战略等国家重要战略，突出其在取代石化不可再生原材料及应对气候变化中的巨大潜力，构建起林业生物经济政策的顶层设计。林业生物经济政策的顶层设计应当注重林业生物经济发展战略地位的确定，侧重相关先进技术的研发，并建立通畅的投融资机制和市场推进措施，为林业生物经济全面发展提供基础保障。

2. 搭建多维度的林业生经济政策体系框架

由于林业生物经济不仅包括传统林业产业，还包括林业行业之外的其他行业，如建筑行业、纺织行业、塑料行业、能源行业、化学品行业等，这就要求我国林业生物经济政策体系的搭建要采用多维度视角，基于现有林业政策体系，优化政策目标与设计。其中应当考虑到：①推动现有林业第一、第二产业转型升级，通过技术创新与提高资源使用效率，减少对森林资源的依赖；②推动绿色木制建筑发展，减少建筑行业的碳足迹；③推动以木质纤维为基础的新型可再生原材料的研发与商业化，逐步取代不可再生的石化原材料，特别是在塑料、纺织、化学品和能源行业；④推动森林生态服务功能价值实现，搭建森林碳产品及其他生态功能产品实现的平台。

3. 促进林业生物经济相关政策与其他政策的衔接与协调

林业生物经济发展涉及许多林业之外的部门，有必要在林业生物经济政策设计实施中加强与其他部门的政策协调与衔接，确保政策实施的效果，并最大限度减少政策实施中的负面影响。例如，与我国绿色建筑发展战略和政策进行衔接和协调，落实木建筑发展的规划与行动；与我国可持续纺织业发展政策与战略，以及 2025 年限制塑料产品使用和全面禁止某些塑料产品使用的政策衔接与协调，推动我国木纤维可持续原材料的研发与商业化，扩大我国在国际木质纤维原料市场上的份额，提升竞争优势。

4. 完善支持林业生物经济发展的投资政策

欧盟为推动林业生物经济领域的投资，出台政策探索多种生物经济投资途径和模式，利用金融资本以及创新金融产品增加投入，较好地弥补了资金缺口。我国林业生物经济投资政策首先应当保证一定量的财政资金用于林业生物经济的相关基础研发，特别是应当确保对林业生物经济相关研究的支持。在以木质纤维为基础的可持续原材料研发与商业化进程中，一方面可以鼓励私有资本积极介入，给予相应的税收等优惠支持作用，另一方面可以利用 PPP 模式，由政府支持新材料的商业化。最后，促进我国绿色金融快速发展，将林业生物经济相关活动纳入绿色债券支持优先领域，推动金融资本对林业生物经济发展的投资。

主要参考文献

Amato D，Droste N，Allen B，et al.，2017. Green，circular，bioeconomy：a comparative analysis of sustainability avenues[J]. Journal of Cleaner Production，168，716-734. https：//doi. org/10. 1016/j. jclepro. 2017. 09. 053.

Arano I M D ，Muys B ，Topi C ，et al.，2018. A forest-based circular bioeconomy for southern Europe：visions，opportunities and challenges[R]，European Forest Institut. https：//efi. int/sites/default/files/files/publication-bank/2018/Reflections%20on%20the%20bioeconomy%20-%20Synthesis%20Report%202018%20(web)_ 0. pdf

Bennich T，Belyazid S，2017. The route to sustainability-prospects and challenges of the bio-based economy[J]. Sustainability，9(6)：887. https：//doi. org/10. 3390/su9060887

Bernhard Wolfslehner，Stefanie Linser，Helga Pülzl，et al.，2016. Forest bioeconomy—a new scope for sustainability indicators[M]. Joensuu：European Forest Institute. https：//efi. int/sites/default/files/files/publication-bank/2018/efi_ fstp_ 4_ 2016. pdf

EC，2018. A sustainable bioeconomy for Europe：strengthening the connection between economy，society and the environment. Available at. https：//ec. europa. eu/research/ bioeconomy/pdf/ec _ bioeconomy _ strategy _ 2018. pdf#view=fit&pagemode=none

EFI，2016. Forest bioeconomy 'in Joensuu region，Finland https：//www. globaleducationparkfinland. fi/files/forest-bioeconomy-in-joensuu-region-story. pdf

German Federal Ministry of Food and Agriculture，2014. National policy strategy on bioeconomy. Germany National Bioeconomy Strategy https：//www. bmel. de/SharedDocs/Downloads/EN/Publications/national-bioeconomy-strategy-summary. pdf? _ _ blob=publicationFile&v=6

Jukka Luhas，Mirja Mikkilä，et al.，2021. Pathways to a forest-based bioeconomy in 2060 within policy targets on climate change mitigation and biodiversity protection[J]. Joensuu：Forest Policy and Economics(131)：102551

Kallio M，Chen X，Jonsson R，et al.，2020. 中欧林业生物经济：评估与展望[R]. Joensuu：European Forest Institute. http：//doi. org/10. 36333/fs11

Ministry of Natural Resources Canada, 2017. Cat. no.: Fo79-23/2017E-PDF ISBN 978-0-660-09391-8, https://www.ccfm.org/wp-content/uploads/2017/08/10a-Document-Forest-Bioeconomy-Framework-for-Canada-E.pdf)

Moritz Albrecht, Ida Grundel, Diana Morales, 2021. Regional bioeconomies: public finance and sustainable policy narratives[J], Geografiska Annaler Series B Human Geography, 103: 2, 116-132, DOI: 10.1080/04353684.2021.1921603 To link to this article: https://doi.org/10.1080/04353684.2021.1921603

National Academies of Sciences, Engineering, and Medicine, 2020. Safeguarding the Bioeconomy[M], Washington, DC: The National Academies Press. https://www.nap.edu/catalog/25525/safeguarding-the-bioeconomy.

Philippidis G, Ferrari E, 2016. Drivers of the European Bioeconomy in Transition (Bioeconomy 2030)—An Exploratory, Model-Based Assessment[R]. Joint Research Center: Madrid, Seville.

Widmark C, Heräjärvi H, Katila P, et al., 2020. The Forest in Northern Europe's Emerging Bioeconomy Reflections on the forest's role in the bioeconomy[R]. Joensuu: European Forest Institute. https://forbioeconomy.com/app/uploads/2021/01/The-Forest-in-Northern-Europe%E2%80%99s-Emerging-Bioeconomy.pdf

WINKEL G, 2017. Towards a sustainable European forest-based bioeconomy: assessment and the way forward [M]. Joensuu: European ForestInstitute. https://efi.int/sites/default/files/files/publication-bank/2018/efi_wsctu8_2017.pdf

陈晓倩, 陈勇, 2020. 欧盟林业生物经济政策与借鉴[J]. 世界林业研究(03): 74-79.

邓心安, 2018. 生物经济: 挑战与对策[J]. 科技中国, 8(10): 48-51.

邓心安, 万思捷, 朱亚强, 2020. 国际生物经济战略政策格局、趋势与中国应对[J]. 经济纵横(08): 77-85.

黄晶, 2019. 从21世纪议程到2030议程——中国可持续发展战略实施历程回顾[J]. 可持续发展经济导刊(Z2): 14-16.

吉敏, 耿利敏, 2019. 基于林业循环经济的林业生物质能源发展研究[J]. 中国林业经济(05): 82-86.

专题七　世界林业碳汇市场

全球气候治理是当今政治、经济、外交及环保领域的热点议题。面对气候变迁与全球暖化的重大威胁，各国政府与民间都积极开展了大量温室气体减排行动；为兼顾全球环境保护与社会经济的共同发展，运用市场机制达成减碳目标逐渐成为最具成本效益的政策工具和减排方法。碳交易在此背景下逐步成为21世纪最重要的新兴产业之一，全球碳交易市场近年来持续发展与融合。

一、林业碳汇市场的发展历程

2016年11月4日，人类历史上应对气候变化的第三个里程碑式的国际法律文本《巴黎协定》生效，标志着全球气候治理进程迈入新时代。而早在巴黎气候大会之前，我国已向联合国气候变化框架公约秘书处提交了《强化应对气候变化行动——中国国家自主贡献》文件，提出到2030年左右全国 CO_2 排放将达到峰值、非化石能源比重将提高到20%左右、单位国内生产总值 CO_2 排放比2005年下降60%~65%。为实现目标，中国政府着手实施大量应对气候变化行动。在筹建全国统一性碳排放权交易市场方面，2017年12月19日全国碳市场正式启动运行；相关的法规体系、配套政策、实施细则和操作指南等逐步建立，试点省份和非试点地区开展大量扎实的探索性工作，为稳定试点碳市场运行以及与国家市场的顺畅过渡及连接奠定基础。

众所周知，林业在减缓全球气候变暖和改善环境方面具有十分重要的作用。林业碳汇项目与其他减排类项目相比，具有更多的生态保育与生计改善等多重效益；随着全球气候治理工作的推进，越来越多的国家、企业、组织、机构与个人等关注并投资林业碳汇项目，使得全球碳市场中的林业碳汇交易逐渐蓬勃发展起来，成为国际碳抵消/碳补偿/碳中和机制的重要组成部分。国际上的林业碳汇交易主要分为强制市场（京都机制下的管制市场）中的碳汇交易，包括国家（或区域）碳市场框架下的林业碳汇交易，如新西兰新型林业碳汇交易体系、加州-魁北克省联合碳排放交易体系、澳大利亚减排基金中的农林碳汇交易体系等；自愿市场（非京都机制下的自愿市场）中的林业碳汇交易，以及非市场机制下的基于结果的减排付费等三种形式。历史上的全球林业碳汇融资已超过60亿美元，2015年全球林业碳汇的交易总额达8.88亿美元，超过800个林业碳汇项目正在实施或开发。

截至2017年年底，全球共有19个碳排放权交易体系，包括年底推出的中国和加拿大安大略省碳市场等；多地政府亦开始考虑碳排放权交易体系在其气候变化政策组合中可能扮演的角色，包括墨西哥、巴西、土耳其、乌克兰和美国华盛顿州等。这些碳市场将负责超过70亿t的温室气体排放，覆盖辖区贡献着全球近一半的GDP，并占全球超过15%的碳排放，在全球经济和减排中占据举足轻重的地位。

目前，我国已建立自愿碳减排交易体系，并于 2015 年上线运行国家碳排放权交易注册登记系统，全线打通中国核证自愿减排量（CCER）的全部交易操作流程，上百个林业 CCER 项目处在已公示、已备案或已签发的过程中；全国 7 个碳交易试点和福建碳市场中已出现多个林业碳信用交易成功的案例，福建和广东区域碳交易体系下又开始逐步推出福建林业核证自愿减排量（FFCER）和普惠核证自愿减排量（PHCER）抵消机制；各类自愿碳汇营造林活动及碳补偿/碳中和活动也广泛展开。但自国家发展改革委 2017 年 3 月 14 日发布“暂缓受理温室气体自愿减排交易方法学、项目、减排量、审定与核证机构、交易机构备案申请”公告之后，全国的林业 CCER 项目签发工作基本处于暂时搁置状态；与此同时，碳市场上却屡屡出现利用林业碳汇交易进行诈骗、传销、赌博等恶性事件，许多不明就里的群众和机构参与者大受其害。

因此，现阶段有必要对国内外林业碳汇交易情况进行全面分析与总结，借鉴国际经验，针对我国林业碳交易推进过程中面临的问题与挑战提出可操作的对策和建议，为国家、区域及行业管理部门推进全国林业碳汇市场发展提供参考。

二、国内外碳市场发展现状

（一）国际碳交易市场

1. 国际碳市场基本概况

（1）国际碳市场发展起源。国际社会本着“共同但有区别的责任”原则，从 1992 年开始，相继签署了《联合国气候变化框架公约》和《京都议定书》，为发达国家规定了具有法律约束力的减排目标，共同承担减缓气候变暖的责任。由于温室气体对环境的影响只与其排放量相关，并不存在国家、地区间的差异，所以在世界上任何地方温室气体减排的环境效果是一样的。因此，《京都议定书》中规定了三种灵活履约机制，即清洁发展机制、联合履行和排放贸易。正是由于这些灵活履约机制的存在，或因现行规则的压力，或考虑未来发展的需求，或出于自愿行为，不同国家的政府、企业、组织和个人纷纷开始采取措施和行动，通过谈判、协商和交易途径，买卖管理机构发行的或温室气体（GHG）减排项目所创立的排放许可（污染权）或减排信用（抵消），继而逐渐形成国际碳市场。

（2）国际碳市场类型划分。按照减排强制程度，国际碳市场可划分为两种类型，即：管制市场与自愿市场。管制市场设定了强制减排目标，市场覆盖的管控对象须根据规定要求进行交易，实现既定的减排目标；这类市场主要包括：京都市场、欧盟排放贸易计划（EU ETS）、美国加利福尼亚州（以下简称加州）碳市场、澳大利亚新南威尔士温室气体削减计划（GGAS）以及新西兰排放贸易计划等；自愿市场一般没有约束性减排指标，参与企业、机构及个人等根据自愿承诺要求，进行碳交易，完成相应的减排计划。这类市场主要包括：芝加哥气候交易所（CCX）和场外交易（OTC）等。按照碳交易标的物的种类，管制市场和自愿市场下都可以分为基于碳排放权的配额市场和基于项目排放信用的项目市场两类。前者是指专门买卖由管理者确立、分配或拍卖的排放配额的市场，后者是指专门交易从经核实减排项目中产生的排放信用的市场。按照碳交易辖区覆盖范围，国际碳市场又可以分为多国区域合作级市场、国家级市场和地市级市场。多国区域合作级市场，是指两个或两个以上的国家达成区域合作协议并设立专职管理机构，由该管理机构主导，在多国区域范围内建立一个相对完整的碳市场结构体系，使各成员国的碳排放权、资金、减排技术等能够实现区域内自由流动；国家级市场是在一国内部，由该国政府主导下各排放实体间进行碳排放贸易形成的国内碳市场；地市级市场是指以一国的某个地市为交易范围，在地市政府的主导下各排放实体间进行碳交易。

（3）全球主要碳交易体系。2005 年建立的欧盟碳排放权交易体系是世界上历史最长的碳交易市场。10 多年以来，全球已涌现出 21 个不同的交易体系；虽然有些运行失败了，但多数体系成功实现了从理论到实践的飞跃，积累了丰富的建设及运行经验。现阶段，针对全球碳市场运行及筹建情况，其推出进程大致可分为三类：①正在实施的碳排放权交易体系（19 个国家或地区）：欧盟、新西兰、区域温室气体倡议（RGGI）、日本东京、日本琦玉、瑞士、加拿大魁北克、加拿大安大略、韩国、美国加利福尼亚，以及中国的北京、上海、天津、湖北、深圳、广东、重庆、福建和中国电力行业统一碳市场（2017 年底启动）；②计划实施的碳排放权交易体系：乌克兰、哈萨克斯坦、加拿大新斯科舍；③考虑实施的碳排放权交易体系：土耳其、俄罗斯、日本、越南、泰国、智利、巴西、墨西哥、美国华盛顿。其中，第一类正在运行的碳交易体系负责全球近 100 亿 t 的温室气体排放，随着越来越多的体系投入运行，其覆盖的碳排放总量亦呈显著增长态势。

2. 国际碳市场交易进展情况

（1）全球碳交易体系覆盖的行业范围。为使碳交易体系有效运行，在确定行业覆盖范围时，不仅需要考虑不同行业和排放源之间存在的巨大差异，以及具体行业和排放大户的

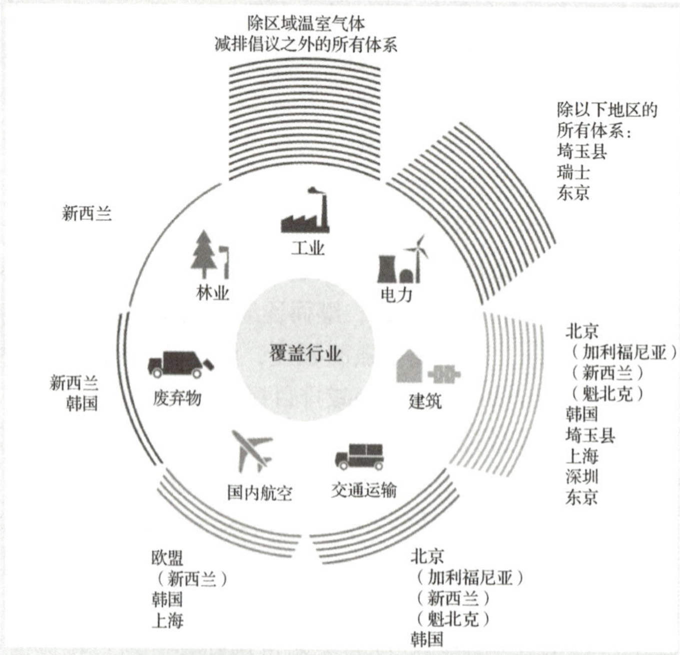

数据来源：国际碳行动伙伴组织2016.
备注：括号中的碳交易体系是采取上游覆盖的体系。

图 7-1　全球现有碳交易体系所覆盖的行业

排放占比情况，也要考量其协同效益，综合平衡区域经济及环境发展。具体做法是选择排放测量和监测较为确定且成本合理的行业和子行业，覆盖少数排放大户并设置纳入门槛，将小型、分散或偏远的排放源排除在外，这样碳交易体系所获收益将高于市场运行的行政管理开支。全球碳市场行业覆盖范围如图 7-1 所示。全球几乎所有的碳交易体系都覆盖了电力和工业排放——包括生产过程所产生的排放(如水泥和钢铁的生产)和工业行业中燃烧化石燃料所产生的排放；现有碳市场通常也覆盖与建筑利用相关的排放，但一般不覆盖交通运输业和国内航空业；很少有碳市场覆盖废弃物或林业活动的排放。

(2)全球碳交易体系纳入的气体类型。碳交易体系覆盖哪种气体的讨论与纳入行业的决定密不可分，考量的因素大致相同。扩大覆盖范围可以促进更好地实现低成本减排及更可预测地完成整个司法管辖区的环境目标，但这也取决于当地的碳排放构成及变化情况，当覆盖更多气体种类导致行政成本高于带来的收益时，就不值得将其纳入碳市场。全球现有碳交易体系纳入的温室气体类型见表 7-1。二氧化碳目前在全球温室气体中占比最大，因此，所有的碳交易体系都覆盖了这一气体；同时，许多碳交易体系也涵盖了其他温室气体，如甲烷(来自垃圾填埋场、化石燃料的开采和农业等)、一氧化二氮、全氟化碳等。这些气体均通过政府间气候变化专门委员会(IPCC)提供的最新换算公式和全球增温潜能(GWP)等参数换算成二氧化碳当量(CO_2e)参与各个碳交易市场。

表 7-1 全球现有碳交易体系纳入的气体类型

碳交易体系	二氧化碳	甲烷	一氧化二氮	氢氟碳化物	全氟化碳	六氟化碳	三氟化氮
欧盟							
加拿大阿尔伯塔							
加拿大魁北克							
瑞士							
新西兰							
区域温室气体减排行动							
日本东京							
美国加利福尼亚							
哈萨克斯坦							
中国北京							
中国广东							
中国上海							
中国深圳							
中国天津							
中国重庆							
中国湖北							
韩国							

(3)全球碳交易价格及配额拍卖总额。碳排放权交易体系在设计上具有很大的灵活性，不同体系的碳价之间存在差异，有些甚至相差数倍，如 2016 年各主要碳交易体系的碳价

从 2 美元/t 到超过 15 美元/t 不等，反映了各个体系在减排成本、市场状况和设计要素等方面的区别。观察结果显示，包括碳税在内的全球碳定价体系中的碳价从少于 1 美元/t 到 140 美元/t 不等，3/4 的碳价低于 10 美元/t，仅有 1%的碳价处于《巴黎协定》温控设想碳价 40~80 美元/t 的范围之内，可见各体系间的碳价变动较大、地方碳价差异明显，多数价格并不能反映企业的真实减排成本，全球统一标准的碳定价行动任重道远。同时，各体系配额拍卖收入总额受碳交易体系覆盖的司法管辖区的规模、配额数量和碳价水平等多种因素的影响。截至 2016 年年底，全球各主要碳交易体系的配额拍卖收入近 300 亿美元；2017 年，包括排放交易体系（ETS）和碳税在内的碳定价倡议总价值为 520 亿美元，比 2016 年的 490 亿美元增长了 7%；这些收入可优先用于应对气候变化不同方面的行动支持，如支持新增的气候变化行动计划、支持开发更多可再生能源、帮助弱势群体应对能源价格上涨等。总体而言，全球碳市场交易总额从 2004 年的 4.52 亿增长到 2011 年的高峰值 1 760 亿美元，后因经济衰退等诸多因素，交易额始终处于波动之中，但市场理论体系在实践中逐步完善。据美国官方预测，2020 年全球碳市场交易额将达到 2 500~3 000 亿美元，市场发展渐趋成熟。

（4）全球主要碳交易体系进展情况。欧盟碳排放权交易体系自实施以来，不断吸取经验教训并针对新情况进行调整。目前，已结束与瑞士的体系链接问题技术谈判，正在进行系统全面审查，为第四阶段（2021—2030 年）的运行做准备。包括：延迟配额拍卖、市场稳定储备、引入价格下限等改革措施的筹备等。区域温室气体倡议（RGGI）通过跨州协同努力，持续推动减排和清洁能源投资。美国加州不仅依靠总量控制与交易体系，确保其包括机动车辆排放标准和可再生能源目标在内的一揽子气候政策实现预期减排目标，还与加拿大魁北克省的总量控制与交易体系成功链接，创建了更具成本效益的联合碳交易市场，为两个地区带来了互利共赢的效果。加拿大安大略省亦于 2017 年度出台了新的总量控制与交易体系，计划于 2018 年与魁北克省-加州市场实现链接。2015 年韩国建立覆盖 2/3 排放量的全国碳交易体系，运行首年就实现了高履约率；启动初期的 18 个月，韩国碳市场的成交量达 1 332 万个单位，价格已从 2015 年 1 月的 6.50 欧元翻番至 2016 年 6 月的 13.50 欧元；下一步，将考虑修订多项设计要素，如引入配额拍卖和使用国际抵消信用等，以提升碳市场的活力和效率。2010 年开始运行的全球首个城市层面的碳排放权交易体系——日本东京总量控制与交易体系，首个履约期（截至 2014 年年底）顺利实现较基准年水平减排 25%的目标，减少的约 1 400 万 t 二氧化碳相当于东京 130 万户家庭五年的排放量。这些区域、国家与次国家级行政区在推进碳市场发展方面为其他地区积累了大量的实践经验。

3. 国际碳市场发展趋势

（1）新兴碳交易体系正在崛起。借鉴国际碳交易体系发展经验，2013 年以来我国相继启动了北京、天津、上海、重庆、湖北、广东、深圳 7 个碳交易试点和福建一个非试点碳市场，从实践中不断学习总结，协调推进从试点阶段到稳步启动的快速发展历程。2017 年年底，全球体量最大的碳市场——中国碳排放权交易体系正式启动，当前的主要工作集中在三个制度的完善和四个系统的建设等，包括配额分配管理制度、MRV 制度和交易相关制度，数据统计报送系统、碳排放权注册登记系统和交易系统及结算系统。同时，也在积极推进碳交易体系法律基础建设、重点排放行业减排以及试点市场链接相关工作。墨西哥于 2013 年对燃料消费开征全国碳税，次年推出全国碳排放注册登记系统；随后又宣布针对重点排污单位实施模拟碳排放权交易，确立 2018 年年底之前正式实施碳排放权交易体系目标，积极推进交易体系建设相关筹备工作。作为重要的气候政策工具，碳交易体系正在被越来越多的国家和地区计划及考虑实施，全球范围内碳排放权因其稀缺性而呈现的资产化，以及国际碳交易市场的统一和各国碳市场的链接发展，都已成为不可逆转的趋势。

(2) 区域碳市场成为发展趋势。随着全球碳交易体系数量的上升，部分市场开始逐渐迈向成熟，各体系之间的链接机会逐渐增加，全球范围内碳交易市场持续发展与融合。目前，欧盟碳市场与多个国家在推进碳市场链接方面都进行了有益的探索，尽管链接形式有所不同，但总体来看，越相似的市场间越容易链接。如挪威碳市场从一开始就依照欧盟碳市场的指令进行设计，因此，只需要通过已有的自由贸易区协议就可以进行相互交易。现阶段，欧盟与瑞士已完成链接谈判工作，新启动的安大略省碳市场正与加州-魁北克省联合碳排放交易体系磋商未来链接的可能性和具体问题；中国、日本与韩国以及马来西亚等亚洲其他国家和地区的政策制定者们也都积极分享了碳市场运作相关经验，并就碳定价政策相关问题和合作开展了区域对话，大力推进区域碳交易体系发展。尤其是中国碳市场的崛起，对全球已存的、亚洲现有及潜在的碳排放权交易体系而言，是一个重大的利好信号。预计到 2020 年，全球 2/3 的能源生产和工业生产都将纳入碳交易体系范围内受到管辖，更多的碳交易体系将密切链接统一，共同促进区域市场多方共赢发展。

(3) 碳金融产品不断推陈出新。目前，零售类、投资类、资产类和保险类产品是全球主流的四类碳金融产品。发达国家银行业以成熟的传统金融产品为依托，在碳金融领域做了诸多创新尝试。如以个人、家庭和中小企业为主要目标客户群的零售类金融产品，其特点是交易金额较小、风险系数相对较低、能将公众的消费行为与碳排放挂钩、能使购买者在得到一定经济利益的同时还可以履行一定的减排义务；以大型企业、机构等团体为主要目标客户的投资类碳金融产品，主要投向于清洁能源项目和能源技术开发项目等，在一定程度上缓解了低碳技术投入资金不足的问题，还能够改善银行的融资结构，为低碳资金提供灵活的融资渠道。国际上低碳投资基金一般由政府主导进行操作，交易金额较大，通常由政府全部出资，或通过征税的方式、或政府与企业按比例共同出资组成，是低碳资产管理类产品中最受欢迎的项目。此外，国际上大型保险公司和部分银行也积极尝试低碳保险类产品，为形成全球碳定价机制、规避市场风险提供有效途径。随着全球碳市场的逐步发展，不断创新碳金融交易工具，包括：碳远期交易、碳期权、碳期货以及碳金融产品证券化等，丰富产品类型，扩大金融覆盖范围，越来越受到各类参与主体的普遍欢迎。

(4) 国际合作成为重要路径。随着全球现有碳交易体系的不断演变和新兴碳排放权交易体系的不断涌现，国际交流、对话与合作逐渐成为促进不同体系之间相互理解和逐步融合的重要路径。尤其是《巴黎协定》的生效，不仅为推动全球碳市场发展奠定了法律基础，也意味着国际气候行动领域新时代的到来。其第六条规定，各国有权选择就其国家自主贡献开展自愿合作，鼓励各国通过相互链接的碳市场转让减排单位，并将这些交易获得的减排单位计入其国家自主贡献目标。同时，还鼓励各国在相关气候变化政策和国家自主贡献目标可量化和透明的情况下，通过国际市场机制，即温室气体减排和可持续发展机制进行合作，充分利用市场合作途径推进国内低碳建设实践和气候治理综合发展。目前，欧盟正积极推动新市场机制，包括行业碳信用与行业总量控制及交易机制等；日本也重点推动双边减排机制，韩国支持基于“国家适当减缓行动与政策”的碳信用机制。这些新机制，同京都市场机制的存续与改革等一起，将继续撬动各国减排博弈，促进全球碳市场多样化国际合作行动的蓬勃发展。

（二）我国碳交易市场

1. 全国碳交易市场建设现状

（1）全国统一碳排放权交易市场正式启动运行。全国统一碳市场于 2017 年 12 月正式启动运行。现已完成的工作主要包括：编制颁布《碳排放权交易管理暂行办法》《“十三五”控制温室气体排放工作方案》《全国碳排放权交易市场建设方案（发电行业）》以及《关于切实做好全国碳排放权交易市场启动重点工作的通知》等顶层设计政策文件，研究印发 24 个行业企业温室气体排放核算与报告指南等系列技术文件，梳理总结七个碳交易试点的典型经验做法，明确了试点阶段的体系覆盖范围和总体规模、配额分配方案和准入门槛、市场管理架构和 MRV 体系要求、参与主体和阶段性进度安排等关键内容。即：全国统一碳市场首批纳入电力行业内部年综合能耗 1 万 t 标准煤（年排放量 2.6 万 t）以上的 1 700 多家企业，覆盖企业的年碳排放总量超过 30 亿 t；配额分配方法采用基准线法和历史强度法相结合的方式，初期免费发放为主，逐步过渡到有偿分配；市场初期以配额现货交易为主，未来视情况再考虑期货交易及抵消机制的采用等。试点运行分为基础建设期、模拟运行初期和深化完善期三个阶段，国家碳排放权注册登记系统和交易平台分别放在湖北和上海。市场主要采用两级式属地化管理模式，国家主要负责顶层设计，地方负责确定纳入企业名单、配额分配、核查及履约监管等，双方各司其职，相互支撑及监督，共同构建运行有效的统一碳交易体系。同时，还开展了广泛的碳市场能力建设和国内外专题培训活动，促使八大重点排放行业以及涉及其中的七千多家重点排放企业积极采取行动，为推进全国经济的低碳转型发展奠定了一定的实践基础。

（2）碳交易试点地区工作进展。2011 年 11 月，国家发展改革委确定在北京、天津、上海、湖北、广州、深圳、重庆等地正式开展碳排放权交易试点工作。自 2013 年年底起，各试点陆续启动交易，区域碳市场建设工作取得明显成效。主要工作包括：发布碳排放权交易试点相关条例、工作实施方案及管理办法等政策文件，设定碳排放总量控制目标和覆盖范围，明确准入门槛、交易产品、管理模式以及配额分配方案，建立碳排放报告与核查体系，完善注册登记系统和交易平台，开展相关能力建设、履约管理以及与全国市场的衔接方案研究等。截至 2016 年年底，7 个试点一、二级市场中碳排放配额累计总成交量超过 3.91 亿 t、累计总成交额超过 95.16 亿元（一级市场主要指配额拍卖，二级市场指配额现货交易及远期交易等）；北京、天津、上海、深圳、广东已完成第三次年度履约工作，湖北和重庆完成两次年度履约工作；各试点控排企业履约积极性逐步提高、配合度增强，CCER 抵消机制不断完善，市场规模逐步扩大、运行平稳有序，区域减排效果渐趋明显。在全国统一碳市场筹建进程中，各试点都在积极探索建立跨区域碳排放权交易合作模式，如北京、天津、河北及内蒙古等地区，湖北、陕西、安徽、江西以及上海、江苏及浙江等长江中下游地区，广东、深圳、香港等珠江三角洲地区等，以强化区域碳交易能力建设，活跃区域碳市场。

（3）非碳交易试点地区工作进展。近年来，国家发展改革委会同各碳交易试点市场的相关机构组建多了个“全国碳市场能力建设中心”，并在全国非试点地区开展了系列碳市场能力建设培训活动，大大增强了非试点地区参与统一碳排放权交易市场的相关业务能力。同时，在试点地区实际建设、运营碳市场之际，江苏、浙江、江西、山东、陕西、黑龙江等20多个非试点省市也在加紧筹划，积极交流学习，研究做好碳市场相关的政策设计与技术储备，摸清属地企业排放家底，强化机构人员能力建设。主要工作包括：制定低碳发展规划与应对气候变化方案，编制温室气体清单，培育第三方核查机构，建立碳排放管理平台等，从碳交易主管部门、参与主体和碳市场管理的实际工作需求出发，逐步做好参与全国统一碳排放权市场的准备。值得一提的是，2016年12月，四川和福建两个非试点地区的碳市场也相继启动交易；四川碳市场首日开市半小时完成10笔共计36.3万t的CCER交易、交易额400万元，福建碳市场首日交易量78.63万t、交易额1 822.65万元。

2. CCER项目备案及交易情况

自2012年起，国家相关管理部门陆续发布《温室气体自愿减排交易管理暂行办法》和《温室气体自愿减排交易审定与核证指南》等文件，对国内自愿减排项目、减排量、方法学、交易平台和第三方审定核证机构等实施备案管理。2015年年初上线运行国家碳排放权交易注册登记系统，实现CCER的签发、持有、转移、注销等全部核心功能，CCER项目备案及签发管理趋于常态化。截至2016年年底，181个方法学、7家交易机构和9家审定与核证机构成功获得备案，且中国自愿减排交易信息平台公布了2 784个审定项目、1 051个备案项目，备案数占审定项目总数的37.8%；其中，已公示监测报告的备案项目592个、待签发的减排量约4 526.0万t，已签发减排量的备案项目357个、签发减排量现货6 996.8万t；签发数占已备案项目总数的34.0%。2 784个已公布的审定项目中，新能源和可再生能源项目居多、占项目总数的69.6%，林业碳汇项目仅90个、占比3.2%。虽然北京、上海、广东、湖北、重庆等碳交易试点对抵消机制CCER项目类型、地域或时间设置定一定的准入条件限制，但已签发的CCER仍然可以有选择性地进入试点碳交易市场，成为试点碳市场之间及其与国家碳市场之间的联结纽带。2016年全年7个碳交易试点市场中CCER总成交量约4 349万t，全国CCER两年来的累计成交量约7 896万t，上海、广东、北京和深圳市场是主要交易平台。

与2015年相比，2016年CCER备案项目、监测报告公示项目以及减排量备案项目数量均有所增长，项目备案及CCER签发进度因简化审批环节有所加快；但考虑全国统一碳市场筹备工作复杂，国家发展改革委于2017年3月14日发布“暂缓受理温室气体自愿减排交易方法学、项目、减排量、审定与核证机构、交易机构备案申请”公告，暂时搁置全国CCER项目备案相关工作。

3. 全国碳交易市场发展趋势

(1)全国统一碳排放权体系稳步完善。碳交易体系建设是一项全新的、系统的、长期的工程，虽经过10多年的探索发展，但全球范围内相关的理论和实践经验都不太完善，各大交易体系还处于起步阶段，远未达到成熟状态。我国统一的碳交易市场建设也不可能一蹴而就，也需要随着国内外控排形势和政策发展以及实践经验的累积而不断修订完善。下一步积极推进的主要工作有：以电力行业为突破口，全面落实方案提出的各项要求，加快碳市场管理制度建设，抓紧开展2016、2017年历史数据报送、核算与核查工作，有序推进配额分配工作，加快推进基础设施建设和人员队伍能力建设工作。同时，协同推进碳排放权交易管理条例立法进程，争取法规保障尽快出台；不断完善总量设定和配额分配制度、MRV 制度、交易相关制度，以及碳排放数据报送系统、注册登记系统、交易系统和清算系统等支撑体系；逐步强化数据统计共享与信息公开机制，优化完善 MRV 和交易监管机制，探索推进市场影响效果评估与交易风险预警及防范工作；统筹协调全国节能减排、应对气候变化、绿色发展和生态环保相关政策机制，力争实现更大政策协同效益。此外，自上而下，通过中央顶层设计统一部署，统一方法标准、统一交易规则、统一信息发布、统一资金结算、统一收费标准、统一监管，规范运行全国碳市场，从高碳到低碳、从企业到个人、逐步实现社会全覆盖，充分利用市场手段实现环境资源产权在全国的优化和配置。

(2)试点地区和非试点地区平稳衔接及过渡。全国统一碳市场是在已有各交易试点实践经验的基础上建立起来的，市场初期纳入的 8 大行业基本囊括已有各试点纳入的重点行业，各试点亦有较大可能保留原本纳入的行业企业，使之在全国碳市场或区域次级碳市场中继续完成履约工作。因此，面对全国市场的运行形势，各试点地区除积极利用先期经验，分析政策管理与技术条件差异，做好试点市场与全国统一市场的衔接工作外，还将加大宣传培训力度，提升各类主体市场参与意识，完善市场服务及监管支撑体系，创新绿色金融产品及工具，引导低碳技术及产品更新换代，示范带动并服务其他地区低碳发展。尤其是各试点地区的交易机构，在全国统一碳市场开启后将承担全国的碳市场交易服务，因此，各个交易所在交易规则、模式、管理方式等方面将逐步保持完全一致；各试点地区的控排企业，将积极关注市场管理政策与技术变化要求，及时协调沟通，主动配合完成履约行动，降低低碳减排成本。现阶段，非试点地区会积极研究并详细解读全国统一碳市场相关政策和机制，深入与试点地区合作，充分利用其人才和技术等资源建设符合区域实际情况的地方碳交易政策法规体系、MRV 体系和工作机制，合理利用控排单位管理与配额分配、核查与履约管理及市场监督等方面的自由裁量权来控制区域碳排放总量；同时，深入开展控排企业、核查机构和政府管理人员等多层次的碳交易能力建设及交流培训活动，联手控排企业、第三方机构、碳交易平台等单位通过组织、资金和技术保障等手段持续完善区域内的碳交易体系，从而更好地利用参与全国碳排放权交易市场来促进地方经济向低碳转型发展。尤其是拟纳入的重点控排企业，将积极主动进行低碳技术改造和创新，配合 MRV 实施，提升专业人员业务能力及碳资产管理能力，为顺利履约奠定基础。

(3)重点行业积极推进低碳减排行动。全国碳市场建设对于重点控排行业来说既是全新挑战，也是重大机遇。各行业均以积极主动的姿态纷纷行动、参与全国碳市场建设，推进社会经济绿色低碳发展。如电力行业在清洁用煤、新能源发电、智能电网、超高压输电等技术中投入更多激励措施，以确保在未来市场中抢占更有利的发展地位；石化行业不断采取措施优化碳资产管理，以降低企业履约和减排成本，规避市场风险，实现收益最大化；钢铁行业继续化解过剩产能，推进节能减排技术创新，优化企业能效管理，降低碳排放调控产生的不利影响；航空业在摸清并掌握自身碳排放实际情况之后，加快低碳发展战略和技术研究，制订减排适应策略，梳理内部节能减排空间，盘活碳资产，以提升国际航空领域低碳发展竞争能力；林业行业继续采取多种手段增汇减排，统筹推进碳汇交易发展；其他行业也密切关注全国碳市场发展动向，积极将低碳理念融入行业和企业发展策略中，建立绿色低碳生产体系，减少企业碳排放，创新碳金融产品业务，提升碳资产管理能力与碳市场参与层次。

三、国内外林业碳汇交易现状

（一）全球林业碳汇交易概况

1. 全球林业碳汇交易进展

（1）国际林业碳汇交易总体进展情况。2000—2016 年全球林业碳融资金额累计超过 60.57 亿美元，另有 44 亿美元承诺用于热带森林管理减排的成效付费。其中，2015 年全球林业碳融资高达 8.88 亿美元，来源途径为管制市场 6.61 亿美元、自愿市场 0.88 亿美元、其他非市场机制 1.39 亿美元；全年林业碳汇交易量共计 8 800 万 t，分别为管制市场 6 720 万 t、自愿市场 1 820 万 t、其他非市场机制 260 万 t。该年中全球 52 个国家正在实施或开发的林业碳汇项目总数超过 800 个，但绝大部分位于澳大利亚（428 个）和美国（217 个）；管制市场中改进森林管理项目交易需求最高，自愿市场中减少毁林与林地退化类项目（REDD+）为主要类型，其他非市场途径下基于结果的付费行动逐渐发展。自 2015 年起全球林业碳汇交易开始朝多样化方向转变，管制市场异军突起，非市场机制增加迅速；目前，澳大利亚减排基金（ERF）、加州-魁北克碳市场、REDD+准备计划以及其他非市场机制等成为林业碳融资的主要渠道。

自澳大利亚政府 2014 年 7 月废除碳税实施减排基金后，大量林业碳汇项目成为市场竞拍的主力军。2015 年，该类产品的市场需求占比为全年所有抵消需求的 66%，澳大利亚政府以均价 9.7 美元/t、总额 5.88 亿美元竞拍采购了 6 070 万 t 林业项目的核证碳减排量。虽然市场中林业碳汇的交易价格逐渐降低，2015 年项目开发方为了确保拍卖协议签署而把其平均售价从第一次的 10.3 美元/t 下调至第 3 次的 7.8 美元/t，但该类产品始终占据 ERF 的重要位置，当前已有 1.04 亿 t 签发量、90%以上经过碳农场抵消倡议认证。同年，加州-魁北克碳市场中林业碳汇的交易量为 650 万 t、交易额为 6 320 万美元、交易均价 9.7 美元/t，与上年相比分别上升了 6%、16%和 9%。加州空气资源委员会（ARB）统计发现，2015 年第 2 管制期中控排企业总计上缴了 1 280 万 t 核证碳减排量用于抵消履约，其中的 46%来源于林业项目；但这些企业并未用足 8%的抵消量（即 2 570 万 t）。新西兰碳市场经过 2013—2014 年调整期后，2015 年的林业碳汇交易量与交易额逐渐增加，达到 130 万 t 和 1 000 万美元，市场处于缓慢恢复之中。虽受近年来国际强有力的森林保护利好政策的刺激，全球自愿市场中林业碳汇交易的回升仍旧乏力。2015 年的林业碳汇交易量和交易额分别为 1 820 万 t、8 800 万美元，比 2014 年分别下降了 23%和 31%，交易均价也从 2014 年的 5.4 美元/t 下降至 4.9 美元/t。2016 年，虽然全球自愿市场下的林业碳汇交易额累计超过了 10 亿美元，但全年的交易量又比 2015 年下降了 24%、降至了 10 年来的历史最低点。通常批量销售的交易价格较低，小额销售的交易价较高，有的甚至可以达到 8~11.99 美元/t。虽然林业项目核证碳减排量的交易均价始终高于其他项目的 3.3 美元/t，但观察发现其也有向多个价点集聚的趋势，绝大多数交易量发生在 0~0.99 美元/t、3~3.99 美元/t、7~7.99 美元/t 三种价格区间，这也反映了比较低下的市场效率。不同类型项目核证碳减排量的交易价格差异很大，低的仅为0.2美元/t、高的可达80.1美元/t；造林项目的碳价较高，为7.6美元/t，森林管理项目的碳价紧随其后，为7.4美元/t，可持续农业和混农林业项目的碳价为5.0美元/t，REDD+项目的碳价从2013年的4.2美元/t逐年降低至2015年的3.4美元/t。此外，由于管制市场的碳均价10~11美元/t远高于自愿市场的2.9美元/t，自加州-魁北克碳市场允许一些自愿项目转化用于管制市场抵消履约之后，大量自愿碳减排量进入管制市场交易，北美地区的自愿碳补偿活动明显减少，2015年美国和加拿大地区仅交易了120万t、1130万美元的自愿林业项目核证碳减排量。非市场机制下的林业碳汇交易主要指那些近年来发生在双方或多方政府之间的基于林业行动结果付费的融资方式。2015年，非市场机制下的林业碳汇交易量和交易额分别为260万t、1.39亿美元，其中90%以上采用的是基于结果的付费方式。与市场化途径不同的是，这些基于结果的付费机构通常不需要取得项目减排量的权属或者使用那些买来的减排量抵消自己的气候足迹，也不用进入具有多个买卖方的实际碳市场中去；与之相似的是，那些项目碳减排量必须被独立的第三方证明后才能获得相关费用，因此是基于结果的付费行为。目前，基于REDD+结果的付费行动逐渐向国家或次国家属地间的项目努力。REDD+途径的融资，包括准备计划等，已不再按照传统的预先付费或基于时间表付费的方式展开行动了，开始转向基于结果的付费形式。

（2）不同类型项目交易量与认证标准。2015年，各类林业碳汇项目交易量详见表7-2。造林再造林项目自2011年交易量达到峰值1 400万t后逐渐降低至2013年的350万t，2015年交易量又回升至530万t；REDD+项目基本都出现在自愿市场中，是2012年后市场中最大的项目类型；2013年其交易量突破至2 470万t之后又逐渐下降至2015年的1 140万t；改进森林经营管理项目的交易量2013年到达低值270万t后开始上升至2015年的920万t；可持续农业和混农林业项目的交易量2013年下降至40万t之后，2015年又与其他类型项目一起达到400万t。包括：湿地碳汇项目、红树林碳汇项目以及土壤碳汇项目等。目前，第三方认证已成为碳市场发展的标准实践。国际自愿碳市场中99%的林业碳汇项目都已采用或正在进行相关标准认证，管制市场中的林业碳汇项目必须全部经过认证。林业碳汇交易中出现过20多个认证标准，如自愿碳减排标准（VCS）、气候社区生物多样性标准（CCB）、森林可持续管理碳标准（FSC）、碳农场倡议（CFI）、美国碳注册（the American Carbon Registry，ACR）、气候行动储备（Climate Action Reserve，CAR）、黄金标准（Gold Standard）、维沃计划（Plan Vivo）、CDM、CCX等。其中，VCS标准认证的项目数量最多，近些年约占年度认证总量的半壁江山。2015年VCS认证交易了1 100万tCO_2e、占市场总量的48%、平均价格3.9美元/t，其中一半以上的交易量又与其他认证标准捆绑在一起。如VCS+CCB/FSC等，进行了双重认证，此类项目的平均售价稍高。由于持续向加州管制市场输送项目，ACR和CAR标准认证的交易量在2015年都有所下降；由于认证了项目的非碳效益、安全保障以及更多的造林项目，维沃计划和黄金标准认证的项目平均价格较高。总之，随着市场买方和不同体系政策信号的变化，新项目类型和认证标准也会随之出现；认证林业碳汇项目额外的环境和社会经济效益会使项目减排量在市场中获得较高的售价，因而也是未来市场发展的主流方向。

表 7-2 全球不同类型林业碳汇项目年度交易量

百万 t CO_2e

年度	造林/再造林	减少毁林与林地退化（REDD+）	改善森林经营管理	可持续农业/混农林业/草地、湿地管理等
2006 年之前	3.5	1.6	—	—
2006 年	4.9	0.02	—	—
2007 年	3.5	1.2	—	0.5
2008 年	2.0	3.3	1.0	0.1
2009 年	8.8	9.0	1.8	0.6
2010 年	5.8	19.5	2.8	0.1
2011 年	14.0	7.4	4.2	—
2012 年	8.6	8.6	5.1	5.7
2013 年	3.5	24.7	2.7	0.4
2014 年*	2.6	17.1	4.6	—
2015 年	5.3	11.4	9.2	4.4

注：2014 年数据由 2015 年的数据推测而来。

(3)国际林业碳汇交易市场买方因素分析。2015 年，自愿市场中的买方分别购买了发展中国家和发达国家的 1 270 万 t、160 万 t 的林业碳减排量，私人部门购买比例高达 94%。其中，国内公司购买了 48%、跨国机构购买了 44%、中小企业购买了 1%，个人通过网络在线平台辅助购买了 1%。欧盟次国家地区的政府部门也购买了一些林业碳补偿。按购买量排序，自愿市场上买家来源依次为能源部门(41%)、活动及娱乐组织(13%)、服务机构(10%)、金融保险公司(8%)、食品饮料企业(6%)、交通运输部门(3%)、制造企业(2%)以及旅游与航空领域的公司等；买家类型主要为终端使用者和零售业者两类，分别占比 79%和 21%；其中，私营部门支出了 3 060 万美元、公共机构支出了 160 万美元、个人和非营利机构分别支出了 70 万与 20 万美元。这些买方参与交易的驱动因素主要是履行企业社会责任、实现气候行动目标、示范行业领导力、提升绿色形象或零售等。管制市场中，澳大利亚碳市场仅政府一个买家，加州-魁北克碳市场第一履约期中有 101 家控排私营实体购买了碳补偿用于抵消排放，其中 42 家企业购买了林业碳补偿。综合而言，绝大多数市场买家参与林业碳汇交易看重的不仅仅是项目的碳减排量，更多的是项目带来的共同效益，尤其是伴随碳汇量而产生的社区改善、生物多样性保护、技能培训、生计提升、气候适应、妇女就业、林地确权及水土保持等多重效益。

2. 全球林业碳汇交易发展趋势

(1)林业碳融资来源及渠道多样化发展。历史上，林碳交易主要发生在自愿市场中，管制市场中的比例始终较少；但这种现象正在改变。2015 年自愿市场中的林碳交易量创新低，达到 2009 年以来的最低值；而管制市场来源的林碳融资却在逐渐增加，且未来还可能会提升。目前，15 个现存的与未来的管制市场均包含抵消机制，其中北美洲、大洋洲、非洲、亚洲的 11 个管制碳市场体系，如加州-魁北克碳市场、区域温室气体行动倡议、加拿大亚伯达省、澳大利亚、英国哥伦比亚、日本、韩国、中国试点、新西兰等；都已经接受林业碳汇补偿作为一种合格的抵排途径。而且，绿色气候基金作为 UNFCCC 机制下的主要运作实体，也将确认增加林业融资作为核心的策略机会，致力于推进国家层面上的强化方案，即将林业部门示范减排作为取得国家低排放与气候弹性发展目标的必要优先策略；国际航空组织拟议实施的基于市场机制的碳抵消和减排方案中也可能会纳入 REDD+项目和其他林业碳补偿。当前，国际林碳项目的融资渠道正在向多样化发展。具体表现为项目碳减排量出售占 39%、贷款或公共部门拨款占 24%、赠款及非营利性的拨款占 15%、生产活动资金 13%、私营投资 8%。这些资金的支付对象也多样化，土地业主 61%、项目实施活动 17%、项目开发 13%、第三方机构 6%、社区及当地的利益相关方 3%。随着多种碳金融产品的不断涌现，初级市场要素丰富，二级市场交易活跃，林业碳汇交易有转向成熟化发展趋势；同时，私营部门的参与兴趣也随之提升，并努力寻求投资机会以获得更明确的金融回报。

（2）买方市场状态还将长期延续。因等待更高的价格或当地强制市场信号，目前，市场供应方手中还有 8 000 万 t 林碳没有卖出或未完全开发，仅 2015 年就有 3 970 万 t 没有售出，即当年每售出 1t 的同时就有 1.6t 未售。调查结果显示，市场中项目开发方普遍反映当前林碳减排量的售价太低。理想的碳价，如造林、森林管理和 REDD+项目的理想价格分别为 11.1 美元/t、10.4 美元/t、7.3 美元/t 等，都高于现价的一倍以上。同时，虽然自愿市场的需求信号较弱，2015 年全球林碳项目的签发量仍创新高，达 3 310 万 t（其中，自愿市场的签发量创纪录，高达 1 070 万 t），林碳补偿的灭失量为 1 410 万 t；市场签发量远大于需求量，也高于使用补偿进行抵消的灭失量，使得这些年来的林碳项目始终处于供过于求的状态，推进可持续交易发展需要大量绿色资金投入。而且，买方市场的存在也逐渐降低了项目开发方和参与者的预期，市场上早期开发项目的碳减排量售价逐渐降低，因此，自 2010 年起，市场买方逐渐由支持现有或未来项目开发转向支持早期已开发的项目，造成大量项目开发资金出现严重不足。尤其是 REDD+项目，巴西有些地区的项目因缺乏后续资金支持已经出现森林保护成效逆转的现象。总之，现阶段，国际林碳项目碳信用/碳补偿的总体需求仍然很低，未来的需求也不确定；主要原因是现有的国际机制，如清洁发展机制、联合执行和自愿市场等在《巴黎协定》下的新方法和新机制之间缺乏明确的关联关系。为了促进未来林碳市场的发展，不仅需要项目开发方不断寻求对农林及土地利用变化项目的激励政策，以提高供应链的安全性和稳定生产者间的关系；更需要市场中各种各样的投资者、分析者、咨询者、标准与注册机构以及社区参与方等，以更多的方式进行整合创新与突破，如将项目活动与属地相关行动嵌套起来执行等，以吸引更多的资金融入全球森林可持续发展中。

3. 全球林业碳汇交易发展主要特点

（1）自愿市场和管制市场并驾齐驱。多年来，管制市场中林业碳汇交易量和交易额在全球所有林碳交易中仅占 1%左右，绝大多数林业碳汇交易都在自愿市场上发生。而自愿市场中的林业碳汇交易主要是由大量的场外交易、美国的芝加哥气候交易所（CCX）和西部气候倡议等交易组成。CCX 是美国唯一的具有法律约束力的自愿性碳交易市场，自 2010 年被收购之后已名存实亡，其他自愿交易也逐渐萎缩或转型，在经历 2014 年交易量稍有回升后，2015 年交易量又创新低。在所有不同类型项目交易的自愿市场中，2016 年的碳补偿交易总量比 2015 年又下降了 24%。更多的交易出现在不同的管制市场中，如加州-魁北克、新西兰、区域温室气体行动计划等。2015 年市场途径的交易总额中自愿市场和管制市场的占比分别为54.7%、45.3%，市场观察者预测，未来管制市场中的林业碳汇交易量还会继续上升，全球碳市场中二者出现齐头并进的发展态势。同时，澳大利亚减排基金项目与基于结果的付费(REDD+)等非市场途径项目也大量涌现，全球林碳交易呈现多样化发展趋势。

(2)林业碳汇交易深受减碳政策的影响。理论上，林业碳汇交易只是一个松散的以造林再造林、森林经营管理和减少毁林等项目开发为基础并获取由此产生的碳减排量、实现交易的集合。这个集合下的林碳交易与全球、区域、国家及次国家地区减排政策密切关联，只有当某个地区的政府部门发出强制减排信号、大多数参与者能感受到一定的市场预期时，该地区的林碳市场需求才会大量提升。反之，当政府减排意愿降低、行动目标不明时，或减排政策变动频繁时，市场需求及交易等也会随之萎缩。例如：加州-魁北克碳市场以及澳大利亚减排基金中的林碳交易大幅提升，就与近两年上述地区的减排政策执行力度加强紧密相关；新西兰碳交易体系自2015年5月不再允许管制实体使用国际减排单位抵消其排放量后，市场中的林碳交易量大大增加。同时，自愿市场和管制市场也相互影响。例如：美国的芝加哥气候交易所(CCX)就曾被当作用市场驱动方式解决气候变化的典范，在国际上产生广泛而深入的影响。但其随后被收购停运的实践表明，自愿性机制注定要随着管制性减碳政策而起伏变化，没有政府强制性的减排目标、自愿性市场的作用是有限的。又如：加州碳市场因允许美国自愿碳补偿项目经转换后参与交易，导致2016年该地区的自愿林碳交易活动大大减少。中国和南非正在筹备管制市场，国内的林业碳汇交易也将出现类似效果。

(3)国家与区域碳排放控制发展优先。世界银行发布的《2017年碳定价现状与趋势》报告显示，过去一年中，在区域、国家和次国家层面上，碳定价倡议取得了持续进展。已执行或计划执行的碳定价计划的总数达到47个，包括24个碳排放交易体系和23个碳税。实际上，不管是碳交易市场途径也好，还是碳税、减排基金、基于结果的付费等非市场途径也罢，各类控排减碳手段都是全球范围内不同形式的应对气候变化的工具而已。各个措施手段都是在紧密结合当地实际排放情况和管理体制机制的基础上建立起来的规则，目的都是为了减少当地或国家层面的碳排放总量，实现排放控制与发展的双赢，或者是区域利益最大化发展。不同碳交易体系间的链接目的也是为了活跃市场、提高交易量、扩大影响、提升参与度、吸引更多低碳投资，从而实现利用碳交易工具有效控排的目标。例如，欧盟碳交易体系在实践的不同阶段逐步扩大管控成员国范围，不断压缩项目碳补偿的抵消空间，以期开创减排和发展双赢的局面；新西兰碳交易体系首期纳入林业行业的主要目的是为了减少林地转化造成的碳排放，在市场低迷之际又出台限制国际碳补偿项目入市政策，以刺激国内林碳交易的提升。而且，市场中的需求方均有购买本国/地区林业碳减排量的趋势。如魁北克碳市场2014年与加州碳市场链接，其控排企业8%的抵消比例创造了3 250万t(自2015年起每年500万t)的抵消需求，加州政府希望这些控排企业在联合碳市场中能充当供需兼具的参与主体，但截至2016年10月这些企业并没有购买加州林业项目生产的碳减排量；巴西阿克西州和加拿大安大略省与加州碳市场分别链接后的发展模式也可能会与魁北克的类似。

(4)非碳效益得到高度重视和推广。当前，人类面临地球自然资源日益枯竭、生态环境日益恶化的严峻挑战。林业几乎是唯一既能改善生态环境、又能生产可再生资源的特殊产业，在可持续发展中占有越来越重要的位置。尤其是在全球应对气候变化相关林业政策的驱动下，森林问题已上升成为世界性的资源与环境领域的重点议题。在碳市场中利用林业项目碳信用对一定比例的排放量进行抵消补偿，其实质也是将森林生态服务进行产品化包装、市场化利用、创新性补偿的一种方式。不管是《京都议定书》下的 CDM 机制林业项目，还是自愿市场中的林碳项目，林业碳补偿的平均价格基本都高于同类市场中其他项目减排信用的价格，众多市场参与者愿意购买，主要是看重伴随项目活动而产生的其他共同效益，如社区利益、生物多样性保护、妇女技能提升、生计改善等。针对 92 个林业碳汇项目的成效调查结果表明：78 个项目区保护了 376 种濒危物种、75 个项目提升了当地的社区利益、53 个项目聘用了 7 700 名当地人并使 5 000 多人获得技术培训、42 个项目提高了区域水安全、31 个项目增强了气候适应能力、26 个项目促进了林权改革等。这些项目非碳效益的数据统计与广泛宣传及普及推广，也是近 20 年来世界各地林业碳汇项目遍地开花的重要因素。

（二）我国林业碳汇交易概况

1. 国内林业碳汇交易管理与支撑体系

（1）国内林业碳汇交易管理框架与操作流程。目前，我国的林业碳汇交易都属于项目层面上的核证减排量交易，项目类型主要有三种，即林业 CDM 项目、林业 CCER 项目和国际自愿碳标准（VCS）等其他自愿类型项目。北京和承德地区跨区域碳市场中预签发的林业碳汇项目（BCER 项目）以及福建省签发的林业碳汇项目（FFCER 项目）也属于管理程序及要求变化了的林业 CCER 项目范围，广东的碳普惠机制（PHCER）下的林业碳汇项目属于自愿类型范畴，但省级 PHCER 原则上等同于 CCER，可用于本地企业抵消履约。三类项目管理框架中涉及的政府部门或非政府机构、技术支撑部门、登记注册系统、第三方审定核证机构、交易平台等，各司其职、环环相扣，统一协调推进项目开发及交易等工作。第一类林业 CDM 项目自 2012 年起就已基本没有市场需求，国内林业 CCER 项目主要依据 CDM 项目操作流程进行管理。第二类项目管理机构主要包括国家生态环境部（原国家发展改革委）和各省（直辖市）对应管理机构、国家林业与草原局（原国家林业局）与各地方对应管理部门等，需要按照国家管理部门公布的相关管理办法和方法学等文件进行开发、注册与签发。第三类项目主要由企业、组织、团体及个人等自愿捐资，由中国绿色碳汇基金会、中国绿化基金会、北京绿化基金会或碳资产公司等，按照 VCS 认证标准、其他项目方法学或技术指南组织开发，项目实施受各地林业主管部门全程监管。各类项目的操作流程基本相似，即项目设计—DOE 审定—备案注册—实施—监测—DOE 核证—项目减排量备案签发—市场交易；其中，林业 CCER 项目需要国家管理部门备案的 DOE 进行审定与核证，也需要经历各省市管理部门初审通过后才能转报国家评审及备案，项目备案签发出来的核证碳减排量在国内碳市场中交易和流通；其他自愿类型项目可根据业主需求灵活选择方法学和认证标准等，由各方法学和标准的管理机构进行注册签发，项目核证碳减排量根据捐资方意愿进行碳中和或履行植树义务，也可以针对国际自愿市场进行项目开发或碳减排量销售。北京 BCER 项目和福建 FFCER 项目的开发环节与 CCER 项目相似，但操作流程已简化，项目备案和项目核证减排量备案程序统一合并进行；广东 PHCER 林业项目操作流程更加简化，省去项目审定与注册等环节，合并项目监测与核证工作，直接进行项目核证碳减排量的申请与签发。各类项目的市场参与主体包括项目业主、中介机构、买卖双方或捐资人等，开发与交易过程受多个主管部门监管。

(2)国内林业碳汇交易支撑体系。国内林业碳汇交易支撑体系主要包括相关的管理办法与规则、方法学与行业标准、技术指南与各类文件模板，以及国家和地方层面林业碳汇研究机构、计量监测机构与实践工作人员队伍等，少量中介公司也参与其中开展一些项目咨询及开发工作。具体来说：第二类林业 CCER 项目的管理依据主要有《碳排放交易管理暂行办法》(国家发展改革委 2014 年第 17 号令)、《温室气体自愿减排交易管理暂行办法》(发改办气候〔2012〕1668 号)、《温室气体自愿减排项目审定与核证指南》(发改办气候〔2012〕2862 号)以及各碳交易试点发布的管理和交易规则等，技术支撑文件主要有《AR-CM-001-V01 碳汇造林项目方法学》《AR-CM-002-V01 竹子造林碳汇项目方法学》和《AR-CM-003-V01 森林经营碳汇项目方法学》《AR-CM-005-V01 竹林经营碳汇项目方法学》以及相应的各类项目开发文件模板等；除政府机构外，一些技术支持机构也参与了林业碳汇项目开发、管理、交易及相关实操人员队伍的培养过程，如中国林业科学研究院、北京林业大学、国家林业局调查规划设计院、中国绿色碳汇基金会等；截至目前，国家管理部门备案了 12 家第三方审定核证机构(DOE)，其中能够开展林业碳汇项目审核业务的机构有 6 家，即中国林科院科信所、中环联合(北京)认证中心有限公司、中国质量认证中心、广州赛宝认证中心服务有限公司、北京中创碳投科技有限公司、中国农业科学院。除上述各类项目方法学外，北京 BCER 林业项目的支撑依据主要有《北京市碳排放权交易管理办法(试行)》《北京市碳排放权抵消管理办法(试行)》以及京冀、京蒙等地跨区域碳排放市场建设相关政策文件；福建 FFCER 项目的主要支持依据有《福建省碳排放抵消管理办法(试行)》《福建省林业碳汇交易试点方案》等。第三类 VCS 等其他自愿类型项目主要依据有：VCS 认证标准及相关方法学、林业 CCER 项目方法学以及《全国林业碳汇计量监测技术指南(试行)》《林业碳汇项目审定与核查指南》《碳汇造林技术规定(试行)》《碳汇造林检查验收办法(试行)》《造林项目碳汇计量监测指南》等。VCS 项目审定和核证的 DOE 需要经国际核证碳标准委员会(VCSA)认可授权(VVB)，其他自愿类项目可根据备案签发管理机构的需求选择第三方 DOE 进行审核。此外，作为碳排放权交易市场的有效补充机制，广东省级 PHCER 也可用于抵消纳入碳市场范围内的控排企业的实际碳排放，PHCER 林业项目的重点依据有：《广东省碳排放管理试行办法》(省政府第 197 号令)及《广东省发展改革委关于碳排放配额管理的实施细则》《广东省碳普惠制试点工作实施方案》《广东省发展改革委关于碳普惠制核证减排量管理的暂行办法》《广东省森林保护碳普惠方法学》《广东省森林经营碳普惠方法学》等。

2. 国内林业碳汇项目开发交易情况

(1)林业 CDM 项目开发情况。统计数据显示，92.9%的 CDM 项目注册和 80.7%的核证减排量签发都集中在 2013 年之前；截至 2017 年 10 月 31 日，全球共 7984 个 CDM 项目注册，其中林业项目的占比低于 0.8%。自 2004 年以来，国家发展改革委共批准 5074 个 CDM 项目，包括 6 个林业 CDM 项目，即诺华川西南林业碳汇、社区和生物多样性造林再造林项目、内蒙古和林格尔盛乐生态示范区退化土地再造林项目、中国广西西北部地区退化土地再造林项目、中国四川西北部退化土地的造林再造林项目、中国广西珠江流域治理再造林项目，以及中国辽宁康平防治荒漠化小规模造林项目。其中，前 5 个项目已分别于

2013年2月、2013年1月、2010年9月、2009年11月、2006年11月在EB成功注册，林业CDM注册数占我国注册项目总数的0.13%；但仅2个广西项目的核证减排量获得EB签发，年签发减排量占我国所有项目年签发减排量的0.025%。由于当前国际碳市场中CDM项目需求基本消失，林业CDM项目继续开发前景不大。

(2)林业CCER项目开发及交易情况。自2013年年底系列林业碳汇项目方法学陆续发布至2017年年底，中国自愿减排交易信息平台上公示了95个林业碳汇项目的设计文件，包括67个碳汇造林项目、22个森林经营碳汇项目、1个竹子造林碳汇项目和5个竹子经营碳汇项目；项目地点分布于全国23个省份，其中，81个(85.3%)项目公示期集中在2015年和2016年2年之内。目前，仅13个项目获得备案(11个碳汇造林项目、1个竹子造林碳汇项目、1个森林经营碳汇项目)；8个已公示监测报告的项目中3个的核证减排量已获得签发，分别是广东长隆碳汇造林项目、江西丰林碳汇造林项目、塞罕坝机械林场碳汇造林项目。获得备案的项目数和签发项目数分别占公示林业碳汇项目总数的13.7%和3.2%，广东长隆碳汇造林项目首期签发的5 208 t CCER以20元/t价格出售给了粤电集团，其他2个项目的CCER未见交易报道。此外，北京BCER途径预签发了3个项目第一监测期60%的核证减排量，分别是顺义区碳汇造林一期项目1 197 t CO_2e、丰宁县千松坝林场碳汇造林一期项目96 000 t CO_2e和房山区石楼镇碳汇造林项目1 500 t CO_2e，这些减排量在北京环交所挂牌成交了72 615 t CO_2e、成交金额265.5万元，成交均价36.6元/t。福建省自2016年12月22日启动碳排放权交易市场后，现已通过FFCER途径备案了顺昌县国有林场、德化县林业局、洋口国有林场和南平市建阳区国有林场等组织实施的7个林业碳汇项目(包括1个竹林经营碳汇项目)、118万t减排量；截至2017年11月30号，市场中FFCER成交了27.4万t，成交金额525万元，超过20个FFCER项目还在陆续开发备案过程中。

(3)其他类型项目开发及交易情况。此类项目开发及买卖双方等纯属自愿行为，项目核证碳减排量只进入自愿市场；主要驱动因素为企业、组织、团体或个人等为履行社会及环境责任、提升绿色形象、进行碳中和或碳补偿等；项目开发进展与交易信息等在多个注册签发管理平台以及交易平台上发布，如国际核证碳减排标准(VCS)网站、中国绿色碳汇基金会官网、北京环境交易所官网、广州碳排放权交易所(以下简称广碳所)官网等。VCS网站项目数据库显示，截至2017年11月30日，全球共有150个林业碳汇项目获得注册；其中包括6个中国项目(4个改进森林管理项目和2个造林项目)，云南、福建、内蒙古、江西、青海、四川(CCB标准联合认证)各1个；仅2个项目获得核证碳减排单位(VCUs)签发，即江西乐安林业碳汇项目2017年4月签发了108 545 t、四川省荥经县再造林项目2017年6月签发了1 207 t。2017年12月，浙江华研投资管理有限公司通过华东林业产权交易与云南、福建和内蒙古3个VCS项目的业主签署碳汇交易协议，分别购买3个项目首个核查期签发的部分减排量，内蒙古项目业主卓尔林业局获得40万元碳汇交易收益。中国绿色碳汇基金会自2010年起不断探索拓展国内自愿项目操作模式，开展了系列营造林碳汇项目，如香港赛马会东江源碳汇造林项目、海航集团海南碳汇林项目、黑龙江伊春森林经营碳汇项目、北京房山青龙湖碳汇造林项目等；并在北京、天津、福建、贵州等地连续组织实施了39个碳中和项目，如老牛冬奥碳汇林项目、G20杭州峰会碳中和林项目、

2014 年亚太经合组织(APEC)会议周碳中和项目、第六届中国国际生态竞争力大会碳中和项目、多届中国绿公司年会碳中和项目和零碳音乐季项目，以及 2010 联合国气候变化天津会议碳中和项目等；还在全国各地建立 70 多个个人捐资碳汇造林与宣传展示基地，并积极推动林业碳汇自愿交易项目实践，如 2011 年，阿里巴巴等 10 家企业以 18 元/t 的价格签约认购了北京等地碳汇造林产生的首批 148 000 t CO_2e、方兴地产通过北京环境交易所购买了首个熊猫标准竹子造林碳汇项目的 16 800 t CO_2e；2013 年，河南勇盛万家豆制品有限公司以 30 元/t 的价格出资 18 万元认购了黑龙江伊春森林经营碳汇项目产生的 6 000 t CO_2e；2014 年，中国建设银行浙江省分行率先出资，通过农户森林经营碳汇交易体系购买了临安首批 42 户农民森林经营项目所产生的碳减排量。此外，多家机构也逐步参与，尝试创新碳汇行动模式，如开展购买碳汇车贴抵消私家车碳排放活动、利用百度及新浪等媒体网络平台购买碳汇履行植树义务、发布绿色低碳银行卡以及蚂蚁森林植树减碳等；2017 年，广东区域碳市场中韶关市 5 个试点项目产生的 242 343 t 省级 PHCER 交易金额超过了 300 万元，包括国营刘张家山林场林业碳普惠森林保护项目 A(26 284 t)和项目 B(11 328 t)，以及翁源县翁城镇沾坑村林业项目(3 046 t)等；2018 年 5 月，广东东江林场森林保护类碳汇项目(34 254 t)和森林经营类碳汇项目(27 161 t)的 PHCER 也获得了 90 万元的交易收益。在摸着石头过河的试点阶段，目前，国内不管是林业 CDM、CCER、BC-ER、FFCER 项目，还是 VCS、PHCER 及其他类型项目，其开发与交易均带有较强的政府管理性质，销售价格和购买行为并未完全市场化。加上区域抵消政策限制和管理及人员等因素的影响，使得有些区域碳汇项目开发供应量过剩、有些地区却有市无货。因此，目前全国及区域林业碳汇交易发展极不平衡。

3. 国内林业碳汇项目供求分析

(1)林业碳汇项目供应侧分析。国内林业碳汇项目的开发主体是森林资源的所有者、管理者和中介投资者等，项目供给主要受森林碳汇总量、激励机制及开发成本等因素的影响。据研究，1981—2000 年中国以森林为主体的陆地植被碳汇量大约抵消了同期全国碳排放量的 14.6%~16.1%，2001—2010 年陆地生态系统的固碳量相当于抵消了同期化石燃料排放量的 14.1%、森林生态系统贡献了其中的 80%。据第八次全国森林资源清查数据推算，2009—2013 年全国森林蓄积净增长 14.16 亿 m^3，森林植被碳储总量达 84.27 亿 t，年均森林碳汇量超过 5 亿 t，其中约 2/5 是人工林的贡献量。2030 年国家战略目标森林蓄积量比 2005 年增加 45 亿 m^3，据此推测，经济新常态发展模式下 2015—2030 年全国年均森林碳汇量约为 4.6 亿 t；再加上天然林禁伐、人工林采伐管制、边际土地植被恢复等措施落地也具有较大的增汇减排效果。因此，未来随着全国森林储碳功能的不断增强，估计碳汇供给能力也将逐渐提升、碳汇项目供应潜力巨大。当然若政策及方法标准适宜，再考虑湿地、海洋、草原、农田等不同类型碳汇项目开发，则国内碳汇项目的供给前景会更加广阔。在激励机制与开发成本方面，国内主要涉及市场控排政策、抵排管理模式、林业碳汇交易价格、项目管理流程及营造林成本等因素。通常国家出台强制性减排法规、发布抵消机制配套政策、倾斜碳汇产品履约准入条件，均会刺激控排主体和投资机构等增加购买的积极性，从而提升碳汇商品的交易价格、项目收益和林地价值等，从而诱导产生更多的碳汇市场供应。而林业碳汇项目开发流程简单、管理高效、操作便捷、技术普及、交易透明、信息公开等优势，都会降低项目开发及管理成本；土地、人力、材料、运输等价格下降也会降低项目营造林成本；这些因素都可能会促进项目开发，增加碳汇产品的供给量。调查发现，无林地面积越大、基础数据管理越好、林业部门提供的政策信息和技术支持越可靠，集体组织的互帮互助特性越突出，林农参与碳汇项目供应的意愿也越高。

(2)林业碳汇项目需求侧分析。现阶段，国内对林业碳汇项目的需求多是政策强制和规则约束下的结果，是非自愿的需求；为实现碳中和/碳补偿目的的纯自愿碳汇需求量较少，交易规模也小，对碳汇交易的整体发展影响不大。调研发现，影响林业碳汇项目需求的主要因素有强制性减排政策与制度规则、林业碳信用和其他碳信用的价格差异、市场规模与流通情况，以及企业社会责任感和公民环境意识的提升等。通常国家对企业排放限额管控越严格、履约抵消机制比例越大，碳市场中林业碳汇的需求量则越大；林业 CCER 与其他项目 CCER 价格差异越小，市场流通限制越少，企业及公民环保意识越强，对林业碳汇的需求越高。而且国外需求方有购买本国林业碳汇的发展趋势，碳汇交易倾向于在本地发生。例如，北美买家是本地碳汇项目的主要需求方，大洋洲买家只购买本地项目产生的林业碳信用，亚洲、拉丁美洲以及我国各试点碳市场的发展情况基本与之类似。因此，我国林业碳汇交易的发展也只能依靠国内需求的提升，尤其是强制减排市场的参与，增加国内需求是推动未来市场发展的主要方向。目前，国内 8 个区域碳交易市场均设置了履约抵消机制，2016 年的抵消比例分别为 1%、5%、8%、10%不等(表 7-3)，理论上的抵消机制总需求量约为 1.195 亿 t，抵消产品包括工业项目、新能源和可再生能源项目以及林业碳汇项目的核证减排量等。各试点中的控排企业可按照本地抵消管理办法的有关要求，购买符合条件的项目核证减排量产品进行抵消履约。实际上，由于受配额分配、交易价格、履约准入条件限制等多种因素的影响，各试点市场对抵消产品，包括 CCER、BCER、FFCER 等的需求量可能远没有理论预计的那么多。尤其是在多数企业减排发展动力不足、试点配额总量宽松与大量其他类型项目 CCER 存在的情况下，碳市场中不同产品的价格差异与竞争，使得各试点地区对林业碳信用的需求难以充分体现。例如：除上海和重庆外，其他试点都对抵消产品的来源地域进行了规定，湖北与福建试点仅采用本地区的合格产品抵消履约，广东试点要求 70%的抵消产品来源于当地，北京、深圳、天津也有地域的特殊要求。2017 年 11 月 27 日至 12 月 1 日，全国 8 个试点省市碳配额成交均价(元/t)分别为北京 57.51、上海 33.32、深圳 25.69、广东 13.33、湖北 14.97、天津 11.10、重庆 2.98、福建 28.12；CCER 成交均为大宗交易或协议转让，价格低廉；同期，国际碳交易所—欧洲气候交易所(ICE-ECX)的 CER 现货成交 8.3 万 t、价格 0.17 欧元/t，交割期货成交 5.4 万 t、价格 0.17 欧元/t。可见，不同试点体系各自独立、互不相通，配额和 CCER 交易偶尔出现价格倒挂现象，市场发展远未成熟。因此，实际履约时所采用的 CCER 总量远小于 1.195 亿 t，其中的林业 CCER 数量更少，只能推测各试点中开发供应越早的林业抵消产品越占据获利先机。另外，除广东地方开发的碳普惠制核证减排量(PHCER)允许转换成省级 PHCER 用于强制市场履约外，其他自愿项目的核证减排量均不能用于控排企业抵消履约，其购买主体的采购目的主要是碳中和或公益捐赠等；加之市场相关的政策、价格、技术及项目等信息不对称，普通机构和公众等参与行动较为谨慎。因此，自愿市场实际交易需求也难以大幅提升。

表 7-3 2016 年区域碳交易市场抵消机制比例及总量统计表

编号	省(市)	发放配额总量($MtCO_2$)	管控企业数量(家)	覆盖总量的比例	抵消机制比例	抵消机制总量($MtCO_2$)	排放总量($MtCO_2$)	排放统计年度
1	北京	46	947	40%	5%	2.3	188.1	2012
2	上海	155	368	57%	1%①	1.55	297.7	2012
3	深圳	31.45	824	40%	10%	3.145	83.45	2010
4	广东	422	280	60%	10%	42.2	610.5	2012
5	湖北	253	236	35%	10%	25.3	463.1	2012
6	天津	170②	109	55%	10%	17	215	2012
7	重庆	100.4	237	40%	8%	8.032	250	2014
8	福建	200	277	83.3%	10%	20	333.3③	2017
合计		1377.85	3278			119.527	2441.15	

注：①上海从 2015 年的 5%降至 2016 年的 1%；②天津取较大值；③福建 333.3 为 2017 年 4 月统计数据。

4. 国内林业碳汇交易发展面临的挑战

(1)林业碳汇交易保障法规缺乏。现阶段林业碳汇交易在国家层面上缺乏相应的法律保障。碳市场本质上是一种政策性市场，是国家或区域控制温室气体排放的政策工具和制度创新。2017 年 12 月 19 号，国家发展改革委对外发布《全国碳排放权交易市场建设方案(发电行业)》，正式启动运行全国统一的碳排放权交易市场。但方案的重心是明确定位和指导思想，确定相关制度建设和支撑系统建设的工作任务，清晰未来推进路径和阶段性要求，有关碳市场建设及运行机制的法律保障问题并没有得到良好解决，相关管理条例仍在研制。目前虽有碳交易管理部门规章(17 号令)，但其本身的效力受到较大限制，无法设立行政许可，也无法对违规控排单位、第三方核查机构等采取经济处罚等惩罚措施。因此，全国碳交易体系的权威性和有效执行将会受到较大影响。而且，现有方案暂未启用 CCER 抵消机制，短期内(未来 2~3 年)林业 CCER 不能在全国统一碳市场中实现交易，其货币化依然只能采用区域试点市场或纯自愿市场途径。调研发现，各碳交易试点的抵消机制运行也并未发展成熟，一些中介或投资机构及控排企业等，购买 CCER 时会综合考虑多种因素，投机心态比较严重，在等量履约时林业 CCER 价格竞争力较弱，市场主体缺乏采购动力。加之林业碳汇权属结构复杂，项目开发可能涉及林地和林木所有者、土地租赁者、营造林资金投入者和林木管护者以及项目委托开发者等多个利益相关方，林场、社区、村镇、农户、公司、林业部门等都可能参与其中，项目开发活动与收益分配等较难达到预期效果，较长计入期内的项目碳汇稳定性也不易确保。因此，作为碳市场发展的补充机制，无论是管制市场还是纯自愿市场，林业碳汇交易顺利推进的法规基石问题仍需探索解决。

(2)林业碳汇交易需求不容乐观。国际林业碳汇交易多年来始终处于买方市场状态，需求低迷，未来的持续发展还需大量绿色融资支持。虽然未来管制市场中的林碳需求可能会提升，但该类需求主要集中于美国加州和澳大利亚本地项目，辖区外的需求量很低。而且，市场上供应量最大的都是来源于拉丁美洲和非洲等地的 REDD+项目，国际买家也偏重于购买亚洲区域之外的林碳减排量。因此，我国针对国际碳市场销售而开发的林业碳汇项目，包括林业 CDM 项目和 VCS 项目等，未来的主要销售渠道只能依靠国内市场。理论上，随着全国统一碳排放权交易市场的启动运行以及 8 个区域碳交易体系的扩容、过渡及完善，国内管制碳市场规模将呈现渐进增长趋势，履约抵消机制下的林业 CCER 需求总量也将随之提升。2016 年履约期 8 个区域碳市场中 CCER 现货的理论需求量高达 1.2 亿 t，但全年各类项目 CCER 的总成交量仅 4349 万 t、用于抵消履约的 CCER 量更少，这就为林业 CCER 项目的开发、交易及抵消履约提供了巨大的差额入口机会。实际上，从国家 2012 年发布相关管理办法到 2017 年暂停 CCER 项目备案，在近 5 年的时间内全国仅签发了 3 个林业 CCER 项目，其数量占全部 CCER 项目签发数的 0.84%，大量的清洁能源与可再生能源项目具有更快更高的开发、备案、签发效率；而且，由于受配额分配松紧程度、交易类型、价格竞争、履约准入条件限制等多种因素的影响，各区域市场对林业碳减排量的需求也远低于理论预估值。虽然随后也出现 BCER、FFCER、PHCER 等交易亮点，但其开发和抵消履约都有严格的区域限制，本地化需求明显。同时，由于全国统一碳市场未开启抵消履约模式，控排企业和投资机构等对参与 CCER 持有、交易、履约等行动均处于谨慎观望状态。因此，市场主体需求动能严重不足、大幅发展乏力。对于纯自愿碳汇交易而言，随着国内生态文明建设、"两山论"实践探索和节能减排工作推进，全社会向低碳经济转型和绿色发展将成为常态化，林业在应对气候变化中的特殊作用将被越来越多的公众所了解，更多的具有高度环保意识和社会责任的企业、机构、团体、组织及个人将采取行动，使得未来的自愿需求量可能会有一定程度的增加。但此类需求通常由中介机构进行斡旋或组织，参与形式多样、涉及范围广泛，且多为区域性的单点终端需求，不进行二次交易，因而难以采用常规的市场方式统计数据。同时，纯自愿的需求往往主要用于提升绿色形象或履行社会及环保责任，公众参与程度不深，总交易量占比也不大，如长期缺乏法规管控压力和配套的激励政策，则该类需求的大幅提升也不容乐观。

(3)林业碳汇交易统筹监管不足。近年来，国家林业和草原局陆续修订印发《全国造林绿化规划纲要(2016—2020 年)》和《全民义务植树尽责形式管理办法(试行)》等政策文件，编制发布《应对气候变化林业行动计划》《林业发展"十三五"规划》《林业应对气候变化"十三五"行动要点》《林业适应气候变化行动方案(2016—2020 年)》《2016 年林业应对气候变化政策与行动白皮书》《关于推进林业碳汇交易工作的指导意见》《2017 年林业应对气候变化重点工作安排与分工方案》，以及《省级林业应对气候变化 2017—2018 年工作计划》等文件，包括系列技术指南、标准及方法学文件等，从战略方向、规划计划、发展途径、技术方法、数据统计、宣传引导、保障措施等方面积极推进全国林业应对气候变化相关工作。但作为其中重要的行动内容和生态补偿发展路径，林业碳汇交易政策和制度、交易途径和方式等仅在探索过程中，与交易相关的全国统筹规划与监管机制严重缺乏。例如，在林业碳信用和碳配额两种体系之间，到底采取哪种交易方案才能更好地协同推进行业发展与生态文明建设及绿色低碳转型？目前还缺乏相关战略规划与统筹设计。而针对现有的林业项目 CCER 的备案签发，国家管理部门及其委托评审的专家们在项目评审过程中只能依靠项目申报文件和第三方机构的工作信用进行评判，并不能很好地识别项目准入条件、边界与基线确定材料、项目营造林措施落实以及计量监测数据核对等情况；而许多项目开发机构、DOE 及咨询专家等因非专业人员操作、对相关方法学缺乏基本掌握，或者工作能力态度以及角色利益等问题，往往对项目各类材料细节不能严格把关。因此，各种项目情况鱼龙混杂，难易统一项目质量。同时，部分省市、县区的林业部门、林场与农户等受到一些碳汇公司、咨询公司、投资公司等中介机构的不当宣传与利益引诱，在对交易政策机制等缺乏清楚了解的情况下，贸然与其签署林地委托与项目开发协议，使得林地的长期收益严重受损；而且，碳市场中还屡屡出现利用林业碳汇交易进行诈骗、传销、赌博等恶性事件；这些都大大影响了企业、公众和林业部门的参与信心。因此，统筹监管问题是推进林业碳汇交易未来发展的重要挑战。

(4)林业碳汇交易支撑体系有待完善。现阶段，国内无论是政策方针、管理制度和操作流程，还是技术标准、人才培养以及研究成果等，对于快速推进林业碳汇交易的支撑力度都远远不够，还需要经历一个漫长的实践修正并反馈完善的发展过程。例如，我国理论上的林业碳汇总量开发潜力巨大，林业行业对于碳汇这类生态产品货币化途径的参与积极性也较高，但实际上能用于各试点交易及抵消履约的合格林业碳信用总量却很不足。这一方面与顶层政策设计及管理制度有关，如国家及试点碳市场相关政策屡屡变动，林业碳汇仅以抵消机制模式参与，抵消占比不大、履约条件限制，且与其他类型项目碳信用相比缺乏价格竞争力、项目开发周期较长、操作流程复杂；另一方面也与专业技术及成本控制有关，如项目 MRV 专业性较强，普通林业人员短期内较难全面掌握，大量开发工作外包其他机构，导致开发成本和不确定性较高，投资收益不易保障。项目方法学和技术标准等落地实操性不强，分类实施针对性不足，相关材料准备及额外性证明困难，影响多方参与信心，与项目开发管理及市场交易相关的研究广泛度不够，成果产出应用性不强，缺乏长期持续的系统支撑。尤其是针对未来市场发展所需的森林经营增汇、湿地和土壤管理增汇以及项目开发影响与效果跟踪评价等方面，少有系统而深入的研究。此外，如何促进社会各方认可林业碳汇商品的非碳效益及附加价值，提高碳汇项目的市场竞争力和综合收益，激励林业系统获得可持续性融资，也是政府管理部门和行业机构需要长期研究并解决的问题。

四、推进我国林业碳汇市场发展的对策与建议

(一)国际林业碳汇市场发展对我国的启示

1. 多种机制并行发展

目前，全球碳定价行动一方面逐步扩大覆盖范围和领域，在国际、区域、国家及次国家层面已有 67 个正在实施或计划及考虑实施的行动体系，国际民航组织和国际海运组织的碳市场方案也在讨论推进之中；另一方面现有体系逐渐链接完善并向纵深方向延展。未来，碳定价各体系间逐步结盟并与巴黎协定机制融合发展已成定局，更多气候融资的参与将推进其成为全球低碳发展的核心工具，以获得更大的环境及经济效益。分析发现，全球碳定价行动是通过多种机制协同推进的，如减排贸易体系(包括限额贸易系统、基线信用系统和基线抵消系统等)、碳税体系、抵消机制、澳大利亚减排基金保护机制、英国碳价格底线机制、基于结果的气候融资等，不同国家、地区都是基于自身排放和发展目标的实际情况来选择控排机制，且边试点调整、边完善发展。作为碳定价体系的一个重要组成部分，林碳交易市场中也同样出现了多种机制。尤其是近年来，管制市场和自愿市场并驾齐

驱，且出现相互转化和连接；项目碳信用交易和配额交易各具特色，澳大利亚减排基金机制和基于结果的付费行动（REDD+）也大量涌现；这些都使得未来的全球林碳交易呈现出多样化发展趋势。结合我国的实际情况来看，由于区域、省市、行业的资源禀赋及社会经济发展水平等均存在较大差异，在国家碳市场运行初期，林碳交易不可能采取一刀切的政策，包括基于项目和基于配额的、管制抵消和自愿补偿的、试点独立与区域联合的等众多机制，都可以在国家及行业管理部门的统筹规划下试点尝试，积极拓宽融资渠道，促使不同地区供应侧产出的林业碳汇获得预期效益。

2. 高度重视非碳效益

林业是地球家园建设的绿色基础，不仅具有涵养水源、保持水土、防风固沙、调节大气、净化环境、减尘降噪、防护农田、维持生物多样性等多项生态服务功能，还具有生产产品、促进就业、休闲康养和文化教育等多重社会及经济功能；与其他减排项目相比，林业项目每吨碳汇量附加了更多的社会及生态效益，减排增汇只是森林系统诸多生态服务价值中较小的一项而已。据评估，2007 年北京市森林资源资产现价值为 5 881.38 亿元，其中生态服务价值为 5 187.96 亿元，占比最高，达 88.2%，而调节 CO_2 的价值仅占生态服务价值的 15.08%。其他省市、国家、区域乃至全球森林资源资产评估也有类似结果。因此，在全球气候治理中推崇林业途径，各参与方高度重视的不仅是森林的减碳效益，更多的是其多重效益的发挥。这也是全球林碳交易自愿市场先于管制市场蓬勃发展多年的部分原因，众多环保先锋率先参与推动的都是最有利于地球绿色发展的领域。同时，不管是自愿市场还是管制市场，尽管交易价格逐年波动，但林业碳信用的平均价格始终高于其他项目；而且，绝大多数市场买家购买林业碳信用看重的主要是项目带来的共同效益，尤其是社区扶贫、技能培训、生计改善、妇女就业、生物多样性保护、气候适应、林地确权及水土保持等。因此，我国在推进碳市场和林业碳汇交易发展时应充分借鉴国际先进经验和优良做法，在激励政策、宣传引导、参与途径、管理流程及技术支撑方面应夯实基础，不断量化宣传项目非碳效益多方参与成果，促使更多林碳补偿及非碳效益补偿协同发展。

3. 林碳融资多样化发展

通常情况下，自愿市场中林业碳信用的价格变化主要与单个交易有关、并非由市场供求关系决定，项目投资和碳信用缺乏流动性，买方提供全部资金并参与全过程实施。目前这种情况正在逐步改变，国际林碳项目融资渠道正向多样化方向发展，包括市场途径、半市场途径和非市场途径等。资金来源类型主要为项目碳信用出售、贷款或公共部门拨款、赠款及非营利性的拨款、当地配套的生产活动资金、私营部门投资等。尤其是非市场途径正在扩大融资范围，不仅在林业碳汇项目领域，整个气候治理领域都在探索基于结果的补偿新模式。这种基于结果的付费行动现已在 REDD+项目融资中占据绝对优势，并逐渐与项目当地的各类融资相结合，特别是私营机构的参与，共同形成嵌套式发展模式。同时，各类碳金融产品，包括碳远期交易、碳质押、碳保险、碳零售、碳期权、碳期货以及碳金融产品证券化等，也逐步在林业碳汇领域开始尝试应用，不断丰富的产品类型也吸引了更多参与方，促进可持续发展融资。而我国目前的林业碳汇项目融资渠道还比较单一，CCER 项目主要依靠政府财政，其他项目依靠社会公益性捐赠，项目计入期内后续监测、核证及运行管理费用通常较难得到保障。虽然我国的碳排放权交易体系暂时会形成一个封闭的市场，各试点市场之间主要依靠 CCER 连接，但从长期来看，未来各试点市场会逐步向全国统一市场过渡，全国市场会逐渐与区域或国际市场接轨。因此，建议结合国内碳市场发展特点及形势，统筹制定阶段性林业碳汇交易市场培育目标，灵活运用激励政策机制，试点尝试拓宽项目融资渠道，将市场和非市场途径相结合、公共部门资金和私营部门投资相结合、项目活动与属地行动相嵌套，开发碳金融产品服务林业产业，在推进全社会参与增汇减排行动的同时更好地实现行业发展目标。

4. 长期探索市场推进完善路径

碳交易体系是一项边研究理论边探索实践边发展完善的系统工程，不同国家、地区、行业、部门的实施效果可能都有较大差异。这不仅与多种碳定价技术指标相关，也与实施主体自身实际的社会经济发展状况密切关联。世界上历史最长的碳交易市场——EU ETS自2005年实施以来，不断吸取经验教训并针对新情况进行调整，至今远未发展成熟。欧盟第四阶段(2021—2030年)拟定的系列改革措施，包括加大减排力度、完善市场稳定储备(MSR)、提供更有针对性的行业援助，以及管理帮助工业和电力部门应对低碳转型挑战的基金等，达成里程碑式的协议，确保碳市场与时俱进，助力欧盟实现2030年气候减排目标。如同国际其他主要碳交易体系一样，我国的统一碳市场体系设计也不可能一蹴而就，也需要随着国内外减排形势和政策目标的变化及落地经验的积累而不断修订完善，伴随其中的林业碳汇交易更是如此。在CDM、JI和自愿市场等与《巴黎协定》中的新方法和新机制之间缺乏明确关联，国际需求走低、前景不明，国内交易单点难成线、面时，我国的林业碳汇市场究竟该如何培育？哪种模式能更高效地助力行业现代化发展，突出体现行业建设的长期性和重要性，贡献服务国家战略，实际是个非常重要的顶层设计问题。尤其是在生态文明建设、生态扶贫发展、乡村振兴战略、绿色低碳经济转型、节能环保与应对气候变化等多种政策体系并行推进的过程中，碳汇林业发展与其他机制的运行不可避免地会产生交叉影响，需要从更高层面上增强这些政策的整体性、协同性、系统性，广泛探索论证碳汇市场培育和演变完善的路径。

(二)推进国内林业碳汇市场建设的建议

1. 夯实法规政策根基

国际碳交易市场发展经验表明，法规制度是保障整个碳交易体系顺畅运行的基石，尤其是对市场建设相关的柔性机制包括履约机制、奖惩机制、监管机制等，具有良好的落地执行效应。运用市场手段推进我国林业碳汇交易发展，也需要尽快确立相应的法规基础。现阶段，一方面应积极参与推进国家应对气候变化与碳交易管理立法程序，促使排放权贸易实施、控排企业履约、林业碳汇活动抵消等相关的法规条例尽早出台，推动试点市场和全国统一市场的良性运转，从而带动林业碳汇交易发展。另一方面，在完善森林法体系或物权法体系的过程中，应尽可能明晰森林碳汇产权，坚持碳汇产权与林木产权的协调统一性，保障产权所有者及其他参与主体的权益；同时，要从政策层面上完善林业碳汇项目交易管理制度，积极争取扩大林业碳信用抵消履约的纳入比例，降低市场交易及履约合格性准入门槛，统筹开展自愿市场与管制市场转化利用模式试点探索。也可以借鉴新西兰林业碳交易、国际航空部门碳排放方案或基线信用体系相关经验，另辟蹊径，研究出台林业行业配额管理方案，统筹推进林业碳汇交易与国家及试点碳市场的链接融合工作，利用政府、市场、公益等多种手段全面推动森林生态补偿发展。此外，还要重视法律强制力和技术执行力的充分结合，降低项目开发与交易管理的制度成本，提升林业碳汇项目的规模经济性，激励各类市场形成稳定有效的碳汇需求。

2. 扩大碳汇市场需求

本质上，林业碳汇交易是一种政策驱动下的交易，主要需求量来源于政府或企业联盟内部的强制性限排规定。在全国碳市场启动运行试点阶段，若想提升国内市场需求，首先应研究增加林业碳汇市场需求的激励政策，制定并实施与全国及区域市场融合发展的林业总量控制与碳配额交易方案，在国家气候主管部门统筹管理框架下，由行业部门主导推进林业碳配额分配、监测认证及抵消监管等工作，为"两山论"与生态文明及林业现代化协同发展探索实践模式；或协调增加林业项目碳信用抵消履约使用比例，提高其他类型项目碳信用市场准入条件，逐步扩大强制减排覆盖范围，降低市场准入门槛，收紧配额分配总量，并从财税政策、补贴政策和金融政策等方面鼓励更多的社会主体积极参与市场交易，刺激需求快速提升。其次，建立稳定高效的跨部门合作机制，合理安排碳汇交易制度和实施规则，针对管制市场和自愿市场分类施策，提前公布重要决策及工作计划等信息，释放长期和稳定的市场信号，增强市场信心，促使政府、行业、企业、机构等协同发力，提升更多不同类型的碳汇交易需求。同时，结合"自上而下"的政策实施与"自下而上"实践反馈，不断完善林业碳汇项目管理体系，扩大项目融资渠道，允许多种模式、机制和认证标准并行发展，如推进自愿碳信用转换进入管制市场抵消履约试点范围扩大，在供给侧为市场提供丰富可选的碳汇产品类型从而拉动部分市场需求等。此外，大力宣传普及林业应对气候变化及增汇减排相关知识，推广多样化的绿色低碳实践模式，增进交流，唤醒潜在需求者，提高社会公众的参与意识和实践能力，吸引更多公司、组织、个人等参与林业碳汇行动。

3. 加强碳汇市场监管

统筹监管林业碳信用或碳配额的生产、监测、报告、核查、签发、交易、抵消、注销等全过程，是确保全国林业碳汇交易市场稳定培育及可持续发展的重要内容。要想全面合理监管，不仅需要在制度建设和机制设计时通盘考虑，出台针对性的激励与惩罚政策，纳入经济、环境、可持续发展等领域的专家，建立林碳市场相关评估委员会和监督委员会，吸纳项目当地县、市、省级林业部门力量，定期监管项目进展成效，持续评估市场运行效果，提高林业碳信用或碳配额的可靠性和可信度；还需要高度重视信息公开和宣传引导工作，建议由行业政府部门主导建设独立网站，公开林业碳汇交易相关的政策管理文件、标准指南、方法学和应用工具、基础数据和项目登记数据、市场计划和重要决定、活动影响和市场分析报告、效果评估和监管报告等内容，为不同主体系统获取权威信息提供公信力强的窗口，正确引导社会参与并监管反馈。对于抵消履约用的林业 CCER 或交易用的碳配额，最好可以统计查询，并追踪到项目减排量产出、备案签发、交易流转，再到抵消履约和注销灭失的全过程，以确保全过程监管数据源的准确性。此外，搭建专家技术咨询服务平台，建立政府、企业、DOE 多方沟通机制或信息回馈机制，注重收集不同利益相关方的发声；建立动态化的评审专家、核查人员、DOE、咨询服务机构等资质管理制度和项目不同环节参与人员的长期备案制度，以及针对不同市场主体的信用评价机制等，开放信息举报与反馈途径，防止角色重叠和利益交叉，严惩违规、失信人员和机构等；多措并举，维护公平健康的市场环境。

4. 完善交易支撑体系

良好的市场培育过程需要管理政策、体制机制和支撑体系紧密结合并不断完善。在国家碳市场试点运行阶段，完善林业碳汇交易支撑体系的建议如下：①建立稳定的项目备案签发制度和顺畅的评审沟通机制，针对不同类型市场和应用目的，出台项目准入资格条件，简化管理程序、操作流程和方法技术，如改革额外性评估方法、小规模项目免除额外性论证、碳中和项目不用事前计量等，提高签发工作效率；②完善林业碳汇相关的指南标准、方法参数、模型方程，扩大碳汇技术覆盖领域，如湿地碳汇、红树林碳汇、土壤碳汇、草原及海洋碳汇等，推进区域实操性更强的方法技术落地实施；③建立部分作业电子化 MRV 体系，完成林业碳汇标准生产、监测和认证一体化网络工作进程，规范监管碳汇供应；④完善项目开发报送、注册登记、交易流转、抵消灭失全环周期的数据统计系统和电子化记录平台，持续开展项目及市场数据分析，从签发端和抵消端多重关联审查，防止重复计算和抵消，确保碳汇生产、签发和交易的真实性与有效性，避免交叉重叠牟利；⑤培养碳汇专业人才队伍，强化能力建设，多层次多渠道开展系列技术培训与实践交流活动，系统储备项目开发管理、计量监测、核查认证、统计研究等多方面科技人才，减少外包工作环节，降低开发成本；⑥加大交易相关研究，逐步量化伴随碳汇而产生的非碳效益，从政策、管理、技术、人才、融资、影响及成效等不同角度产出应用成果，为推进交易发展提供科学参考。

(三) 林业碳汇市场发展展望

碳市场是国家或区域控制温室气体排放的政策工具和制度创新，林业碳汇交易不仅是全球碳交易体系中的重要组成部分，也是应用市场工具开展气候综合治理工作的先驱者和探路者。《巴黎协定》中国家自主贡献和合作机制的提出以及对森林增汇减排效果的高度肯定，掀起了全球碳定价行动的热潮；我国现已正式启动运行统一的碳排放权交易市场，并全面着力、探索掀开运用市场手段控制和减少温室气体排放的新篇章。虽然目前各种碳定价机制经过多年发展仍旧处于起步阶段，尤其是林业碳汇交易还具有层次性、区域性、多种补偿机制以及政府参与程度高等特征，市场发展远未达到成熟稳定状态；而且国内林业 CCER 项目暂时停滞，自愿市场交易量低微，除 FFCER 签发量稍多之外，其他交易项目屈指可数，未来的碳汇市场培育之路还面临重重挑战；但作为一种新兴市场以及最具成本效益的应对气候变化政策工具，充分利用林业的增汇减排作用推进区域碳市场发展已成为全球碳定价行动的通行做法，在我国大力推进生态文明建设与生态资产账单化管理的大背景下，唯有统筹规划、多方参与、多措并举、协调推进、开源扩流，才能逐步建立起产权清晰、保护严格、流转顺畅、活跃丰富、监管有效、公开透明、具有国际影响力的林业碳汇交易体系，才能真正实现林业生态产品多元化补偿目标。林业碳汇交易筹备未央，来路可喜，去途犹长。

主要参考文献

Ackva J, Eden A, Acworth W, et al., 2018. Emissions Trading Worldwide: Status Report 2018[R]. Berlin: International Carbon Action Partnership. http://www.icapcarbonaction.com

Santikarn M, Eden A, Li L, et al., 2017. Emissions Trading Worldwide: Status Report 2017[R]. http://www.icapcarbonaction.com

华志芹，2015. 森林碳汇市场的产权制度安排与经济绩效研究[J]. 湖南社会科学(3)：115-119.
明辉，漆雁斌，李阳明，等，2015. 林农有参与林业碳汇项目的意愿吗—以 CDM 林业碳汇试点项目为例[J]. 农业技术经济(7)：102-113.
王倩，曹玉昆，2015. 国外林业碳汇项目激励机制研究综述[J]. 世界林业研究(5)：1-14.
周荣伍，曾以禹，吴柏海，2013. 国际林业碳汇交易市场分析及启示[J]. 林业经济(8)：16-23.

资料来源

Emissions Trading in Practice：a Handbook on Design and Implementation. http：//www. worldbank. org
State and Trends of Carbon Pricing 2014. https：//openknowledge. worldbank. org/handle/10986/18415
State and Trends of Carbon Pricing 2017. https：//openknowledge. worldbank. org/handle/10986/28510
State of Forest Carbon Finance 2016. http：//www. forest-trends. org/publication. php
State of the Forest Carbon Markets 2013. http：//www. forest-trends. org/publication. php
State of the Forest Carbon Markets 2014. http：//www. forest-trends. org/publication. php
State of the Voluntary Carbon Markets 2012. http：//www. forest-trends. org/publication. php
State of the Voluntary Carbon Markets 2013. http：//www. forest-trends. org/publication. php
State of the Voluntary Carbon Markets 2014. http：//www. forest-trends. org/publication. php
State of the Voluntary Carbon Markets 2016. http：//www. forest-trends. org/publication. php
State of the Voluntary Carbon Markets 2017. http：//www. forest-trends. org/publication. php
中国清洁发展机制网. http：//cdm. ccchina. gov. cn
中国碳市场分析 2017 年版. http：//www. greenstone-corp. com
中国自愿减排交易信息平台. http：//cdm. ccchina. gov. cn/ccer. aspx

专题八　世界林产品绿色消费

2015年5月中共中央、国务院发布了《关于加快推进生态文明建设的意见》(以下简称《意见》)，指出应"协同推进新型工业化、城镇化、信息化、农业现代化和绿色化"。"绿色化"首次被正式提出，并与工业化、城镇化、信息化、农业现代化一起构成了"新五化"。《意见》提出，要"倡导勤俭节约的消费观。广泛开展绿色生活行动，推动全民在衣、食、住、行、游等方面加快向勤俭节约、绿色低碳、文明健康的方式转变，坚决抵制和反对各种形式的奢侈浪费、不合理消费"。2015年10月党的十八届五中全会又提出，必须牢固树立并贯彻包括"绿色发展理念"在内的五大发展理念。无论是"绿色发展理念"的贯彻，还是"绿色化"的全面实现，都不能仅靠政府和企业，需要全社会实现生活方式和消费方式的绿色转型。2017年5月26日，中共中央政治局就推动形成绿色发展方式和生活方式进行第四十一次集体学习，习近平同志在主持学习时提出"倡导推广绿色消费"，重申绿色消费模式对于生态文明建设的重要意义。人人践行、推动绿色消费，尤其是深化林产品的绿色消费更是全面实现"绿色化"的题中之义。

林产品绿色消费指在消费林产品(包括森林生态服务等在内的广义林产品，下同)的过程中从消费观念、行为方式，到消费过程以及结果实现"绿色性"的一体化。林产品天然的绿色属性决定了其在绿色消费中的主要地位。近年来，在政府及相关部门的大力倡导下，绿色消费的氛围已初步形成，绿色消费的理念开始深入人心，林产品绿色消费群体也越来越大。但相较发达国家，我国林产品绿色消费的发展状况并不乐观，且存在结构性失衡，整体尚处于较低水平，也远远达不到我国经济发展的需求。

基于以上背景和现实需求，本研究首先在综述林产品绿色消费相关理论概念的基础上，系统梳理驱动林产品绿色消费的政策框架与工具，归纳总结世界典型国家林产品绿色消费的实践。其次，分析中国林产品绿色消费政府驱动的现状及问题。最后，在借鉴国际经验的基础上提出促进中国林产品绿色消费的政策建议，为优化林产品绿色消费模式、提高林产品绿色消费占有率提供科学依据和决策参考。

一、林产品绿色消费的内涵

(一)绿色消费概念的提出

绿色消费最早由国际消费者联盟(International Organization of Consumer Unions，IOCU)

于1963年提出，指出消费者应有“环保”义务，并于1991年通过“绿色消费主义决议案”，呼吁全球的消费者支持生态标志计划，在商品、服务选择过程引入生态意识与绿色消费观念。1992年，联合国环境与发展大会通过《21世纪议程》，其中正式提出绿色消费的命题，倡导各国发展过程中谋求绿色消费模式。1994年，联合国环境规划署(United Nations Environment Program，UNEP)发表的报告《可持续消费的政策因素》以及同年联合国在挪威奥斯陆召开的可持续消费专题研讨会，进一步对绿色消费的内涵给予界定和明确。绿色消费是指提供服务以及相关的产品以满足人类的基本需求，提高生活质量，同时使自然资源和有毒材料的使用量最少，使服务或产品的生命周期中所产生的废物和污染物最少，从而不危及后代人的需求(Waite，2012)。绿色消费并不是介于贫困引起的消费不足和因富裕引起过度消费的折中，而是一种新的消费模式，它适用于全球各国各种收入水平的人们。绿色消费连接着从原料提取、预处理、制造、产品销售、使用、最终处置等整个连续环节中的所有组成部分，而其中每一个环节的环境影响又是多方面的(Overdevest，2010)。

(二)林产品绿色消费的定义

结合一般绿色消费的定义以及广义林产品的特性，本文提出林产品绿色消费的定义为提供广义林产品及服务，以满足当代人对森林生态产品、相关物质产品、精神产品的综合需求，使林产品消费层次不断提高，以全面提高人类的生活质量，同时使森林资源的使用和有毒物质、废弃物、污染的产生最少，从而不危及后代人获取生存和发展所需林产品的能力。

林产品绿色消费主要包括四个方面的含义：①它是既符合代际公正又符合代内公正原则的消费。既要满足当代人对林产品的需求，同时又不危及后代人对林产品的需求。消费的公正性是林产品绿色消费的核心。②它是一个动态的概念，即这一消费建立在人与森林生态系统、人与经济社会和谐统一的基础上，能保证人类对林产品的消费需求，不断地由简单稳定向复杂多变发展，由低层次向高层次递进。这种发展和递进体现着经济社会的文明和进步。③它要求人们适度消费，反对过度消费，倡导生态价值观和绿色消费伦理道德观，促进人们的消费观念、消费结构、消费行为和消费模式向有利于环境保护、生态平衡的方向发展。④它要求政府采取必要的调控手段，同时配合林业企业的绿色生产、非正式组织的健全、市场体系建设、绿色消费教育等方面的共同努力，坚决遏制和扭转森林资源遭到破坏、生态环境恶化的趋势，促进林业绿色发展。

(三)林产品绿色消费的特征

要想确立林产品的绿色消费模式，在明确其与传统的消费模式的区别的同时，还应该明确由于林产品的独特属性，决定其绿色消费模式存在的本质的不同，从而才能从根本上构筑林产品绿色消费模式。

1. 林产品绿色消费的本质要求是可持续

传统的消费观念将人与自然关系对立起来，人类凌驾于自然界万物之上，成为主宰、统治者。人类对森林资源的贪婪掠夺，导致森林资源和生物多样性的锐减，极大地破坏了人类赖以生存的生态环境。林产品绿色消费观念则强调人类社会与自然保持协调关系和良性循环，坚持森林资源的可持续利用，从而实现人与自然和谐统一，生态与经济共同繁荣。

2. 林产品绿色消费以全面发展为主要特点

林产品的绿色消费必须以质量和数量同步、稳定增长为前提，决不能把发展等同于经济增长，传统的消费模式以“产品高价、资源低价、环境无价”为特征，导致了严重的资源破坏和环境污染。林产品绿色消费以林产品具有公共产品特征的生态产品消费为主要评价指标，设置生态预警系统，同时，协调好物质产品与精神产品的比例，大力倡导精神林产品的消费，如森林旅游、人文景观的消费，以提高人类的生存质量。

3. 林产品绿色消费强调适度消费对生产的促进作用

从生产到消费的社会再生产过程中，消费是极其重要的，既是生产的目的也是生产的动力。在以往的研究中，学者们普遍偏重于生产的研究，过分强调了生产在整个林业发展中的重要性，而忽视了生产与消费的统一。随着人类日益增长的对森林生态环境及林业物质产品和文化产品的需求，林产品的消费模式必须相应改变，以促进林业的“两大体系”建设。同时这种有节制的绿色消费能够给林业生产一个“喘息”的机会，使其步入良性循环的轨道。

（四）林产品绿色消费的内容

绿色消费包括三个方面的内容：其一，倡导消费者在消费时选择未被污染或有助于公众健康的绿色产品；其二，在消费过程中注重对垃圾的处理，不造成环境污染；其三，引导消费者转变消费观念，崇尚自然，追求健康，在追求生活舒适的同时，注重环保、节约资源和能源，实现可持续消费（劳可夫，2013；周泽宇等，2018）。

绿色消费并不意味着消费绿色，也即消费林产品不代表着绿色消费。林产品绿色消费不仅包括消费林产品本身，还包括物资的有效使用、回收利用，以及对生存环境和物种的保护等。林产品绿色消费涵盖生产行为、消费行为的方方面面（李剑泉等，2008）。具体来看，林产品绿色消费主要包括三方面的内容：一是消费符合生态环境可持续标准的林产品，即抵制非法采伐的木材及其制品，消费通过森林认证的林产品；二是林产品消费过程中注意环境保护、杜绝浪费资源，高实用、低量度地使用林产品；三是注重森林资源的保护，坚持林产品的重复使用和循环利用等。

二、驱动林产品绿色消费的政策工具与机制

林产品绿色消费是一种在消费前、消费中和消费后都综合考虑消费有可能给环境造成的负面影响的现代新型消费模式。在传统消费模式与理念仍占主导的背景下，为切实将林产品绿色消费模式与理念融入现代生产、生活中，政府顶层设计的制度性引导是必不可少的（李小勇等，2012）。近年来，人们对林产品绿色消费的理解不断加深，林产品绿色消费引起了越来越多决策者的关注。在全球、区域、国家和地方各个层面已经开展了关于林产品绿色消费的研究，并形成了各种政策举措（张莹、刘波，2011）。根据各类政策工具所采用的方法对其进行分类，运用经济学和管理学理论从生产端和需求端分析政府规制政策推动林产品绿色消费的内在机理，从而在充分发挥市场对资源配置主导作用前提下，为政府制定促进林产品绿色消费的政策提供理论依据。

(一)政策工具

1. 战略及行动方案

战略及行动方案为公共团体或政府机关制定行动计划，以落实由国家或地方政府制定的各种目标。例如，全球范围内，很多国家政府已经制定了地方层面的城市垃圾管理战略和林产品绿色消费与生产行动计划。

2. 监管手段

监管手段是各国政府长期使用的工具，在全球范围内都是有效制定环境政策的基础。在促进林产品绿色消费发展方面，可以通过制定法律法规授权或禁止某些特定的消费行为以及对某些产品的使用。与林产品绿色消费相关的监管措施则可以分为以下三个大类：环境质量标准、技术/排放标准、限制和禁令。

3. 经济工具

经济工具促进了环境决策效率和效果的提高。目前国际上较为普遍的与林产品绿色消费相关的经济工具主要包括以下几个方面：一是财政政策，主要包含林产品绿色消费财政支出政策，如政府的绿色采购、财政补贴和绿色消费的税收政策等。公共采购政策旨在确保已购买的木材产品是合法生产的，可以促进森林可持续管理和环境保护。例如，日本、新西兰和一些欧洲国家都有可执行的木材采购政策，许多区域和地方政府也都制定了采购合同的限制性条例(Deppe，Jann，1994)。征税是政府在环境管理中常用的经济手段。比如对污染环境的消费课以重税，抑制其生产和消费；而对绿色产品的生产和消费在税收上给予适当的减免，降低厂商的生产成本，激励公众消费绿色林产品，促进林产品绿色采购的蓬勃发展，从而实现消费模式向绿色消费转变(湛泳，汪莹，2018)。政府财政补贴包含两种不同的方式，一种是固定数量的财政补贴，即不随企业生产规模的变动而改变；另一种是按一定的比例进行补贴，即生产的绿色产品的数量越多，政府补贴的额度越大。而对购买绿色产品的消费者进行价格补贴能够极大地增加绿色消费的动力。二是金融政策，通过调节贷款利息，公开市场业务等手段，来促进对林产品绿色生产的投资。三是产业政策，指政府通过制定产业政策，促进绿色产业部门的发展(葛察忠等，2015)。

4. 信息化政策工具

信息化政策工具在近年来变得更为普及，这在一定程度上是因为信息技术革命减少了信息收集、分析和传播的成本。信息提供与意识提升工具旨在向消费者提供有关产品或服务的信息(如产品质量、认证情况、使用说明等)，希望通过让消费者获得或提高对某种产品特性的认知影响消费行为。目前，能促进林产品绿色消费的最重要的信息化措施是经第三方认证程序通过获得的产品标识。

5. 自愿协议

自愿协议指政府机构与一个或多个私营机构就实现环境目标或改善环境绩效而签订的协议，这些协议已经超出了监管义务的范畴。自愿协议可以包括奖励和(或)处罚或制裁。因为有协商这一因素存在，此类政策措施与典型的自上而下式监管方式有所不同。

(二)驱动机制

林产品绿色消费涵盖生产和消费行为的方方面面，是全过程的绿色化(张利明，2019)。从生产端和需求端两个角度出发，基于经济学和管理学理论探讨政府通过政策工具，规制企业进行林产品绿色生产，引导消费者的消费观念与行为向绿色消费转变的内在机理。

1. 政府规制政策对绿色林产品供给的影响机制

依据“波特假说”，从动态的角度考虑，生产者能够在规制政策的引导下进行绿色生产创新活动，扩大绿色产品的供给，并最终实现高利润与绿色生产的双赢格局。短期内，生产者为了遵守环境规制达到绿色产品生产标准，会因环境税费、治污设备购置、认证费用等造成生产成本增加，进而导致市场竞争力下降(Rouban，1995)。特别是在国际市场中，由于各国执行的环境标准差异较大，那些污染密集型产业会因短期的成本变动而明显失去竞争优势，难免会产生不确定性和悲观心理预期，致使生产者往往忽视潜在利益。但同时在动态的现实情境下，信息的不完全性和企业的无效率管理，进一步阻碍了生产者最优决策的形成。此时只有通过政府的政策规制来激发生产者的绿色创新行为。从长期动态的视角来看，在政府规制政策的约束下，生产者为了消化其内部的环境成本，必须积极改变原有生产方式，在减少原材料投入、能源消耗和污染物排放等环节进行工艺改进和技术创新，以改善产品质量、降低生产成本、强化环保理念，探索更具竞争优势的绿色生产方式。政府规制政策将会激发创新活动，这一创新将补偿为达到绿色产品生产标准而额外增加的生产成本，即成本上升的负面影响将会随着企业的创新活动和效率提高而逐渐抵消，并同时形成符合绿色生产和绿色消费理念的更具发展潜力的新竞争优势(王鑫，袁祖社，2019)。

具体来看，首先，政府通过出台各类环境政策，能够帮助企业明确市场潜在空间或机会，提升生产者对环境保护方面的投资热情。例如，波特在研究美国明尼苏达矿务及制造业公司后发现，该公司自 1995 年起因污染防治方案的实施而节约了 4.8 亿美元的生产费用，并通过减少 50 万 t 废物排放而节省了 6.5 亿美元的能源使用费。美国杜邦公司按照环境政策要求，制定了对臭氧损耗物含氯氟烃分阶段处理的研究计划，并开发了一系列低臭氧损耗产品，这一计划使得杜邦公司成为氧损耗物含氯氟烃替代技术的先导并获得了明显的国际竞争力(Kilbourne，Pickett，2008)。其次，政府能够为生产者的绿色生产活动提供保障，有利于降低生产绿色产品投资的不确定性。各类规制政策的出台与实施，不仅保证了政策与制度环境的稳定性，还能使生产者从宏观层面对其绿色产品生产活动及效率改进做出判断，降低绿色生产技术研发的不确定性。最后，政府规制政策还会使生产者形成一种先发优势。随着低污染、低能耗的绿色产品越来越受到市场的欢迎，相关的生产者通过这种绿色创新而不断开辟新市场。如果某国能够基于国际环保趋势先于其他国家制定合理的环境规制政策，那么该国企业就能从中获得先行的竞争优势。此外，作为一种外界刺激因素和信号，绿色生产规制政策还能改变传统的竞争环境。

因此，政府利用严格的环境标准、灵活的市场手段和信息手段，有助于生产者明确潜在的获利机会，并有针对性地提高绿色生产技术创新能力和管理组织能力，从而有效扩大绿色产品的供给，实现利润增加与绿色生产的双赢格局。

2. 政府规制政策对绿色林产品需求的影响机制

(1)经济工具对消费者的激励作用。价格是影响消费者购买决策最根本、最重要的因素。从经济学的视角看，当绿色产品的价格高于消费者为购买所需数量的某一商品而愿意支付的最高价格即保留价格时，消费者会失去购买绿色产品的动机。而现实中绿色产品的价格普遍高于传统产品，在绿色消费发展的初期，消费者环保偏好较弱，面对较高价格的绿色产品，消费者会根据自身的支付意愿选择价格更低的传统产品（朱庆华，王明，2010）。此时，有必要通过政府政策工具，在充分发挥市场配置资源的主导作用的基础上，促进社会资源向绿色消费领域的合理流动。通过对购买绿色产品的消费者进行价格补贴能够极大增加绿色消费动力。

（2）政策法规对消费者的制约作用。政府的环境政策法规能够规范绿色消费态度和行为，从而影响消费者的选择，使其向预定的政策目标发展（王嘉宁，2013）。各类环境政策规定都可以直接影响到消费者的绿色品牌消费态度，这是由于消费者对环境政策和相关规定的感知会激发其环保意识。张爱勤（2006）认为建立科学有效的消费约束机制，对控制浪费、节约资源，具有显著作用。Kilbourne 和 Pickett（2008）认为除了市场的客观因素外，政策约束对绿色消费也有一定促进作用。劳可夫（2013）研究了受环境条件约束下的绿色消费影响机制，认为政府的约束将通过影响消费者的绿色消费态度影响消费者的绿色消费行为。

（3）宣传教育对消费者的引导作用。消费者对绿色消费的认可程度直接决定着绿色消费的社会化程度（刘宇虹，2003）。目前，许多消费者对绿色消费还存在很多误解，认为绿色消费就是消费纯天然资源，而且对绿色产品的标准、类别等相关知识的了解十分欠缺。同时，市场上假冒绿色产品标志等鱼目混珠现象的广泛存在，更是令消费者无法正确判断和辨别。这种信息不对称的现状使消费者在消费博弈中更倾向于购买价格低的传统产品。宣传教育可以向消费者传达绿色消费的真正内涵，让消费者掌握绿色消费和绿色品牌的基本知识，并且政府利用信息传播媒体组织收集、定期发布绿色市场信息，有利于打破绿色消费中的信息不对称状态，增加消费者博弈中绿色消费的倾向性，进而推动绿色消费的发展。

三、国外林产品绿色消费的实践经验

发达国家在实施绿色消费方面起步较早，其林产品绿色消费已走在了世界前列。目前，我国还处于林产品绿色消费的探索阶段，发达国家在推动林产品绿色消费的实践取得了良好的效果，对我国推行林产品绿色消费模式具有重大的启示意义。以下总结概述了部分发达国家在林产品的全商品供应链上促进林产品绿色消费的实践。

（一）开展政府林产品绿色采购，引导绿色林产品需求

在全球森林面积锐减的背景下，政府林产品绿色采购兴起。政府林产品绿色采购是指在政府公共采购中，采购合法的、可持续来源的林产品（苏昕，周升师，2019）。政府林产品绿色采购将环境保护尤其是保护森林资源的要求融入政府采购制度或政策中，通过政府自身的绿色消费行为对个体消费者起到示范作用，有利于绿色消费市场的形成。

1. 英国政府林产品绿色采购的实践

英国制定与木材采购相关的政策最早是在 1991 年。在政府颁布的环境指导法案中包括了建筑设施的环境管理框架，并且要求每个政府部门在 1992 年年底都要制定相应的采购战略，包括绿色来源的木材的采购。1997 年，环境部门、交通运输部和各州都制定了

“自愿指导方针”，建议政府部门应该寻求购买绿色、合法的木材和木制品。自从 1999 年以来，关于政府采购的绿色发展政策已经影响到北爱尔兰、苏格兰和威尔士的政府部门，并且初步确定了关于木材采购的政策，规定在 2000 年英国政府各部门必须都要执行。在苏格兰和威尔士执行了不同的政策。北爱尔兰没有制定相应的政策，并且目前还没有计划何时制定木材采购政策(孙丽芳等，2018)。

(1)林产品政府采购政策制订。2000 年 7 月 28 日，英国环境委员会发表了关于政府采购的声明，声明中要求把所有中央政府部门和机构都包括在推行绿色采购的范围之内，要求各政府部门积极采购绿色的、合法的木材和木制品，并提到把经过 FSC 体系认证资源作为合法、绿色来源的一个范例。为了保证采购目标、数量和种类而采取的各种行动，以及为了保证木材来源的合法性、绿色性获得证据，要把每个中央政府部门的采购都计算在内，从而可以报告每年的总体木材采购情况。2000 年 8 月，在“木材：采购者回答的问题”的指导建议下出台了相关的政策。指导意见指出，政府部门应该详细审查供应商所提供的合同，确保所提供的文件证明来源于正规的管理渠道，从而保证政府部门采购绿色生产的木材。所提供的文件要证明木材已经得到了认证，是可信的、独立的、合法的，能够把执行环境管理体系与森林管理标准结合起来的，并且与国际认可的准则相一致，同时要求采购者能确保木材的采购符合《濒危野生动植物种国际贸易公约》(CITES)。

(2)林产品政府采购政策实施经历。虽然英国在林产品绿色政府采购政策制定方面已经初见成效，但是相关部门政策执行进展较为缓慢。2002 年 11 月，政府委员会制定了针对各部门的信息指导意见，建议采购部门遵守政府政策以及在合同中载明建议的规范化条款。2003 年的年度报告中，政府绿色发展工作组(SDIG)认为有些部门在贯彻政府政策方面已经取得显著的进步。报告中指出所购买木材的 66%已经得到了证实，其中 99%的木材具有绿色性来源的证明。SDIG 也指出，在林产品没有得到认证的前提下，还不具备统一的方法来评估有关木材是否是绿色性的。从新的指导意见看，它是一个“渐进(stepwise)”政策，其最低要求是合法来源的木材，但是更高要求是采购合法的和绿色的木材。

(3)英国林产品采购政策中的认证体系。关于政府各部门购买的木材是否为合法和绿色来源的确认，2005 年 8 月，CPET 宣布了英国合法和绿色的标准，即供应商可提供两种证据以证明材料合格：A 类(以证书为凭证)和 B 类证据(其他形式的证据)。法律及政策纲领不允许公共部门采购员只要求供应商提供经认证的产品。A 类证据是指 CPET 已经评估了的 5 个认证体系，并进行了确保它们始终符合英国政府准则的年度审查。希望提供 A 类证据的供应商必须持有这 5 个体系之一的产销监管链证书，而且发给公共部门采购员的发票上须载有说明证书覆盖的供应材料已通过认证的注释。CPET 建议公共部门组织要求供应商提供证书并检查证书是否有效，也建议他们应确保收到的货物是发票上说明的经认证货物。B 类证据必须能够依照要求可信地证明产品来自合法采伐和绿色的森林，而且产销监管链能显示有关森林资源与最终产品的连接关系。CPET 将对每一种 B 类证据的效力酌情作出决定。为了使程序更易理解并确保公平一致，木材采购专家中心正在制定一套评估纲领。

2. 法国政府林产品绿色采购的实践

虽然法国拥有欧盟最大的温带森林——面积达 1 500 万 hm^2，但同时法国也是欧盟国家中进口热带木材(大多来自非洲)的主要国家之一。在法属圭亚那等地区，法国拥有 800

万 hm^2 的热带森林。法国与许多非洲国家，都有成熟的林业合作，法国企业在热带木材贸易中一直占据主导地位。

随着全球对热带木材来源的关注，国际社会特别是一些非政府组织希望法国采取措施规范热带木材的来源。近些年来，法国在这方面采取了以下措施和行动。2004 年 4 月 7 日，法国出台《法国热带森林保护政府行动计划》，提出以下意见：对法国热带森林进行更好的保护，实施绿色林业管理；加强与其他国家，特别是非洲国家的林业合作与援助；促进 FLEGT 进程；成立国家热带雨林工作组，由政府部门、林产和贸易专业人士、非政府组织和独立专家组成，起草《法国热带森林政策白皮书》。

鉴于公共采购占到法国消费热带木材的 1/4，设立《公共采购建议书》项目。该项目计划目标：来自合法和绿色管理的木材及木制产品，在公共采购中的比例 2007 年要达到 50%，2010 年要达到 100%。2004 年 5 月，法国财政部、农业部(林业政策主管部门)、生态和绿色发展部三个部门完成建议书。2004 年 10 月和 12 月，法国国家热带雨林工作小组开始相关的协调工作。2005 年 1 月 24—28 日，联合国教科文组织的生物多样性、科学和管制国际会议召开，法国总统希拉克宣布，从这一年开始，法国各州在大型建筑物上只使用经生态认证的木材；到 2010 年，所有的木材公共采购都将遵守这一规定。2005 年 4 月 5 日，法国总理批准了《公共采购建议书》，并于 2005 年 4 月 8 日在官方刊物出版。《公共采购建议书》主要包括两部分内容：一是总理对林业政策的阐述，二是木材公共采购实施细则。《公共采购建议书》规定了法国木材公共采购政策范围、实施步骤和方法。

《公共采购建议书》政策范围主要有：①对于法国各州政府机构的公共采购实施强制规定，要求他们无论是否有足够的潜在木材供给，无论是何种购买目标，都必须考虑到林业绿色经营。②对于地方当局，建议采纳该政策。③对热带和非热带林产品均采取无歧视政策。鉴于法国此前对木材公共采购尚无规定，《公共采购建议书》建议稳步实施木材公共采购政策，敦促公共采购者充分参考现有政策工具——“绿色林业管理方案”和“木材产品绿色林业管理生态标签”(实际上，这样的生态标志在法国共有 6 个：1 个家具标志，1 个木材区段标志，4 个纸产品标志)。建议书对公共采购具体产品类别也作了阐述，主要有两类：一是木材、锯材和薄木片、胶合板；二是经过二次加工的所有产品，如橱窗、家具、纸产品等。采购类型有两种：一是政府组织的公共建筑工程：在确定公共采购项目时，要求公共采购者与木材专家签约；二是木质产品建筑，必须遵照产品采购规程的具体要求。

对于 I 类产品，建议书要求竞标者至少提供以下 5 份证书中的一种(或同等证书)：①由独立机构或采伐所在国出具的木材源于合法砍伐证明，且这些证明都必须按照相关的国际公约予以核实。②由独立的第三方出具绿色林业管理的证明(当独立第三方提供相关认证时，可参考现存的绿色林业管理认证计划)。③由当地政府来评估森林管理计划的文件，并且文件的实施要经过具有相关森林管理经验的独立第三方的核实。④能够证明林业经理或者拥有人遵守良好的行为规范，其中包括合法和绿色林业管理的法律和收购承诺，并且定期由独立第三方审核。⑤能够证明供应方遵守良好行为规范，包括只购买来源合法和绿色管理的木材，并且将接受独立第三方的定期检查。

3. 丹麦政府林产品绿色采购的实践

2003 年 6 月，丹麦环境保护署和丹麦林业和自然署出版了《热带木材采购：环境指南》(以下简称《指南》)，目的是“确保公共部门和准公共部门以一种合法和绿色性的方式采购热带木材，并且在采购时更加便利”。该项政策仅针对公共部门，但不是强制性的。该政策主要由丹麦林业和自然局下属的咨询专家起草，丹麦政府正在考虑拓宽政策的适用范围，包括非热带森林木材的采购，但是此项决定直到 2003 年 12 月还没有执行。

（1）政策重点。《指南》推荐了可供采购方选择的三种标准：合法和绿色的；合法和向着绿色方向努力的；合法的。《指南》建议采购方购买合法生产的木材，如果不能购买到完全绿色性的木材可以考虑购买部分绿色性或者促进绿色性的木材；最低限度，应该要求供应商提供木材合法生产的证明。《指南》包括一个清单，具体规定了合法的、绿色的标准细则，采购方可以要求供应商遵循。关于采购木材的合法性标准，《指南》作了如下规定：生产商已经具备了必要的权利和许可，在指定的时间和区域内，可以采伐规定的树种、等级、面积；生产商已经履行了所有森林经营及森林经营对当地人民和环境产生影响的法律手续；生产商已经支付了所有的税收和关税；生产商已经获得当局认可的法律文件和许可证明，如果砍伐树种属于 CITES 范围，需要提供 CITES 许可证。关于热带木材的绿色生产标准，《指南》规定，应以 1992 年联合国环境与发展委员会（UNCED）制定的《森林原则声明》、国际热带木材组织（ITTO）和国际林业研究中心（CIFOR）的原则和标准为基础。《指南》同时认为，每一个具体的标准都应通过咨询的方式建立起来，让所有受到影响的团体组织参与进来，包括财政部门、环境部门和社会中的相关利益者等。

（2）合法性和绿色性的确认方法。关于合法的和绿色的、合法的和向着绿色方向努力的、合法的三种标准，《指南》提出了具体的确认方法，主要以相关认证体系和证明文件作为依据。除 FSC、MTCC 认证外，还有 LEI & Keurhout，Swan & Flower eco-labels 等。《指南》指出，一旦提供上述证明文件，可以利用这些文件从市场的角度和利用热带森林的相关知识来评估独立的第三方。《指南》还指出目前还未建立这种评估体系，但是可以推断，由已经具备审查资格的企业组织来对森林认证进行评估是完全可能的。因实施的时间较短，《指南》实施效果还无法评估。

4. 新西兰政府林产品绿色采购的实践

2003 年 6 月，新西兰内阁批准了一项临时木材采购政策，鼓励政府使用绿色的、稳定来源、经过认证的木材。临时政策要求各级政府机关采取各种合理措施，确保所有木材及木制品，包括热带木材及其制品，均来源于合法采伐、绿色方式经营的木材。政策要求政府在木材采购中扮演领导者的角色，从而鼓励政府各部门在遵守现行的政府采购政策的前提下，采购绿色生产的木材，优先采购经过认证的木材。对于符合要求的木材采购，给予一定的优惠，同时要求兼顾国内产品和进口产品。新西兰的临时木材采购政策主要对以下几个方面进行规定：

（1）所涉政府部门。木材政府采购中的政府机关主要有：1988 政府部门目录表列出的公共服务部门、新西兰国防和警察部门，鼓励其他部门参与。各部门要对最终采购决策负责，如判断第三方认证的可行性、采购的经济效益，以及遵守《新西兰政府采购：采购指南》的具体规定。

（2）采购产品种类。临时政策规定的木材采购范围主要有原木、锯材、胶合板；人造板；木制品；木制家具等。产品具体分类主要有两种：“澳大利亚和新西兰标准工业分类代码（ANZSIC）”适用于国内生产的木材产品；海关商品编码（harmonised system codes，HSC）适用于进口的木材产品。

(3)政策适用范围/界限。临时采购政策适用于合同金额超过 50 000 美元的木材和木制品采购；也适用于整个供货合同期内采购金额还未确定，但预计每年基本上可能超过 50 000 美元的情况。在实际操作中，要求有关部门采购的木材价值在 50 000 美元以下的也应考虑遵守该政策。政府采购部门不应选择估价、或合同分立的方式，以逃避政策约束。

(4)对供应商的要求。所有投标者和参与者的木材和木制品都要经过相关认证，如没有认证，须提交其他的可证明木材绿色来源的原始证明。例如，新西兰国内生产的、合法采伐的木材，根据《1991 年资源管理法案》和《1949 年森林法案》绿色管理的相关规定，可视为绿色产品。对供应商所提供的森林认证、监管链认证，或其他绿色来源的证明，投标规程要求进行审查、核实。临时政策提到的木材和木制品认证体系主要有：森林管理理事会(FSC)、泛欧洲森林认证委员会(PEFC)、美国林场体系(ATFS)、加拿大标准协会(CSA)、美国的绿色林业倡议(SFI)、ECO 木材标签、马来西亚木材认证委员会自愿木材认证计划(MTCC)等，对于其他的认证标准，农林部门应该严加审查。

(5)主管部门。各单位应该建立相应的系统来记录合同中所采购的木材和木制品，而且要追踪记录所选择的供应商、认证文件和产品的来源。这些信息最终提交给农林部，同时传达给经济发展部，帮助政府进行监控、评估、回馈临时政策的执行情况。环境部也分享这些信息，以评估政府各级部门进行绿色采购的利益。有关木材政府采购政策由农林部负责，一般政府采购政策由经济发展部负责。

(6)现状及后续工作。临时政府采购政策符合经济发展部所制定的一般政府采购政策，以新西兰政府和国际社会所认可的绿色森林经营为基础，要求将与木材采购的有关规定添加到现存的政府采购政策中去。为了更好地与相关政策影响方进行充分协商，修正政府政策执行方法，临时政策要求用两年的时间来进一步研究、咨询和监控，完善新西兰国内及国际认证体系。两年后，政府官员应汇报进展情况，从而可以全面了解临时木材采购政策存在的问题，为政府“是否应该把采购木材的临时方针变为强制性的政策”提供指导。2006 年 2 月，新西兰农林部发布《新西兰打击非法采伐及贸易建议措施》讨论稿，公布了新西兰打击非法采伐及贸易政策五大目标及实施程序。其中第 4 个目标就是“提高政府在打击非法采伐及贸易中的作用的意识”，计划 2005—2008 年，达到以下目标：一是确保新西兰木材政府采购政策的有效实施；二是增强对非法采伐及贸易问题对新西兰各级政府影响的认识。

5. 日本政府林产品绿色采购的实践

日本是一个木材消费大国和进口大国，木材年需求量的 80%依靠进口；同时，日本又是热带木材的主要进口国之一。因此，日本对木材的非法采伐和非法贸易问题非常关注。早在 1994 年日本就开始了有组织的绿色采购活动。1996 年政府与各产业团体联合成立了绿色采购网络组织(GPN)，自此开展了自主性的绿色采购活动，颁布了绿色采购指导原则、拟定采购纲要、出版环境信息手册等。2000 年日本政府颁布了《绿色采购法》，并于 2001 年全面付诸实施。2003 年日本政府制定了绿色采购调查共同化协议(JGPSSI)，建立绿色采购信息咨询、交流机制。2005 年在英国格伦伊格尔斯召开的 G8 峰会上，日本政府表示要将非法采伐对策纳入《日本政府关于防止气候变暖的倡议》中。

在此背景下，日本政府于 2006 年 2 月修订了关于推进环保产品等采购基本方针，发表了《敬告向日本出口木材及木材产品的同行们》的声明。声明指出，日本政府于 2006 年

4月起开始实施一项关于政府优先采购能被确认为合法采伐的木材以及以此为原料的木材产品的新制度。声明还指出，国家政府机关必须执行这项制度，对地方政府虽然没有强制性规定，但他们有义务向这方面努力，而对企业界则提倡执行这一制度。新政策的宗旨是规定政府采购的木材和木材产品必须保证其合法来源，同时要考虑这些产品的原材料是否来自绿色经营的森林。在此，“合法性”作为一项评价标准，是强制性的，而绿色性只是作为考虑因素。

采购商品种类主要包括纸、文具、办公家具、内部固定装置和寝具、公共设施的原料等5类。证明材料主要有三种：①森林认证证书；②行业协会及相关权威部门颁发的证明材料；③其他具有和①、②同样可信度的证明材料。另外，还有三点需要说明，政府采购承包商对采购商品的合法来源、其原材料是否来自绿色经营的森林负主要责任；日本方面，如日本进口公司等可能要求国外出口商出具上述3种证明材料；证明材料只需上述任何一种即可(Huang，2006)。

日本木材采购的新制度从2006年4月1日起实施，4月1日前开具的合法证明材料可以代替上述证明资料，但只是暂时性的，是过渡时期的措施。日本新制度的制订是保证木材和木材产品具有合法性、绿色性的第一步，将来还会根据需要继续修订。

(二)积极推进森林认证，保障林产品绿色供给

森林认证是由独立的第三方按照特定的绩效标准和规定的程序，对森林经营单位和林产品生产销售企业进行审核并颁发证书的过程。通过对认证的产品加贴认证标识，可实现从最终产品到原料来源的追溯，从而排除非法的木材采伐，确保产出相关林产品的森林得到有效保护，在生产端上保证林产品的绿色供给，对于推进林产品绿色消费发挥不可替代的重要作用。

1. 加拿大——多认证体系并存，多利益方参与

加拿大是森林认证的世界引领者，世界上的森林面积只有10%经过认证，而加拿大经过认证的森林总面积1.66亿hm^2，拥有世界认证森林面积的40%。由于加拿大幅员辽阔、森林类型多样、多种森林所有制并存，为满足森林认证主体的差异化需求，加拿大国内多种认证体系并存。目前，主要的第三方认证机构有加拿大标准协会(CSA)、森林管理委员会(FSC)、可持续林业倡议(SFI)。认证机构对森林进行评估，确认长期采伐可以持续、没有未经授权或非法伐木行为、野生动植物栖息地受到保护、土壤质量得到维持等，然后才发放证书，通过运用市场机制来促进森林可持续经营，实现生态、社会和经济目标协调发展。这三种计划都设定林业公司必须跨越的高门槛，超过加拿大严格的监管要求。

加拿大在2001年正式成为PEFC的会员，加拿大PEFC体系的认证标准由CSA制定。加拿大PEFC体系的认证标准包括可持续森林管理标准CAN/CSA-Z809和CAN/CSA-Z804(适用于小林地)。CAN/CSA-Z809包含三个密切相关的部分：公众参与、绩效标准和体系。加拿大的森林多数是公有林，在森林经营计划执行过程中公众参与是非常重要的。CSA要求广泛而持久的公众参与，包括社区内原住居民的参与。通过公众参与以确定森林的环境、社会和经济价值，参与制定规划和可持续经营的目标。该标准是世界范围内对公众参与要求最严格的标准之一。在绩效标准方面，CSA要求森林经营应遵循加拿大森林部长委员会(CCFM)制定的《森林可持续经营标准》。CCFM的标准和要素与蒙特利尔进程和

赫尔辛基进程完全一致。在CSA标准中采用了CCFM标准作为框架，使当地CSA标准与国家、省之间的森林政策相一致。在体系上，CSA标准与国际ISO 14001环境管理体系标准一致。除此之外，CSA对森林经营单位还有一些绩效要求。CSA体系标准包括了政策执行、检验和纠正方案以及管理评价的建立。

加拿大先进的森林认证体系，确保林产品全商品链的可追溯性，有效推动绿色林产品供给。

2. 英国——制定英国森林保护计划

1994年，森林管理委员会英国机构（FSC—UK）成立，同时接受英国国内的森林认证。1998年，根据FSC的原则和标准制定的英国标准（FSC—GB）得到FSC承认。英国林业委员会发起创立，召集FSC—UK、环境保护非政府组织、买方联盟、林业与木材相关人士以及森林所有者，经过多次协商于1999年制定了英国森林保护计划（UK Woodland Assurance Scheme，UKWAS），并组建英国森林保护计划指导工作组，负责制定、解释和修订英国森林认证标准。英国森林保护计划受到了英国林业委员会的大力倡导，并为其提供财政支持和政策扶持。该计划只是一个森林认证的标准，并不是认证体系，它包括8项森林认证原则，每项原则下又根据英国国情制定了具体的标准和指标。英国森林保护计划是英国森林认证的重要法律依据和保证，于1999年得到了FSC认可，于2002年3月又得到森林认证体系认可计划（Programme for the Endorsement of Forest Certification Schemes，PEFC）的认可，从而使英国成为全球首批开展森林认证的国家之一。根据英国森林认证计划认证标准，英国林业委员会管理的83万hm^2国有林均得到了森林认证，至此英国成为世界上第一个所有国有林全部通过森林认证的国家。

截至2017年，英国取得FSC产销监管链认证证书的数量为2 340个，取得PEFC产销监管链认证证书的数量为1 180个，并且英国的大多数木制品企业都主动寻求通过产销监管链认证。

3. 美国——发起“可持续林业倡议”，建立多利益方参与机制

1994年，美国创建了可持续林业倡议（Sustainable Forestry Initiative，SFI），并制定了《可持续林业倡议标准》。其主要原则包括可持续林业、负责任的森林经营活动、森林健康与生产力、特殊地点保护及持续改进等。美国森林和纸业协会（AF&PA）会员自愿参加SFI认证，但达不到SFI目标和绩效指标者将被终止其会员资格。在可持续林业倡议下，AF&PA须向公众提交一份关于参与者标准遵守情况年度报告，报告还包括所有参与者名单。那些想要通过认证方式来证明其对《可持续林业倡议标准》遵守情况的参与者，还必须向利益方提交一份公开的进展报告。此外，SFI参与者每年召开一次全国性的由木材生产商、土地所有者和工业界代表参加的年会。

SFI于1995年成立了外部评审组，使得相关利益者的参与正规化，该评审组来自政府部门、保护组织和研究机构，主要职责是为SFI提供意见和建议，外部评审组协助进行报告的相关工作，包括核准报告得出的结论和审核报告所涉及的相关进展情况。1998年末，以SFI为体系的参与者增加了自愿认证的选择方式，允许他们以自我声明、第二方认证或第三方认证的方式表明其符合《可持续林业倡议标准》。为了提高SFI认证的实施效力、一致性和可信度，2000年7月，由多利益方组成的可持续林业理事会（SFB）正式成立，负责管理SFI标准、验证程序以及体系的遵守情况。SFI的主要活动包括培训伐木者和私有林

主，传播可持续林业理念和良好的森林经营技术和造林技术。这些培训提高了人们的意识，并促进了良好森林经营技术的应用。目前，美国所有主要的木材生产州都制定有伐木工和林业人员培训计划。培训内容包括：可持续林业原则、保护水质的最佳经营活动、造林技术、濒危物种保护、伐木安全、职业安全和健康、运输、商业管理、公共政策等。自1995 年以来，项目参与者通过 SFI 执行委员会累计贡献了 16 亿美元用于森林可持续经营方面的研究，超过 17 万名伐木工人和林业工作者完成了 SFI 培训项目。

2005 年，SFI 获得 PEFC 认可。目前，SFI 已经针对参与认证的公司制定了 3 种产品标签，规定凡成功完成独立第三方认证并满足所有标签使用要求的 SFI 参与者都有资格使用该标签。2012 年，SFI 发起了森林合伙人项目，该项目为市场领军企业、林地所有者、林产品制造商推进森林认证发展、增加认证林产品数量提供了便利的平台。同时该项目计划认证更多符合 SFI 采购政策或产销监管链标准的中小型造纸厂。

4. 芬兰——因地制宜制定地区森林认证体系，积极推进与 PEFC 的互认

芬兰于 1994 年开始积极发展本国森林认证。由于芬兰的林业是由私有林、国有林和公有林三种森林所有制形式构成。其中，私有林占芬兰森林总面积的 60%，形式包括家庭私有林和公司私有林；国有林占 35%；公有林仅占 5%。私有林作为芬兰森林增长的主要推动力，是芬兰林业的重要组成部分，芬兰的林业因此也被誉为家庭林业。家族经营的森林以 FSC 森林认证为主，面临着劳动力和资金方面的困难，因此芬兰利用现有的森林制度，制定出适合实际国情的地区森林认证体系。对私人林场，实行芬兰林地认证体系（FF-CS），共 37 项标准，后来纳入 PEFC 标准；对经济林和国有林实行林地代管审议体系（FECS）。1999 年初，芬兰成立了森林认证委员会，建立森林认证体系并于 2000 年率先与 PEFC 实现互认。此后于 2005 年、2010 年再次获得 PEFC 的认可，即表明芬兰森林认证体系一贯符合 PEFC 在全球范围内得到认可的可持续基准。目前，芬兰绝大部分森林获得 PEFC 认证，认证面积达 2 000 万 hm^2，占芬兰森林面积的 90%以上，芬兰已经成为继加拿大和美国之后 PEFC 认证的世界第三大国。

（三）严格禁止非法来源木材及其制品贸易，抵制非绿色林产品消费

非法来源木材及其制品贸易是一个全球性问题，在经济、社会和环境方面具有深远的负面影响。全球每年因非法来源木材及其制品贸易所造成的经济损失达到 150 亿美元，包括各国政府财税收入的减少，以及合法经营的木材企业所蒙受的损失。非法采伐木材及其制品贸易造成林产品的低价扭曲了全球市场，阻碍了森林可持续经营，同时与非法采伐和毁林、气候变化以及生物多样性的丧失有直接关联。为打击非法采伐及相关贸易，美国、欧盟和澳大利亚相继出台了《雷斯法案》（修正案）、《欧盟木材法案》和《澳大利亚禁止非法采伐法案》，三部法案均为强制性法律。政府部门在法律层面上对非法采伐采取更为严厉的措施，无疑为全球林产品绿色供给提供了更强有力的“保护伞”，将消费者的选择限定在绿色林产品范围内，从而从源头上杜绝林产品的非绿色消费。

1. 欧盟禁止非法来源木材及其制品贸易的实践

（1）制定《森林执法、施政与贸易行动计划》。为解决木材非法采伐及贸易猖獗的问题，2003 年 5 月，欧盟出台了《森林执法、施政与贸易行动计划》（FLEGT），提出与木材

生产国结成志愿的伙伴关系以确保让合法采伐木材独立进入欧盟市场。2004 年 7 月，欧盟委员会提出欧盟进口木材资源审批系统建议，建议同伙伴国就签订伙伴国协定进行谈判，并发表报告评估 FLEGT 行动计划对木材出口国和欧盟可能产生的影响。欧盟要求那些有非法采伐问题的木材供应国与木材进口国结成“自愿伙伴关系”，以共同打击木材非法采伐。根据 FLEGT，欧盟部长理事会在 2005 年年底出台的 2173/2005/EG 号条例中规定，将对木材和木制品进口实行许可制度，在打击木材非法采伐和贸易方面迈出了具有里程碑意义的一步。依据该木材许可制度，欧盟将与伙伴国在自愿的基础上签订木材合法采伐与贸易的协定，一旦签署协定，伙伴国在向欧盟出口木材和木制品时必须附有木材合法采伐的证明，欧盟海关才能放行。该许可制度对欧盟木材进口许可实施方法和木材及木制品许可管理目录作了明确规定，并于 2005 年 12 月 30 日起生效。为便于管理和控制，条例确定了适合所有伙伴国的许可管理目录，即将海关编码第 44 章中的部分木材及木制品纳入许可证管理范畴。

（2）签订“自愿合作伙伴关系协议”。欧盟认为，FLEGT 是解决非法采伐木材及其贸易问题的第一步。欧盟通过加强多边国际合作，积极推进与木材生产国和加工国签订自愿合作伙伴关系协议（VPA），建立木材进口许可制度，从而打击非法采伐木材。自愿合作伙伴关系协议是与向欧盟出口木材和木材制品的木材生产国所签订的协议，宗旨是确保向欧盟出口的木材和木材制品来源合法。根据此协议，木材生产国同意对其木材出口进行监管并发放许可证以确保其合法性，而对于来自该国的进口产品，欧盟同意只接受获颁 FLEGT 许可证的进口产品。此双边协议有利于促使木材生产国确保本国向欧盟出售木材和木材制品的合法性（OECD，2002）。VPA 的此类协议还有助于木材出口国提升公众参与度并减少非法采伐，从而加强这些国家的森林行政管理。对于木材企业而言，VPA 意味着在欧盟市场上的竞争优势，因为任何木材产品一旦获得 FLEGT 许可证，便被自动认定为已遵循符合《欧盟木材法规》，从而欧洲的进口商也无须再采取进一步的尽职调查措施。

（3）颁布《欧洲木材法规》。《欧盟木材法规》是欧盟为减少全球森林非法采伐而采用的一项具有法律约束力的立法。经长时间磋商和协调于 2013 年 3 月 3 日起在其成员国内生效。该法规旨在打击非法采伐、阻止非法木材及其制品进入欧洲市场，直接约束的是参与木材及其制品供应链的欧盟市场卖方。向欧盟出口木材和木制品的所有外国供应商、加工商都必须配合提供相关信息和文件，因此也间接地受到该法案的约束。《欧盟木材法规》是在《森林执法、施政和贸易行动计划》基础上建立的，欧盟和各木材生产和林产品加工国建立自愿合作伙伴关系协议，对达成自愿合作伙伴关系协议的国家进行区别对待：VPA 国家的木材则自动成为具有 FELGT 证书资质的木材；对于没有达成 VPA 的国家，要求木材及其制品出口至欧盟市场的企业或个人提供木材合法性和可追溯性的证明文件，并根据“尽责调查体系”由欧盟主管部门批准的第三方，对其木材的合法性进行验证。这是从国家法律层面保障木材及其制品绿色供给的重要举措之一。

2. 美国禁止非法来源木材及其制品贸易的实践

《雷斯法案》（修正案）由美国国会在 2008 年 5 月 22 日通过，对出口到美国的木材及其制品进行严格的来源合法性审查，严格禁止非法来源木材及其制品贸易。《雷斯法案》（修正案）的宗旨是为了进一步改善森林经营和规范采伐行为，阻止非法采伐的木材进入美国市场，是一项强制性法规。《雷斯法案》（修正案）要求出口商提供采伐地等信息并履行追溯义务，要求进口的木材及其制品的获取、采伐、占有、运输、销售或出口环节遵守相应国家或美国各州的相关法律。因此，向美国出口木材及其制品的所有外国供应商、加工商都必须配合提供相关信息和文件，间接地受到该法案的约束，无论在木材供应链的哪个环节被确定为违法，《雷斯法案》(修正案)都视其为非法来源而禁止其进入美国市场。对于那些从事木材及其制品非法贸易的个人或者企业该法案赋予美国政府诉讼、罚款甚至监禁的权力。《雷斯法案》(修正案)通过贸易立法手段严格控制非法木材及木制品进入美国市场，利用市场倒逼机制，当终端市场对非法木材及木制品的消费减少、需求下降就会直接导致非法木材的供给减少，也就可以阻止世界森林遭到非法采伐的破坏，有利于全球森林资源的可持续经营，推动全球林产品的绿色供给。

3. 澳大利亚禁止非法来源木材及其制品贸易的实践

2011 年 6 月，澳大利亚农业、渔业与林业部(The Department of Agriculture，Fisheries and Forestry，DAFF)公布澳大利亚禁止非法采伐法案(AILPA)草案，并于 2012 年 2 月通过法案，同年 11 月起生效。2013 年 5 月，澳大利亚又公布了关于该法案更详尽的法规细则，细则于 2014 年 11 月生效，其中包括以细则为依据的尽职调查流程及应进行尽职调查产品的详细清单。

该法案的目的在于尽可能降低非法采伐的木材流入国内市场，通过禁止进口和加工国内非法木材以促进合法采伐贸易。法案中对非法木材及其制品的定义为不论是否在澳大利亚境内，一切违反当地现行法律所采伐的木材及其制品。其中，来自认证森林(FSC 或 PEFC)的木材及其制品自动视为“低风险”产品。法案涵盖澳大利亚进口以及国内生产的木材及木制品，凡是进口木材及其制品的澳大利亚进口商与使用国内原木的加工商都适用该法案，并且要求进口商必须在进口前对所进口的木材及其制品合法性进行尽职调查，严禁进口、贩卖或加工违反木材原产国法律的木材及其制品。由于该法案属于澳大利亚的国内法，所以澳大利亚的贸易合作伙伴以及出口商并不受此法约束。

(四)开展林产品回收利用，促进林产品消费模式绿色化

林产品回收利用在减少污染、改善环境、节约资源与能源方面产生了巨大的经济效益与环境效益，是林产品绿色消费的重要组成部分，是实现可持续发展的重要内容。发达国家早在 20 世纪 90 年代已开展林产品的回收利用，不论在规模上还是技术上都已经达到相当高的水平，部分发达国家还制定了专门的法律法规对林产品的回收利用作出具体的限制和规定，在循环利用技术方面开展了大量卓有成效的研究和开发工作，为世界各国开展林产品回收利用、推动林产品绿色消费提供了借鉴。

1. 德国林产品回收利用的实践

德国在废弃木材的处理与利用领域一直位于世界前列。在德国，废弃木材被当作重要物资，废弃木材既可以进行物质循环利用，又可以作为能源利用。木材的物质循环利用和能源利用是目前最常见的两种回收利用方式。物质循环利用是指对废木头回收后进行二次加工，制成木屑板、纤维板或各种家具等，也可制成包装材料重新使用。在工业上，废弃木材又可被制成活性炭、工业炭或制成合成气体作为化学原料使用。而所谓废弃木材的能源利用，就是指将其作为工业燃料用于锅炉或发电，也可用于民用的家庭取暖。为促进废旧木材的回收利用，在 2003 年 3 月德国政府还专门颁布了《废弃木材管理法令》，提出木

材加工企业必须做到生产的产品在使用期满后都能回收作为原料循环利用，而且规定刨花板和纤维板厂家必须利用一定比例的废弃木材作为原材料。另外，废弃木材不能够作为垃圾倾倒与填埋，要将回收的废弃木材分类后加以利用，若倾倒与填埋木质废料垃圾需支付昂贵的费用。为了便于回收与利用，德国将废弃木料划分为五个级别：第一级为未处理过的木料；第二级为施胶、镀层和涂漆处理过的木料，不含有卤化金属与防腐剂；第三级为含有卤化金属、不含防腐剂木料；第四级为含有防腐剂以及其他杂质木料，但不含致癌有毒物质；第五级为含致癌有毒物质。其中废物循环公司只能把属一、二级废旧木材卖给厂家用于生产刨花板、纤维板和定向刨花板；三、四、五级木料只能用于发电厂或锅炉的燃料以获得能源。这从根本上杜绝了对废旧木材的随意处理，也规范了市场的竞争，从而进一步保护了德国的森林资源。

2. 日本林产品回收利用的实践

(1)颁布相关法律法规。1990 年日本制定了废弃物处理和循环利用指导方针，提出了节省资源、资源再使用和再资源化的 3R 利用原则。随后又颁布修订了一系列相关法律法规，如《环境基本法》《推进循环型社会形成基本法》等基本法、《废弃物处理法》《资源有效利用促进法》等一般性法律、《容器与包装材料回收利用法》《建筑废弃材料回收利用法》等与森林资源利用产品相关的特定法律、《绿色采购法》等促进性法律。其中，《资源有效利用促进法》于 2000 年 6 月颁布，2001 年 4 月生效实施。该法规定纸浆生产和造纸业必须减少副产物产生；造纸业和建筑业为实施再资源化和再使用的行业；为了促进分类回收，纸制容器包装，要求使用标志的产品。

(2)资金投入。除了颁布一系列法律法规外，1995 年日本政府还把大规模资源循环利用设施建设作为一项基本国策，投入大量资金进行资源循环利用设施建设，并根据全国各地的产业结构特点确定废弃物处理和循环利用设施在全国的布局，其中与木材有关的有纸质容器包装材料(北海道)、木质废弃物(富山市)、废旧木材(北九州市)、废旧纸(坂田市)和难再利用废旧纸(川崎市)。此外，日本政府每年投入大量资金用于建筑废弃木材和废旧纸等资源循环利用技术开发。经过不懈的努力探索，日本纸盒上有循环利用标志的产品占 98.7%；制浆造纸、木材加工、住宅建筑及家具制造等生产阶段产生的废弃木质材料有 30%用于造纸、生产刨花板和纤维板，还有 30%作为发电厂和锅炉的燃料用于供热，其余部分用于畜舍垫料、土壤堆肥和焚烧，实现了高达 82%的废弃木材循环再利用，大大降低了废弃物的产生，提高了资源利用效率。

(3)科学合理的分类回收流通体系。日本废纸根据其来源不同，分为回收废纸和产业废纸。回收废纸包括从家庭、市区、批发商业街、地区街道办事处和学校等回收的废纸，也包括地方自治体行政回收的废纸、报亭剩余的过期旧报纸，以及回收业者开着小型卡车沿街巡回从一般家庭回收的废纸。市区和批发商业街产生的包装商品的瓦楞纸箱、办公室区域产生的办公废纸等，由回收业者回收。这些废纸再由再生资源回收业者、中间商、专业回收店汇集于直接收购业者。印刷厂和瓦楞纸箱厂等废纸大规模产生场所回收的产业废纸，由直接专业回收者和直接收购业者收购。这样，被收集的废纸，由直接收购业者按报纸、杂志、瓦楞纸箱、原生浆模塑品、高白度废纸等进行分类区分、除去禁忌品，压缩成 1 t 左右的方块，以铁丝捆扎，成为造纸企业收购的废纸捆。造纸企业和直接收购业者之间，设定废纸的品质标准并签订协议，对于收购的废纸中混入禁忌品而不能满足标准的情况，造纸企业将要求直接收购业者改善废纸的品质，或进行退货等处理。分类细致且高效的废纸回收系统，极大地提高了日本废弃木质材料回收利用率，有效地促进林产品绿色消费以及森林资源的保护。

四、中国发展林产品绿色消费的路径选择

中国正面临着社会经济格局以及生产生活方式的转型，今天我们对于消费、生产、投资贸易，以及自然资本的决策和选择将会深刻影响到未来。寻找一条可持续发展之路不仅将惠及中国的生态安全和人民福祉，也将对全球可持续发展产生深刻的影响。森林作为最重要的陆地生态系统之一，不仅为社会、经济发展提供木质原料，也对生态系统稳定、生物多样性保护、淡水资源循环、减缓气候变化发挥着重要的作用，是可持续发展不可或缺的要素。然而，1990—2015 年，人类不合理的消费致使全球森林以每年 3% 的速度在消失，带来越来越严峻的环境压力和影响。与此同时，全球可持续发展目标为人类发展提供了明确的路径。林产品绿色消费旨在改变传统的生产和消费模式，对实现森林可持续经营、社会可持续发展具有重要的现实意义。

然而，围绕林产品绿色消费，中国还存在着诸多问题和不足，尚处于探索阶段。发达国家林产品绿色消费走在了世界前列，其实施林产品绿色消费的历史经验对我国推行林产品绿色消费模式具有重大的启示意义。基于上述发达国家推动林产绿色消费的实践，本研究提出如下几点政策启示：

(一) 通过立法推动木材来源的合法性，保障绿色木材供给

一方面，木材来源的合法性主要取决于木材生产国的林业治理与法规实施，如果政府具有完善的木材管理法律法规和执法能力，将在很大程度上保障木材来源的合法性。另一方面，木材进口国的政策以及企业在法律框架和责任范围内遵守法律要求与开展尽职调查的执行力对于保障木材合法性同样十分重要。

尽管中国在保证木材合法性方面做了诸多努力，截至 2014 年，中国已经与印度尼西亚、美国、欧盟、澳大利亚、日本签署了打击木材非法采伐和相关贸易的谅解备忘录或协议(白清玉，2014)。但中国目前尚无明确禁止非法来源林产品进口的法律，这也是未来中国在保证木材来源合法性，促进林产品绿色生产与消费的努力方向。只有政府不断完善木材管理法律法规和执法能力，企业才能有法可依，才能更好地合法生产和进口木材，履行应尽义务或开展尽职调查，从而保障绿色木材的供给。

(二) 完善林产品产销监管链认证体系，促进林产品全商品链绿色化

1. 强化原料认证

目前国际上林产品产销监管链认证体系非常多，而且一些体系之间相互认可。因此对认证原料需要标明是哪种认证，并在声明上做好标注，对认证原料要及时判定、实时更新。如某种林产品是由认证原料制作而成，那么除了需要在产品声明上注明对认证原料进行认证的时间外，还需提供每次认证的间隔时间以及是否每次认证都是顺利通过等信息。对于来自国内的原料，应该单独制定细化的风险评估指标。林产品认证原料在每一步转化

下的认证比例的计算结果与产品标签也应一一对应。

2. 加强采购销售标准管理

专门针对林产品供应链监管设立相应部门，建立电子数据系统，对人员进行提前培训和审核，对采购或者销售产品进行标准检验。在商品包装上加贴二维码以便实时检测并通过互联网进行公开，定期更新林产品企业采购和销售信息。电子数据库还应该包含林产品产销监管链证书数据库，以方便执法。细化标签内容并运用互联网简化追踪程序，采用网状或者分层模式，不同的追踪程度贴有不同的标签，形成市场分层，将信息输入网络后建立中央或地方信息数据库，以克服中国林产品产业中小企业规模小、数量多因而难以统计管理的困难。

对定制化产品或者特殊商品进行标准化管理，将其与普通商品分开。产品声明可以做成"隐形"的形式并存储在特殊的二维码信息上，只有通过执法部门专门的扫码工具才能识别；或者制作普通的声明方式，政府部门检查后会存储但不公开。企业应该尽可能保存纸质和电子档案，以便在出现问题进行评估时可以查到原始材料。

3. 建立企业信用账户

建立全国范围的林产品企业信用账户，形成不同企业生产同一种林产品的数量信用评级系统，进行综合评价。对所有涉及林产品的企业进行备案，对已通过认证或者自行评估的企业与其他企业进行对比，可以使想要合作的企业调查到不同信用等级的各家企业。企业信用账户应该形成一个金字塔形状，最底层是最小单元的行业协会，逐级上升时有更高一级的行业协会。同时，政府部门的监管要与信用账户的大小一一对应。应设立专门的信息反馈部门，通过上述信用账户对于已经流通于市场并且有相应的标签和声明的林产品以及被检举原料来源不合法或原料来自非可持续经营森林的企业立即进行调查，要求被检举企业进行第三方评估。必要时可以进行产品召回，并将上述处理过程添加到信用账户中。

4. 建立问题反馈渠道

在林产品产销监管链认证标准中应提出明确要求，在企业进行认证或者合法性认定之后要时刻接受消费者、环境保护组织和同行的监督。采用集中控制的方式，制定木材采伐、木材加工分类、林产品流通形式分类、林产品供应链管理、林产品质量安全监督管理及林产品信息录入等标准。由中国森林认证委员会专门管理这些方面的反馈信息，企业不得干预；同时，对于一些非核心或不涉及重大安全的问题，企业可以自行收集反馈信息。除此之外，还应制定其他辅助性标准，包括林产品贴标标准、林产品销售分类标准、产品分类标准、产销监管链指令、认证组织联合政策等。鼓励森林认证机构和企业共同定期整理反馈信息，协商解决出现的问题。还应制定补充性文件，主要针对联合或者多地点认证、采购高风险原材料产品、采购回收木材和商标使用等，将这些信息作为常见反馈问题列入政府、企业和认证机构网站供企业管理人员和消费者浏览。

5. 制定林产品产销监管链认证管理办法

为确保林产品产销监管链认证的有效性、权威性、公平性、公正性和公开性，保证森林认证质量，促进我国森林的可持续经营，政府应依据《中华人民共和国森林法》《中华人民共和国森林法实施条例》《中国 21 世纪议程林业行动计划》等国家有关法律、法规和文件精神，以及蒙特利尔进程等相关国际进程，逐步建立一系列产销监管链认证体系规章制度，其中包括对认证机构、认可机构和咨询机构的管理办法，以完善认证机构、健全认证流程、规范我国的林产品产销监管链认证市场。具体的标准应按照我国森林类型和地域特点，考虑国家、区域和森林经营单位三个层次。对目前国际现有的标准，不能简单照搬，在制定认证标准的过程中要充分考虑我国的国情和林情，必须始终把国家利益放在首要位置。为了使森林认证标准具有可操作性，在标准的制定过程中，应与相关标准的示范工作相结合。我们可以选择条件比较好的地区或森林经营单位(或加工企业)，进行森林经营认证和产销监管链审核示范。

(三)加大绿色科技投入，促进林产品绿色生产

增加绿色科技投入、进行知识创新、促进技术进步，是绿色经济增长的源泉，有利于从根本上转变消费模式。

目前，我国林业生产科技进步对林业产值增长的贡献率与发达国家仍存在较大的差异，因此要结合我国的实际情况，采取相关措施。首先，不断增加林业生产的绿色技术投入，引进高新技术等手段，提高森林资源利用效率，在林业生产中推广先进的绿色生产技术，合理使用木材，减少林产品生产环节的生态足迹。第二，加强绿色生产技术的基础性研究，有关部门要紧紧围绕资源节约，制定科学研究和技术创新规划，集中解决制约资源节约的关键技术、重大装备、工艺流程，运用高新技术和先进适用的节能、节约原材料、节水等技术，加大对重点产品、重点企业的技术改造力度，特别是加大林产品深度开发和资源再生利用技术的开发。例如，开展人造板中的刨花板和纤维板在生产中如何对农业生产过程中的剩余物如大量的稻草等的利用研究。对于绿色生产中的共性技术、关键技术和专门技术的重点、难点，政府重点支持，组织力量进行联合攻关等。第三，促进产学研结合，支持企业与国内外有实力的科研院所联合协作，开展多层次、多形式的产学联合，开展重点技术攻关，开发一批拥有自主知识产权的技术和产品，加快科技成果的转化，为林产品的绿色生产提供技术支持。不断探索和完善科研成果转化机制，加快科研成果的转化和应用。第四，建立绿色生产技术信息系统和咨询服务体系，及时向社会发布有关绿色生产的技术、管理和政策等方面的信息，开展信息咨询、技术推广、宣传培训等活动。要充分发挥行业协会和节能技术服务中心、清洁生产中心的作用。积极推动国际交流与合作，借鉴国外林产品绿色生产的成功经验，引进核心技术与装备，并消化、吸收国外先进的高科技资源节约设备和技术，不断提高我国林业企业资源节约技术水平。

(四)发挥财税拉动效应，公共部门引领林产品绿色消费

1. 扩大政府林产品绿色采购

我国作为以公有制为主的社会主义国家，政府在推行林产品绿色消费过程中有巨大的优势和潜能，可以利用强大的中央财政来制定政府的林产品绿色采购计划，有效地解决我国普通民众绿色林产品消费需求不足的问题。通过政府优先购买对环境负面影响小的绿色林产品，刺激企业对绿色林产品的生产，使林产品绿色消费成为我国林业经济发展的新增长点。

然而，与多数发达国家强制性林产品绿色采购政策相比，中国政府的采购政策则较为宽松。从西方发达国家推行政府绿色采购的实践来看，通过立法的形式强制推行或鼓励实行政府绿色采购颇有成效。因此，制定和完善有关政府林产品绿色采购的法律制度，是现

阶段我国推行政府绿色采购的首要措施。由于治污设备的购置、认证、管理费用的增加，绿色林产品生产前期的价格高于传统林产品，为增强其与传统林产品的竞争力，初期应当主要通过强制性法令或政策来推动政府林产品绿色采购，并借此来规范企业生产绿色林产品。其次，在具体的政策法规方面，我国目前有关政府绿色采购的相关法律政策陆续出台，但整个法律制度还不完备，结构性和功能性欠缺。主要表现在：①相关政策只是意见和指导性文件，不具有强制执行力，缺乏法律应有的效力和规范性；②现行的法律规范体系中缺乏对林产品绿色采购的明确规定，只做出了概括性的要求，缺乏实施细则；③缺乏对林产品非绿色采购行为处理的规定，使得采购主体在林产品绿色采购中所承担的责任过低，导致政府林产品绿色采购权威性和稳定性缺失。因此，有关部门应当加大调查和研究力度，尽快完善有关政府林产品绿色采购的法律法规，实现与其他国家和地区政府林产品绿色采购法律体系的接轨。通过政府林产品绿色采购，发挥政府林产品绿色消费的示范效应。

2. 制定财税优惠政策

由于绿色产品的研发、生产和回收的全生命周期成本一般要高于普通产品，这要求政府在前期积极使用财税政策对生产绿色产品的企业进行补贴，引导消费者购买绿色产品。借鉴国外成功经验，一方面中国应尽早建立绿色税制，灵活发挥税收的杠杆作用，对高污染、高能耗企业征收生态税，督促其改进绿色技术，参与清洁生产；另一方面，政府应首先为部分符合林产品绿色生产标准的产品适当提供补贴，激励消费者选择绿色林产品。

（五）开展林产品绿色消费观念宣传教育，转变消费模式

绿色消费观的培育不是一蹴而就的，是一项长期的系统性工程，需要政府付诸行动，加强林产品绿色消费理念的宣传教育，以促进广大消费者转变消费模式。

在森林资源供需矛盾日益突出，全社会倡导可持续发展的背景下，加强媒体宣传、开展绿色教育，引导消费者树立正确的林产品绿色消费观尤为重要。一方面，要充分发挥电视、网络、报纸等大众媒介的作用，广泛宣传林产品绿色消费，培育消费者林产品绿色消费意识，建立节约型社会。另一方面，针对不同群体开展有针对性的宣传教育活动。学校可设立环境保护与林产品绿色消费相关课程、组织绿色教育的学术交流讲座等引导学生树立林产品绿色消费观；社会组织也应该积极招募热爱社会事业、关注环境且有一定影响力的社会名人或者专家学者担任林产品绿色消费代言人或志愿者以树立良好的绿色消费形象，引领林产品绿色消费风尚。此外，应鼓励相关研究机构和组织搭建林产品绿色消费研究和实施平台，推动林产品绿色消费知识与经验共享。

（六）加强林产品回收利用，提高森林资源利用效率

1. 废旧木材回收利用

政府应抓紧制定鼓励废旧木材回收利用的政策措施，鼓励纤维板和刨花板等企业大量使用回收废旧林产品；抓紧制定废旧木材回收利用标准规范，把废旧木材回收利用纳入国家资源节约政策法规之中，对以废旧林产品为原料加工生产的人造板等企业给予适当税收优惠政策；建立废旧木材回收利用管理和运行机制，实施废旧木材回收利用示范工程。选择在大中城市建立废旧林产品专门收购站，重点做好建筑木料、废旧木家具、一次性木制品和木质包装物的回收使用和再生利用；充分发挥大中型人造板企业对木材的节约、代用

和对废旧林产品的回收利用的潜力。

2. 废纸回收利用

政府可以依托行业协会，尽快制定和实施废纸回收行业规范和监管措施，加强针对不正规分拣加工中心的管控力度，寻求合理的方式和恰当的机会助其转型；对正规的分拣加工中心提供其切实所需的、合理的帮扶与补助。

第一，在收集体系或运行机制上，可以结合有关城市垃圾分类回收的做法；第二，在居民源头的粗分阶段，应该形成由居民、小区保洁员、物业管理公司和市容环卫管理部门共同参与的“四位一体”的体系；第三，分类回收物的进一步细分和预处理应由专业化的企业——分拣中心来完成；第四，政府应组织相关部门及行业组织制定出统一的废纸分拣标准，同时对专业分拣人员进行培训，以提高废纸品质，便于回收利用。

主要参考文献

Arima T, Sato M, Walford G B, et al., 1999. Recycling of wood products in Japan[J]. Forest Research Bulletin: 467-473.

Bouslah K M, Zali B, Turcotte M F, et al., 2010. The Impact of Forest Certification on Firm Financial Performance in Canada and the U. S. [J]. Journal of Business Ethics, 96(4): 551-572.

Callender G, Matthews D, 2017. Government purchasing: an evolving profession? [J]. Journal of Public Budgeting Accounting & Financial Management, 12(2): 272-290.

Deppe H J, Jann O, 1994. Recycling of waste wood in Germany: Washington State University International Particle board/composite Materials Symposium[C].

Espinoza O, Buehlmann U, Smith B, 2012. Forest certification and green building standards: overview and use in the U. S. hardwood industry[J]. Journal of Cleaner Production, 33(6): 30-41.

Fukao K, Ma D, Yuan T, 2006. International comparison in historical perspective: Reconstructing the 1934-1936 Benchmark purchasing power parity for Japan, Korea, and Taiwan[J]. Explorations in Economic History, 43(2): 280-308.

Huang R, 2006. Current Situation of Wood Resource Recycling in Japan[J]. World Forestry Research, 40(1): 16-18.

Jaffe A B, Palmer K, 1997. Environmental Regulation and Innovation: A Panel Data Study[J]. Review of Economics & Statistics, 79(4): 610-619.

Kilbourne W, Pickett G, 2008. How materialism affects environmental beliefs, concern, and environmentally responsible behavior[J]. Journal of Business Research, 61(9): 885-893.

Lesniewska F, Mcdermott C L, 2014. FLEGT VPAs: Laying a pathway to sustainability via legality lessons from Ghana and Indonesia [J]. Forest Policy & Economics, 48(1): 16-23.

Oecd, 2002. Towards sustainable household consumption? trends and policies in OECD countries [R].

Overdevest C, 2010. Comparing forest certification schemes: the case of ratcheting standards in the forest sector [J]. Socio-Economic Review, 8(1): 47-76.

Porter M E, Linde C V D, 1995. Toward a New Conception of the Environment-Competitiveness Relationship[J]. Journal of Economic Perspectives, 4(9): 97-118.

Rouban L, 2008. Reform without doctrine: public management in France[J]. International Journal of Public Sector Management, 21(2): 133-149.

Tegegne Y T, Ramcilovic-Suominen S, Fobissie K, et al., 2017. Synergies among social safeguards in FLEGT and REDD + in Cameroon[J]. Forest Policy & Economics, 75(Complete): 1-11.

Torvinen H, Ulkuniemi P, 2016. End-user engagement within innovative public procurement practices: A case study on public - private partnership procurement[J]. Industrial Marketing Management, 58: 58-68.
Trochu J, Chaabane A, Ouhimmou M, 2018. Reverse logistics network redesign under uncertainty for wood waste in the CRD industry[J]. Resources Conservation & Recycling, 128: 32-47.
Unep, 1994. Element for polices for sustainable consumption in symposium on sustainable production and consumption pattern[R].
白清玉, 2014. 产销监管链认证标准与木材合法性认定体系关联性研究[D]. 中国林业科学研究院.
葛察忠, 翁智雄, 段显明, 2015. 绿色金融政策与产品: 现状与建议[J]. 环境保护, 43(2): 32-37.
韩灵梅, 2015. 论美欧新绿色壁垒下我国林产品贸易的困境及出路——以《雷斯法案修正案》《欧盟木材法规》为例[J]. 开发研究(02): 90-94.
劳可夫, 2013. 消费者创新性对绿色消费行为的影响机制研究[J]. 南开管理评论, 16(4): 106-113.
李桂花, 高大勇, 2018. 开启绿色消费新篇章——如何践行绿色消费理念[J]. 人民论坛(29): 18-20.
李剑泉, 陆文明, 李智勇, 等, 2008. 中国森林执法管理与贸易的国家进程[J]. 北京林业大学学报: 社会科学版(01): 32-37.
李剑泉, 田康, 陈绍志, 2014. 英国林业法规政策体系及启示[J]. 世界林业研究, 27(2): 70-76.
李小勇, 温亚利, 陈晓倩, 等, 2012. 林产品绿色政府采购的理论机理和影响分析[J]. 资源开发与市场, 28(10): 921-925.
李小勇, 张砚, 王磊, 等, 2015. 英国林产品政府绿色采购政策市场影响评估[J]. 世界林业研究, 28(06): 80-83.
刘宇虹, 2003. "绿色消费"意味着什么? [J]. 山西统计(10): 77-78.
申伟, 陆文明, 2008. 日本政府木材绿色采购政策分析[J]. 世界林业研究(02): 58-62.
盛光华, 岳蓓蓓, 解芳, 2019. 环境共治视角下中国居民绿色消费行为的驱动机制研究[J]. 统计与信息论坛, 34(01): 109-116.
苏昕, 周升师, 2019. 双重环境规制、政府补助对企业创新产出的影响及调节[J]. 中国人口·资源与环境, 29(03): 31-39.
孙丽芳, 丁晓纲, 陈利娜, 等, 2018. 国外森林认证体系发展——以英国、芬兰和德国为例[J]. 林业与环境科学, 34(01): 149-151.
孙长坪, 高学余, 2013. 完善绿色税制 促进绿色消费[J]. 消费经济, 29(05): 78-80.
王嘉宁, 2013. 农产品供应链安全追溯系统构建及应用[J]. 沈阳农业大学学报: 社会科学版, 15(1): 17-21.
王鑫, 袁祖社, 2019. 绿色消费与美好生活内在耦合的实践与价值逻辑——现代性"消费社会"的深刻危机及破解[J]. 湖北大学学报: 哲学社会科学版, 2(46): 36-42.
余柏松, 赵劼, 黄清新, 等, 2005. 加拿大的森林认证[J]. 林业科技(05): 63-65.
湛泳, 汪莹, 2018. 绿色消费研究综述[J]. 湘潭大学学报: 哲学社会科学版, 42(6): 46-48.
张爱勤, 2006. 环境税在资源节约型社会中的作用[J]. 税务研究(12): 84-85.
张利明, 2019. 加拿大林业发展现状及启示[J]. 林业经济, 41(01): 114-116.
张沁, 2018. 消费者绿色购买行为的研究[J]. 价格理论与实践(6): 118-121.
张莹, 刘波, 2011. 我国发展绿色经济的对策选择[J]. 开放导报(05): 73-76.
赵眉芳, 刘春林, 徐蕊, 2013. 中美森林认证体系的比较和分析[J]. 林业科技, 38(01): 57-59.
周泽宇, 杨秀, 李俊峰, 2018. 转变发展方式 促进消费领域的绿色低碳转型[J]. 中国经贸导刊: 理论版(05): 20-21.
朱庆华, 王明, 2010. 基于经济学分析的绿色产品供需中的政府责任研究[J]. 中国人口·资源与环境, 20(S2): 173-176.

专题九　世界林业绿色金融

21世纪以来，世界经济快速发展，生产力水平不断提高，社会物质财富日益增多，人们的生活质量也在不断提升。但在社会经济发展的同时，由于片面追求经济效益带来了生态环境的破坏、人口的剧增、发展的瓶颈等问题。面对环境污染，资源枯竭所造成的生存危机，可持续发展和环境保护已经成为刻不容缓的议题。在全球经济发展中，绿色经济已经成为可持续发展的驱动力，成为各国追求的方向。美国的“绿色新政”、日本的“绿色发展战略”总体规划、德国的“绿色经济”研究等都表明，经济的“绿色化”是增长的新引擎。我国自改革开放以来，为了加快走上工业化、城镇化道路，保持着高速的经济增长。在追求经济发展的同时，也对环境造成了一定的负面影响。鉴于此，我们要积极应对环境污染、资源匮乏等问题，实现经济转型与可持续发展。绿色发展离不开绿色金融，林业绿色金融对于保障林业生态与林业绿色产业体系的健康发展发挥着重要作用。

一、世界绿色金融发展概况

（一）基本背景

金融的本质是管理风险、配置资金，以获得更好回报。绿色金融则是在传统金融活动基础上更强调对生态环境的保护及对环境污染的防治，在注重财务绩效的同时也注重环境绩效。为了激励绿色投资、抑制污染性投资，绿色金融体系主要着眼于强化以下三种动力机制：一是提高绿色项目的投资回报率，二是降低污染性项目的投资回报率，三是提升投资者和企业的环境责任感和消费者对绿色消费的偏好。

金融作为现代经济的核心和资源配置的枢纽，在绿色发展中承担了非常重要的角色。与此同时，绿色产业中蕴藏着金融业发展的重大机遇，发展绿色金融具有重要的现实意义和战略意义。绿色金融是一种新的经济增长方式，它是指能产生环境效益并支持经济可持续发展的投融资活动。关于绿色金融的含义，众说纷纭，主要的观点是指金融部门把环境保护作为一项基本政策，在投融资决策中要考虑潜在的环境影响，把与环境条件相关的潜在回报、风险和成本都要融入金融的日常业务中，在金融经营活动中注重对生态环境的保护以及环境污染的治理，通过对社会经济资源的引导，促进社会的可持续发展。绿色金融主要表现为两个方面：一方面是金融业如何促进绿色环保和经济社会的可持续发展，引导资金流向节约环保型产业，促使企业在生产过程中拥有环保意识，促进人们形成环保的消费观念；另一方面是指金融业自身的可持续发展，避免只注重短期利益的过度投机行为，促进金融业的可持续健康发展。与传统金融相比，绿色金融最突出的特点是，更强调人类社会的生存环境利益，将对环境保护和对资源的有效利用程度作为计量其活动成效的标准之一，通过自身活动引导各经济主体注重自然生态平衡。绿色金融力求金融活动与环境保护、生态平衡的协调发展，最终实现经济社会的可持续发展。

(二)发展历程

20世纪60—70年代在环保运动的影响下，世界上第一支将环境指标纳入考核标准的绿色投资基金——Calvert Balanced Portfolio A 于1982年在美国面世。此后，英国于1988年推出了第一支绿色投资基金——梅林生态基金(Merlin Ecology Fund)。20世纪90年代，联合国环境规划署(UNEP)金融行动发表了《金融业环境暨可持续发展宣言》，促进金融机构的绿色实践，推广可持续经济理念。1992年，联合国发布了《银行界关于环境可持续发展的声明》，至今全球已有200余家机构成为该声明的会员。随后，在联合国环境规划署的支持下响应该声明的机构从银行类机构扩展到更为广泛的金融机构。2003年，该声明进行了修改，将金融机构倡议与保险机构倡议正式合并为金融倡议(UNEP FI)。2006年，在联合国规划署金融倡议和联合国全球契约(UN GC)的协调下，来自16个国家的世界主要投资机构共同发起了负责任的投资原则(PRI)，为国际投资者提供环境、社会和公司治理方面的决策和行动指南。

2003年6月，花旗银行、巴克莱银行、荷兰银行和西德意志州立银行等10家国际领先银行宣布实行赤道原则(the Equator Principles)。赤道原则是一套非官方规定的，由世界主要金融机构根据国际金融公司的环境和社会政策及指南制定的，旨在用于确定、评估和管理项目融资过程中所涉及环境和社会风险的一套自愿性原则，在贷款和项目资助中强调企业的环境和社会责任。2006年7月，根据国际金融公司修订后的《绩效标准》对赤道原则进行了修正并重新发布。赤道原则确立了国际项目融资的环境与社会的最低行业标准，并成功运用于国际融资实践中。

2008年1月，纽约泛欧交易所和法国信托投资局共同合作建立了全球二氧化碳排放权交易平台。在这个平台上，各类绿色金融衍生品可进行交易。2008年2月，首个碳排放权全球交易平台 BLUENEXT 开始运行，该交易平台随后还推出了期货市场。其他主要碳交易市场包括英国排放交易体系(UKETS)、澳大利亚国家信托(NSW)和美国的芝加哥气候交易所(CCX)也都实现了比较快速的扩张。加拿大、新加坡和日本东京也先后建立了二氧化碳排放权的交易机制。2008年10月，联合国环境规划署发起了在全球开展“绿色经济”的倡议，希望通过绿色投资等推动经济发展、产业革命、增加就业和减少贫困，从而复苏和升级世界经济。2014年1月，联合国环境规划署建立了“设计可持续金融体系”项目工作组，研究制定促进可持续发展与金融系统更紧密结合的政策，并对金融体系进行系统性变革。2014年7月，世界银行发布了《环境和社会框架：为可持续发展确定标准》，希望构建起绿色金融发展的要求、框架、标准和流程。

(三)主要绿色金融产品

1. 绿色信贷

绿色信贷常被称为可持续融资或环境融资。Marcel Jeucken 认为可持续融资是银行通过其融资政策为可持续商业项目提供贷款机会，并通过收费服务产生社会影响力，对消费者提供投资建议。绿色信贷提高了企业贷款的门槛，在信贷活动中，把符合环境检测标准、污染治理效果和生态保护作为信贷审批的重要前提。经济杠杆引导环保，经济杠杆可以使企业将污染成本内部化，从而达到事前治理，而不是事后污染治理。商业银行通过差异化定价将资金导向有利于环保的产业、企业，可有效地促进可持续发展，增强了银行控制风险的能力。赤道原则是目前全球流行的自愿性绿色信贷原则。根据赤道原则，如果贷款企业不符合赤道原则中所提出的社会和环境标准，赤道原则的参与银行将拒绝为其项目提供融资。

2007 年，中国环保总局、人民银行、银保监会三部门为了遏制高耗能高污染产业的盲目扩张，联合提出一项全新的信贷政策《关于落实环境保护政策法规防范信贷风险的意见》。全面推进绿色信贷建设，不仅制定出了系统的绿色信贷政策，还确定了严格的环保准入标准，实行“环保一票否决制”。从绿色信贷的规模发展来看，在银行的主导下，我国的绿色信贷项目从 2007 年的 2 700 个，增加到 2015 年的 2. 31 万个；绿色信贷余额也从 2007 年的不到 1 万亿元上升至 2015 年底的 8. 08 万亿元，仅 2015 年，21 家主要银行绿色信贷余额就已达到 7. 01 万亿元。绿色信贷的绝对规模逐渐扩大。

2. 绿色债券

绿色债券是指任何将所得资金专门用于资助符合规定条件的绿色项目或为这些项目进行再融资的债券工具。包括绿色金融债券、绿色企业债券、绿色公司债券、非金融企业绿色债务融资工具、绿色结构融资类工具等。其主要用于节能减排、资源循环利用、污染防治和环境保护等。相比于普通债券，绿色债券主要在四个方面具有特殊性：债券募集资金的用途、绿色项目的评估与选择程序、募集资金的跟踪管理以及要求出具相关年度报告。

绿色债券是若干国际金融组织和一些政府支持的金融机构发行的债券。由于发行者的信用级别较高或享受政府免税等政策，可以以较低的利率来支持绿色项目。国际上已经发行绿色债券的机构包括世界银行、亚洲开发银行、英国绿色投资银行、韩国进出口银行等。这些债券的承销商一般是国际主要投资银行，投资者包括大型的机构投资者和部分高净值的个人投资者，债券的平均期限为 5~6 年。从 2007 年开始，全球发行的绿色债券的总市值增速迅猛，其中世界银行是主要债券发行机构。

3. 绿色基金

绿色基金是专门针对节能减排战略、低碳经济发展、环境优化改造等项目而建立的专项投资基金，其目的旨在通过资本投入促进环境保护和节能减排事业发展。绿色基金可以由国家、企业和个人共同投资组建，在基金内部设立专门的管理委员会。政府不控股，不进入基金运作，但对基金进行监管。

20 世纪 60—70 年代，世界上第一支绿色投资基金在美国发行，此后英国也推出了绿色投资基金——梅林生态基金。绿色基金近几年得到了快速发展。发展绿色基金促进了社会经济效益的提高，拓宽了资金融资渠道，构建了多元化的投资主体结构。建立绿色基金，可以引导社会资本进入环境保护领域，宣传环保知识，促进环境要素融入企业管理并走向市场化。在美国、日本等发达国家，绿色基金在近年得到了较大发展。由于金融市场发展程度的差异性，绿色基金在不同市场上有不同表现。英国在 2012 年建立了绿色投资银行。虽然名称叫银行，其实它属于投资基金。这家银行不能吸储、不能发债，而是主要提供绿色项目的股权投资。由于国家背景的绿色基金投资于绿色项目，从而撬动成倍的社会资金投入到绿色行业中。

目前，国际市场上出现了很多流动性很好的绿色基金产品。包括 ETF 植树和碳排放衍生品等基金产品。国际市场上还诞生了一系列绿色指数，包括纳斯达克美国清洁指数、标准普尔全球清洁能源指数、FTSE 日本绿色 35 指数等。

4. 绿色保险

绿色保险又名生态保险，是在市场经济条件下进行环境风险管理的一种基本手段。其中，由保险公司对污染受害者进行赔偿的环境污染责任保险最具代表性。它是以企业发生污染事故对第三者造成的损害依法应承担的赔偿责任为标的保险。

建立绿色保险有助于企业减缓环境风险，促进社会可持续发展。绿色保险可以很好地避免由于环境污染问题而导致的企业倒闭，以及由于环境影响导致的难以承担的经济成本。因此，建立环境责任保护机制，发展绿色保险，有利于保障社会经济的可持续发展。

德国政府在 1990 年通过《环境责任法案》，在法案的附件中规定了 10 个大类、96 个小类行业必须参保，主要包括热电、各类采矿、石油等。英国保险业协会也组织全国保险公司推出类似保险，一旦污染发生，赔付金额不仅包括清理污染的费用，还包括罚金、不动产价值损失、全部相关法律费用、医疗费用等。欧盟始终坚持以立法的形式强调“污染者付费”原则，并在 2004 年发布《欧盟环境责任指令》强调污染责任，相关保险业务在欧洲最为发达。

5. 绿色投资

绿色投资与绿色 GDP 相联系，是从投资的角度推动循环经济的发展。凡是用于增加绿色 GDP 的货币资金(包括其他经济资源)的投入，都属于绿色投资。西方国家的学者主要是从企业的社会责任角度出发，通常把绿色投资称作社会责任投资。绿色投资顺应可持续发展战略，综合考虑经济、社会、环境等因素，促使企业在追求经济利益的同时，积极承担相应的社会责任，从而为投资者和社会带来持续发展的价值。

目前我国在绿色领域的投资正不断加大。预估计，“十四五”期间绿色投资的潜在规模将达到 45 万亿元，年均 9 万亿，相当于 2021 年我国总投资规模的 1/6。绿色低碳转型中的投资方向主要有能源低碳转型、数字经济和数字化与传统产业部门融合、绿色城镇化和升级改造等多个方面，而这些方面在“十四五”期间的年投资规模均超过 1 万亿元。

过去，我国绿色金融主要集中在绿色信贷方面，绿色债券的发行规模也不断增加。很多绿色项目首先需要股权融资，因此要通过建立一些绿色股权基金来推动绿色项目的股权融资。2020 年 7 月 15 日，由财政部、生态环境部和上海市人民政府共同发起设立的国家绿色发展基金股份有限公司在上海市揭牌。这一举措体现了国家对绿色投资的引导作用，也标志着生态环境保护投融资机制改革取得了历史性突破和进展。

6. 碳金融

碳金融是指服务于旨在减少温室气体排放的各种金融制度安排和金融交易活动，主要包括碳排放权及其衍生品的交易和投资、低碳项目开发的投融资以及其他相关的金融中介活动。碳金融作为低碳转型的重要引擎，与实体经济的交会互动主要集中在产业和能源两个领域，实现转存量、优增量，推动存量部分的转型升级、支持增量部分的低碳发展。

国际碳市场上最早出现的都是碳现货交易，如英国排放交易体系(UKETS)就是基于现货交易的碳市场。2005 年启动的欧盟排放交易体系(EUETS)既有现货产品交易，也有标准化减排期货合同产品，同时还有围绕着碳产品以及各种追踪欧盟排碳配额期货的基金等零售产品，目前欧盟碳期货交易量成交规模为现货的30倍，充分发挥了引导投资者的市场预期作用。对于一些碳排放企业，除了借助现货市场解决自己碳配额供求问题外，也能通过参与期货市场的做多或者沽空交易来获利，同时实现风险的对冲；对于投资银行、对冲基金、私募基金以及证券公司等金融机构而言，参与碳市场交易不仅可以丰富自己手中的金融产品，也开辟了一条新的投资渠道。

为落实“双碳”目标，我国积极推进碳排放权交易市场建设。2013年起，全国7个省市开展了碳排放权交易试点。试点市场在碳金融方面进行了有益的探索，包括碳资产托管、碳质抵押贷款、碳配额回购等多种形式。2021年7月16日，全国碳排放权交易市场正式启动。发电行业率先纳入其中，预计“十四五”期间逐步纳入其他七大行业。第一个履约周期共纳入发电行业重点排放单位2 162家，年覆盖二氧化碳排放量约45亿t，是全球覆盖排放量规模最大的碳市场。截至2022年7月15日，碳排放配额累计成交量1.94亿t，累计成交额84.92亿元。当前，全国碳市场仅开展碳配额现货交易，随着碳市场建设的不断完善，未来有望引入多元化碳金融产品。

“十三五”期间我国绿色低碳发展成效显著。通过调整产业结构、优化能源结构、节能提高能效，推进碳市场建设，增加森林碳汇等一系列措施，低碳发展进展突出。2019年碳排放强度比2015年下降18.2%，碳强度比2005年降低48.1%，非化石能源占能源消费比重达到15.3%，提前完成了中国向国际社会承诺的2020年目标。

二、林业绿色金融的支持领域

林业领域发展绿色金融也已经成为国际共识。2012年里约可持续发展大会提出要发展绿色经济，发展促进林业领域绿色金融的创新；2015年通过的《巴黎协定》表明要通过资金、技术等措施支持保护生态环境，应对气候变化；2015年在联合国大会第七十届会议上通过的《2030年可持续发展议程》提出要大力支持林业绿色金融发展；2016年联合国粮农组织召开的第33届林业委员会指出，要通过各种方式，增加林业融资；2016年世界银行发布的《环境和社会框架》明确了环境风险的范围，指出可能造成的森林和生物多样性风险的金融融资项目是难以获得绿色金融贷款的。

随着绿色发展的内涵与外延不断清晰化，通过绿色金融手段加强对自然资源的保护和利用，加强对环境污染的治理，引导各省区社会资源可持续利用和发展，对区域经济的转型升级具有重要的功能和作用。森林在全球生态系统中具有独特的地位和功能，承载着潜力巨大的循环经济和可再生能源产业，是重要的陆地碳库，在推进经济转型中发挥着基础作用，扮演着无可替代的角色，对减缓和应对气候变化、发展低碳循环经济、开发清洁能源等具有不可估量的作用。以提供生态服务和绿色产品为主的林业，与绿色发展有着天然的联系。在此背景下，人们对林业重要地位和作用的认识日益深刻，林业的生态、环境效益在经济整体发展中的重要性获得关注。林业绿色发展离不开绿色金融，金融作为现代经济的核心和资源配置的枢纽，在绿色发展中承担了非常重要的角色。近年来，我国的森林保险、林业债券、林业信托融资、林业产业投资基金、森林资源资产证券化、林业项目融资等林业金融都取得了一定的发展，并在我国林业发展中发挥了重要作用。

（一）支持的领域

金融支持是林业绿色发展的关键因素，建立绿色林业与金融的互动机制，有利于促进林业绿色产业与金融的协调发展。目前仅仅依靠国家财政是无法保证林业绿色可持续发展的，需要探索通过市场化的融资模式促进吸引社会资本进入林业，投资发展绿色林业。林业的绿色产业化经营也需要利用金融促进林业资本形成。

林业绿色金融是指政府、企业、金融机构在林业发展中，本着从保护林业资源环境和促进林业可持续发展、资源循环利用、低碳环保的原则，在投资中运用金融手段推动林业可持续发展，为建立起林业绿色产业体系和林业绿色生态体系提供资金支持，促进林业生态与林业绿色产业体系的健康发展。林业绿色金融将生态环境要素纳入金融业的信贷核算与决策之中，从而降低投融资的环境风险。一方面，金融业能够助力林业生态产业的发展，另一方面，未来良好的生态经济效益与环境又可以反哺金融业，有效实现良性循环。

1. 森林可持续经营

森林可持续经营是林业绿色金融支持的重点领域。森林经营水平在一定程度上决定着林业投资的收益回报率和稳定性。涉足林业领域的投资人期待林业投资为其带来长期稳定的收益，重视森林资产的长远收益，越来越多的投资人要求资产管理方证明森林经营是可持续的。林业绿色投资以具有良好信誉的森林认证为基本要求，最广为采纳的全球性标准体系包括森林管理委员会（FSC）和森林认证体系认可计划（PEFC），也包括一些区域范围内声誉良好的标准，如美国的可持续林业倡议等。一些资产管理机构积极参与森林可持续经营，通过制定可行的经营计划保障森林的经营活动能够达到可持续发展的目标，从而产生稳定、可持续的投资回报，将兼顾经济、环境和社会效益的林地投资打造为收益稳健的实物资产。

2. 林业碳汇

林业碳汇为林业绿色金融发展开辟了新的模式。巴黎气候协定的达成，向全球明确发出了世界经济正在走向脱碳化的信号。由于森林是一个巨大的“碳库”，树木和植被不断吸收大气中的二氧化碳，因而可持续林业在全球缓解和适应气候变化的努力中起到了关键作用。将木材用于建筑、家具、包装等领域可以有效保持木材在生命周期中的固碳作用，使木材成为市场青睐的可持续的环保材料。随着各国开始逐步向低碳经济转型，森林碳信用作为一种碳排放抵消方式受到市场的广泛认可和欢迎，林业投资的价值正在借由引入碳税或纳入排放交易体系等新机制而不断提高。

3. 混农林业

混农林业在发展林业绿色金融方面有着巨大潜力。土地利用模式对全球环境变化和可持续发展具有重要影响。在一些发展中国家，不合理的农业开发已经成为毁林的主导因素之一。将农业和林业生产相结合的混农林业模式为解决这一问题提供了新的方案，即采用综合农业及林业技术，建立起物种多样性丰富、生产力高、综合效益强、可持续发展的土地利用模式。投资混农林业模式，提高质量、产量和效率，能够有效帮助社区保障食品安全并创造就业，同时对缓解环境危机和气候变化有辅助作用。投资者获得收益的渠道有两种，一是销售可持续性认证的、高附加值的农林产品，二是出售通过生物多样性保护或其他生态服务获得的信用。

（二）主要产品和服务

在绿色金融领域，林业行业具有公认的先天优势和巨大的发展潜力。联合国环境规划署认为对林业等自然资本的投资，是全球绿色投资的核心领域之一，是绿色金融的投资重点，发展前景广阔。联合国指出，2010—2050 年，每年新增投资 400 亿美元用于造林和补偿林地所有者，可以使森林价值提高 20%，森林碳储量提高 28%。国际大型金融机构在林业绿色金融领域也展开了深入的研究。具体行动包括欧洲投资银行对林业的绿色投资信贷；世界银行的绿色信贷、绿色投资基金和碳金融；花旗银行将“保护森林和减少污染空气排放”纳入社会责任并在具体业务中执行等。此外，非政府组织也成为林业绿色金融的主要推动者。

国际大型金融机构在林业领域积极开展绿色金融业务。如世界银行开展的绿色信贷、绿色投资基金和碳金融服务，欧洲投资银行倡导对林业进行绿色信贷投资，花旗银行明确将“保护森林和减少污染空气排放”条款纳入其社会责任，并在具体业务中予以执行。汇丰银行在林业信贷方面于 2004 年发布了林地与林产品部门指南，2008 年对指南进行了审查与修订。汇丰银行的政策适用于为森林和林产品部门的客户提供金融服务，包括林业经营、木材产品、世界各地生产的纸浆和种植园。汇丰银行要求客户能够取得独立认证，证明其提供的木材产品是合法及可持续的。其要求森林经营要将生态系统的负面影响降到最低，保持森林生产力，确保森林生态系统的健康与活力。汇丰银行的标准是建立在 FSC 原则和赤道原则的基础上的，其标准为合法性和可持续性提供了保证。

林业领域也涌现出很多创新的绿色金融产品和服务。在绿色信贷方面，美洲银行制定了森林保护政策，不为开采原始森林的活动提供贷款，严格审核天然林开发业务，只为获得独立第三方可持续认证的项目提供贷款。在绿色债券方面，国际金融公司（IFC）发行绿色债券，支持私营部门发展，减少发展中国家毁林活动，将私营部门资金引流至森林保护，赋予投资者灵活的收益回报方式。绿色基金方面，成立了世界银行森林碳伙伴基金、联合国绿色气候基金等致力于森林资源保护和缓解气候变化的补偿基金。在保险方面，由单一险种向综合险种发展，承保范围和金额不断增加，逐渐形成灵活稳定的保险制度。

三、推进林业绿色金融的行动

（一）发达国家和地区的实践

1. 美国

美国财政部对 80%的对外援助项目有绿色要求，将环境风险问题纳入金融机构决策之中，发展绿色债券市场，通过财政政策推动绿色金融发展，促进实体经济和金融行业的发展与环境保护要求相适应。美国提出在未来 10 年，投入 1 500 亿美元促进清洁能源经济的发展。

20 世纪末，环境问题并没有引起美国金融机构的足够重视。而公民社会已经注意到金融机构的融资活动对环境污染的推动作用，认为融资活动中加入对环境影响的考量能够遏制对环境具有破坏性的项目。美国的非政府组织热带雨林保护行动网络（RAN）在对商业银行的调查中发现，大量热带雨林开发项目得到了贷款支持，开发活动促使热带雨林退化并引发相关的环境和社会问题。2000 年，花旗银行投资的秘鲁燃气工程对当地环境和社区造成恶劣影响，遭到非政府组织和民众的抗议和抵制。花旗银行的其他贷款项目，如美国加州水源林红木砍伐项目、厄瓜多尔管道项目、巴布亚新几内亚油田等，因为涉及大规模采伐濒临消失的森林、破坏当地社区并加速全球变暖，也受到强烈指责。此次风波引发了银行业对金融活动的影响和环境风险的重视，因而开始在金融活动评估审核中纳入环境和社会因素相关指标。银行大多依据赤道原则制定详细的标准，对大型项目融资中的环境风险予以评估和控制。对项目融资贷款超过 1 000 万美元和风险投资超过 500 万美元的业务，花旗银行要求必须执行赤道原则。

美国政府制定了相关政策，在基础设施和服务中采用政策手段干预，实现环境价值货币化，以缓解对环境的影响。例如，纽约市在市政服务中采用了多种措施减少和补偿对环境的负面影响。在城市供水中，终端用户需要支付水费以外的费用，由政府通过债券和信托基金等追加资金，用于与城市关联的水系流域森林的生态补偿等。

2. 欧洲

2009 年，欧盟启动了整体绿色经济发展计划，承诺在 2013 年之前投资 1 050 亿欧元支持欧盟地区的“绿色经济”。其对上市公司制定了相关的环境要求，对投资者进行风险披露，并致力于长期融资，开展环境风险评估。英国制定了一系列绿色金融激励机制，如推出气候变化协议、规范碳排放机制、设置气候变化税，建立碳基金等。政府通过投资补贴机制促进企业使用节能环保设备，调低气候变化税，设立碳基金将气候变化税返还给企业。2018 年，欧盟推出一项新的绿色金融战略，主要目的包括引导资本流向可持续投资，以实现包容性经济增长；管理由气候变化、环境退化和社会问题所引起的金融风险；促进金融和经济活动的透明度和长期性。

德国在推行绿色金融方面重视发挥政策性银行的作用，德国复兴信贷银行(KFW)在项目融资时全面考察项目对社会和环境的影响，制定了包括林业在内的多个评价标准。对于环境保护节能绩效好的项目，给予长期低息贷款，利率差额由德国政府予以贴息补贴。国家通过贴息等支持政策，撬动了资本对环境保护节能项目的投入，调动了一大批环保节能项目的建设和改造，杠杆作用明显。

挪威是世界上首个致力于实现零毁林目标的国家。在 2014 年的气候变化峰会上，挪威发表声明，“支持建立不涉及毁林的供应链，包括通过公共采购政策购买可持续来源的商品，如棕榈油、大豆、牛肉和木材”。2016 年挪威议会承诺政府的公共采购将不再涉及毁林产品。挪威拥有全球最大的主权财富基金——挪威政府全球养老基金(GPFG)，其资金规模超过 1 万亿美元，拥有巨大的影响力。挪威银行投资管理公司(NBIM)依据 GPFG 的道德准则以及挪威议会对社会和环境可持续性的期望对其进行管理。由于意识到毁林会降低其长期投资回报，自 2012 年起，GPFG 开始基于毁林风险采取撤资行为，以缓解热带雨林毁林带来的财务风险。截至 2018 年年底，已有 60 多家公司因从事不可持续的森林风险产品生产被撤资，涉及棕榈油、大豆、牛肉生产企业和木材采伐公司。

2023 年，欧盟出台了打击毁林大宗商品的法规，旨在降低进入欧盟市场的关键大宗商品与毁林和森林退化的关联，减少欧盟市场消费带来的毁林和森林退化的风险。法规规制的大宗商品包括棕榈油、牛、木材、咖啡、可可、橡胶和大豆及其衍生产品(巧克力、家具、印刷纸张以及部分棕榈油衍生品等)。根据法规要求，上述商品的经营者和贸易商必须实施尽职调查，追溯其销售的初级产品的原产地，确保进口、销售和出口“零毁林”产品。

3. 澳大利亚及新西兰

绿色金融为澳大利亚、新西兰的可持续人工林经营提供了融资保障。澳大利亚、新西兰的人工林经营水平较高，较为完善的林业管理体系和高质量的木材产品使之成为备受亚洲市场青睐的针叶材出口国。亚洲经济增长和对木材产品需求的增加，为澳大利亚和新西兰林业带来了持续的收益和投资林业的机遇。由于投资者对实物资产配置和对冲通胀的需求，加之澳大利亚和新西兰较低风险的商业环境，可持续经营的林地受到投资者的认可，林业资产实现了显著的规模扩张。资产管理机构不仅着眼于林地生产经营，而且关注到木材生产必须与森林生态系统提供的其他生态服务相平衡。由于土地资源是有限的，而人们对生态系统的多种需求正在不断增长，这促使资产管理机构重视森林保护带来的机会，包括碳市场、缓解银行以及其他环境保护金融机制。资产管理机构正在以新的资产评估方式，采用负责任的景观管理战略，将森林的木材生产力、土地利用模式、栖息地保护等因素统筹考虑，实现对投资者的财务回报和对当地的环境和社会效益。

同时，过度金融化带来的风险不容小觑。1998 年，澳大利亚政府为森林管理建立了税收激励措施，对林业管理投资计划(MIS)的投资人实行个人所得税减免，通过税收手段鼓励个人投资者对商业人工林的投资。在政策激励下，澳大利亚人工林营造取得了前所未有的成绩，1998—2008 年，澳大利亚新增人工林近 100 万 hm^2。仅 2006—2007 年，投资者在 MIS 中投入的资金超过 12 亿澳元。但 2008 年全球金融危机后，投资者对 MIS 的投入大幅下降，而林业管理公司购买土地的债务无法即时偿还，导致大量林业管理公司的破产和重组，相关的个人投资者损失惨重。2010 年 MIS 的投资金额降至不足 1 亿澳元。

目前，80%以上的林地投资机构集中在美国、加拿大、澳大利亚和新西兰这些成熟市场，未来拉丁美洲、亚洲、非洲和欧洲这些新兴市场和半成熟市场具有很大的绿色金融投资增长空间。

(二)发展中国家的实践

1. 印度尼西亚

绿色金融措施与印度尼西亚天然林资源保护政策相得益彰。为了保护天然林资源，印度尼西亚政府于 2013 年停止颁发原始林采伐许可。该政策的目的是鼓励棕榈油生产企业通过提高经营水平增加产量，而非占用林地扩大种植面积。一些在印度尼西亚的国际商业银行积极响应政策变化，在农业贷款项目业务中设定了相关政策。荷兰合作银行针对棕榈油、大豆、牛肉等 12 类产品制定了具体的政策，规定了客户评估和客户参与的一般步骤和对于有关商品的特殊要求。渣打银行则制定了内部控制体系，编制了棕榈油和农业立场文件，并开展可持续金融的能力建设。银行不仅确定了农业贷款的标准，还为客户提供指导，帮助其在规定的时间内达到合规要求。汇丰银行则上线了在线培训系统，帮助有关人员加强可持续政策的学习，邀请非政府组织参与制定和更新可持续政策。

2. 肯尼亚

绿色金融在野生动植物保护领域也有创新实践。2016 年，国际金融公司(IFC)发放了一支创新性的债券以支持肯尼亚北部的野生动植物保护项目。该项目是 REDD+框架下最大的项目之一，目的是帮助当地上千农民通过保护大象迁徙的生态走廊而获益。该债券五年期的票面利率 1.546%，初始规模在 7 500 万美元到 1.5 亿美元。由于需求强劲，规模增加到 1.52 亿美元。购买债券的投资者包括美国教师退休金基金、保险和新兴市场投资者。债券的一个主要创新是投资者可以选择以现金、经第三方核证的碳信用额或两者组合的方式兑付。选择 REDD+碳信用额的投资者可将其用于消除自身碳足迹或在自愿碳市场上出售。另一个创新是矿业巨头必和必拓公司提供 1 200 万美元的“价格支持机制”，确保该项目每年可以出售一定量的碳信用额，直至债券到期。该债券可增加 1 180 万 t 林业碳汇，出售 REDD+信用额为野生动植物保护、妇女就业和当地社区带来了多重益处。

四、发展林业绿色金融的机遇和挑战

（一）机遇

1. 金融市场的扩大促进绿色金融创新

随着经济的发展，金融业正在快速扩张，规模优势逐步显现，商业银行等金融机构数量不断增多。经济的发展对金融的需求增加，也会带来包括绿色金融在内的金融市场创新驱动力。随着金融市场扩张，客户群体增多，客户的差异化需求增加，使得金融机构开发更多的渠道来拓展和推广绿色金融产品与服务。金融市场的扩大带来更多的投资与交易，从而使林业绿色金融市场更加活跃，带动更多的资金流入林业市场，促进林业绿色可持续发展。

2. 国际社会的趋势推动绿色金融发展

发展低碳经济，转变经济增长方式，关注环境问题，实施绿色金融已经成为国际社会的主流趋势。金融界的绿色革命也已经成为金融发展的方向，世界各大金融机构在金融市场开发、金融产品服务等领域进行了创新。以赤道原则等为标准的国际公约已经成为金融机构践行绿色信贷的准则。以世界银行、国际金融公司、联合国环境规划署等为代表的国际组织致力于绿色金融的推广，对绿色金融项目展开了广泛的合作。林业绿色金融的发展与当今金融与环保的发展趋势相吻合，呼应了国际社会对金融界发挥资金引导作用的期待。

3. 金融机构的转型蕴藏发展潜力

国际金融市场的发展推动金融机构转型，其提供的金融服务因投资者的多元化需求而更加丰富，特别是随着责任投资者的增多，投资者的关注不局限于片面的短期收益，而更注重可持续的长期回报。绿色金融因其较低的风险、稳定回报和良好的社会影响受到投资者的欢迎。由于森林的生态功能和商业价值，林业成为绿色金融的重要涉足领域。而金融机构在资产配置的过程中，正在由纯金融资产逐渐向实物资产与股票有机结合的方向转变，因而森林资产非常适宜开展绿色金融业务。同时，通过关注全球环境问题、履行社会责任、提供更多绿色金融服务，金融机构能够提高其声誉，赢得更多社会认可，有助于树立良好的品牌形象。

（二）挑战

1. 林业绿色金融缺乏统一的标准

随着全球性环境问题的凸显和环保意识的普遍提升，绿色发展的理念逐渐渗透在金融资源的配置中，绿色金融成为全球金融发展的指导方向。在实践中，绿色金融的内涵在不断扩展和深化，涉及诸多相关的低碳环保产业。但绿色金融缺乏明确统一的定义，妨碍了投资人对产品的识别。一般而言，林业产业是规模最大的绿色经济体。事实上，林业产业包括种植业、养殖业、运输业和贸易业、人造板工业、林产化学工业、机械工业、野生动物保护和繁殖业，以及森林旅游业等。林业细分产业众多，且对资源的消耗和环境的影响方式有较大差异，因此需要有相应的标准体系和权威的市场认证机构开展公信力高的评估和认定。

2. 林业金融风险防控有待加强

林业生产自身的自然风险和经营风险大，而因林地权属不清和保险制度不健全等原因，风险补偿和担保机制在一些地区缺位，特别是发展中国家，导致资产无法得到充分保障，限制了金融机构开展林业金融服务的积极性。林业加工业在很多国家以小企业为主体，自身营利能力不足，导致融资困难。在目前的市场条件下，还存在因信息不对称造成的“洗绿”风险，由于绿色金融市场的透明度不高，企业的环境信息披露还不够充分翔实，需要更加完善的信息披露制度加快实现金融机构的绿色转型，从而吸引更多资金流入，促进林业经济可持续发展。

3. 产品创新力度亟待增强

随着绿色金融成为金融发展的新趋势，市场上的绿色金融产品种类日渐丰富，规模也不断扩大。但在林业方面，较为成熟的产品以传统的信贷为主，与旺盛的市场需求相比仍显不足，绿色金融的产品工具多元化程度低。在部分金融市场上绿色金融已有所探索和发展，主要集中在碳市场相关领域，围绕碳排放权、低碳技术和项目投融资以及减排的相关中介服务这三个领域。林业作为应对气候变化的重要领域发挥了积极作用，但林业生产周期长、融资期限长、回报周期长的特点仍然制约着金融资源与林业资源的对接。如何既能满足融资需求又能获取风险可控的投资回报，亟须创新型金融服务以保障和推进林业投资和交易活动。

五、推动我国林业绿色金融发展的政策建议

中国林业面临着加快林业改革、全面深入发展社会主义现代化林业的新形势。生态目标的刚性需求推进林业的深入快速发展，社会对生态产品的迫切需求引导着全社会形成清洁的生产方式和绿色的生活方式。社会和政府对林业的重视，推动林业绿色发展迈上了一个新台阶。林业领域发展绿色金融也已经取得了积极的进展，包括林业上市公司、林业债券、林业信托融资、林业产业投资基金、森林资源资产证券化、林业项目融资等都取得了一定的发展。但总体上，当前我国林业领域与金融机构的对接不充分，林业获得金融支持的力度不大，林业绿色金融发展处于初始阶段。基于上述情况，发展林业绿色金融，需要采取以下措施：

（一）明确界定林业绿色金融的概念

推动在市场上形成对绿色金融概念的清晰界定，对构成林业绿色金融的关键要素达成一致，尽可能在更广泛的区域内达成共识，便于与国际市场对接。针对不同林业行业的特

点制定具体的绿色金融标准，支持和引导资金向低碳环保的林业领域流入。由独立第三方机构开展评估，以帮助机构和投资人识别真正的绿色林业项目和企业。同时，逐步建立和完善企业强制性的环境信息披露制度，加强对绿色金融的监管，有效防止和规避不合规行为带来的风险。

（二）政府支持培育成熟的林业金融市场

我国林业产业规模庞大，对资本的需求量高，但长期以来市场融资不能满足需求，一定程度上制约了林业发展。一方面，需要提升林场作为森林经营主体的商业化程度，使之与金融市场的要求相匹配，将财政资金与商业性金融相结合。另一方面，促进以中小企业为主体的劳动密集型产业向技术密集型、资本密集型产业转型，并限制对高污染高能耗的企业融资，使外部成本内部化，为绿色企业融资提供鼓励性政策。

（三）金融机构与林业部门合作推进绿色金融

在推进林业绿色金融发展的过程中，金融机构与林业部门的沟通合作不可或缺。林业部门从政策层面优化金融保险服务环境，疏通产权界定、交易和抵押的相关流程，为金融部门支持林业发展提供有力保障。金融机构以林业产业发展需求为导向，在制度、产品和服务维度进行创新，探索服务林业发展的新模式，开发更加丰富、灵活的金融工具。在这一过程中，需要林业部门提供专业技术支撑和咨询服务，科学评估林地和相关资产价值，与金融机构共同规范和完善林业金融风险防控机制。

主要参考文献

Australian Government Department of Agriculture and Water Resources, 2018. Taxation incentives to establish forests. http: //www. agriculture. gov. au/forestry/australias-forests/plantation-farm-forestry/taxation

BMJV, 2007. Environmental Liability Act. https://www. gesetze-im-internet. de/englisch_ umwelthg/index. html

Environmental Finance, 2016. Sustainable forestry—a budding market. https: //www. environmental-finance. com/content/analysis/sustainable-forestry-a-budding-market. html

EPs, 2017. The Equator Principles. http: //equator-principles. com/about/

IFC, 2017. Sustainable Forestry 2017: IFC Forests Bond. https: //www. environmental-finance. com/content/deals-of-the-year/sustainable-forestry-ifc-forests-bond. html

New Forests, 2015. Rationalising Timberland Managed Investment Schemes. https: //www. newforests. com. au/wp-content/uploads/2015/06/New-Forests-MIS-Review. pdf

New Forests, 2015. Timberland Investment Outlook. https: //www. newforests. com. au/wp-content/uploads/2015/07/New-Forests-Timberland-Investment-Outlook-2015-2019. pdf

Rainforest Foundation Norway, 2019. Norway's Government Pension Fund acts against deforestation: divests major agricultural companies. https: //www. regnskog. no/en/news/norways-government-pension-fund-acts-against-deforestation-divests-major-agricultural-companies

UNEP, 2015. Bank and Investor Risk Policies on Soft Commodities. http: //www. naturalcapitaldeclaration. org/asset/download/139/NCD%20-%20SOFT%20COMMODITIES%20RISK%20%28FULL%29. pdf

UNFI, 2017. About United Nations Environment Programme-Finance Initiative. http: //www. unepfi. org/about/

UNGC, 2017. Our Governance. https: //www. unglobalcompact. org/about/governance

William Brittlebank, 2016. Norway commits to zero deforestation. http: //www. climateaction. org/news/norway_ commits_ to_ zero_ deforestation

葛察忠，2010. 中国对外投资中的环境保护政策[M]. 北京：中国环境科学出版社.
国际金融公司，2012. 环境和社会可持续性绩效标准. https：//www.ifc.org/wps/wcm/connect/5fd142004a585f48ba3ebf8969adcc27/PS_ Chinese_ 2012_ Full-Document.pdf? MOD=AJPERES
蒋华雄，谢双玉，2012. 国外绿色投资基金的发展现状及其对中国的启示[J]. 兰州商学院学报，(5)：7.
游春，2009. 绿色保险制度建设的国际经验及启示[J]. 海南金融(3)：66-70.
原庆丹等，2012. 绿色信贷与环境责任保险[M]. 北京：中国环境科学出版社.
张锐，2021. 欧盟碳市场的运营绩效及对中国的启示[J]. 决策与信息(11)：36-44.

专题十　世界产业基金管理体制

国际经验证明，通过发展产业基金能够实现投资率与就业率的提高，同时能够促进高新技术产业发展，推动支柱产业和基础设施产业升级。通过产业基金的收购、并购和重整活动，能够迅速实现产业重组，实现企业内部改革与企业经营管理水平的提高，甚至推动企业上市。本专题通过对国内外产业基金发展历程的回顾、管理机制的梳理以及中国农业产业基金管理机制的现状分析，指出国内外产业基金发展的经验对中国林业产业基金设立与运行的借鉴与启示，进而提出发展中国林业产业基金的政策建议，从而为建立有效的林业产业基金融资管理机制提供新的视角，实现林业产业资本与金融资本的融合发展，同时为政府指导林业产业基金健康发展、有序竞争提供理论依据与决策参考。

一、林业产业基金发展概况

林业产业基金通过发行基金受益凭证的方式从社会募集一定规模的资金，并以股权形式直接投资于林业产业化龙头企业(未上市企业)和具有市场潜力的项目，提高目标企业的效益，并给投资者以丰厚的投资回报。目前林业产业财政投入力度不够，引入民间资本较为困难，存在着投融资总量少、效率低、投资主体单一、缺少投融资渠道等问题，严重制约我国林业产业发展和林业企业成长。

建立林业产业基金，能够推动资金主体多元化、投资形式多样化和融资手段市场化进程，解决非上市林企融资问题，重新调整自身的资产结构和负债结构。发展林业产业基金可以将小额社会闲置资金和短期消费资金转化为巨额的林业中长期建设资金，能够解决我国林业建设资金来源分散与林业产业投资需求强度大的矛盾。发展林业产业基金有利于推进林业产权制度改革进程。林业产业基金实质上是林业出资者投资产权证书，因此，林业投资者自身的产权、基金设立后用于投资对象的产权明晰。

2016 年 12 月，中国建设银行与国家林业局共同签署《全面战略合作暨林业产业发展投资基金合作协议》，协议提出，双方将共同发起设立林业产业发展投资基金，重点支持林业产业转型发展项目，加快林业产业在债权融资、股权融资、并购、上市等方面市场化运作步伐。2017 年 1 月，黑龙江省政府出资设立林业产业基金，基金总规模 100 亿元，首期 25 亿元。最大限度吸引社会资本参与黑龙江省林业相关企业的发展和项目建设。2017 年 6 月“首届生态文明绿色发展论坛”在湖南省益阳市资阳区召开，论坛上成立林业行业的首支私募基金——中国林业战略性新兴产业发展基金。基金规模达 1 000 亿元。2017 年 10 月，国家林业局林改司印发《全国林业产业基金项目申报指南的通知》，指出林业产业基金支持的范围以及申报林业产业基金项目的要求。可以看出，我国已逐步建立一些林业产业基金，但尚在摸索过程中，因此需要借鉴国内外产业基金的管理经验，进一步完善我国林业产业基金管理机制。

二、国外产业基金发展历程回顾

产业基金是我国特有的概念，产业基金在投资方式、募集方式、退出方式等方面与国外创业投资基金、股权投资基金和重组基金有很多相似之处。因此，以下针对国外创业投资基金、股权投资基金、重组基金发展进程进行梳理。

（一）英国

英国于 1868 年建立“国外及殖民地政府信托基金”。英国投资者将其资产委托给对海外经济较为熟悉的专家进行管理，投资于国外及殖民地的项目，获取投资收益。受到传统思想、市场规模、政策环境等多重因素影响，欧洲的产业基金于 19 世纪 80 年代才真正开始发展，1890 年投资信托基金已经发展到 100 多家，这些基金都以投资外国证券为主，成为仅次于美国的世界第二大产业基金发展区。1899 年英国颁布《公司法》，投资信托基金依法脱离原来的契约形态，发展成为股份有限公司。英国的收购基金运行的历史较长、规模较大，主要从事传统产业资本的存量调整，对老企业进行兼并与收购。随着用于传统企业改造的产业基金设立，进一步推进传统企业的私有化进程，对英国的产业结构调整发挥重要的作用。在欧洲内部，英国国内有完善的法律法规作为基础保障，英国的产业基金最为发达，其年度投资额占整个欧洲的近 50%。英国 1994 年颁布《创业投资信托法》，对符合该法要求的“创业投资信托”实行税负豁免。英国伦敦证券交易所 1995 年建立替代投资市场，作为美国纳斯达克之后欧洲设立的第一个“二板”性质的股票市场，专门为小规模、新成立和成长型的公司提供服务，从而完善产业基金的退出机制。

（二）美国

产业基金的雏形真正来源于美国。1946 年美国哈佛大学商学院教授多里特和波士顿联邦储备银行行长弗兰德斯建立美国研究发展公司（以下简称 ARD），为新兴企业和小企业提供专家管理服务，力求解决资金短缺问题。1958 年美国国会通过《中小企业投资法案》，确立中小企业投资公司制度，规定政府为中小企业投资公司的设立提供信贷支持。1958—1963 年的 5 年间，产业基金发展迅速，成立了 692 家中小企业投资公司，资金总规模达 4.64 亿美元。1969 年美国国会将长期资本收益税率从 29%提高到 49%，风险投资行业受到冲击，1974 年美国国会通过《雇员退休收入保障法案》停止利用养老金进行高风险投资，产业基金的筹资渠道锐减，产业基金的发展进入瓶颈期。1978 年美国国会将资本所得税税率从 49%降低到 28%，产业基金借此契机再次快速发展。80 年代，美国产业基金开始实现高速成长，产业基金的资金来源、投资领域、组织形式都发生变化，机构投资者取代个人和家庭投资者成为产业基金的主要资金来源，投资领域得到细分，专业化趋向日益显现，有限合伙制产业基金成为产业基金的主流发展方向。1980 年有限合伙企业形式的产业基金已占整个产业基金市场的 40%，中小企业投资公司仅占 29%，上市交易的封闭式基金及附属于大公司与金融机构的投资公司占 31%。从 1990 年开始新设的产业基金中几乎没有按中小企业投资公司法设立。随着美国税赋制度改革，公司型产业基金可以免征企业所得税，公司型产业基金与有限合伙型产业基金出现并存。

美国产业基金规模不大，1988 年产业基金投资规模仅有 30 亿美元。1995 年美国产业基金的总资本余额仅有 1 750 亿美元。1983—1994 年的 12 年间，美国共有 1 106 家产业基金投资的企业上市。进入 21 世纪以来，产业基金的资产总量继续保持增长，成为美国金融体系的重要支柱。作为世界上产业基金发展最为成熟的国家，美国的金融制度为世界各国所效仿。

（三）日本

日本的产业基金产生于 20 世纪 50 年代，是亚洲最早发展产业基金的国家。1951 年日本成立创业企业开发银行，向高科技创业企业提供低息贷款。1963 年日本政府效仿美国制定出台《中小企业投资法》，同时在大阪、东京及名古屋成立三家“财团法人中小企业投资育成会社”，日本产业基金正式出现。1972 年日本成立第一家民间产业基金“京都企业开发社”，产业基金发展态势良好，直至受石油危机的冲击而停顿。1983—1986 年间，日本共成立 66 家产业投资公司，受新技术革命的影响，日本的电子、新材料、生物技术等产业快速发展，加之日本宽松的上市标准，为产业基金的发展创造良好的外部环境，促使产业基金在此阶段得到快速发展。1986 年出现较大规模产业基金的相继倒闭。日本同欧美相比，在经济体制和银行体制上有很大的不同。日本传统企业的特点是以资本为中心的垄断企业集团，各种类型的大中企业集团和中小企业并存。缺少跨国公司，导致日本传统的产业结构变得不适应国际经济环境全球化背景。从 1997 年起，日本又兴起产业基金发展的热潮，日本政府试图通过产业投资实现经济转型的目的，日本政府相继修改《禁止垄断法》《银行法》《商法》的有关条款，1998 年废除《证券交易法》中关于银行与证券分离，禁止银行进入保险业的条款。1999 年成立整理回收机构（RCC），专门处理银行的不良资产。20 世纪末颁布《产业活力再生特别措施法》，开始全面推进产业重振计划，2003 年在政府引导下设立产业再生机构（IRCJ），政府为 IRCJ 出资人提供 10 万亿日元的财政担保，并由总理、财务大臣和经济产业大臣共同担任 IRCJ 的政府主管，实现监管和控制的作用。IRCJ 作为独立实体，遵循市场规律，政府只发挥引导作用。2005 年 3 月，IRCJ 共收购上百家金融机构的债权，重组 41 家企业，IRCJ 本身也实现盈利。日本政府通过健全相关资本市场，为产业基金的发展打造良好的外部环境，推动日本产业基金的发展。

（四）韩国

受亚洲金融危机的影响，在政府的鼓励和支持下，韩国 25 家金融机构共同出资 12.5 亿美元，于 1998 年 10 月成立企业重组基金，投资于中小企业的重组。韩国政府希望企业重组基金能够推动企业运行模式的改变，通过对受金融危机影响的企业提供必要的资金支持，改变公司的治理结构，促使韩国企业的运作透明化，同时提高公司的运行效率。由于韩国国内缺少有运作企业重组基金经验的金融机构，韩国政府聘请四家西方著名的基金管理公司管理基金。政府在这批基金的投资中指出，这批基金在 1 年内完成投资，只用于购买企业新发行的证券，不允许购买企业现有的股票。基金不允许投资于国有企业和最大的 5 家财团。基金在除 5 大财团以外的 25 个财团中的投资不能超过基金总规模的 50%，投资的收益，免征资本增值税，但基金持有人必须对基金投资 5 年以上。由于重组基金的积极作用，韩国在亚洲金融危机后国民经济率先复苏。

（五）经济转型国家和地区

1. 俄罗斯、东欧

俄罗斯、东欧等经济转型国家于20世纪90年代实施“休克疗法”改革方案，通过投资基金为企业的私有化和企业重组提供金融中介，推动国内的资本市场建立和完善；波兰和捷克采取成立投资基金接管绝大部分国企，对成年国民分配认股权证进行私有化。私有化基金在这些东欧国家从传统计划经济向市场经济的转轨过程中起到重要作用。俄罗斯、捷克、波兰等经济转型国家采取多种方式进行私有化，其中，认股权证私有化最具代表性。认股权证也在波兰、罗马尼亚、爱沙尼亚、拉脱维亚、阿尔巴尼亚等国被广泛使用。俄罗斯在证券私有化的过程中，推出由国家财产基金会与管理集团签订为期1年的企业重组协议，协议条件完成后，管理集团可以按票面额购买20%的股票；此外，职工也可以购买20%股票的方案。这个方案在实际操作的过程中并没有受到企业的青睐。在这些转型国家中，由于受改革的宏观环境、实施战略、政治支持以及基金的投资原则、运作方式、管理人水平等因素的影响，企业同时面临财务、技术、管理等问题，重组的操作难度较大。同时，私有化基金在设立时由于所投资的企业数量、企业质量、行业领域不是管理人自由决定的，所以转型国家的私有化基金在企业的改制重组方面鲜有成功，只有实行管制市场模式的波兰，部分达到对企业进行重组和改造的目的。

2. 新加坡

新加坡的产业基金发展起始于20世纪80年代，政府在产业基金发展过程中扮演重要角色，1985年新加坡政府成立新加坡最大的风险投资机构经济发展局（EDB），主管产业基金。新加坡为发展成为区域产业基金管理营运中心，向产业基金行业提供相当多的优惠，包括产业投资的投资损失、股权交易损失或因投资清算导致的损失，都可以从投资者其它所得中扣除，最高可达100%，从而实现免税；产业投资如能引进本国没有的技术，且能大幅提升工业水准，可享受5~10年免缴所得税；产业基金管理公司的管理费及红利收入，最高可享受10年免税；甚至产业基金出售股权的资本获利、国外投资的股利等都在免税之列。

从当今世界投资基金发展的格局来看，美国正处于各专项基金与复合基金并存的状态，但以凯雷和黑石为代表的投资基金正在向复合型方向扩展。欧洲国家中，英国作为最早发展投资基金的国家之一目前以专项基金为主，金融主体直接或间接也参与其多领域扩张。德国则处于相对封闭和稳妥的发展模式，日本更主要是在相关法规指引下以信托形式为主。除公募证券投资基金外，我国目前多以产业基金、工作室、投资咨询与管理方式广泛存在。

三、国外产业基金发展管理机制

以下从组织形式、筹资机制、投资对象、发展模式、报酬机制、退出机制六个方面对国外产业基金发展管理机制进行梳理剖析，探讨国外产业基金管理机制和模式。

（一）组织形式

在组织形式上，国外产业基金主要分为公司型、信托型和合伙制三种类型。公司型是指按照《公司法》的规定组建投资公司，由特定投资者认缴出资成为公司股东形式的产业基金。公司型的优点在于投资者就是公司的股东，在公司章程的规定下权利和义务非常明确；但缺点是因为其运营成本较高、退出程序比较繁琐以及多重征税。信托型产业基金指通过信托计划进行股权投资或者证券投资，其运营成本低，具有高风险高回报特点。有限合伙型的法律依据就是2006年修订的《合伙企业法》，有限合伙型组织形式的最大好处在于对合伙企业不征收企业所得税，只征收投资者的个人所得税，减轻投资者的税负。

在初步发展阶段国外产业基金主要采取以公司制为主的组织形式。20世纪80年代后，由于法律和税收原因，合伙制产业基金成为美国、英国等国家的主流方式；而澳大利亚、德国、日本等以公司制为主要方式。目前，合伙制仍然是全球产业基金的主流方式。

（二）筹资机制

在筹资机制上，机构资本和民间资本是产业基金的最主要资金来源，政府资本往往是“少数派”。在美国、英国等资本市场主导体系下的产业基金中，资金主要来源于养老基金、保险资金、企业、个人、捐赠资金、银行等。其中，养老基金、保险资金、企业是出资的主体，整体出资比例大致为70%。欧洲大陆的产业基金资金来源主要是银行、养老基金、保险资金等，而企业和个人参与程度较低。日本的产业基金资金主要来自金融机构和大型企业集团，比例略低于50%和40%，个人出资规模很小。

在出资比例方面，国外产业基金共同的特点是，政府出资比例非常有限。以战略新兴产业为例，美国整体不足3%、欧洲大陆约为6%、日本为5%~7%。以色列、新加坡等政府出资比例较高，以色列最大的YOZMA产业基金的初始资本全部来自政府。随着机构和私人资本的进入，以色列、新加坡产业基金的政府出资比例也在下降。2000年之后，以色列YOZMA产业基金便开始走向私有化。

（三）投资对象

在国外产业基金的投资对象上，国外产业基金主要集中在战略新兴行业，但传统产业升级亦是重要方向。由于不同经济体的经济结构大相径庭，其产业基金的投资对象结构存在明显差异，特别是产业结构差异性较大。美国、英国、以色列等以投资战略新兴产业为主，德国、日本、新加坡则兼顾传统产业的发展。

产业基金投资的目的是通过产业基金管理人帮助企业上市或股权转让获得较高的中长期回报。新兴产业是产业基金最为核心的投资领域。美国产业基金主要集中在电子信息、医药生物与医疗服务、创新型消费服务等三大新兴战略产业，投资规模占比大致分别为50%、30%和10%。欧洲产业基金主要集中在电子信息、医药生物与医疗服务、工业、消费服务等，占比大致为35%、20%、15%和10%。英国则主要集中在医药生物与医疗服务、电子信息和消费服务等，以色列则以信息网络和医药生物为核心投资领域。日本以电子信息、精密制造与新材料、制造服务业等传统产业作为产业基金的重点领域，投资比例大致为40%、20%和15%。新加坡则集中在电子信息、高端装备、海洋工程、物流、专业工商服务等。

（四）发展模式

总结国外产业基金的发展及运作模式，可以发现，国外产业基金大致存在资本市场型、银行主导型和政府主导型等三大发展模式。整体而言，在资本市场型和银行主导型的产业基金发展模式中，政府更多是发挥引导性功能，但是，在政府主导型的产业基金中，政府则发挥更为实质性的作用。

英美是资本市场型产业基金的典型。美国和英国是目前全球产业基金发展最为成熟的国家，大致具有60年的发展历程。两个国家产业基金的发展主要依赖于英美高度发展的金融市场特别是资本市场和机构投资者。资本市场型的产业基金发展的核心是资金来源机构化、基金组织合伙化、投资对象新兴化、基金退出市场化。投资的主要对象是处于初创和成长阶段的中小公司，产业基金对产业发展和结构调整起到先导和引导的作用。

德国和日本的产业基金主要是以银行为中心的发展模式。德国金融体系是混业经营模式，银行是“万能银行”，在产业基金等领域占据支配地位。而日本由于养老金不可以用于创业产业投资，产业基金的主要发起人则是银行或大财团。两个经济体出于各自不同的原因，形成以银行为中心的产业基金发展模式。德国、日本产业基金更加注重安全性和稳健性，在投资领域上新兴产业和传统产业相互兼顾，比如高端装备、精密制造、制造业服务、物流等相对传统的行业则成为日本和德国产业基金重要的行业配置。银行主导的发展模式的资金来源主要是银行，投资领域则兼顾新兴和传统，在运作方式上更多采用公司制运行，在退出方式上主要采取公司回购、股权转让等方式，而公开上市的退出方式则相对较少。

以色列、加拿大、新加坡是政府主导型产业基金模式的代表。在产业发展上处于追赶地位的经济体，在产业的选择和引导上，政府发挥更加实质性的作用，甚至由政府来主导创立产业基金或投资公司，来引导产业的成长与壮大。在政府主导型的产业基金模式中，资金一部分来自政府财政资金或政府支持企业的资金，在运作方式上主要采取公司制运行模式，方便政府或代理人直接管理基金和投资对象，在退出模式上以公司股份回购和股权转让等为主，投资领域则更多地体现国家意志，与政府在产业定位和产业发展策略相适应。但是，政府主导型产业基金的运作主要是市场化运作方式，政府较少直接干预产业基金的投资经营，仍然以市场化运行规律和成本收益原则来规范产业基金的运行，政府发挥的作用只是对产业基金进行方向性指导。

（五）报酬机制

基金管理人的正常收入来源包括基本管理费和业绩报酬两个部分。基本管理费与基金管理人资产管理能力的强弱关系不大。业绩报酬与基金管理人的能力大小密切相关。从分配方式可划分为无业绩报酬方式、统一比例方式和分级分配方式三种。无业绩报酬方式是指业绩报酬不进行单独分配，在提取基本费用的时候将业绩报酬考虑进去。该方式虽然简单，但是基本费用提取比例相对较高。统一比例方式是在营利的前提下，在按基金净值提取基本管理费后，再按盈利部分统一的比例提取业绩报酬。分级分配方式是在按基金净值提取基本管理费后，以业绩程度的高低为标准，提取业绩报酬。这种方式将业绩分为几个档次，达到每个档次所提取的业绩报酬比例各不相同。

业绩报酬按照提取的时间，可以分为分期分配方式和期末分配方式。分期分配方式是基本管理费和业绩报酬按一定期限提取和分配。产业基金的投资周期较长，在发达资本市场上市的产业基金通常按季提取，按年分配。期末分配方式是指产业基金的投资为实业项目时，许多非上市的创投基金都是在存续期结束以后才计算业绩报酬。实业项目资产流动性很低，没有市场价格可供及时衡量，投资回报只能在最后一刻才能计算，当基金存续期满后，将实业项目清算结果与投入相比较，才能得出准确的业绩结果。

在国际市场中，分级、分期的基金费用收取方式是主要采取的选择方式。因为分级、分期的业绩报酬更能体现档次明晰、持续激励的作用。目前来看，发达国家有的风险投资基金管理人所得到的业绩报酬超过管理费收入，并起到很好的激励作用。

（六）退出机制

美国产业投资退出方式长期以来基本上采取 IPO（公开上市）、并购、回购和清算四种方式。IPO 退出方式的费用十分昂贵，以 IPO 方式退出的数量正在逐年递减。并购指企业之间进行的收购与兼并，所投资企业被另一家投资基金公司收购兼并。回购要求所投资企业以事先约定的价格和方式回购投资基金所持股权。一旦确认所投资企业失去发展潜力，且无法通过其他方式退出，需采用清算。

1997 年以后，产业基金更多地采用并购方式退出。回购也是产业基金退出方式之一，大批高成长的受资企业通过与上市公司换股的方式使产业基金达到退出的目标，即被投资企业转换成持有上市公司的股票，然后通过出售股票获得高额投资收益。这种通过换股实现收购兼并以及相互之间建立战略联盟的情况在美国十分普遍，尤其是纳斯达克市场正式开设以来。

四、中国农业产业基金管理机制

以下主要探讨中国农业产业基金的组织形式、筹集机制、投资机制、报酬分配机制、退出机制等管理机制，进而指出中国农业产业基金管理机制发展现状。

我国农业产业基金发展时间较短，但发展速度较快。2009 年 9 月，我国首支农业产业基金即北京农业产业基金成立。

（一）组织形式

从组织稳定、责任承担、风险防范和投资效率等角度看，农业产业基金公司制比有限合伙型和契约型更具有优势，但由于我国公司运作农业投资基金的双重征税成本，公司制并不适合农业产业基金发展要求。有限合伙的企业形式通常由普通合伙人和有限合伙人组成，虽然具有产权关系明晰、治理结构合理、报酬制度科学的优点，有限合伙企业运作农业投资基金缺乏法律保障。从实践来看，我国农业产业基金很多是以基金管理人直接作为受托人，受托人为信托投资公司，并雇佣独立的投资顾问公司履行基金管理职责。在《信托法》和《信托投资公司资金信托管理办法》框架下运作契约型农业产业基金仍是目前农业产业基金最主要的组织形式。可以看出，我国农业产业基金模式单一化，随着法律法规与运营监管的不断完善，有限合伙型、免税公司型也会逐步发展成为农业产业基金的主流组织形式之一。

（二）筹资机制

目前农业产业基金规模各不相同，在筹资规模上存在较大差异性。筹资规模最大的是内蒙古农牧业产业扶贫发展基金 100 亿元，最小的是周口市西华县农业产业基金 1 亿元，与其他行业的产业基金相比，农业产业基金的规模较小。由于我国农业产业化水平较低、预期投资回报率不高，农业产业基金资金募集困难。目前，农业产业基金的资金主要来源渠道是政府、企业等，资金来源单一，其中政府在成立投资基金公司时，通常都是单一的或主要是政府财政资金。以河南农业开发产业基金为例，共设立4期，政府每一期出资2亿元。新希望集团推出的农业产业基金其资金来源也主要是新希望集团。农业产业基金资金来源渠道应该多样化，可以采用公募与私募结合的投资方式来募集基金，即由政府与国内外的优质大中型企业、实力雄厚的国有金融企业和投资机构以及专业投资者共同发起和参与，各自以现金出资方式认购基金股份的一定份额。同时，还可以吸收自然人的资金和国外资本。

（三）投资对象

我国农业产业基金的发起人主要包括政府投资公司、金融机构、科研院所、涉农企业等。尽管发起人各不相同，但大多都具有产业背景。发起人是影响产业基金的投资方向和投资领域的主要因素。具备政府背景的产业基金往往偏好于对本地优秀企业进行投资；而由科研院所发起设立的产业基金则关注高科技企业，或与本机构科研成果转化有关的企业；发起人为企业集团的产业基金，往往服务于集团业务，利用产业基金继续做大做强主业，并在上下游深挖拓展。

农业产业基金投资对象存在"非农"现象。农业行业缺乏市场规划和科技支撑，没有形成一定的规模和品牌，在农业行业获取收益相对较为困难，因此农业产业基金会投向利润较高的非农行业。以河南省为例，基金70%以上将投向河南省内具有高成长性的未上市农业产业化及关联产业的龙头企业或产业，表明公司还有30%的资金可能会投向非农企业。

（四）投资监管

农业产业基金监管机制的建立能够降低企业家的道德风险与逆向选择以及农业产业化投资基金风险控制。农业产业基金经营管理主要依靠基金管理公司，基金管理公司应熟悉农业经济、农业科技、农村社会，拥有农业经济、企业管理、金融分析和资本运作方面的专家。农业在发达国家已成为高盈利产业，国外有许多投资农业成功经验，引进中外合资农业基金管理公司，不仅有利于提高农业产业基金的运作绩效，更有利于提高基金管理水平。同时，农业产业基金凭借自身的优势可介入所投资项目的具体业务，并对企业经营管理策略性或战略性问题提供管理咨询，以期企业能够按照预期目标发展，从而能够获取尽可能多的投资收益。

（五）报酬分配机制

对于一般投资方式而言，投资者按照投入资本比例获取投资收益，产业基金并不适合这种模式。产业基金效益的好坏主要依赖于基金管理人的管理能力水平，因此基金管理人的报酬分配机制非常重要，主要通过管理分红制度来实现的。基金来源渠道主要来自除了基金管理人以外的投资者。利润分配时，基金管理人一般可以获得基金利润的20%份额，即管理分红。管理分红可按基金总体利润来计算，也可按每个投资项目的利润单独计算。某些情况下，投资者要求在投资利润率超过8%，再计算管理分红。在中国目前的法律制度下，三种组织形式的农业产业基金可以分别通过公司章程、合伙协议或契约对基金的利润分配进行安排，实现管理分红激励机制，并无明显的优劣对比。此外，采取分级报酬分配机制，更能体现档次明晰、持续激励的作用。一般而言，专家普遍认为中国农业产业基金管理费应略高于其他类证券投资基金。

(六)退出机制

退出机制的原理是通过农业产业基金将所持有的股份卖出，以实现资本增值收益。农业产业基金通过首次公开上市、并购、股份回购、产权交易、柜台交易、破产清算以及可能的其他金融创新手段实现退出，尤其是创业板的退出可以为农业产业基金提供灵活、直接理想的退出渠道。出资形式也对产业基金退出机制产生重要影响。农业产业基金依赖于股权资本，不会利用外债来筹集资金。投资者提供的绝大部分资本是以合伙人对合伙企业的贷款或股东贷款的方式进入农业产业基金的。在农业产业基金退出资金方面，有限合伙制和契约制要优于公司制基金。

五、国内外产业基金发展经验借鉴与启示

利用国内外产业基金发展的经验，从组织形式、募集机制、投资的运营监管、发展模式、报酬分配机制以及退出机制等六个角度阐述其对中国林业产业基金的借鉴与启示。

(一)组织形式的选择

从组织形态上看，有限合伙制是美国产业基金的主流形式，其将资本与专业人才有机结合，在明确划分责、权、利的基础上，提高决策的专业水平，在激励和约束基金管理人行为的同时减轻有限合伙人承担的风险和责任。在日本，产业基金以有限责任公司的形式存在，但这种组织形式由于只有董事会才有决策权，不仅决策程序比较复杂，而且很容易被大股东操纵。

我国的第一支产业基金(中比基金)是以契约形式设立的，由于契约型基金在操作和管理上都比较简单，而且受现有法律和规定的限制。因此，对于产业基金刚刚起步或处于发展初期的国家而言应以契约型、封闭式为主。在设立林业产业基金的初期，如果按公司或有限合伙形式设立基金，有一定的法律障碍，也面临市场环境不完善的境况。林业产业隶属于大农业范畴，林业产业与农业产业的生产周期与生产性质都具有相似性，因此其产业基金的设立结构可以参照农业。国内农业产业基金组织形式以契约型基金为主，因此，借鉴国内农业产业基金组织形式，林业产业基金应以契约型基金形式设立较为稳妥，并采用封闭式有限合伙制的治理结构，以全国性的大型商业银行为托管银行，使管理者能够持续经营，辅助林业企业成长并最终退出获利。当前形势下，当务之急是修改和制定相关法律，为林业产业基金的发展创造一个有力的经济法律环境。随着相关法律法规的健全和市场机制的不断成熟，可以探索尝试以不同的公司形式设立。

(二)募集机制

1. 资金规模与渠道

目前，我国发行的农业产业基金基本在 10 亿元水平，预估林业产业基金的初期规模也将大致为该数量级，否则资本规模过小，不能将产业发展提升到一定高度，难以形成具有国际竞争力的产业。另外，规模过小，在与外资的接轨过程中，难以募集大规模资金，不能真正控股，主导林业产业的发展。林业产业基金就是要通过其规模性的投资行为，提高我国现有林业企业的规模经济，获得企业的规模经济效益，从宏观角度将失衡的产业结构重组、整合，获得宏观经济收益，促进林业的整体发展。林业具有与农业相似的较长的

生产周期，预计林业产业投资基金大致存续期须为10~15年，方能保证林业投资收益。

产业基金作为一种长期资本，具有高风险的特征。我国目前以财政资金和银行信贷为主体的融资渠道与产业基金发展的特性不符，从长远来看，创业资本应主要来源于民间资金。在我国，应通过政策和制度的调整，积极拓宽林业产业基金的融资渠道，发展民间资本、养老金、金融机构、产业机构、外国资本和政府资金等共同参与的多元化的投资主体结构，为林业产业基金的设立与发展提供充足资金保障。

2. 基金募集方式

产业基金的募集方式主要有公募和私募两种。公募是指以公开形式向法人和自然人发行基金证券募集基金，风险鉴别和承担能力较弱。私募是指以非公开形式向法人和自然人发出要约以募集基金，具有流动性差、风险鉴别和风险承担能力相对较高等特点。私募产业基金运作环境较为宽松，较少受制于国家主管机关的监管。

林业产业基金的资金募集方式的选择，是由其自身的特点决定的。林业产业基金的投资具有高风险性。林业产业基金是长期股权投资，投资期限较长，要求资金具有长期性和稳定性。因此，私募基金更满足林业产业基金的资金需求，林业产业基金的首期资金募集以私募方式为宜，募集对象主要为具有丰富投资管理和资本运作经验的国有控股企业和金融机构，引导民间资金投向林业产业急需的基础设施建设和未上市企业发展等领域。基金的首期资金募集实行承诺制，在基金募集阶段，投资者签署基金份额承诺书，投资者再根据承诺书认购基金份额的比例落实承诺、分批到位，但首期出资额不得低于承诺总额的一定比例。否则，林业产业基金不能成立。投资者承诺资金到位后，需要向法定的验资机构申请验资，并向工商管理机构申请注册并报主管机关备案。

3. 筹资比例

在投资总比例方面，林业产业覆盖面较宽，且产业链较长，属于战略性资源。根据我国现行法律的相关规定，在产业投资中，投资比例必须超过总资产的60%。因此，林业产业应根据产业实际情况，在保证不低于相关投资比例基础上，确定出大概的投资范围，不断扩展林业产业项目，开发先进技术。

在投资者出资额配比方面，普通产业基金的投资额仅有1%来自普通合伙人，剩余的99%均来自有限合伙人。林业产业升值空间较大，国家在这方面出台很多相关政策，鼓励投资人投资林业产业，但绝大多数投资者仍然保持观望态度。因此，在林业产业基金管理方面，应加大资金引进力度，打破投资惯例，进一步提高投资额度，增加投资者的投资信心。根据我国当前的林业产业发展现状来看，普通合伙人的投资额度可保持在3%左右，一方面，可以达到激励效果，同时提高合伙人的投资信心，实现林业产业基金健康持续发展。

(三)投资的运营监管

在投资运营方面，当前专业的农业产业投资管理一般优先选择国有商业银行或具有专业资格的基金管理机构。选取此类投资托管银行，能够极大改善农业产业资金结构，促成农业产业资金结构由单一走向多元化。从林业产业的投资运营角度分析，当前林业企业在投资基金中扮演着举足轻重的角色，具有良好市场前景的林业产业成为投资的主要方向。我国金融机构的快速发展使得外币基金也越来越多，很多企业开始进行海外投资，在这样的背景下，林业产业想要提高市场竞争力，应在全国各地设立网点，将基金全权移交国有商业银行机构托管。近几年，我国各个产业逐渐开始从国内市场转为国外市场，进行林地投资，这是林业产业基金发展的必然趋势。

在投资监管方面，有效的项目监控机制将有助于降低企业家的道德风险与逆向选择，有助于林业产业基金控制风险。与其他股权投资不同的是，除了进行项目监控外，还要提供管理咨询服务。林业产业基金不介入所投资项目的具体业务，而是对企业经营管理中的策略性或战略性问题提供管理咨询，保证企业按照预期目标发展，获取尽可能多的投资收益。

(四) 发展模式

从国内外产业基金发展模式上看，政府作用至关重要。中国是产业基金起步相对较晚的国家，林业产业虽然具有巨大的升值空间，但仍处于价值低估的地位，投资人对林业持观望态度。因此，政府应该充分发挥其自身主导作用。利用政府设立产业投资母子基金对产业基金进行投资是一种间接的产业投资方式。这种方式对我国政府扶植林业发展尤其适用。我国加入 WTO 后，按照协议规定，政府支持农林业的角色应该由直接投资逐渐转变为间接投资和引导、带动上来。采取政府出资设立林业产业母基金，由母基金投资几个子基金，再由林业产业子基金直接投向林业创业企业和林业具有一定市场潜力的项目，从而保证稳定的投资资金来源，同时发挥政府的管理和监督职能。

(五) 报酬分配机制

林业产业基金管理的报酬，可以借鉴有限合伙产业基金报酬机制的设计办法。报酬分为年管理费和业绩报酬两部分，年管理费是提取基金资本或资产一定比例，业绩报酬部分按照基金实现投资利润的比例计算，产业基金的收益越高，基金管理人的报酬越高。

一般来讲，基金管理费率的高低与基金的类别和经济管理环境有关。创业投资基金和证券衍生工具基金的管理费率最高，货币市场基金的运作风险较低，管理费率也较低。对于林业产业基金来说，投资对象主要是高风险、高收益的林业高新技术项目、具有竞争潜力和优势的林业企业以及具有一定稳定收益的林业中小型基础设施项目，因而管理费率应略高于证券投资基金。

(六) 退出方式

从国外实践来看，产业基金的退出渠道主要有五种：公开上市、兼并收购、股权出售、回购、破产清算。但由于具体条件的限制，有的股权退出方式在现阶段还有一些实施困难。

总体来讲，林业产业基金的退出渠道是不通畅的，基金管理者无法像国际产业基金管理者一样自如地运用各种退出渠道，达到基金投资的战略目标，但比较而言，IPO 和产权市场实际上是林业产业基金退出的主要渠道。现阶段林业产业基金的退出应该采取以下策略：充分利用已有的市场条件和资源，发展产权交易市场，将所持股份出售给战略投资者或其他林业产业基金，借助被整体收购而实现退出。充分利用海内外二板市场。美国和日本的二板市场是为新兴企业融资和创业资本退出服务的市场，林业产业基金可以通过借鉴美日两国经验，利用将企业改组为上市公司，公开在证券市场上市发行股票，将其持有的股票在公开市场售出，收回投资和收益。

纵观各国产业基金的发展历程，都经历过孕育、兴起、衰退、调整、快速增长继而又转入衰退、调整和快速发展的阶段。美国、英国、日本、以色列等国产业基金发展较为成熟，国内农业基金的发展也形成一定的规模，它们的发展历程与成功经验均对中国发展林业产业基金具有较强的借鉴意义。产业基金在不同国家和地区组织形式差异很大，其中美国以有限合伙公司形式设立的产业基金为主流形式。产业基金的组织形式是多样化的，其资金的来源渠道也非常广泛。在美国，养老金是产业基金的主要来源，银行和保险机构次之。而在日本法律明令禁止养老金对产业基金进行投资，证券公司、银行和保险机构资金是产业资本的主要来源。我国目前正处于林业产业基金发展的初期阶段，还将面临一个长期的探索过程。

六、发展中国林业产业基金的政策建议

针对中国林业产业基金法律法规、资本市场、监管环境、信用体系以及人才培养等方面存在的问题，进而提出健全法律法规、构建多层次的资本市场、完善监管环境、加强人才培养等对策建议。

（一）中国林业产业基金发展中存在的主要问题

1. 法律法规不健全

产业基金在我国的发展已有一定的历史，呈现良好的发展态势，但是到目前为止，仍然没有相应的基金法对产业基金进行规范，在现有的证券投资基金法中也缺少对产业基金的相关规定，林业产业基金相关的法律法规更是少之又少。法律法规的缺失会导致不法分子利用林业产业基金进行非法集资、欺诈客户等违法犯罪活动，同时也对林业产业基金的发展造成隐患，增加林业产业基金的风险，制约林业产业基金的进一步发展。

2. 资本市场不完善

林业产业基金对企业进行股权投资并不以长期控股为目的，最终需要通过退出来实现投资收益，完成整个投资过程。而目前我国资本市场不够完善，投资基金的退出方式较为单一。我国投资基金多选择 IPO 作为投资企业退出的主要方式，并购、股权转让、管理层收购等退出方式较少采用，相对单一的退出方式无疑增加投资基金的风险。

3. 信用体系与监管制度不完善

目前我国社会信用体系与金融监管制度落后，许多企业造假问题严重，使林业产业基金很难准确判断企业价值，从而既增加林业产业基金对企业进行准确判断的成本，又增加投资风险。此外，林业产业基金多有政府背景，我国市场经济体制不完善，政府定位不明确，政府处于强势地位。在产业基金的运营中，如果政府对林业产业基金的运作过程和投资方向过多干预，既不符合建立现代政府的定位，又将大大增加林业产业基金的运营风险。

4. 专业人才缺乏

根据林业产业基金发起、运作的现实需要，林业产业基金的发展需要大量既有林业专业知识，又懂金融知识和相关法律知识的复合型人才。就目前来看，我国证券投资基金和企业行业产业基金的发展培育出一批熟悉基金运作管理的优秀人才，但是这些管理人员大

多缺乏林业专业的相关知识，对林业产业现状缺乏认知。同时高等院校培养的林业或相关专业的毕业生缺乏必要的金融知识。回国从事林业产业基金运作和管理的海外留学人员，对国情不了解，对国内外金融市场环境的差异性认知度不够。此外，林业产业基金的发展离不开各类中介机构和相关机构的广泛参与，如律师事务所、会计师事务所、资产评估事务所、林业产权交易所等。这些机构同样面临着人才短缺的问题，从而导致这些机构的发展质量参差不齐，也成为制约林业产业基金发展的影响因素。总体来看，人才方面的缺失，是影响我国林业产业基金发展的瓶颈。没有充足的科技人才做保障，林业产业基金的发展将会停滞不前。

（二）发展中国林业产业基金的政策建议

1. 健全法律法规

自20世纪90年代起，国家发展改革委便着手制定《产业基金管理暂行办法》，但直到现在仍未正式出台。2013年6月1日，新的《证券投资基金法》正式实施，确认私募基金的合法地位。但目前，林业产业基金的法律地位仍缺少清晰界定。因此，立法机关应进一步加快立法进程，推动《林业投资基金法》的制定出台，完善相关法律法规。

2. 构建多层次的资本市场

完善的资本市场是林业产业基金发展的重要保证，是确保林业产业基金能够顺利退出、变现的前提条件。鉴于目前我国林业产业基金的退出方式较为单一，应建立多层次的资本市场交易体系，进一步规范林业产权交易市场，完善企业股份转让系统。科学地做好林业产权交易市场建设规划，坚决打破农业产权交易市场在行政地域上的条块分割，建设全国统一的林业产权交易市场体系。从这一总体要求出发对产权交易市场的组织结构、产权交易的范围界定，以及产权交易的体系建设和信息建设等方面予以科学地总体规划和规范，并充分利用现有资源优势规划建设联网的产权交易信息平台，建设能够覆盖全国范围，涵盖企业产权、有形和无形资产、技术等资本要素在内的统一的、规范的林业产权交易市场体系。

3. 构建林业信用担保体系

林业是弱质产业，加之林业投资周期较长、收益率偏低且不稳定，这些因素将影响作为林业产业基金主要潜在发起人的林业企业集团或金融机构投资林业的积极性。因此，应积极构建林业信用担保体系，为林业企业集团或金融机构提供风险担保和利息补贴。具体来说，政府可划拨一定的财政资金成立担保机构，为林业企业提供风险担保，或者通过完善补贴制度，为林业产业基金给予风险和效益补贴。此外，应拓宽抵押担保物范围，充分释放林业资产抵押物价值；开发性和政策性金融适当延长抵押贷款期限和宽限期；合理设定抵押物贷款利率，优化贷款程序，简化贷款手续；积极推广“公司+基地+农户”联合担保、再担保以及担保与保险相结合模式；稳妥开展专业合作社内部资金互助试点；鼓励发展政府支持的三农融资担保和再担保机构，为新型林业经营主体提供担保服务。

4. 完善林业产业基金发展的监管环境

在立法程序复杂、周期较长的背景下，需要建立健全一套林业产业基金发展的监管环境。有关部门应建立协调机制，明确权责，确保林业产业基金有章可循。可通过采取“行业自律”的方式加强、规范对林业产业基金管理公司的监管。监管部门对违反相关规定的行为要加大处罚力度，确保林业产业基金良好的监管环境。政府需要明确自己的定位，充分发挥其监管职能，林业产业基金交由专业化的团队或基金管理公司运作，不过多干预林业产业基金的具体运营。

5. 加强林业产业基金人才培养

高素质的人才队伍是林业产业基金正常运作不可或缺的必要条件，建立健全用人机制，尽快培养基金管理专业人才，是林业产业基金成功运行的关键因素。建立基金经理资格认证制度，利用严格的考试作为进入市场的门槛，进一步加强对基金经理人的管理，规范其行为，对于违规的基金经理进行严厉制裁。建立林业产业基金人才的选择机制，在公平竞争的前提下，接受市场的检验，不断优化用人选人机制，实现人力资源的合理配置。

主要参考文献

Kleiman R T, Shulman J M, 1992. The Risk-Return Attributes of Publicly Traded Venture CaPital: Implications for Investors and Public Policy[J]. Journal of Business Venturing (7): 195-208.

Martin J D, Petty J W, 1983. An Analysis of the Performance of Publicly Traded Venture Capital Companies[J]. Journal of Financial and Quantitative Analysis (18): 401-410.

Murray, 1994. The European Union's Support for New Technology-based Firms: An Assessment of the First Three Years of the European Seed Capital Fund[J]. European Planning Studies, 2 (4): 435-461.

Richard Cristana W, Michael Austa M, Chad Boldinga, et al., 2016. Effectiveness of forestry best management practices in the United States: Literature review[J]. Forest Ecology and Management, 360 (01): 133-151.

Stefano Caselli, Emilia Garcia-Appendini, Filippo Ippolito, 2013. Contracts and returns inprivate equity investments[J]. Journal of Financial Intermediation (22): 201-217.

Vilém Jarskýa, Zuzana Sarvašovάb, Zuzana Dobšinskάc, et al., 2014. Public support for forestry from EU funds-Cases of Czech Republic and Slovak Republic[J]. Journal of Forest Economics, 20 (4): 380-395.

方志国, 2007. 产业基金管理公司报酬分配激励机制研究[D]. 华南师范大学.

赫国胜，徐洁, 2011. 我国产业投资基金运行模式分析[J]. 经济观察(7): 50-52.

侯庆磊, 2010. 我国私募股权投资基金治理机制研究[D]. 北京林业大学.

胡静, 2010. 关于中国产业基金的调研报告[J]. 金融与经济(8): 60-63.

蒋林橙, 2013. 林业产业基金发展模式比较及借鉴[J]. 现代商贸工业(19): 124-125.

李素梅, 2007. 中国产业基金综合绩效及发展战略研究[D]. 天津财经大学.

廖建湘, 2012. 农业产业基金治理研究[D]. 中南大学.

刘达一, 2021. 农业产业基金典型案例分析——基于不同发起主体[D]. 河北经贸大学.

刘祚祥, 2013. 建立农业产业基金转变湖南农业发展方式[J]. 湖南社院学报(1): 76-79.

陆浩, 2021. 政府主导型农业产业基金绩效评价研究[D]. 西南大学.

罗荆, 2016. 构建政府产业基金退出和让利机制的思考—以浙江省为例[J]. 预算管理与会计 (5): 49-51.

马莉苗, 2008. 我国产业基金退出机制研究[D]. 中央民族大学.

欧阳良宜, 2008. 中国产业基金组织形式探讨[J]. 南方金融(9): 46-49.

裘莹, 2013. 新疆农业产业基金运作模式探析[D]. 上海交通大学.

史张彰, 2005. 我国农业产业基金的设立与运作研究[D]. 中国农业大学.

覃家琦，曹渝, 2008. 我国产业基金运行机制的现状分析[J]. 经济与管理研究(7): 28-33.

王紫惠, 2022. 乡村振兴背景下农业产业发展基金运营研究——基于S市农业产业发展基金的案例分析[D]. 江西财经大学.

杨军，张龙耀，冯紫琳, 2011. 建立农业产业发展引导基金，促进现代农业发展[J]. 农业经济问题

（10）：11-15.
赵文昌，2008. 国外企业重组基金的发展及其对中国的启示[J]. 经济理论与经济管理(05)：74-79.
郑联盛，2014. 国外战略新兴产业投资基金的经验与启示[J]. 新金融，306（8）：58-61.

专题十一　世界森林文化

森林作为陆地生态系统的主体，是人类赖以生存、繁衍和发展的栖息地。进入21世纪，伴随气候变化问题日益凸显，全球生态环境日趋恶化，鉴于森林对气候变化缓解的重要作用，森林的可持续发展受到国际社会的普遍关注。随着人类由工业文明逐渐迈向后工业文明，世界林业发展出现了新趋势：可持续发展已成为国际森林文化的基本取向，保护人类共同的美好家园，走人口与资源可持续发展道路，成为世界各国人民的共同愿望。

社会学家唐纳德·沃斯特指出：“我们今天所面临的全球性生态危机，起因不在生态系统本身，而在于我们的文化系统。”对森林可持续发展的理解，经济、生态、社会三个维度并不足以阐释森林的总价值和总效用，有必要加强森林和人类之间文化与精神的连接，以此加强人类对自然依赖的意识。这也与1992年里约联合国环境与发展大会《关于森林问题的原则声明》中所强调的一致：“资源和林地应该以可持续的方式管理，设法满足现在和未来几代人在社会、经济、生态、文化和精神等多方面的需求”。森林文化是人们不断认识、调整人与自然、人与森林相互关系的必然产物，是森林人格化的具体体现。关注森林文化，积极推进生态文化建设和生态文明发展，是遏制生态危机、保护人类生存、发展环境的迫切需要。

一、生态文明与森林文化

（一）生态文明的概念和内涵

1935年，英国学者坦斯勒首先提出“生态系统”的概念，认为应从宏观的角度认识自然生态环境。1967年，日本的学者梅棹忠夫提出生态史观。他对亚洲、欧洲、非洲进行考察之后，通过分析得出：生态环境、自然条件对人类的发展进程起着重要的作用。1984年，苏联环境学家首次提出了生态文明的概念，但其对“生态文明”的理解仅仅是人类进一步发展到重视我们生存的生态状况。20世纪90年代初，美国著名作家、评论家罗伊·莫里森敏锐地洞察到生态问题日益突出并持续恶化，全球环境问题已经成为众多政治问题的一个重要方面，提出生态文明是人类发展的另一个更高的文明形态，这是现代意义上的生态文明的概念。

在国内，关于生态文明的内涵，一种代表性的观点认为，生态文明是集物质文明、精神文明、制度文明和行为文明于一体的文明形态；也有人认为生态文明作为与农业文明、工业文明相对应的文明阶段。“根据历史唯物主义的理论及生态问题产生的实际领域，生态文明应当是物质文化的进步状态，与农业文明和工业文明构成一个逻辑序列。”综上所述，可以总结出，生态文明的内涵是指生态文明作为一种能够满足人口、资源、环境三方面协调发展的社会良性运行状态或文明形态，可以用它来衡量社会作为一个复杂巨系统在生态系统层面达到的平衡状态。为了实现生态文明的目标，我们必须从文明的物质、制度、精神和行为4个层面进行统一变革，以达到系统内部各要素(人口、资源、环境)之间的动态平衡，实现生态良好、资源节约、人民安居乐业的总体目标。

(二)森林文化与生态文明

1. 森林文化的概念与内涵

森林文化脱胎于1885年德国林学家扎利思开创的一门新学科——森林美学。扎利思的老师林学创始人柯塔(H. Cotta)在其著作《森林经理学》一书中指出：“森林经营的一半是技术，一半是艺术”。技术与艺术的结合就是文化的重要组成，这一提法被学界认为是森林文化的萌芽。扎利思在柯塔的影响下，写就了专著《森林美学》，这一著作标志着森林美学这一新学科的诞生。该书问世后引起强烈反响，逐渐衍生出森林文化这一新的文化学分支。进入20世纪后，对森林相关文化的研究在欧洲普遍开展，并逐渐影响到欧洲以外的其他地区。作为生态文化一个细化分支，森林文化在国际上尚没有统一的概念界定。

我国对森林文化的研究始于20世纪80年代末。1989年，叶文铠提出，森林文化是人类凭借着森林资源创造出来的一种价值体系，定义肯定了“人”的作用和意义，这也道出了森林文化的精髓——森林被赋予人的意义才叫作森林文化。进入21世纪，对森林文化的研究明显增多。如蔡登谷认为，森林文化是人们在长期社会实践中，人与森林、人与自然之间所建立的相互依存、相互作用、相互融合的关系，以及由此而创造的物质文化与精神文化的总和。徐高福等认为，森林文化有广义与狭义之分，广义的森林文化指人类创造的以森林为中心内容的物质文明和精神文明的总和，其中的精神文明可称为狭义的或严格意义上的森林文化。但新球提出，森林文化是指人类在社会实践中，对森林及其环境的需求和认识以及相互关系的总和。张福寿则认为，森林文化是人与森林交互作用的产物，包括人类对森林认识、经营过程中产生的各种社会现象，也包括森林对人类认知过程产生的一系列影响，是人与森林之间的一种互动关系。黎德化认为，所谓森林文化，就是人类在处理与森林关系的活动中所体现出来的人类本质特性以及这种特性的自觉表达。笔者倾向于郑小贤对森林文化所下的定义，他认为森林文化是指“人对森林(自然)的敬畏、崇拜与认识，是建立在对森林各种恩惠表示感谢的朴素感情基础上的，反映人与森林关系的文化现象，其内容主要包括技术领域的森林文化与艺术领域的森林文化两大部分”。其中技术领域森林文化是指协调森林经营两大主要矛盾“采伐”与“保护”，合理利用森林而形成的文化现象；艺术领域森林文化指的是反映人对森林的情感、感性的具体作品的总称。这也在一定程度上契合了柯塔关于技术和艺术的理论。

现在学术界虽然对森林文化的概念没有形成一个统一的定义，各有侧重，但其共同点是将作为载体的森林赋予人格化的意义，森林只有与人的活动有机统一起来，才能称之为森林文化。总之，森林文化是人们不断认识、调整人与森林、人与自然相互关系的必然产物。因此，在森林文化的基本概念和内涵中，应当以人为核心，以自然和文化为基本要素，把人融入自然，创造人与自然的和谐统一。“以人为本，天人合一”是森林文化的最高境界。关注森林文化，发展森林文化，建设先进的森林文化体系，是实现生态文明，促进人与自然的和谐相处的必然选择。

与生态文化体系一致，森林文化在内涵上包括精神、行为、制度、物质四个层面：森林精神文化是人类对森林及人与森林关系的认识、情感的总和。在森林文化中处于核心地位。主要包括森林哲学、森林自然科学、森林社会科学、森林文学艺术、森林教育等内容。森林哲学，是森林精神文化的灵魂。它具有能动性，对其他方面的文化具有指导作用。森林文化的核心内涵体现为一种价值观，具体表现为倡导生态科学，提倡生态伦理，推崇生态美学，从根本上促进人与自然和谐发展。

森林行为文化是人类影响森林的行为方式、实践活动的总和，如植树、经营、采伐、采摘、游憩等。它是主观与客观相统一的连接人与森林的媒介，同时又是人类以各种工具为中介对森林（或森林物质文化）施加影响（生产或消费）的过程。森林行为文化是联系森林物质文化与森林精神（制度）文化的中介，是沟通两者的桥梁。

森林制度文化是人类为了自身与森林和谐发展的需要而建立起来的有组织的规范体系，是与森林有关的法律、法规、政策、制度和林业机构的总和，主要包括一个国家的林业行政管理体制、森林经营制度、森林法律制度和国家森林政策等内容。制度文化是森林精神文化的集中体现，是森林行为文化的制度规范，对于保护森林物质文化成果起着十分重要的作用。成熟和完善的森林制度文化，是森林文化繁荣发达的重要标志，也是生态文明建设的重要目标。

森林物质文化是人类活动影响森林生态系统的物质成果，是森林文化的物质表现。广义上包括受到人类保护或改造的森林生态系统。狭义上指各种森林文化载体，森林、古树名木、园林、森林博览馆、林业生产工具等。丰富森林物质文化的品类、提高其品质，是生态文明建设的根本目标，也是森林精神文化建设的重要目标。相对于精神文化而言，物质文化更具有基础性和前提性。

森林文化的四个层次之间是由内而外、由外而内、内外互动、相互联系、相互渗透、相互影响、相互制约的关系，对人类的森林意识、价值观和行为活动产生影响，表现出多元的文化功能。

2. 森林文化促进生态文明构建

森林文化作为人类共有的历史现象，是人类在漫长的生产劳动和社会实践中，认识、保护和利用森林资源所积累的思想与智慧的结晶。尽管森林文化在表现形式上，存在着民族、地域、信仰的差异性，但人类对森林的依存性和文化的传承性，决定了国际森林文化的趋同性、融合性和关联性。人类从最初对自然的敬畏，一直延续到今天对森林资源的保护与可持续经营理论，以及自1992年联合国环境与发展大会以后持续近30年的全球“关注森林问题”讨论，充分反映了森林文化在人类生活中的显赫地位和重要作用，森林文化未来的发展直接或间接地影响着世界生态文明的构建。

森林是陆地生态系统的主体，因此也是生态建设的主体。和谐、具有可持续发展内涵的森林文化是生态文明一个非常合适的载体，是社会繁荣的标志，推动森林文化建设能够找到解决人与自然和谐的钥匙，为构建生态文明提供有效途径。首先，森林文化是解决林业发展中经济与生态矛盾的需要，可以推动形成节约资源和保护生态环境的产业结构、增长方式、消费方式，有利于从根本上推动生态文明的发展；第二，建设森林文化可以满足人民群众日益增长的精神文化需求，有助于提高人民的生活质量，为林业发展与生态文明建设提供内在动力；第三，建设森林文化又是进行人与自然协调发展，教育、动员人们参与多样性保护的重要手段，是强化全社会生态文明观念的重要途径。

二、世界森林文化的发展特征与趋势

不同历史时期，森林的分布和森林与人类的关系不断发生变化，人们对森林的认识与理解也不尽相同，反映在社会意识形态上就是文化的不同。因而分析和研究不同历史时期的森林文化，有助于全面了解森林的发展过程，从而把握世界森林文化的发展特征与趋势。人与自然的关系是森林文化的基础，本专题从生态文明视域出发，以人与自然关系为基本脉络，考察不同时期森林文化的表现形式，归纳世界森林文化的发展特征与趋势，审视在生态文明构建中人与自然关系的重建。

无论是国内还是国外，由于对森林文化缺乏单项、专业的系统研究，迄今未见成熟的时期与阶段划分方案。文明史观是人们对自然和社会总体性质的看法，随着人类不同文明时期的演进而变化。人们的文明史观支配和影响着人与自然关系的发展，森林文化的研究须以文明史观演变为基础划分阶段。为了更真实客观地反映森林文化的发展过程和趋势，本专题对森林文化的发展历程进行阶段划分，其主要依据是森林文化的构建主体——人类对森林利用的方式，同时结合社会历史形态的变化，经济体制与政治体制的变化，即人类文明史观的发展阶段，将森林文化的发展阶段划分为原始文明、农耕文明、工业文明（包括后工业化时代）三个阶段，下面按三个阶段表述森林文化的主要表现与特征。

（一）原始文明阶段森林文化的主要表现与特征

古代原始森林以其丰富的动植物资源，以及足够长时间的气候稳定期，为人类从猿到人的转变提供了可能的场所。根据现代考古学研究，距今400多万年前，人类诞生在地球上。恩格斯在《家庭、私有制和国家的起源》中写道："这是人类的童年，人还住在自己最初居住的地方，即住在热带的或亚热带的森林中。他们至少部分住在树上，只有这样才可以说明，为什么他们在大型猛兽中间还能生存。他们以果实、坚果、根作为食物。"世界各地的历史发展脉络大致相同，但由于地域差异，独立发展的文化由于当地气候、自然条件、物产不同而有不同的发展轨迹，然而人与森林产生联系，进而引发森林文化的发端轨迹是相同的。

原始文明阶段森林文化的主要表现与特征体现在以下几方面：

1. 人类在物质层面对森林高度依赖

从物质层面来讲，原始社会人类对于森林的高度依赖主要体现在森林是人类维持生存的基本条件。一是食物来源。人类早期完全生活在森林之中，主要依赖狩猎和采集为生，森林中各种果实是早期人类妇女采集的对象，而森林动物又是男人狩猎的目标。二是工具材料来源。丹麦早期历史学家韦代尔西蒙认为森林文化的产生应该是伴随第一件木制工具和第一次狩猎而产生的。我国的《吕氏春秋·孟秋记》中记载："未有蚩尤之时，民固剥林木以战矣"，《易·系辞》中提道："断木为杵，掘地为臼"，最早的人类已经把树木用来制作工具和兵器。三是火种的利用与保存。原始人类对火的认识来源于自然界中的森林大火，保存火种也依赖于森林，火对人类的进化和文明起到了不可替代的重要作用，它使人类走出了茹毛饮血的年代，开始了文明的生活。

2. 人类在精神层面所创造的森林文化艺术是人类艺术的发端

按照艺术起源学说，人类自从有意识地制造工具就开始产生艺术。人们在制造生产生活器具的同时，也注重器具符合当时的审美需求，为审美而创造的东西就是艺术品。原始社会的森林文化艺术品包括以森林资源为材料的工艺品如木竹工具、战斗武器、家具和器具等，同时也包括了以森林为题材的绘画、造型艺术品等。据考古学家推测，竹木艺术品是人类最早的艺术品，它经历了粗糙原始木器、经过打磨加工的实用木器具、雕绘木器具，然后发展到雕绘与造型相结合的木制工艺品，人类艺术就此诞生。

3. 森林崇拜是原始文明阶段森林文化的最主要特征

社会学研究表明，对森林及树木的崇拜，是世界各地、各民族在早期的普遍现象。在原始社会各种艺术符号里，树形纹饰、叶形纹饰、森林动物纹饰占据了象征符号的大部分。在很多原始部落中，都存在着森林崇拜现象。他们将特定的神木或树木视为神灵居住的地方，认为它们能够沟通天地两个世界，树木成为现世的人们走向未来世界的一种寄托。在古代的日耳曼人中间，树林普遍被赋予神圣的色彩。杨平在其《环境美学的谱系》中，阐述了西方部分学者关于日耳曼人森林崇拜的解释；日本学者梅原猛的《森林思想——日本文化的原点》一书，在分析了日本列岛的原始居民起源和文化渊源之后，将森林思想视为日本文化的原点，而且至今在日本的很多地区，仍然保留有相关的“山神祭”和“树神祭”的森林祭祀现象，这些思想为日本的森林保护和现代化进程做出了较大贡献；我国北方部落的萨满教中便存在着关于生命树的传说，并对柳树开展祭祀膜拜活动，云南的黄佤族人对森林的崇拜习俗，更是完好地沿袭到了今天。原始社会的人类由于对森林的未知而产生恐惧，由恐惧而生敬畏，从而产生了世界上不同地区、不同民族几乎一致的树木崇拜现象，这是原始宗教的雏形，随着人类对森林的逐步认识产生了朴素的森林生态观，同时也在很大程度上促进了人类对于森林的保护。这种朴素的生态认识通过宗教形式升华，从而产生了人类对森林的精神寄托，森林成为人类物质生活和精神生活的源泉。

(二)农耕文明阶段森林文化的主要表现与特征

农耕文明阶段，人与生物圈的作用最为直接。这一时期人类对森林食物的依赖减弱，直接依赖生物圈的初级生产力。人类对森林的认识开始局限在能源和木材利用上。由于工具的改进，对大部分森林由崇拜变为主动征服，包括采伐和人工营造。由于这种观念的驱使，使得早期几个著名的文化与文明产地，如玛雅文明等因为对森林的破坏，造成环境恶化，导致文明的没落。这一时期森林文明观的最大特点是，认为森林是可以无限索取和征服的。

农耕时期森林文化的主要表现与特征体现在以下几方面：

1. 刀耕火种——森林与林地农业文化的交融

在早期的农耕文明时期，无论是在西亚、北非、南欧农耕文化区，东亚、南亚农耕文化区，还是新大陆农耕文化区都普遍存在刀耕火种现象。刀耕火种农作制实际上是一种林地农业，它的标志主要是：不破坏地表土壤，不翻耕；最多连种两年；撂荒后任其植被恢复；恢复到一定程度后再重复火烧与种植。不破坏地表和不翻耕土壤，不进行长期种植是区别刀耕火种与现代毁林开荒的根本所在。刀耕火种是一种林农混合交融的文化现象，具有朴素的生态观和历史现实性。

2. 木质生产生活用具的发展极大促进了农业文明的前进

使用和制造工具在人类进化和发展史上具有划时代的意义。贯穿整个农耕文明时期，木质的生产工具占据重要位置，这取决于木质生产工具轻便、易加工、来料易得等特点。在轻便实用的前提下，农耕文明产生了一系列体现人类智慧与审美的木质生产工具，它们不但是人类文化的瑰宝，同样闪耀着森林文化之光。

3. 人工造林的出现具有划时代意义

人类利用森林、改造森林的过程，属于森林文化的范畴。在人类认识、掌握和利用改造森林的过程中，人工造林的出现在文化史上具有划时代的意义。人工造林的出现体现了农耕文明阶段人类关于森林利用的三个重要变化：一是人类对木材的利用首次出现了供需矛盾；二是人类掌握了一定的培植林木的知识与经验；三是生产工具的进步和发展。最早提出人工造林的是我国春秋时期管仲所著的《周官》，鼓励人工造林并有详尽奖励计划。从周朝至今，在中国的大地上森林累毁累造，无论是在技术上、管理上都积累了丰富的技术与知识，这些都是森林文化的宝库。营造人工林对森林文化的贡献主要在于它是人类意志在森林培育中的具体体现，以及人类驾驭森林的能力。另外，在营造人工林中形成的技术文化和风俗文化也是森林文化的重要组成部分。

4. 人类对森林的认识更多关注森林的资源属性

从农业社会后期及其之后相当长一段时期内，森林主要是被作为资源来对待，主要功能就是提供木材、建材、燃料和林化产品。在欧洲中世纪后期和工业化初期，森林被作为“作物”来经营，是欧洲皇室的重要财政来源，并出现了所谓的科学林业，法正林模型就源于这一时期对森林生长的精确控制。美国在其移民初期，其能源、建材，甚至大部分工具都来自森林，人们毫无节制地采伐森林。由于过度采伐，到 1900 年美国的森林格局发生了重大变化，东部地区森林几乎采伐殆尽，洪水、沙尘暴等环境问题接踵而至，甚至威胁到中部地区人类健康。意识到这一问题的严重性，美国于 1905 年在农业部组建了林务处，开始关注森林的保护和恢复。在 1949 年以后的 50 年里，中国将森林作为经济建设的重点资源，这一时期是森林破坏最为严重的时期，尤其是在科技进步带来采伐工具的改进之后。森林的资源属性是传统林业形成的最重要标志，目前，大部分关于森林恢复、经营、调查监测、采伐利用乃至社会认识，都带有很深刻的资源属性痕迹。

5. 森林经营技术文化得到初步发展

农耕时期森林利用的标志是对树干的利用，属于森林的树干利用时期。早期的利用基本上是盲目的，无任何理论指导，到了农耕时期与工业时期相互交叠的年代，木材资源供应紧张，诞生了以计划指导为基础的森林利用理论——法正林。该理论提出按照森林面积或者蓄积量进行轮番作业，该理论的出现标志着森林从无序盲目利用进入了有序计划利用阶段，这是森林经营技术文化的辉煌之处。法正林的理论进一步发展成全面的永续利用理论，但仍未跳出农耕文明时期树干利用的文化认识框架。在这种理论指导下，森林遭到大规模采伐，而实际造成的后果并不像理论显示的那样达到了永续利用的目的，而是森林资源持续急剧下降。

6. 形成从毁林开垦到退耕还林的完整森林文化循环

无论是自然科学还是社会科学，循环理论普遍存在。在森林文化发展中，对森林的认识及行为也存在循环的过程。农耕文明时期，由于人口与粮食矛盾产生了恶性的毁林开荒。森林的破坏导致环境恶化，粮食产量下降，继而再扩大毁林开荒，陷入愈垦愈穷的恶性循环。追溯人类文明的发展过程，世界很多地域文明正是因为对当地森林生态系统的破坏，造成生态系统的失衡而最后导致文明的毁灭。这些历史上的悲剧敦促人类重新认识人与自然的关系。正如恩格斯在《自然辩证法》中指出的，“我们不要过分陶醉于我们人类对自然界的胜利。对于每一次这样的胜利，自然界都对我们进行报复。每一次胜利，在最初确实取得了我们预期的结果。但是往后和再往后，却发生完全不同的、出乎预料的影响，常常把最初的结果又取消了。”在这一段被广泛引用的话语中，不仅让人们意识到自然对人类破坏行为的惩罚，更关注到了森林在整个生态系统中的重要作用。当森林被破坏时，文明的根基便开始动摇。在农耕时期后期，由于人类对森林的认识，全球范围内出现了退耕还林。美国自 20 世纪 30 年代以来实施了一系列的耕地压缩计划，著名的谢楠多亚国家公园就是 1936 年由弃荒农田改建而成。1956—1983 年，欧洲农耕地减少了 1 100 万 hm^2，而森林面积增加了 15%。到 2000 年，欧共体国家有 1 200~1 600 hm^2 农地退耕还林。全世界范围内退耕还林的兴起是农耕时期森林文化的点睛之笔，标志着森林生态文化的开始。

7. 森林资源文化与森林伦理发生质的变化

在农耕文化时期，森林资源的持续减少，除了人口、环境需求变化的影响外，根本原因是对森林资源认识的局限性。长期以来，森林被误认为是无限制的可更新资源，没有认识到资源承载的极限。随着森林资源由于破坏而产生的稀缺，到农耕文明后期，全世界范围内开始了森林计价的研究和探讨。日本学者自 20 世纪 70 年代对全国森林资源进行计价，这种尝试从深层次反映了人类对资源认知程度的加深。随后，更多国家开始把森林资源作为一种资产进行管理，全方位地审核森林资源的价值。从森林资源无限制利用到资产核算反映了人类在森林资源伦理上发生了质的变化。

总之，农耕时期是人类社会进步和文明发展非常重要的时期，尤其对森林文化而言，是十分复杂的时期。一方面森林支撑了社会文明的进步，另一方面它又遭到了空前的破坏。

（三）工业文明阶段森林文化的发展特征与未来趋势

随着工业文明的到来，工具的极大改进，尤其是油锯和运输工具的出现，致使短短上百年的历史，地球上的森林锐减了 1/3~1/2，人与森林的关系发展成征服与被征服的关系。《中国森林资源与可持续发展》指出，“农业文明的兴起是以大面积毁坏森林开垦耕地为代价，工业文明兴起也同样是以牺牲森林为代价的。在工业文明初期，无论是冶炼金属还是驱动蒸汽机，其基本燃料和原料都是木材和木炭。工业发展造成了森林资源的严重消耗，英国毛纺业等工业的发展，使大量森林消失，到 20 世纪初森林覆盖率下降到 5%左右。法国工业革命的兴起，也使森林覆盖率从原始的 60%~70%下降到 19 世纪中叶的 13%左右。”

由于森林的破坏，地球上的环境极度恶化，酸雨、大气污染、臭氧破坏、水体污染，人类生存受到极大威胁，人类开始反思自己的生态文明观。随着人类文明进入后工业时期，可持续发展逐步成为未来森林文化发展的主体方向。

1. 工业文明时期森林文化发展特征

（1）森林资源特征与社会经济文化问题突出。工业革命以前，地球上有50%以上的陆地被森林所覆盖，到第二次世界大战之后，这些森林已被削减了一半。20世纪80年代，保护森林和迅速扩大森林面积被提到国际合作的重要议程，但30多年来，森林总面积依然以前所未有的速度减少，造林速度跟不上毁林速度，新造的人工林也无法替代天然林。由此引发了气候变暖、洪水泛滥、土地荒漠化和生物多样性锐减等一系列自然灾害。此外，由于森林数量的减少和质量的降低，功能与效益的下降，引发了全球一系列社会经济文化问题。体现在以下方面：①全球气候变暖。森林的减少很大程度上导致了地球的温室效应，气候异常，自然灾害频繁；②生物多样性减少。森林生态系统的破坏，许多对人类未来有利的物种和基因消失；③土地荒漠化。过度开垦和失去森林的庇护，全球土地荒漠化日趋严重；④大气污染。大气污染不但破坏森林生态系统，它对农田、草地、湿地和海洋生态系统均造成破坏，影响生态系统组成结构和能源、物质循环。

（2）面对日益严重的生态危机，可持续发展成为森林文化最重要的理念。随着近代工业化进程加快，全球生态环境日趋恶化，引起国际社会的热切关注。20世纪80年代，联合国成立了环境发展委员会，可持续发展理念逐渐被世界认同，成为指导人类未来发展的共同理念。全球气候变化是人类实现可持续发展必须共同应对的重大问题，森林对减缓气候变化具有重要作用，森林问题是控制全球气候变化的一个热点。进入21世纪，世界林业发展出现了新的趋势。和谐可持续发展成为国际森林文化发展的基本取向；城市森林建设在世界生态化城市发展中具有重要作用，推动生态化城市建设成为世界城市发展的新潮流；天然林供材压力增大，全球人工林建设保持快速发展；森林认证以及森林可持续经营取得迅速发展；各国通过健全的法律保障体系和积极政策措施推动私有林健康发展。随着新时期世界林业的发展趋势，生态文化引起全球的热切关注。北美、欧洲、日本等发达国家和地区，高度重视森林可持续经营和生态文化体系建设，收到明显效果，生态伦理意识深入人心，生态制度空前完备，生态环境显著改善，生态文明程度明显提高。

2. 工业文明时期森林文化的发展与未来趋势

工业文明时期森林文化的发展具有复杂多样的特征，许多森林文化的理论与伦理、政策与技术还处于发展阶段。建立人与森林和谐关系，促进可持续发展是未来森林文化的理念精髓与发展趋势。

工业和后工业文明时代世界森林文化的发展状况与趋势总结为以下几方面：

（1）森林经营理论与技术多元化。由于全球森林的分布不均、利用程度和认识的不同，工业文明阶段在世界不同的地方和不同的时期提出了不同的森林经营理论，也出现了不同的森林经营技术，主要包括以下几方面：

近自然林业理论。1898年德国林学家盖耶尔创建了近自然林业理论，其主要内容是从生态学角度出发，将森林视为永续的、多种多样的、生气勃勃的生态系统，力求利用森林生态系统所发生的自然过程，把生态要求与经济要求结合起来，实现接近于自然的森林经理模式，保持森林生态系统结构和功能稳定在一个较高水平。近自然理论的特征一是不以人的主观意志，而是遵循自然的、自身的发展规律来经营森林；二是通过不断的尝试来认识和促成森林及其各部分的反应能力。

森林分类经营理论。基于对森林需求与保护的矛盾缓和，20 世纪 70 年代，美国林业经济学家提出了森林多效益主导利用的林业分类经营思想，对所有林地不能采用相同的集约经营水平，只能在优质林地上进行集约化经营，同时使优质林地的集约经营趋向单一化。林业分类经营理论对世界木材长期供应产生强大影响，现代林业从采伐天然林的木材生产走向集约经营人工林的木材生产。

新林业理论。20 世纪 80 年代美国提出了新林业理论，其主要内容是以实现森林的经济效益、生态效益和社会效益相互统一为经营目标，建立一种不但能永续生产木材和林产品，而且也能持久地发挥保护森林生物多样性和改善森林生态状况等多种效益的森林经营思想。

森林可持续经营理论。1987 年，世界环境与发展委员会提出了可持续发展的概念，即“既满足当代人需求，又不危及后代子孙满足其需求的能力的发展……”森林可持续经营是可持续发展中的林业部分，其理论可概括为，森林可持续经营是实现一个或多个明确规定的经营目标的过程，既能持续不断地得到所需的林业产品和服务，同时又不造成森林与生俱来的价值和未来生产力不合理的减少，也不给自然界和社会造成不良影响。森林经营理论的演变历程说明，人类对森林的认识是一个渐进的过程，每一次理论的飞跃，都对当时的林业发展产生极大的推动作用。森林经营思想作为森林文化在精神文化层面的思想结晶，是各国制定林业发展战略的灵魂，对于如何经营森林具有重要的指导意义。世界各国都在研究和寻找适合于自然发展和经济发展的森林经营模式。随着科技进步和经济的发展，不同时期产生的各种森林经营理论，从最初的永续利用理论到可持续经营理论，森林经营思想不断改进和完善，未来可持续经营理论也将以生态文明为指引不断向纵深发展。

(2)森林政策实践向纵深发展。人类对森林的政策是森林制度文化的核心，人类进入工业文明的 100 多年来，森林政策实践上是一种变化的、复杂多样的政策体现，具有以下趋势特征：

认识转变：砍伐森林—保护森林—拯救森林。人类进入工业文明初期，在人们眼中森林就是木材、能源和家具的原料，尤其是油锯的出现，人类大肆砍伐森林，最终使森林急剧减少，人们才开始醒悟，提出保护森林、拯救森林，这是人类对森林认识的逐步改变。

认识深化：木材生产—多种功能—全球效应。人类对于森林经营也从单纯的木材生产过渡到了森林的多功能利用，从局部的森林功效与影响放大到森林对全球环境与经济的影响层面加以关注，促进了国际各种合作政策的制定与实施。

认识扩展：单学科—多学科—一体化。在科学研究上，现代森林研究明显的特征是由单学科到多学科，然后又到多学科的融合，使人类对森林的认识进一步上升到更科学的高度。森林生态学的发展就是多学科一体化发展的良好例证。

认识推进：单向援助—广泛参与—伙伴关系。人类对森林的保护与拯救，也同对森林的认识深化一样，由单项目、单组织的支持与援助扩大到广泛参与、全球合作共建伙伴关系。如国际林联、世界林业大会等在全球范围内搭建交流与合作平台，世界自然保护联盟(IUCN)、世界自然基金会(WWF)、森林协会(TFT)等国际组织和研究机构在全球范围内开展了一系列促进森林资源保护和可持续利用的项目，最大限度地动员森林保护的全球参与，极大影响了全球可持续林业政策的制定与实施。今后世界森林制度文化发展趋势将是谋求全球和谐社会的构建，建立一种全球和谐森林制度环境，发达地区扶持欠发达地区的发展成为一种义务和自觉行为，成为各国政府政策与法律的框架下的共同行动。

(3)森林美学价值与生态功能日益显现。早期人类对森林的需求建立在物质获取的基础上，当人们的生活水平提高到一定程度，森林提供物质产品的功能的重要性，逐渐让位于生态服务与美学功能，人类对森林的需求也转变为更高层次的审美休闲等方面。工业化时代，随着人们生活水平和林业科技发展水平的日益提高，森林的美学价值和生态功能日益显现，自然保护区与国家公园也应运而生，并得到蓬勃发展，随之而来的是森林休闲与森林生态旅游的发展。工业文明时期，人类从繁重的体力劳动中解放出来，休闲已成为人们的一种生活方式，生态旅游逐渐兴起。从文化角度上看，这是一种人类对森林认知的转变，在现阶段与未来，人类对森林美学价值和生态功能的追求将成为森林认知文化的标志。

(4)人类对森林的认识不断深化，森林的基础设施属性逐步得到广泛认同。1984 年，生态基础设施的概念首次出现在联合国教科文组织提出的“人与生物圈计划”中，并成为生态城市规划的五项原则之一。所谓生态基础设施，主要指森林生态系统、自然保护区、湿地等自然生态系统对现代社会生产和生活提供的生态服务功能及持久支持的能力。西方主要发达国家进入工业化后期以来，森林除了继续承担资源的功能外，基础设施的属性逐渐凸显。在理论上的标志就是林业分工理论、分类经营、生态服务功能研究、恢复生态学、生物多样性保护等理论和概念的形成；在实践层面，则是商品林和生态林的划分，人工林的大规模发展、自然保护区、物种保护、防护林、湿地等概念出现。国际社会逐渐认识到森林等生态系统已经成为现代社会所必需的传统基础设施之外的一种新型基础设施类型，即生态基础设施。目前，生态基础设施的概念已经进入到社会生产实践各层面，成为现代社会基础设施建设的重要内容。其中包括采取积极、主动的措施，恢复或重建适宜人类生活的、具备必要生态服务功能的森林生态系统，如建设城市森林、划定水源保护区、建设防护林体系、建设森林公园、保护森林生态系统和湿地等林业生态工程建设等。目前，国际社会对于森林基础设施的属性逐渐达成共识。工业文明时期，随着科技和经济水平的高速发展，社会文明进程相较于原始文明和农耕文明时期发生急剧的变化，人类对于森林的认知产生了质的飞跃。其飞跃大致可以分为 4 个阶段(表 11-1)。世界林业大会作为联合国的特别组织，每 6 年定期召开一次，每次大会有一个主题，作为世界林业发展共同关心的行动指南，其主旨就是针对全球生态的热点问题，开展广泛的国际交流与合作，协调各国政府对森林问题的认识。世界林业大会各界主题可以反映出人们对于森林的认识不断变化以及森林文化阶段的不同(表 11-2)。从历届世界林业大会的主题可以看出，人们对森林的认识经历了木材利用—森林多功能利用—关注森林与人类自身关系—森林可持续利用的转变。人类进入 20 世纪以来，逐步明确了森林作为人类基础设施的重要地位。第十届世界林业大会及以后几届大会的主题对森林的基础设施属性的表述日益明确。第十届大会的主题是“森林：未来的遗产”，首要议题是森林的生态效益，如控制温室效应、保持水土和涵养水源、生物多样性保护及乡村发展等，把森林的作用提到影响人类生存和地球前途的高度；第十一届大会通过的《安塔利亚宣言》指出，“各种类型的森林不仅为世界人民提供重要的社会、经济及环境产品与服务，而且为保障食物供给、净化水和空气及保护土壤作出了重大贡献”，进一步阐述了森林的基础设施属性；第 12 届世界林业大会的主题是“森林——生命之源”，会议的三个议题分别是“为了人类的森林”、“为了地球的森林”、“人类与森林的和谐”；第十三届大会和第十四届大会从社会、经济、生态的视角，全方位讨论森林的重要作用，进一步强化了森林对人类可持续发展的重要贡献。分析近五届大会议题的核心和实质，就是明确了森林作为地球大生态系统运转的必要的基础设施的定位，以及人类社会管理和经营森林这一重要的基础设施的定位。总而言之，人们对森林认识的发展与追求，已经逐步上升到森林是人类生存所必需的高度，无论是森林的分布与质量都在追求一种和谐。未来，森林不再是企业、地方政府和个人的财产，森林更多体现的是它的基础设施属性。

表 11-1　工业文明时期人类对于森林的认知变化

阶段划分	时　间	人类对于森林的认知
阶段 1	20 世纪上半叶	木材生产
阶段 2	20 世纪 50—60 年代	森林的多种功能
阶段 3	20 世纪 70—80 年代	森林与人类的关系
阶段 4	20 世纪 90 年代至今	森林的可持续利用

表 11-2　世界林业大会主题及森林文化阶段

	时间(年)	地点	主　题	森林文化阶段
第一届	1926	意大利	林业调查与统计方法	木材利用为主
第二届	1936	匈牙利	通过国际合作达到木材与消费平衡	
第三届	1949	芬兰	热带林业	多功能利用
第四届	1954	印度	森林地区在经济发展上的角色与定位	
第五届	1960	美国	森林多目标利用	
第六届	1966	西班牙	广泛经济下的森林角色	森林与人类
第七届	1972	阿根廷	森林及社会经济发展	
第八届	1978	印度尼西亚	人们的森林	
第九届	1985	墨西哥	整体社会发展的森林资源	
第十届	1991	法国	森林，未来世界的遗产	森林可持续与人类未来
第十一届	1997	土耳其	林业可持续发展——迈向 21 世纪	
第十二届	2003	加拿大	森林——生命之源	
第十三届	2009	阿根廷	森林在人类发展中发挥着至关重要的平衡作用	
第十四届	2015	南非	森林和人类：投资可持续发展的未来	

(5)利用国家权力保护森林成为全球共同行动。20 世纪 90 年代以来，人类对森林的认识空前深化，很多国家从政策与法制的层面保护森林资源，利用国家权力保护森林已经成为全球行动。Hansgeveen 和 Patrick Verkooijen 在其 2010 年出版的著作《可持续外交变革——全球森林治理的经验》中，明确提出了“全球森林治理”的概念，将世界林业政策、技术和机制及相关权力机构视为一个全球森林问题体系，系统整合成全球森林治理体系，协调林业问题。全球国家层面行动主要包括：一是实施工程保护为保护森林资源，许多国家纷纷划定区域，实施工程保护，加大天然林保护力度；二是实施分类经营，大力发展和

采伐利用人工林，减轻对天然林资源消耗的压力；三是划定特定的保护区域，如美国、加拿大等一些国家通过建立国家公园、森林公园或自然保护区等方式，保护天然林及具有特殊重要意义的自然资源和景观；四是很多国家通过实施天然林禁伐或限伐措施遏制森林的减少，保护地球和人类；五是欧盟、美国、澳大利亚等国家和地区纷纷制定政策法规禁止非法木材贸易。这是以生态文明观念为指引，人类在森林精神、行为、物质、制度各个文化内涵层面所做的努力。

从原始文明时期到工业与后工业文明阶段，人类从处于森林的包围之中，完全依赖于森林，对森林产生恐惧和崇拜，到逐步掌握、认识森林，发展到对森林认识产生激进的征服意识，大肆破坏森林，回归到对森林全面认识，从可持续目标上经营森林，认识到人类已经离不开森林，这是森林文化核心意识发展的主要脉络和进步过程。不同时期，不同地域，森林文化的表现形式和特征殊异，把“森林文化”作为一个概念提出，一是由于这种文化形态的客观存在，二是使人们从文化与文明的高度来审视和经营森林。

三、国外森林文化的特色发展

森林文化最初与乡土民俗、风情交织在一起，受各个国家和地区不同人文文化的影响，逐步形成具有自己独特风格与丰富内涵的文化体系。各国森林文化的形成与发展，一方面与所处时代的社会生产力发展水平和经济社会繁荣程度密切相关，另一方面与所在国经济水平、政治制度和思想文化等本土因素密不可分，各个国家森林文化又以自己独特的形式，影响并推动社会文明进步与经济发展。以下围绕森林文化的四个主要内涵，即精神文化、行为文化、制度文化与物质文化，介绍相关国家在各个层面的发展水平与特色，以期有所借鉴。

（一）森林精神文化

1. 森林美学——美国案例

森林美学作为一门新的独立学科始于 19 世纪末的德国，属于林学和美学交叉学科，词源是德语“森林”和“美学”组成的复合词，意为“美的艺术和技艺在林业生产中的应用和实践”。森林美学研究的对象就是森林。美国的研究和实践都强调将森林美学纳入森林管理的范畴，它的森林美学实践受到世界各国的广泛认可。

美国森林的自然审美倾向，是在西方美学传统美学观念的基础上提出的，是西方美学传统的当代更新和发展。美国的森林美学思想是以保护原有自然及人文历史资源为首要前提。在景观规划中，保持自然景色，如有必要，则对自然景色进行恢复和强调。美国森林景观既有继承交融多国风格的特点，又有定向创新的道路，其森林美学方面的精神及思想实践可借鉴处主要归纳为以下两点：

（1）尊重自然，热爱自然，保护自然是最根本的出发点。尊重自然，保护自然不再是简单的口号，而是大到国家公园、州立公园，小到城市公园带状绿道，都深入贯彻这一思想。设计源于自然、模拟自然，科学合理地利用自然资源和场地特征。通过科学的方法和技术并结合艺术美学的相关概念，形成形式灵活自然、自由开放，内涵丰富多彩，景观优美，功能实用，生态和社会效益良好，人与自然和谐相处的城乡绿地。

(2)生态美学渗入立法层面。美国森林景观的保护与发展，以完善的立法与管理为保障。100多年来，美国为保护和利用自然、历史、文化和森林景观制定了一系列法规，美学成为美国森林景观规划管理的主要议题，许多政策法规都考虑到森林的审美价值。如1969年颁布的《国家环境政策法案》以及1974年颁布的美国农业部林务司《视觉管理系统》等，都为保护、加强或恢复森林的审美质量设立了标准。

2. 森林教育——韩国和美国案例

森林教育是森林精神文化的重要内容。最早开展森林教育的是德国，之后在美国以及日韩等国得到了快速发展。

韩国森林文化的一大特点是以森林教育为主要形式。韩国的森林教育归纳起来主要有以下几个特点：

(1)从法律层面建立起森林讲解员制度。韩国森林教育的主要模式是从法律层面建立起森林讲解员制度进而对全民进行森林教育。韩国的森林讲解最初仅仅是让公众认识树木、了解森林形成过程、森林防火安全等基本内容，强调"以树为中心"的森林教育。随着社会经济的不断发展、生活水平的逐步提高，人们对森林的认识和要求也越来越高，森林讲解开始关注对人的服务，进入了"以人为中心"的森林教育时代。韩国以人为中心的森林讲解项目约占整个森林解说项目的80%，强调利用森林使人们变得幸福；而以树为中心的森林解说项目仅占20%，强调保护森林，改变人的行为。而无论是以人为中心还是以树为中心的讲解服务，最终都对人们树立可持续的森林观起到积极的教育作用。

(2)国民普遍接受森林教育。韩国追求的是全生涯周期的森林福利体系，从胎儿阶段开始到老年都有森林教育服务项目。孕妇作为服务对象，不仅可以跟着森林讲解员进行体能的锻炼，还可以通过各种活动增进夫妻与宝宝间的感情；到了幼儿阶段，孩子们可以走进森林幼儿园，在这里与森林亲密接触，从小建立起与森林的感情；重视加强对青少年的爱林教育，目前正在积极努力地推动建立青少年森林教育的法律，要求小学生每学期有5~6 h的森林体验活动时间；面向中老年的讲解项目往往偏重于从森林休闲与森林医疗的层面去认识森林的功效和作用。

(3)重视森林教育的基础设施建设。韩国拥有非常完善的森林教育设施，投入大量人力物力，积极营建以青少年为对象进行森林教育的森林教育中心以及森林幼儿园，并配备专门人员负责森林教育教材开发、项目研究和森林教育普及，对于推动森林教育的开展发挥了重要的作用。

美国同样非常重视有关森林的科普教育工作，使国民对本国的自然和历史有更加深刻的、理性的认识，从而更加理解国家保护自然和文化资源的利益，加强公众对保护森林等自然资源和可持续发展的支持。在美国，国家公园是森林科普教育的重要载体。森林的科普教育工作是国家公园的主要工作之一，并直接受美国国家公园管理局的领导和审查。美国的国家公园森林管理教育体系主要有以下几个特点：一是拥有自上而下的完善的科普教育工作管理体系；二是全面而详细的森林科普教育规划和实施方案；三是丰富多样的科普宣传手段。

（二）森林行为文化

1. 森林旅游——美国案例

森林旅游也称为森林游憩。国际上，生态旅游的概念更为广泛，森林旅游被认为是生态旅游的重要方面。1983 年，国际自然保护联盟（IUCN）首次提出“生态旅游”这一概念。生态旅游是一种对环境负责的旅游和观光行为，主要通过对环境的保护，达到使当地的生态和人口得以持续发展的目标。生态旅游不仅被定义为一种适应市场机制的、以自然为基础的旅游；还是国家政府机构用来实现可持续发展战略的一种有效工具。

美国是世界上最早建立国家公园的国家，国家公园的建立标志着森林旅游作为一项产业已经初步形成，森林旅游是美国人现代生活的组成部分之一，森林旅游业也成为美国最大的产业之一。美国的森林旅游有以下特点：①明确对森林旅游和体验提出了四条标准：一是对环境的最小影响；二是对自然与文化最大的尊重；三是获得最大的经济利益；四是为参与者提供最大的娱乐满足。②通过立法促进森林旅游的发展。自 20 世纪 60 年代以来，美国国会就通过多项立法措施，通过法律的形式，让森林旅游成为国有林经营的一个重要目标，并被林务局单独规划。如美国的《森林多种利用及永续生产条例》法案，以法律形式确定森林游憩为森林经营的首要目标，木材生产仅居第三位。③制定发展计划和战略。美国早在 1994 年就制订了生态旅游发展规划，以适应游客对森林旅游日益增长的需求。④进行旅游环保宣传。⑤多种技术手段加强管理。通过对进入林区的游客量进行严格的控制，不断监测人类行为对自然生态的影响，并利用专业技术对负面影响做最小化处理。⑥重视当地人利益。努力使当地社区，尤其要让在自然保护区及其周边生活的人们能够获得最大的经济利益。

2. 森林体验——日本案例

日本最早于 20 世纪 50 年代末就正式开展了相关的森林体验活动。经过 60 年的发展，森林体验在日本已被民众广泛接受，科学界以及政府相关部门也逐步完善了对森林体验开发利用的理论研究与管理体制，为该项活动的后续发展提供了坚实基础。日本森林体验活动的开展主要依托于体验自然环境与促进身心健康的教育和理疗的视角。目前，日本开展森林体验活动已日趋成熟，其形式主要有以下 2 种：一是以“青少年自然之家”为平台，以森林体验为纽带，针对不同群体的青少年及相关者开展了自然体验等相关活动；二是以“森林浴/森林疗法”为基础开展森林体验活动，在森林环境中利用五感来感受自然的声、风景、味道、触感、生命力，或者利用森林地形、气候等来维持和增强身心健康。在开发利用方面的主要经验：①构建体验指导者的培养与考核机制；②全面推广森林体验基地建设；③加强多途径传播，提高公众认知度。随着日本森林体验传播推介的逐步深入，森林体验基地建设的多元化与广域化，以及森林体验指导者在数量上的增加与质量上的提高，参与森林体验活动的民众也越来越多。据不完全统计，日本每年有近 8 亿人次参与森林体验活动，不仅锻炼了身心，还增强了国民对于森林可持续发展和生态环保意识重要性的认知。

此外，早在 19 世纪 40 年代初，德国率先推出了地形疗法、自然健康疗法和气候疗法，而后又有法国的空气负离子浴、俄罗斯的芬多精科学和韩国的休养林构想等森林康体活动与研究，这在一定程度上促进了森林体验的普及和发展。森林体验是依托于森林资源和森林景观，通过引导人们调动自身所有感官来感受森林、认识森林，了解森林与人类活动的各种关联，促进身心健康，激发人们积极主动参与森林保护，最终实现林业可持续发展的一种行为实践方式，是森林行为文化的重要体现。

（三）森林制度文化

1. 森林经营——德国案例

德国是全球公认的现代林业的发祥地，完整的森林经理学产生于18世纪后半叶的德国。目前德国林业持续保持着高蓄积量和高生长量水平，同时又保持了与自然生态、社会环境多种要求的高度协调，很大程度上得益于其在森林经营等制度文化方面的构建，其经验是值得借鉴的。

1898年，慕尼黑大学教授盖耶尔（Gayer）提出了带有自然主义色彩的"恒续林"思想，从此，兼顾经济和生态效益的近自然林业逐步在德国发展起来。19世纪末期开始，在下萨克森州的Erdmann林业局就开始了以营造混交林为特征的实验，林区内各种各样的混交林现在被列为近自然森林的典范。德国近自然林业的理论体系概括起来包括以下几个方面：①善待森林的认识论基础；②从整体出发观察森林，视其为永续的、多种多样功能并存的、生气勃勃的生态系统的多功能经营思想；③把生态与经济要求结合起来培育近自然森林的具体目标；④利用传统经验和现代技术保持森林生态系统的健康。德国人口稠密，经济发展对生态支撑基础压力大、文化发展对自然环境要求高，所以林业必须定位在兼顾供给功能、调节功能、文化功能等多功能经营的目标上。以多功能利用森林为目标、以近自然经营的理论和技术为手段的模式，使德国享有林业强国的美誉，也使其森林和森林相关的自然资源成为国家发达和人们富裕的重要标志，该经营模式在欧洲多国得到了广泛的接受和应用。

2. 森林法规制度——美国、德国案例

美国对森林的保护与发展，以完善的立法与管理为保障。19世纪初，美国西部和北部曾有相当丰富的森林和野生动物资源，20世纪由于管理不善而遭到严重破坏，引起了民众和政府的恐慌，从而颁发了一系列的保护性法规，并逐步完善。100多年来，美国对自然、历史、文化和森林的保护和利用制定了一系列的法规，其中涉及林业的法律和条例多达100多种，涵盖范围异常广泛，包括针对森林、山脉、野生动植物的保护管理和科学适度的利用，包括国家公园、州立公园、城乡绿地系统的建立、自然资源的保护和管理等。通过长期不懈的努力，美国对自然的保护取得了良好的效果，特别是1981年推出《森林保护法》以来，坚持长期大规模植树造林，使许多荒山变成森林。通过法律手段支持林业活动、保护森林、发展林业，对促进美国森林资源的保护和可持续利用起到了十分重要的作用。

德国是世界林业发达国家，也是林业法律制度最为完备的国家之一，法规制度涉及了森林保护和可持续利用的方方面面。1975年，德国各州同意实施《联邦森林法》，其既定目标为：保护、可持续经营和有条件地利用森林资源，以发挥森林的经济、环境、生态和休憩功能。在森林经营方面，德国"近自然林业"的实施主要通过《联邦森林法》和《自然保护法》，通过林业计划和自然保护项目协调森林的抚育和发展措施，森林保护和环境保护计划由林业和自然保护部门共同执行；在私有林发展方面，森林法将协调公共利益与林主合法权益作为重要内容，根据《联邦森林法》，私有林主有权获得收入损失补偿，私有林经营要符合州林业部门制定的森林经营计划，法律保护对私有林经营的公共支持，法律促进私有林主开展森林经营合作等。德国不同林业所有制中以私有林经营状况为最好，这与其拥有保障私有林发展的健全法律制度密切相关。

（四）森林物质文化

1. 森林遗产保护——俄罗斯、美国案例

俄罗斯专家普遍认为，平衡资源保护和开发的主要条件是建立各区域的生态保护框架，即建立国家法律和行政法规调整的各种自然资源保护限制条款与不同的自然资源利用制度之间相互关联的体系。俄罗斯对自然保护区建设一直十分关注，现有的保护区网络覆盖了俄罗斯的所有地区，且类型丰富，主要包括：①国家自然保护区（联邦一级），指的是用于科学研究的自然保护区或者荒野地保护区；②国家公园（联邦一级），指向公众开放的自然保护区；③自然公园（地区一级），指的是陆地或海洋的景观保护区；④国家自然禁伐区（联邦或地区一级），指的是生境和物种管理保护区或资源管理保护区；⑤自然遗迹（联邦或地区一级），指的是自然遗迹保护区；⑥树木学公园或植物园（联邦或地区一级），指的是固有的自然区域以外的活植物收集区；⑦保健疗养地与度假村（联邦、地区或地方一级），指的是资源管理保护区。此外，俄罗斯为了实现对古树名木的保护，建立了独具植物特色的植物园和树木公园，保护和丰富了植物界多样性，同时方便开展科研、教学和宣教工作。

美国对自然文化遗产的保护和管理同样相当完善。美国的自然文化遗产体系主要由国家公园、国家森林、国家野生动物保护区、国土资源保护区、州立公园和某些博物馆组成。其特点是：一是在资金机制上，一系列的联邦法律、标准和命令保证了国家公园、国家森林等国家遗产资源在联邦、州、市县财政预算支出中的地位，使公共绿地更坚持非营利公益性的管理模式；二是在管理机制上，由于采取垂直管理的管理者是“管家”或“服务员”，而不是业主的管理机制，即管理者不能将自然文化资源作为生产要素和商品，从而避免了保护和利用间的矛盾以及地方政府的干预，更加有利用自然文化遗产的保护和可持续利用。

2. 园林建设——欧洲案例

欧洲园林，又称西方园林，是重要的森林文化物质载体。欧洲园林基本上属于规则式园林，建筑在园林中占主要地位，其造园目的主要体现均衡、比例、节奏的秩序以及感官审美的理念。欧洲园林发展具有明显的阶段性，在不同历史时期有着不同的时代内涵和时代价值，表达着人对自然和社会的思考。欧洲现代园林对现代艺术的采用、科学化的设计手法、生态化的功能诉求等三大特点为世界现代园林建筑广泛认同，体现出的立体主义、极简主义、结构主义、生态主义、功能主义等独特科学价值取向和理性思维方式，与西方思想文化相对应。园林建设是社会文明发展的标志、科学文化发展的象征，是现代城市和生态文明的“窗口”。

四、推动我国森林文化发展的对策与建议

党的十八大以来，以习近平同志为核心的党中央高度重视社会主义生态文明建设，坚

持绿色发展，把生态文明建设融入经济建设、政治建设、文化建设、社会建设各方面和全过程，加大生态环境保护力度，推动生态文明建设在重点突破中实现整体推进。十三届全国人大一次会议第三次全体会议经投票表决，通过了《中华人民共和国宪法修正案》，“生态文明”被写入宪法。生态文明是实现人与自然和谐发展的必然要求，是中国与世界其他民族永续发展的根本大计。

森林文化是生态文明建设的重要内容。加强森林文化建设，对于增强广大民众的生态意识、生态道德和生态责任，促进人与自然和谐共处、共存共荣，加快经济发展方式的转变，构建资源节约型、环境友好型社会，发展现代林业，倡导绿色生活，建设生态文明具有极其重要的现实意义。以生态文明建设为出发点推动森林文化建设，一方面要积极借鉴其他国家森林文化各个层面的先进经验；另一方面要结合我国森林文化自身发展特点，在政策法规、科学技术、社会参与等多方面加快建设有力的保障体系。

（一）国外森林文化发展的启示与借鉴

我国森林文化建设起步较晚、基础薄弱，与生态文明和美丽中国的发展目标，以及广大人民群众的生态文化需求相比还有很大差距，需要在森林文化的各个层面积极借鉴他国的发展经验。

（1）森林制度文化层面，加强森林经营的理论和实践研究，完善林业立法。德国森林经营实践表明，其根本目标是以最节约成本的方式最大化经济收益，而并非人们通常所理解的主要为了生态目标。通过持续、科学的近自然、多目标森林经营，能够同时获得良好的经济与生态效果。这在我国对木材资源的刚性需求以及对森林生态与社会服务的结构性需求的大背景下，德国近自然经营体系为探索适用于我国发展实际的森林经营模式提供了良好的思路和有益的借鉴。外国专家对我国森林经营的总体印象是不重视森林的经济价值。价值是前提，没有经济价值，很难实现可持续森林经营。纵观德国的林业发展，通过科学的森林经营，不但可以取得可观的经济效益，而且也有利于生态环境保护。这与习近平总书记提出的“绿水青山就是金山银山”的观点不谋而合。因此，开展更多更好的有关森林经营的研究并将研究成果积极应用到实践中去，有助于实现经济收益和生态价值的双赢。此外，针对目前我国森林管理方面立法单一，内容笼统等问题，在完善和细化法律制度建设方面，也应学习美国、德国等建立以森林保护法为核心，以环境保护法、自然保护法为支撑，细化至有关森林保护的各个层面的法律法规建设，做到有法可依、有法必依，执法必严，违法必究。

（2）森林物质文化层面，保护珍贵文化遗产，完善森林文化基础设施建设。森林文化的发展，既要提高全民族的生态道德、科学和文化水平，即主体——人的森林文化素质之外；还需要加强客体和物质载体方面的建设。森林物质文化遗产和森林文化基础设施作为森林文化的重要有形载体，具有十分丰富的内涵。这些基础设施不仅包括基础良好的森林生态系统，也包括森林文化示范教育基地、生态旅游区、森林文化服务设施等。应借鉴俄罗斯、美国等在保护森林文化遗产，构建森林文化服务设施等方面的经验，依托森林生态系统资源，根据不同区域资源禀赋差异、不同类型受众群体和交通便利性等因素，合理规划功能分类，加快推进森林公园、城市公园、郊野公园、自然保护区、自然生态历史博物馆、林业历史博物馆、植物园、森林文化旅游区、古树名木、护林碑刻和纪念林等生态文化基础设施的保护和建设，尽快完善森林文化公共服务体系的建设，为构建生态文明奠定坚实的物质基础。

(3)森林行为文化层面，活跃森林多功能利用与体验以满足人民群众对美好生活的向往和需求。当前，随着我国人民生活水平的提高，人们回归自然的意识和休闲需求不断增加，各地森林公园数量也在逐年增加。森林体验的开发利用不仅有利于培养民众热爱自然、尊重自然、保护自然的意识与感悟，弘扬生态文明的理念；还有利于充分挖掘和发挥森林的多重功能，提升森林价值，实现森林生态环境保护与森林多功能利用的有效平衡；同时，也有利于调整产业结构，增加新的就业岗位，创造更多就业机会，是生态林业、民生林业建设的重要内容。中国森林的多功能开发利用和体验，一方面可以借鉴美国、日本、韩国等国家森林旅游和森林体验等森林的多功能开发利用实施途径及成功经验，另一方面需要根据我国现实情况推动多部门、多产业与多学科的通力合作，实现森林的持续健康发展，推动森林多功能利用，促进生态文明建设。

(4)森林精神文化层面，倡导生态美学，重视森林教育。森林精神文化层面，对生态美学和森林教育的倡导是提高人与森林和谐共生的重要方面。首先，国外森林文化发展的一个重要经验，就是重视客观上以森林为主体的生态系统建设，在提高生态功能的同时，考虑人的审美、娱乐等文化需求。随着居民生活水平和林业科技水平的提高，森林的美学价值和生态功能日益显现，在生态系统保护和自然保护区、国家公园营建和保护等方面要借鉴他国经验，以保护自然为根本出发点，运用科技和艺术两大手段，实现生态与人文的高度融合，谋求自然与人的双赢。其次，要重视森林教育对于推动生态文明理念普及的重要作用，在以往林业事业宣传教育基础上，学习美国和韩国等国经验，注重发挥森林公园作为森林教育基地的作用，让更多公众在体验秀丽森林风光的同时，增强生态保护意识；多途径开展森林教育，建立森林解说员制度，引导全社会对森林文化的共建共享，引导公众树立正确和全面的可持续利用的森林理念。

(二)推进我国森林文化发展的对策建议

1. 政策层面：建立长效保障机制

森林文化作为一项公益性事业和基础性产业，具有明显的外部性特征，稳定的政策与资金投入，是推动森林文化建设的重要前提，森林文化及其产业的快速发展，应该得到国家和地方政策方面的支持，政府应把与生态文明发展密切相关的森林生态文化建设纳入中央和地方国民经济与社会发展的长远规划中，进一步强化国家宏观政策和投融资对森林文化建设的引导和扶持。

2. 法规制度层面：建立机构，健全法制，优化森林文化发展环境

我国目前森林文化发展缺乏相应的法律、法规以及相关的机构建设，导致森林文化发展面临诸多问题。日本、韩国和德国等国家对如何保护森林资源、合理引导森林文化发展、全社会对森林文化的参与和扶持等内容都进行了严格的规范，并通过规章制度固定下来，对森林文化发展起了重要作用。未来，应积极推动森林文化立法和机构建设工作，制定发挥森林文化功能的有关政策并有效执行，充分发挥政府的主导作用，不断优化森林文化发展环境，提高森林文化促进生态文明发展的能力。

3. 社会层面：教育引导，科普宣传，推动森林文化社会共建

国际经验告诉我们，推动森林文化建设、光依靠政府的力量还远远不够，必须引导全

社会力量共建共享。一是要开展多形式、多层次的以普及森林知识和增强环保意识为目标的森林文化活动，充分发挥森林文化的教育功能，广泛宣传森林文化的内涵与价值，普及森林科普知识、生态文明观念，倡导绿色生活。二是要在中小学普及森林文化教育，提高学生的森林意识，努力培养具有森林保护知识和意识的一代新人。三是要努力开发精品项目，如生态旅游、森林体验、森林疗养、森林食品等，使森林真正满足和谐社会建设和人民群众对美好生活的向往与需求，使人们感受到森林文化的弥足珍贵，从而自愿投入森林文化的建设和推广中。四是要主动搭建公众参与平台，积极推进制度、机制建设，采取绿化造林、参与森林公园保护区管理等便捷、有效的方式，动员社会各方面力量支持、参与森林文化建设。只有宣传与普及"森林文化"，重视生态教育，才能使全社会走上物质文明、精神文明和生态文明都高度发展的健康之路。

4. 科学技术层面：培养人才，加强研究，提高森林文化科技水平

我国森林文化领域的科研工作还十分薄弱，科技含量较低，与世界先进国家相比还存在着很大差距。加强森林精神、物质、制度等方面的理论研究和实践探索，培养人才队伍，进一步提高森林文化科技水平，是一项重要的工作。同时，鉴于森林文化的多学科融合性，还需加强森林文化与其他方面文化的交流融合，加强相关专业之间的沟通和合作，加强森林文化领域的国际合作研究，促进东西方森林文化的交流与对话。

主要参考文献

Aaron J D, Jonathan G T, 1999. A new model for the travel cost method: The total expenses approach[J]. Environmental Modelling&Software, 14: 81-92.

Canadian Council of Forest Ministers, 2003. Defining sustainable forest management in Canada: criteria and indicators[R]. Ottawa: Canadian Council of Forest Ministers.

Christopher T, Jennifer M, 2007. A revealed preference approach to the measurement of congestion in travel cost models[J]. Journal of Environmental Economics and Management, 53: 230-249.

Crutzen P J, 2002. Geology of Mankind[J]. Nature, 415(6867): 23.

Edwards D, 2011. Social and cultural values associated with European forests in relation to key indicators of sustainability[R]. Joensuu, Finland: European Forest Institute.

FAO, 2016. 2015 年全球森林资源评估[M]. 罗马：联合国粮食及农业组织.

George W, Bush, 2004. America's national parks investing to preserve their future[M]. Washington: U. S. Department of the Interior.

Kempthorne D, 2007. The future of America's national parks[M]. Washington: U. S. Department of the Interior.

Luo Y J, Deng J Y, 2008. The new environmental paradigm and nature based tourism motivation[J]. Journal of Travel Research(46): 393-400.

METLA, 2013. Forest Finland in brief 2013[EB/OL]. http: //www. netla. fi/metinfo/ sustainability/doc/fact-sheet_ 2013-cn. pdf.

Tabbush P, 2010. Cultural values of trees, woods and forests[R]. Farnham: Forest Research: 32-58.

蔡登谷, 2002. 森林文化初探[J]. 世界林业研究, 15(1): 12-18.

蔡登谷, 2011. 森林文化与生态文明[M]. 北京：中国林业出版社.

陈志刚，王禹浪，王俊铮, 2015. 近三十年国内森林文化概念、结构余价值研究综述[J]. 大连大学学报(2): 18-21.

但新球, 2002. 森林文化的社会、经济及系统特征[J]. 中南林业调查规划, 21(3): 58-61.

但新球，但维宇，2012. 森林生态文化[M]. 北京：中国林业出版社.
樊宝敏，李智勇，2005. 森林文化建设问题初探[M]. 北京：中国林业出版社.
高均凯，金莹杉，2007. 关于森林基础设施属性的探讨[J]. 应用生态报，18(6)：7-10.
贾治邦，2006. 大力推进林业又快又好发展发挥林业在建设节约型社会中的作用[J]. 林业经济，(11)：23-36.
贾治邦，2007. 林业重大问题调查研究报告[M]. 北京：中国林业出版社.
江泽慧，2013. 生态文明时代的主流文化：中国生态文化体系研究总论[M]. 北京：人民出版社.
雷加富，2005. 中国森林资源[M]. 北京：中国林业出版社.
黎德化，2009. 论我国森林文化的现代化[J]. 北京林业大学学报：社会科学版，8(1)：33-36.
李育材，2011. 从森林与人类关系角度谈林业生命基础设施建设[M]. 北京：中国林业出版社.
刘海龙，李迪华，韩西丽，2005. 生态基础设施概念及其研究进展综述[J]. 城市规划，29(9)：6.
马福，2006. 森林：生命之源—第十二届世界林业大会论文集[C]. 北京：中国林业出版社.
欧阳志远，2008. 关于生态文明的定位问题[N]. 光明日报，2008-01-29(11).
施昆山，2004. 世界森林经营思想的演变及其对我们的启示[J]. 世界林业研究，17(5). 30-32.
卫发兴，2006. 中原城市群森林生态系统的恢复与重建研究[J]. 林业经济(5)：38-42.
徐高福，钱小娟，胡奕锋，2006. 浅议森林文化与森林公园建设[J]. 林业调查规划，31(3)：161-163.
徐化成，2002. 森林生态与生态系统经营[M]. 北京：化学工业出版社.
张福寿，2007. 森林文化，一个推动林业建设的新杠杆[J]. 生态文化，8(1)：26-27.
张永民，2007. 生态系统与人类福祉：评估框架[M]. 北京：中国环境科学出版社.
赵宪文，2002. 什么是森林[J]. 林业资源管理(5)：38-40.
郑小贤，2000. 森林经营与森林文化[J]. 中国林业教育，16(2)：18-20.
郑小贤，2007. 森林文化内涵及其价值[J]. 北京林业大学学报(6)：680- 681.
郑小贤，刘东兰，1999. 森林文化论[J]. 林业资源管理，28(5)：19-21.
周雪姣，李文军，2016. 芬兰森林文化初探[J]. 北京林业大学学报：社科版(6)：35-38.
朱霖，李岚，李智勇，等，2015. 国外森林文化价值评价指标研究现状及分析[J]. 世界林业研究，28(5)：5.

专题十二　世界林业标准化体系

知识经济时代的到来，使世界范围内的技术标准竞争变得日趋激烈，谁制定的标准为世界所认同，谁就会从中获得巨大的市场和经济利益。发达国家都在进行标准化战略研究，各国标准化战略呈现出许多新的特点。我国加入WTO后，林产品国际贸易技术壁垒问题日益凸显，发达国家利用自身的技术优势，在标准制定、认证认可、检出指标和检测限值等方面设置种种障碍，阻碍了我国林产品的出口。我国的林业标准化建设正处于关键的转型时期，面临着全新的挑战。因此，跟踪发达国家在林业标准的制定、实施和管理等方面的经验和方法，可以为完善我国林业标准化体系建设、有效规避国外标准壁垒提供参考和借鉴。

目前，国外关于林业标准化的文献还很少，林业标准体系多包含在农业标准化体系中，林业标准也属于农业标准的一部分。大多数发达国家已经形成较为完善的农业标准化体系，体现在：①在农产品生产全过程中实施标准化；②产品质量标准成为农产品进出口的壁垒；③标准的制定与实施过程均有法律保证；④标准强调系统化，可操作性强，检验检测手段先进；⑤建立有规范的质量安全控制体系，尤其是食品安全体系。

一、相关的国际标准化组织

目前，世界上有300多个国际组织和区域性组织在制定和发布标准和技术规则。其中涉及制定林业标准的国际性标准化组织约有30多个，主要有国际标准化组织(International Organization Standardization，ISO)、国际植物保护公约(International Plant Protection Convention，IPPC)、国际种子检验协会(International Seed Testing Association，ISTA)、联合国欧洲经济委员会(United Nations Economic Commission for Europe，UNECE)、国际农产品联合会(International Federation of Agricultural Producers，IFAP)和国际谷物科技协会(International Association for Cereal Science and Technology，ICC)。

(1)国际标准化组织(ISO)。ISO是世界上最大、最具权威的标准化机构，宗旨是在全世界范围内促进标准化工作的开展，其工作领域宽，涉及学科广，主要任务是制定和出版ISO国际标准。ISO的组织形式是根据不同专业技术领域成立技术委员会(TC)，委员会下设技术委员会分会(SC)，技术委员会分会下设工作组(WG)。在近200个TC中涉及农业方面的有10多个，制定了近千个国际标准。有关林业的技术委员会有TC34农产品食品、TC50胶、TC54香精油、TC55锯材和原木、TC87软木、TC89建筑纤维板、TC93淀粉、TC99木材半成品、TC120皮革、TC134肥料和土壤改良剂、TC190土壤质量和TC218木材技术委员会等。

（2）国际植物保护公约（IPPC）。IPPC 成立于 1952 年，是一个由联合国粮农组织（FAO）倡导的多边条约。签署 IPPC 的目的是防止由植物及其产品携带害虫的引入和传播，以及促进各签约国采取相应的控制措施，其制定的关于植物检疫措施的国际标准在国际贸易中起着重要作用。IPPC 制定的标准为 WTO/SPS 协定所认可，并成为农产品国际标准的重要组成部分。IPPC 标准由 3 个部分组成：一是参考标准，如植物检疫术语词汇表；二是概念标准，如病虫害风险分析指南；三是专门标准，如柑橘溃疡病鉴定。

（3）国际种子检验协会（ISTA）。ISTA 成立于 1942 年，任务是制定国际统一的种子检验方法标准，并在种子贮藏、标签、检验仪器设备等方面制定统一的国际标准。ISTA 下设抽样、净度、发芽、活力、水分、包衣、贮藏、设备、品种、病害等 10 多个专门委员会，其工作成果体现在《国际种子检验规程》中。该规程于 1953 年首次发布，并不断修订补充，是国际贸易中公认的种子检验标准。我国国家标准《农作物种子检验规程》（GB/T3543.1～3543.7—1995）、《林木种子检验规程》（GB2772—1999）、《牧草种子检验规程》（GB/T2930.1～2930.11—2001）均参照该标准制定。

（4）联合国欧洲经济委员会（UNECE）。UNECE 是联合国经社理事会于 1947 年成立的区域性经济委员会，成员国为欧洲各国，美国、日本和加拿大也是其成员。该委员会下的农业委员会设有专门从事农产品标准制定的工作组，制定了大量的农产品标准。其中水果和蔬菜方面的标准不仅规范了欧洲的贸易，而且对美洲、非洲和中东进口到欧洲的水果和蔬菜影响也很大。

二、美国林业标准体系

（一）美国林业标准管理体制

1. 管理机构与职责划分

（1）美国国家标准学会（American National Standards Institute，ANSI）。ANSI 系非营利性民间标准化团体，但它实际上已成为国家标准化中心，是政府和民间标准化系统之间的桥梁。ANSI 协调并指导全国标准化活动，给标准制订、研究和使用单位以帮助，提供国内外标准化情报。ANSI 由执行董事会领导，下设四个委员会：学术委员会、董事会、成员议会和秘书处。美国国家标准学会本身很少制订标准，主要采取投票调查法、委员会法和标准择优法进行标准编制。经 ANSI 各技术委员会审核后的标准，将提升为国家标准（ANSI）并冠以 ANSI 标准代号及分类号，但同时保留原专业标准代号。美国国家标准学会的标准是自愿采用的，绝大多数来自各专业标准。另一方面，各专业学会、协会团体也可依据已有的国家标准制订某些产品标准。

（2）美国国家标准与技术研究院（National Institute of Standards and Technology，以下简称 NIST）。NIST 隶属美国商务部的技术服务与研发部门，是美国标准化领域唯一的官方机构。NIST 集科技研发、计量与标准化、技术创新为一体，并根据国会授权制定事关国家重大利益的要求，负责协调联邦机构标准和私有部门的标准及合格评定程序，提供标准、标准参考数据及有关服务。美国农林标准体系具自愿性和分散性的特点，即由各有关部门和机构自愿编写，自愿采用。在自愿性国家标准体系中，美国国家标准学会(ANSI)充当协调者，并不直接参与制订标准，专业和非专业标准制订组织、各行业协会和专业学会在标准化活动中发挥着主导作用。

(3)美国农业部(United States Department of Agriculture，以下简称 USDA)。USDA 是联邦政府内阁 13 个部之一，负责农产品及各种作物、畜牧产品的计划、生产、销售、出口等。USDA 与农林标准管理和制定相关的部门包括：①美国林务局。管理美国森林、放牧地、稀有植物、鱼类和野生动物，重点指导林业研究、保护和管理，以及矿物能源管理。②动植物卫生检验局(APHIS)。APHIS 负责监督和处理可能发生在农业方面的生物风险，如外来物种入侵、外来动植物疫病传入、野生动物及家畜疾病监控等，从而保护公共健康和美国农业及自然资源的安全。具体由其下属兽医处(VS)的动物进出口中心(NCIE)负责全国范围的管理工作。③农业科学研究院(ARS)。ARS 是美国农业部主要的研究机构，负责一系列影响美国人民日常生活的食品安全研究项目，推广相关科学知识，并向 APHIS 及 FSIS 提供技术支持。④经济研究所(ERS)。ERS 是美国农业部经济信息来源和经济研究的主要机构。ERS 的研究可以为农业、食品、自然资源及乡村发展提供相关信息，提高政府决策的科学水平。⑤海外农业局(FAS)。FAS 负责帮助美国产品进入国际市场，促进美国产品获得新的海外市场准入或提高其在国际市场的竞争力，同时也支持农业国际贸易的发展。⑥首席经济师办公室/风险分析及成本收益分析办公室(OCE/ORACBA)。ORACBA 的主要职责是保证美国农业部重要的法规草案能够建立在坚实的科学基础之上，并通过成本收益分析(即必须收益大于成本)。该部门负责政策指导和技术支持，组织协调农业部起草法规的成本收益分析工作，并保证农业部门出台的政策符合美国相关的法规要求。

(4)美国联邦环境保护局(U. S. Environment Protection Agency，EPA)。EPA 有两个部门涉及农林标准的制定。①预防、农药及有毒物质办公室(OPPTS)。OPPTS 职责广泛，旨在保护当前及今后的公共健康和环境免受有毒有害化学药品的污染，设定农产品食品中的农药及其他有毒有害物质的残留限量标准等。②研究开发办公室(ORD)。ORD 是环境保护局主要的科研机构。其研究项目任务是环境风险分析或风险管理，为环保局正确履行保护人类健康、保护自然环境的职能提供科学依据，并为制定相关标准提供技术支持。

2. 美国标准化管理体制的特点

(1)法律衔接是标准化管理体制的根本保障。政府的基本职责之一是利用法律和标准手段为公民创造质量安全的环境。美国首先通过法律成立标准化管理机构。美国标准化法律发端于 1979 年的《美国贸易协定法案》，这一法案为美国标准化管理奠定了基础，界定了标准、国际标准、技术法规及标准化活动。随后美国通过一系列有关标准化的法律，确立了美国标准化的原则，即由市场主导，以自愿性标准为主，制定过程公开公平，并采取协商一致的原则。

(2)共同治理是标准化管理体制的核心理念。目前，在美国标准化领域，社会的三大组成部门：政府部门、私营部门和第三部门三方面的力量都积极参与，参与主体依据各自职能与角色定位与另外 2 个部门互动，形成美国标准化共同治理的格局。在政府部门内，最主要的标准化参与主体为商务部下属的国家标准技术研究院(NIST)，其拥有众多联邦实验室，主要是对地方和企业进行技术转让，协调政府与私营部门之间的标准化工作。在私营部门范围内，企业是标准的利益相关方与使用者，也是标准的制定者。企业参与其产品与服务相关的标准制定，充分表达自己的利益诉求并同其他利益相关方进行协商。在企业内部也制定自己的企业标准，其后有可能被同行业效仿乃至成为行业标准或国家标准。在第三部门范围内，ANSI 是核心，不仅负责授权标准制定机构也负责对合格评定机构进行认证。ANSI 不仅协助私营部门之间的沟通，同时也是第三部门和私营部门的沟通桥梁。

(二)美国林业标准运行机制

美国具有较完善的农林标准化运行管理部门。在农林标准运行过程中，美国政府的主要职责是监督与执法，起监督协调作用；各级管理机构分工明确，各司其职，协同监管标准的运行；美国标准的运行公开、透明，不但建立信息公开制度，而且运行机制强化风险防范与管理，启用标准的预警系统，对运行过程进行监督管理。

1. 政府在标准化运行机制中的主要职责是监督与执法

美国的农林标准化体系是基于动态结构、以机构为中心的分散体系。美国农业标准化体系中的大量自愿性标准是由相关专业组织或协会、私人机构和公司根据各自实际需要制定的。这种以机构为中心的体系能够使有关方关注自己的问题，并根据问题制订可行性计划，使标准的制定更加切实有效。而美国国家标准学会(ANSI)可以在机构之间出现交叉，或全国需要统一和一致的标准时，提供一系列战略目标，发挥管理和协调的作用。除自愿性标准外，美国农业部、卫生与公共服务部、环境保护局，以及由联邦政府授权的其他机构共同制定联邦法律和联邦技术法规，并强制执行。

2. 管理机构职责明确

美国的农林产品安全管理机构职责明确，各司其职、各负其责。食品药品管理局、食品安全检验局和动植物健康检验局、环境保护局负责制定农产品安全法律、法规。食品和药品管理局，负责监管美国国内及进口农产品的安全以及制订畜产品中兽药残留最高限量法规和标准。食品安全检验局(FSIS)和动植物卫生检疫局，负责肉类和家禽食品安全，并被授权监督执行联邦食用动物产品安全法规。美国国家环境保护机构负责监管饮用水的安全，农药的登记、注册，化学物的残留限量和有关法规等。美国农业科研局、农作物市场管理局、经济研究局、粮食检验批发商和农场管理局、美国法典办公室和贸易部的国家海洋渔业局等机构负责突发事件的处理以保护美国食品安全。

3. 标准运行管理公开、透明

美国注重农林产品安全法律、法规制定及监管部门管理过程的公开、透明，建立了信息公开制度。在美国农产品安全法中，比较重要的有三部法律，分别是行政程序法、联邦咨询委员会法和信息公开法。这些法律规定美国民众有权利知晓农产品食品安全法律、法规的制定、修改。与行政程序法、联邦咨询委员会法相较而言，信息公开法更为重要，在此基础上公众才能获得政府决策信息、决策依据，以及真实的食品安全状况。

4. 运行机制强化风险防范与管理

在安全风险管理方面主要采取了两个措施，一个是风险评估，另一个是风险管理。其目的在于选择和实施适当的食品安全措施，尽可能控制食品安全隐患，保障公众健康。

5. 建立标准的预警系统

美国的农产品安全预警系统由农产品食品安全预警信息管理和发布，以及检测和科研机构组成。这些机构主要包括食品药品管理局(FDA)、农业部食品安全检验局(FSIS)、疾病控制预防中心(CDC)、环境保护机构(EPA)、美国联邦公民信息中心(FCIC)。美国通过完善、系统的法律法规体系，科学的风险分析原则及复杂、多样的预警措施实现标准体系的预警。

(三)美国林业标准化相关法律和法规

1. 技术法规

美国技术法规体系由联邦法律和条例两个层次构成。美国有关农产品食品安全的主要大法包括：联邦食品、药物和化妆品法(FFDCA)，食品质量保护法(FQPA)和公共健康服务法(PHSA)。美国与农业标准化有关的法律有4部，即《联邦谷物标准法》《农业营销法》《联邦种子法》和《联邦食品药物化妆品法》。前三部法律由联邦农业部负责实施，后一部法律由联邦食品药品监督管理局负责实施。

2. 技术标准

农业、林业技术标准主要由经过美国国家标准学会(ANSI)认可的行业协会和标准化技术委员会制定。根据国外林业标准库统计，美国的涉林标准主要集中在林产化学加工学、森林土壤学、木材学、森林昆虫学和木材加工与人造板工艺学5个领域。美国国家标准学会、美国材料与实验协会是发布涉林标准最多的部门。

(四)美国林业标准化体系

1. 标准体系概述

现行的美国标准体系由3个子体系组成，即以美国国家标准学会(ANSI)为协调中心的国家标准体系，联邦政府机构的标准体系和非政府机构(民间团体)的标准体系。农业标准包括强制性的法律法规和大量的推荐性标准。由各级政府部门制订的标准属于技术法规的范畴，是强制执行的。美国政府广泛使用非政府机构制订的自愿性标准，ANSI标准绝大多数来自各专业标准，且均为自愿采用。

美国的民间标准属多元化标准体系。长期以来，美国推行民间标准优先的标准化政策，鼓励政府部门参与民间团体的标准化活动，从而调动了各方面的积极因素，形成了相互竞争的多元化标准体系。但自愿性标准一旦被政府部门的法律、法规所采用，就具有强制性，必须严格遵守。

2. 林业标准化的特点

(1)没有独立的技术标准法规体系。美国的技术法规没有单独的体系，其制定、归档、发布、管理和服务等环节均包含在联邦法规的统一运作中。在运作中确保技术法规的现行性，使得美国各个领域均有法可依。《联邦法规法典》的农业篇中包含农产品标准(含等级标准)352个。

(2)标准并非都是强制执行，也有推荐性标准。美国农业相关标准并不是全部强制执行，也有推荐性标准如农业篇中的等级标准。比较《联邦法规法典》中的标准和美国国家标准可以看出，同一种农产品从不同维度制定其标准。

(3)制定农产品质量分级标准并提供有偿自愿性检验服务。自愿性农产品分级制度由农产品销售处(AMS)主管，依据《农产品交易法》制定出各种农产品质量分级标准，这些标准是食品加工厂品质管理的基础。

（五）美国林业标准化战略

1. 标准化战略

美国的标准化战略制定工作始于1998年。这一年，ANSI与国家技术标准研究院（NIST）共同召开了美国标准化战略研讨会，并做出制定美国国家标准战略的决定。2000年，ANSI发布了《美国国家标准战略》（NSS）。该文件由产业界、政府、贸易和专业协会以及消费者组织共同参与，历时2年多完成。该文件明确了标准制定中的“四项基本原则”：建立在利益各方一致同意基础上的协商一致原则；向所有可能受到影响的利益主体开放的公开参与和公平竞争原则；标准制定程序和进度信息的程序透明原则；标准制订和修订程序灵活性、及时性和一致性的原则等。同时提出了12项战略任务，主要包括：促进政府使用自愿性标准；加强美国标准体系中政府部门和行业团体的沟通；参与并改变国际标准化程序；为标准化基础建设建立稳定资金机制等。2005年美国国家标准协会发布《美国标准战略》（USSS），对《美国国家标准战略》进行了修订，进一步强化了公开、透明和自愿一致等基本原则，同时对12项战略任务进行了修订，如自愿性标准制订、修订过程中强化了政府的参与；为国际标准制订、修订提供原则并积极参与；继续推动政府利用自愿性标准满足管理需要；致力于防止标准和标准应用成为对美国产品及服务的技术贸易壁垒；进一步推动市场驱动、自愿一致的标准化进程。另外，特别添加了向发展中国家提供制定和应用标准的技术援助原则。

2. 国家标准化战略目标

美国国家标准化战略目标是为最大限度地实现国家利益，以价值理念的统一和技术标准的统一为基础，有效地保护国内市场，最大限度地占有他国市场，最终实现本国标准全球化的整体规划及其活动。在这一战略中，标准不仅是占领国内市场的标志，而且是抢占国外市场的最强有力的手段，是国家利益和价值观念的载体。

3. 国家标准化战略原则

为保障国家和国际标准的制定有效适应社会及市场的需求，利益各方必须坚决遵循国家标准化战略原则。国家标准化战略原则为：协调一致、公开参与、平等竞争、信息透明、弹性、时效性和连贯性。

4. 强调技术创新是标准化制度战略的关键

20世纪末，美国特别强调科学技术为经济增长服务的价值。1993年发布《为经济增长服务的技术——建立经济强国的新方向》，1994发布《科学与国家利益》《技术与国家利益》，以及《为了可持续发展未来的技术》，1995年发布《国际安全科技战略》等一系列具有标志性意义的重要文件，强化了美国的科技政策，在科学技术不断创新的基础上，美国意识到只有将技术专利化、专利标准化、标准国际化，才能进一步巩固技术创新，并使技术创新的收益最大化。《美国标准战略》的颁布，促使美国技术创新得到进一步的支持，使美国技术转化为国际标准，在国际上占据领先地位。

三、德国林业标准体系

德国是欧盟最大的农产品生产国之一，也是林业科技水平最先进的国家之一。德国农产品出口名列欧盟前列，农林机械和森林经营水平在欧洲保持领先水平。

（一）德国林业标准的管理体制

1. 林业标准的相关管理机构

（1）德国标准化学会。德国国家标准的制订和修订由德国标准化学会（Das Deutsches Institut für Normung e. V.，DIN）负责。DIN 是一个注册私立协会，但非传统意义上的非营利性组织。DIN 标准享有法律约束力，下辖 78 个标准委员会，其中的食品与农产品标准委员会（NAL）负责农业及食品领域的标准制订和修订工作。DIN 标准兼顾德国社会各方利益，必须有利于维护并促进德国的国家公共利益。DIN 在与政府签署的法律协议中对此做出了承诺，同时承诺遵循透明的标准制订程序。联邦政府对 DIN 的上述承诺进行法律监督并对 DIN 给予财政扶持。德国标准与国际标准、欧盟标准具有高度协调性。近 20 年来，DIN 所颁布的绝大多数新标准都源于欧盟或国际标准。德国的标准化体系不允许存在相互矛盾的标准。只要 DIN 出台一项新的产品标准，或是引入欧洲或其他国际性标准，德国国内的其他相关标准一概废除。

（2）德国农业协会。农业协会（Deutsche Landwirtschafts-Gesellschaft e. V.，DLG）由 4 个主要部门组成，其中一个部门从事农机、电子检测及动植物产品测试。德国农协农机检测机构总部设在法兰克福，有工作人员 50 多名。DLG 农机检测中心是非营利机构，在政治上与经济上独立于政府之外，其收入主要来自成员应付、服务收费和社会补助等。DLG 对测试结果，以互联网、专业杂志和测试报告的形式向社会公示。

（3）农业部消费者保护和食品安全局。2001 年，德国政府将原来的联邦食品、农业和林业部改组为联邦消费者保护、食品和农业部（BMVEL），对全国食品安全进行统一监管，其职能是保护广大消费者；保障粮食等各种食物质量安全，以及推进适合于环境和动物特点的农业生产方式。2002 年，该部设立了一个高度自治的机构——消费者保护和食品安全局。该机构设食品、饲料与日用品、植保产品、兽药、基因工程和检测等 5 个部门。主要工作：一是对食品安全领域进行风险管理、评价，并向联邦政府、欧盟和联邦州报告食品安全情况，预防和控制风险，处理相关食品安全危机；二是作为德国新食品、食品原料、植物保护剂和兽药产品的许可机构，负责对国内兽药、动物饲料添加剂、植物保护剂和转基因产品等的许可和认证工作。

2. 林业标准化组织与政府的关系

德国政府承认德国标准化学会是国家级标准化权威机构。在德国，各级政府制定法律法规，必须强制执行。在不受法律法规限制领域则由民间组织制定标准来规范行为，标准是自愿遵守。在有些情况下，标准还成为满足法律法规要求的参考依据。政府与 DIN 的合作有两种方式：一是政府寻求德国标准化学会帮助制定有关法律法规的实施细则，或者为满足某些法律法规要求须参考的标准；二是 DIN 向政府建议制定某些标准来实现政府纲领。DIN 为政府职能的实施起到两方面的作用：一是支持作用，即本身没有制约力的技术标准可以通过政府的援引和吸收，转化为政府的法规和管理条例；二是弥补作用，即在缺少政府的法规和管理条例的情况下，技术标准可以直接被行政机关和法院援引作为决策的重要依据。

（二）德国林业标准的运行

1. 林业标准的制订和修订

DIN 负责德国农业、林业标准的起草、制定、发布、修订和废止工作。德国产品标准的实际制订者是 DIN 下辖的标准委员会及其下设的工作组。DIN 为这些标准委员会制定工作程序框架，但具体标准的制定由各工作组在标准委员会中完成。

（1）DIN 标准制订、修订遵循原则。①协调性。尽管除 DIN 外，德国还有近 140 个组织涉及标准的制定，但 DIN 是唯一的国家权威标准制定机构，该机构在地区或国际标准领域代表德国权益。②连续性。德国的标准化体系不允许存在相互矛盾的标准。只要 DIN 出台一项新的标准，或是引入欧洲或其他国际性标准，德国国内的其他相关标准一概废除。③兼顾各方利益。DIN 标准必须有利于维护并促进德国的国家公共利益。德国政治、经济界人士在涉及标准化建设的讨论中一致认为，能够服务于社会公益的国家标准化体系才是健康的标准体系，国家标准体系应有助于促进经济增长、增强企业的国际竞争力、协助政府管理经济、保护消费者的健康与安全。④透明性。DIN 在与德国联邦政府签署的法律协议中对此也做出了承诺，同时承诺遵循透明的标准制订程序。

（2）DIN 标准制订、修订程序。标准制订、修订程序遵循国际通行的“合意制”（consensus）。在每个标准起草阶段都会发布一些公开的要求，以便让所有利益相关方和公众了解新的标准项目，并提出自己的意见建议。一般来说，DIN 开发一项新的标准需要 3 年时间。每隔 5 年，DIN 都要对其制订的标准进行一次复审，根据技术发展情况，对标准做出修改。1994 年以来，DIN 所颁布的标准数量逐年急剧上升，主要原因是落实欧盟统一的标准及国际标准化组织和国际工程委员会（ISO/IEC）的相关标准。与此同时，由 DIN 颁布的，仅适用于德国国内的标准数量大幅下降。2002 年，DIN 颁布的标准只有 20%是国内标准，其他 80%均采纳欧盟或国际标准。

2. 林业标准的执行

基层的机构负责法规和标准的具体实施，如检查和抽样等实施工作。德国有 429 个县市，地方上的基层管理机构负责食品（含农产品、林产品）的现场监督任务。

就德国农产品执行的标准而言，有以下五个层次：一是国际标准，例如黑森州农业试验室所属的种子检验室，种子检验完全按照《国际种子检验规程》进行；二是欧盟标准，由于欧盟形成统一的开放市场，因而欧盟标准似乎更被普遍采用；三是德国联邦标准即国家标准；四是各州地方标准；五是企业标准。后一层标准通常都严于前一层标准，尤其是企业，为了更好地推销自己的产品，往往制定更高的企业标准，以增强市场竞争力，吸引顾客。

德国农产品质量标准覆盖面宽、数量也大，几乎覆盖了从农业生产环境、农用生产资料到农业生产、农产品加工、农产品流通和贸易的各个环节，从而为消费者获得合乎标准的农产品提供了切实的保障。欧盟涉及农产品的标准 25 000 项左右，农药残留量标准 17 000 多项。同时，德国农产品质量标准也根据实际情况不断进行修订。根据国外林业标准库统计，德国的涉林标准主要集中在木材学、木材加工与人造板工艺学、森林土壤学、林产化学加工学 4 个领域。涉林标准全部由 DIN 发布。

在推进农业标准化发展过程中，他们主要采取了以下措施：一是实施农产品生产环境的标准化。二是重视农业生产过程与工艺的标准化。三是严格农产品质量的标准化。作为欧盟成员国，德国的农产品标准和许多相关法规都参照欧盟执行。

3. 林业标准化战略

从2003年起，由DIN牵头组织开展了面向未来、面向社会各界的德国标准化战略目标研究。2005年发布的德国标准化战略包括5项目标和23项相应措施。5项目标是：以标准化确保德国工业领先国家的地位；以标准化作为支撑经济和社会取得成功的战略工具；以标准化成为政府放松管制的手段；以标准化及标准机构促进技术融合；为标准机构提供有效程序和工具。

2013年4月，德国在汉诺威工业博览会上正式推出《德国工业4.0战略计划实施建议》，旨在支持德国工业领域新一代革命性技术的研发与创新，确保德国强有力的国际竞争地位。在德国政府推出了“工业4.0”这一国家战略后，2013年DIN便发布了“工业4.0标准化路线图”，以期通过主导标准化进程引领“工业4.0”的发展，并引导“工业4.0”从德国走向世界。

四、加拿大林业标准体系

（一）加拿大林业标准管理体制

1. 管理机构与职责划分

（1）加拿大标准协会。加拿大标准协会（The Standards Council of Canada，SCC）是国家标准体系的管理者，其主要职能是：保证国家标准体系一体化及提高其国际声誉；与联邦政府及其委托管辖州合作，以促进经济、有效的自愿性标准的制定。此外，SCC还具有认可职能，即对标准制定组织、产品认证和测试组织、质量和环境管理体系注册组织及审核员注册和培训组织进行认可。目前，SCC利用其认可程序已认可约275个机构，这些机构为法规部门、非政府组织及商业部门提供了真实有效的标准化服务。SCC签署了许多双边和多边协定，实现了加拿大认可程序与其他组织的认可程序的互认，从而减少了加拿大产品出口时重复的测试需求。加拿大政府授权加拿大标准协会（SCC）制订标准战略计划，并每3年更新一次。

（2）国家标准体系。国家标准体系（NSS）的核心是加拿大国家标准。国家标准几乎涵盖了影响加拿大公众的每一个问题，如救生安全或医疗器械、电话网络之间的连接线、公司的环境行为等方面。SCC已经认可了4个标准制定组织（SDO）。这4个组织对负责制定标准内容的技术委员会进行管理。为了使这些标准具有可操作性和广泛地被采用，标准制定过程需要许多商业、工业、科学和技术委员会、专家组、劳动者、政府、环境和消费者组织的代表参与。SDO有责任确保国家利益在标准制定过程中得以反映，因而采纳的所有的观点都具公正性，而不受某一个利益相关方所支配。为了遵守协调一致原则，SDO还规定了一个公众反映意见的时间，以便委员会以外的所有利益相关方的意见在标准草案中能反映出来。标准制定完毕后，SDO将其提交给SCC。只有文件满足SCC的制定标准准则的所有要求，才可批准为加拿大国家标准。

（3）加拿大通用标准局。加拿大的农产品加工标准主要集中在CGSB制定的标准之中。

加拿大公共事务和政府服务部(Public Works and Government Services Canada)下的加拿大通用标准局(the Canadian General Standards Board，CGSB)在非强制性标准的制定中起重要作用，许多标准由该机构负责起草制定，非强制性标准由CGSB制定出来后，必须经过加拿大标准委员会(the Standards Council of Canada，SCC)批准后颁布。非强制性标准也是一种国家标准，其制定和发布也须按照规定的程序进行。其中农产品加工方面主要是质量标准，而且纺织、纸、纸板、橡胶领域的标准主要是检验分析方法标准。农产品取样和分析方法标准具有很强的可操作性和可检验性。

(4)林业标准管理部门。加拿大林业标准管理部门，主要包括农业与食品部、食品检验局、农产品委员会、乳业委员会等，负责强制性标准的实施，卫生部负责农产品安全标准的实施。联邦、各省和市政当局以及一些基础组织都具有监管畜禽产品安全的责任。在联邦一级，加拿大实施的是统一体系，为了提高效率，减少部门职能重叠，降低联邦开支，1997年4月，加拿大根据《加拿大食品检验署法》，设立了加拿大食品检验署(Canadian Food Inspection Agencycfia，CFIA)，将加拿大卫生、农业、渔业和海洋部门的食品安全监管进行合并。其主要职能是负责实施联邦政府的所有食品检验、植物保护和动物健康工作。

2. 林业标准化组织与政府的关系

加拿大标准协会(SCC)一直十分重视与联邦及省政府达成的协议。2008年11月，SCC与加拿大卫生部签订的支持与《消费品安全法》更新有关的标准化工作的协议备忘录。SCC还通过签署ISO和IEC标准使用版权协议，与联邦外交事务及国际贸易部(DFAIT)签署在2008—2011年运作WTO/NAFTA查询点的合同和签署主办出口预警协议获得收入。

加拿大是自愿性标准体系，制定自愿性标准在很大程度上取决于各利益相关方掌握的技术和投入。因此，SCC十分注重提高关键部门对SCC在NSS中所发挥作用。同时加强关键部门对SCC作用也是实现《加拿大标准委员会法》的主要目标。《加拿大标准委员会法》提出：促进加拿大人自发参与标准化活动，促进加拿大的公营和私营部门开展自发性标准化方面的合作，通过开展与标准有关的活动让社会认识到标准化在提高加拿大商品及服务质量、性能及技术创新上的作用。

3. 林业标准运行机制

(1)标准立项与复审。加拿大农林产品质量安全标准完备而翔实，包括农药及添加剂残留限量标准、农业生态标准、有机农业标准等。标准与法律、法规相衔接，规定明确、易于操作，并依靠法律保障实施，主要分为强制性标准和自愿性标准两类。①标准的立项准则。加拿大对国家标准的立项制定有相当成熟的程序和准则，具体包括：强调标准的重要性、时效性和适用性，并在利益相关方之间达成利益均衡；标准的主题应面向公共的应用，或其他满足准则的主题；所有标准应声明包括标准的使用范围及其限制、在标准制定或审查过程中体现的各方利益、标准用户在决定标准适用性方面的责任条款等；在广度和深度方面的局限性不应成为拒绝其成为国家标准的理由，但在标准中须对其进行明确的说明；标准中对需求的说明应尽可能使用可量化的条款，并对量化的依据和准则进行说明；标准中对需求的规定应通过建立详细的性能指标，以避免阻碍设计和创新，并同时促进对性能进行客观测量或一致性测试；标准不应作为限制贸易的手段，或为了满足标准的关键需求而对创新和自由进行限制，标准中不应列出一些毫无必要的参数和国家利益范围外的属性需求，从而限制产品或服务的属性；国家标准应与相关国际标准、美国国家标准和其他相关国家标准保持一致，或采纳这些标准；不应出现针对同一主题制定多个标准的现象，除非是为了国家利益而提供的一种多样性选择。除了以上基本准则外，还需要对标准立项的目的和原因、效益、必要性、可行性等做出详细的说明，只有这样，该标准项目才可能被批准。②标准的复审。当加拿大国家标准从发布之日起满5年时应进行复审，复审工作主要由认可的标准组织负责组织复审，各利益相关方参与。加拿大国家标准的复审结论包括：重申有效、修改、修订、废止、对当前标准给出补充文件，复审结果需经加拿大标准理事会批准。当标准针对一项不再使用的产品或服务，被另一项标准或新版本所替代、失效、用途和涉及的利益有限，实施没有资金支持，在健康和安全方面存在缺陷等问题时，则废止该项标准。

(2)标准制定。SCC认可的4个标准制定组织(SDO)有责任确保国家利益在标准制定过程中得以反映，因而采纳的所有的观点都具公正性，而不受某一个利益相关方所支配。为了遵守协调一致原则，SDO还规定了一个公众反映意见的时间，以便委员会以外的所有利益相关方的意见在标准草案中能反映出来。标准制定完毕后，SDO将其提交给SCC。只有文件满足SCC的制定标准准则的所有要求，才可批准为加拿大国家标准。

(3)标准的执行和实施。加拿大农业标准分为强制性标准和非强制性(自愿)标准两类，这与国家标准体系中标准的分类是一致的。强制性农业标准实际上是政府部门颁布的法律法规中与农业生产活动、农产品质量等方面有关的技术规范内容，主要包括农产品的品种等级、安全卫生要求、农作物种子、农药兽药、农产品标签标志等标准。非强制性农业标准，可自愿遵守，是一种由加拿大标准委员会(The Standards Council of Canada)批准的含有某种特定产品或行为的要求和定义的文件，其制定和发布也需按照规定的程序进行。

4. 标准化战略

SCC于1998年启动加拿大标准化战略计划，由工业、政府、非政府组织和标准制定组织的代表组成顾问委员会。1999年夏天，开始向公众征求对标准化战略草案的意见，于2000年3月在加拿大全国标准化会议上发布了最终版本，并称之为国家的重要计划。该战略为促进加拿大良好的经济、社会和环境提供了必要的标准化措施和指南，从而使国家标准体系对于环境的变化具有很好的适应性。

标准化战略由8个要素组成，描述了加拿大在新时期标准化的重点工作，以保证标准化工作持续适应本国经济和社会发展需求，其主要内容包括：参与国际标准的制定，并尽可能使本国标准上升为国际标准或直接采用国际标准；工作方向应关注关键领域。这些领域是：对加拿大公众至关重要的健康、安全和环境领域及其他社会热点问题；能使加拿大受益的贸易部门；标准的协调，尤其是与北美的协调；跟踪合格评定协议的变化，并加入能使加拿大受益的国际合格评定协议；使加拿大人，尤其是公共及私人部门的决策者更多地意识到标准化带来的益处及面临的挑战；鼓励在法规中及公众政策的制定中采用标准；开辟一条途径将标准化原理应用于新的社会和经济领域；使标准制定体系更具灵活性，并增加参与性；与现行的或潜在的参与者建立伙伴和战略联盟关系。

(二)林业标准化相关法律和法规

加拿大以法律、法规规范农产品质量安全的生产和管理。2001年6月，加拿大农业部召开会议讨论农业政策框架，将实现农业可持续发展作为制定农业政策框架的最终目标。

加拿大涉及农业、林业标准化的主要法律有：《食品药物法》《有害物控制产品管理法》《植物保护法》《种子法》《饲料法》《加拿大农产品法》《加拿大食品检验法》《动物健康法》和《农业和农产食品行政货币处罚法》等。主要法规有：《食品药物条例》《植物保护条例》《新食品管理条例》《新食品安全评价准则》《肉类检查条例》《鱼类检验条例》《消费物包装标签条例》《肥料条例》《种子条例》《饲料条例》《蜂蜜法规》《畜禽胴体分级法规》《加工蛋法规》《特许和仲裁法规》《牛属动物及其产品的进口限制法规》《动物健康法规》《须报告传染病法规》，以及《农业和农产食品行政货币处罚法规》等。

（三）农业技术法规和标准体系

加拿大根据国际植物保护公约（IPPC）、WTO 协议、国际食品法典（CODEX）的要求制定本国的农产品质量安全标准，鼓励通过国际化的公平竞争，提高本国农产品的质量。同时对出口农产品加工企业强制推行 HACCP 体系认证，联邦和省政府联合建立推进 HACCP 体系认证项目，确保加拿大农产品的国际信誉。2003 年，加拿大联邦、省和自治领地政府在农业政策框架中确定，2008 年实现对零售水平上的国产农产食品达到 80%的追溯能力。

1. 森林可持续管理标准

加拿大森林可持续管理标准和指标由标准、要素和指标构成，共有 6 个标准，22 个要素，83 个指标。该标准和指标不仅包括传统思想的一些概念，例如森林的木材价值，而且还考虑了森林的生态环境价值、社会价值以及对土著人的特殊生计价值等。该标准和指标注重森林生态系统的整体性，结合最新的科研成果并强调公众参与，而且标准和指标随认识和研究的加深而不断更新。

加拿大把森林的可持续管理标准和指标作为一种重要的政策工具，用来指导和评价森林管理的可持续性概况和进程。

2. 生物多样性保护标准

加拿大将森林及依赖于森林的动植物种划分为濒临灭绝、濒危、受胁迫和脆弱 4 种类型分别加以保护。关于基因多样性保护，各省和地区尚无一定的保护规划和战略，其保护通常和物种保护相结合，通过基因的就地保护、异地保护（建立基因库、保护区）等指标来表示。在生物多样性保护标准中，基因保护的指标是重点，但目前尚无准确、可靠的方法来计测基因的多样性。

3. 森林生态系统的状况和生产力标准

加拿大在指定森林生态系统的状况和生产力标准的因素中，将干扰和胁迫通过森林受到病虫害侵袭、火灾、污染物排放、臭氧浓度、有害有毒物质的发生等生态因子影响的程度和范围来表示。生态系统的恢复力是用森林类型、林龄结构、森林自然更新的面积和比例等指标来表示。而现存生物量则用不同森林类型和林龄结构的年增长量以及指示物种的出现频率等指标表示。由于加拿大对森林有系统的、综合的、长期的研究和监测，该标准提出的指标相对较为成熟，计量方法也可行。

4. 水土保持标准

加拿大水土保持标准包括与水土保持相关的自然环境因素和政策因素。自然环境因素主要包括森林砍伐对土壤紧实度、侵蚀、有机质等的影响，森林用地转化为其他用地的面积和比例，水质变化以及水生生物分布、丰度等指标。政策因素包括水土保持林的比例、代表性森林类型在保护区内所占的比例等指标。与水土保持有关的自然环境因素中，由于加拿大缺乏全国尺度的资料，一些指标只能用个别区域的研究来推算。

5. 多元效益标准

多元效益标准则重点分析了森林对加拿大经济的贡献、森林生产能力的可持续性以及森林的娱乐、休闲价值等。该标准共包括 4 个因素，其中生产能力主要包括木材生产用地的数量、动态和变化，以及森林中野生生物的生境保护，经济动物的种群动态等指标；而通过一些经济学指标，例如净利润占全球份额的变化、研究和发展的项目支出等来表示森工产业的竞争力；通过森工的 GDP、就业机会以及其他非市场价值和服务等来表示对国内经济的贡献类指标。非木材价值类指标主要包括森林的休闲娱乐功能，人们对森林休闲、娱乐等活动的支出，参加森林休闲娱乐活动组织的人数和支出，所保护的森林面积和比例等。该标准表示了森林除直接经济利益之外的多元效益，但对森林的非木材效益的研究并不充分。

6. 社会责任标准

加拿大在森林管理、规划和决策过程中，要求公众参与。社会责任标准主要保障了土著以及其他社团参与森林可持续规划、管理的权利。此标准主要包括：用土著的协议权和参与权来表示对土著特有的森林经济价值、社会、文化和精神价值等指标。该标准还通过以森林为经济、产业基础的社团的数目等来表示森林社团的可持续性；用投资、发展和研究费用、公众教育的支出、相互交流机制的建立以及国际参与等指标来表示森林经营决策的适用性。由于此标准涉及较多的公众参与，指标不得不使用定性，或定量与定性结合的方法来确定。因此，随着社会的进步和认识的加深，指标有待于更新和改进。

(四) 林业标准化战略

林业发展战略是加拿大标准化战略的一部分。SCC 于 2009 年发布了现行的《加拿大标准战略(2009—2012)》。该战略明确了 SCC 开展全国标准化工作的方向和规划，强调了加拿大国家标准体系内的互认、合作，要求通过标准和认可活动满足加拿大在社会经济发展中的迫切需求。该战略规划主要提出了 2009—2012 年加拿大标准化工作的四大总体目标和具体措施，内容较之前两个版本的标准战略，做了较大的扩充。

1. 发展目标

2009—2012 年版加拿大标准战略提出了四大发展目标：通过标准化促进国际贸易，提升消费品安全性；完善加拿大国家标准体系以适应时代发展的需求；加强国际间标准的互认合作；推动标准化在国家新兴技术领域的应用。

2. 具体措施

SCC 制定了十大具体措施，主要包括：①建立缺陷产品召回数据库，加强加拿大各省和大区间的消费品安全监管；②鼓励中小企业参与国内和国际标准化工作；③通过制订扶持政策，鼓励加拿大与 APLAC、IAAC、IEC、ISO、COPANT、PASC、IAF、ILAC 和 PAC 等国际和区域组织开展标准互认合作；④培育国际标准化专家梯队；⑤加强同北美自由贸易区成员国美国和墨西哥等国的标准化合作，并推进其他国际、区域的标准化合作；⑥积极推动加拿大政府对于标准化事业的财政资助和政策扶持；⑦加强与科研院所、高校等学术界的合作，整合标准化技术资源；⑧开展标准化经济效益评价，加强社会公众对于标准化的认可度；⑨在高校中开展标准化教育；⑩推动标准化在高新技术领域和重大民生领域的应用和推广。

3. 加拿大标准战略的特点

(1)以维护国家利益为宗旨。从加拿大最初的标准战略开始，通过参与国际标准化活动，维护加拿大的国家利益始终是其标准战略的核心思想。从最初的增强重点领域的国际标准话语权、参与国际标准制订、修订，到应对技术性贸易措施，之后又升级为加强区域间、国际间标准化合作、标准互认和协调。

(2)强调标准对于经济和社会发展的支撑作用。加拿大标准战略明确提出政府部门的管理、决策、立法应充分考虑引用标准，发挥标准化的决策参考和支撑作用，并提出开展标准化经济效益评价，以及在环保、医疗卫生、公共安全领域开展标准化活动，以标准化的手段提升政府的执政能力，节约行政资源，提高行政效率。

(3)加强宣传，提升公众的标准化意识。现行的标准战略中明确提出加强与学术界的合作，鼓励科研机构、高校参与标准化活动。同时，在高校中开展标准化教育，并培育标准化人才队伍。通过一系列的活动，可以将社会中的智力和技术资源有效整合到标准化领域，并为加拿大的标准化事业做好人才储备工作。

五、借鉴与启示

随着我国对外贸易的不断扩大，对标准化工作改革的呼声愈来愈强烈。如何建立一个既与国际接轨，又符合中国国情的林业标准化体系，充分发挥标准化工作对我国林业发展的促进作用，提高我国林产品在国际市场的竞争力，是我国林业标准化工作改革面临的挑战。

(1)适应标准国际化发展的趋势，系统研究国际主流林业标准及相关法规。从世界经济发展的角度来看，国际经济一体化和林业标准国际化，是一种必然的发展趋势。应当发挥行政管理部门和公共财政的作用，翻译全球主流林业标准，并使其成为权威性的参考工具。这一举措可以为我国的林业企业提供基础服务，也有利于为林产品的海外市场创造良好的环境，还能够为全面建立我国的林业标准体系提供参考依据。

(2)加强我国优势林产品加工标准的制定，构建更为科学的林产品加工标准体系。按照国际标准的模式，以制定我国优势林产品的加工标准为突破口，构建林产品加工标准体系，实现加工标准的分类垂直管理，使标准具有前瞻性(与我国未来的发展趋势相结合)和相容性(与国际主流标准相匹配)。同时，保持指标的先进性和相对平稳性。

(3)加强标准立法，强化林业标准执行状况的监督和管理。林业标准化体系的建立，尤其是林产品加工标准体系的建立是保证产品质量的基础，监管工作到位是标准顺利实施的关键。要运用法律手段，要求生产者和商家严格执行质量卫生标准。设立独立的、职能明确的监督、管理机构，以日常监督、预防为主。

(4)加强多部门的协同合作，提高标准的科学性和可操作性。我国标准化工作应积极吸纳利益相关者参与标准化活动，鼓励与某领域相关的机构、组织和企业参与甚至制定自己的标准。提高标准的科学性和可操作性，应协调管理林产品生产链各个环节，使我国的标准体系与国际主流标准体系接轨。标准规范覆盖生产链各个环节，能够起到控制产品质量的作用，还有利于责任划分，便于实施严格管理，使标准的实施完整、到位。

（5）保证标准的协调和统一。发达国家在标准的长期稳定性与适时变化相结合方面做得较好。这些国家对标准的法律法规的修订内容一般针对某个具体的层面，而非整体上和框架上的大变动。这种做法使标准的稳定性、指导性与现实的实用性、操作性紧密相结合，保证各类标准的协调和统一。

（6）实现标准战略上的"走出去"。林业标准战略的最终目标是要赢得标准市场，进而赢得出口林产品市场。使用国外技术标准往往要受诸多专利的限制，而标准战略要想最终占领市场，就必须发展成为国际标准。中国林业有足够的市场支持，完全可以研发自己的替代标准，而不必受制于国外的技术标准。

主要参考文献

曹文志，洪华生，岳世平，2003. 加拿大森林可持续管理标准和指标评介[J]，农村生态环境(3)：58-60.

陈国斌，2013. 去加拿大看家庭农场[J]. 江苏农村经销(7)：26-27.

陈萍，余道坚，李秋枫，2013. 主要小麦贸易国品质检验标准及方法的比较分析[J]. 粮食与饲料工业(11)：8-11.

仇建飞，Michele，Konschuh，et al.，2015. 中国与加拿大马铃薯种薯生产标准化程度比较分析[J]. 农业与技术(35)：20-21.

单宝，2007. 以农业标准化战略提升我国出口农产品竞争力[J]. 科技管理研究(12)：225-248.

韩可卫，2009. 欧盟、美国、日本标准化战略比较分析及借鉴[J]. 科技管理研究，29(3)：229-231.

杭东，2011. 加拿大现代农业的主要特点[J]. 北京农业(16)：44.

李金才，等，2007. 我国农业标准化现状及对策[J]. 农村经济(2)：35-38.

李阳，李玉成，余捷，2007. 加拿大农业与农产品质量安全考察报告[J]. 农业经济管理(1)：19-21.

廖丽，程虹，刘芸，2013. 美国标准化管理体制及对中国的借鉴[J]. 管理学报，10(12)：1805-1809.

刘冰晶，李江华，王志刚，2013. 加拿大肉与肉制品法规和标准体系分析[J]. 肉类研究(27)：41-44.

刘劼武，冯锡仲，2010. 国内外玉米标准的分析探讨[J]. 国内外玉米标准的分析探讨(39)：55-56.

刘亚平，杨美芬，2014. 德国食品安全监管体制的建构及其启示[J]，德国研究，29(1)：4-17，125.

罗斌等，2012. 德国农产品质量安全监管体系概览[J]. 农产品质量安全(03)：70-76.

吕婷婷，2011. 美国农业标准化现状及对我们的启示[J]. 商业文化月刊(12)：184.

马爱进，2008. 中外食品中农药残留限量标准差异的研究[J]. 中国食品与营养(1)：12-14.

农业部农产品加工局，2010. 农产品加工国际标准跟踪研究—主要贸易国：地区篇 北京[M]. 北京：中国农业出版社.

农业部农产品加工局，2013. 农产品加工国际标准跟踪研究—国际标准热点：领域篇[M]. 北京：中国农业出版社.

农业部农产品加工局，2013. 农产品加工国际标准跟踪研究—行业热点：领域篇[M]. 北京：中国农业出版社.

钱永忠，郭林宇，2015. 德国食品安全风险分析概观[J]. 农业质量标准(4)：53-56.

邵逸超，2015. 北美主要国家标准战略概述及分析[J]. 商业经济(9)：112-114.

石宇光，张友廷，唐茂芝，2017. 国内外有机水产养殖疾病防治投入品比较分析[J]. 中国标准化(1)：72-78，89.

宋春丽，王联珠，江艳华，2012. 中国和 CAC、美国、欧盟、加拿大、日本水产品质量分级标准比较分析[J]. 中国渔业质量与标准(1)：7-17.

唐晓燕，曹学章，王文林，2013. 美国和加拿大水利工程生态调度管理研究及对中国的借鉴[J]. 生态与农村环境学报，29(3)：394-402.
童建军，2012. 德国农产品质量安全监管策略介绍[J]. 中国畜牧业(8)：48- 51.
王正国，段新芳，王作民，2014. 中国与欧洲、加拿大的定向刨花板产品标准比较[J]. 国际木材工业(9)：54-58.
席兴军，杨志花，刘俊华，2006. 国外农产品加工标准体系特点及启示[J]. 世界标准信息(3)：62-65.
杨锋，2010. 2008—2009 年度加拿大标准化战略实施成效[J]. 标准科学(8)：85-90.
杨锋，2011. 加拿大标准认证及发展现状[J]. 认证技术(9)：83-84.
杨明升等，2010. 推进我国农业标准化的战略构想[J]. 农产品质量安全(1)：21-24.
叶苗，2013. 加拿大农产品质量安全保障体系研究[J]. 世界农业(4)：7-10.
佚名，2012. 国外农药管理[J]. 山东农药信息(11)：43.
于连超，王益谊，2016. 美国标准战略最新发展及其启示[J]. 中国标准化(5)：89-93.
云振宇，2010. 美国乳制品质量安全监管及相关法规标准概述[J]. 农产品加工：学刊(1)：66-68.
张梅，杨志勇，高志杰，2016. 农机合作社的管理机制和模式—来自法国和加拿大的经验[J]. 世界农业(2)：74-77.
张晴，刘李峰，周旭英，2007. 国外农业产业带概况及对中国的启示[J]. 中国农学通报，23(12).
朱晓鸣，2014. 加拿大的农业产业化[J]. 中国畜牧业(12)：4-55.

缩略语

缩略语	全　称	中文名称
COFO	the FAO Committee on Forestry	粮农组织林业委员会
LULUCF	Land Use, Land Use Change and Forestry	土地利用、土地利用变化与林业
CBOs	Community Based Organizations	社区类组织
HIMAWANTI	the Himalayan Grassroots Women's Natural Resource Management Association	喜马拉雅基层妇女自然资源管理协会
MFSC	the Ministry of Forest and Soil Conservation	森林和土壤部
NTFP	Non-timber Forest Product	非木质林产品
FFCS	Finnish Forest Certification System	芬兰森林认证体系
MRV	Monitoring, Reporting, Verification	碳排放监测、报告、核查体系
GPN	Green Procurement Net	日本绿色采购网络联盟
IOCU	International Organization of Consumer Unions	国际消费者联盟
JGPSSI	Japan Green Procurement Survey Standardization Initiative	日本绿色采购调查共通化协议
SDIG	International Group of Sustainable Development	英国政府绿色发展工作组
EPs	the Equator Principles	赤道原则
GPFG	Government Pension Fund Global	挪威政府全球养老基金
MIS	Managed Investment Schemes	管理投资计划
DIN	Das Deutsche Institut für Normung e. V.	德国标准化学会
DLG	Deutsche Landwirtschafts-Gesellschaft e. V.	德国农业协会